为高质量教育而研

——苏州市基础教育教学研究成果选编

（上册）

主编 丁 杰

苏州大学出版社

图书在版编目(CIP)数据

为高质量教育而研：苏州市基础教育教学研究成果选编. 上册 / 丁杰主编. --苏州：苏州大学出版社，2023.4
ISBN 978-7-5672-4360-6

Ⅰ.①为… Ⅱ.①丁… Ⅲ.①基础教育-教学研究-苏州-文集 Ⅳ.①G632.0-53

中国国家版本馆 CIP 数据核字(2023)第 071533 号

书　　名：	为高质量教育而研
	——苏州市基础教育教学研究成果选编(上册)
	Wei Gaozhiliang Jiaoyu Er Yan
	——Suzhou Shi Jichu Jiaoyu Jiaoxue Yanjiu Chengguo Xuanbian(Shangce)
主　　编：	丁　杰
责任编辑：	沈　琴
美术编辑：	刘　俊
出版发行：	苏州大学出版社(Soochow University Press)
出 版 人：	盛惠良
社　　址：	苏州市十梓街 1 号　邮编：215006
印　　装：	苏州工业园区美柯乐制版印务有限责任公司
网　　址：	www.sudapress.com
邮　　箱：	sdcbs@suda.edu.cn
邮购热线：	0512-67480030
开　　本：	700 mm×1 000 mm　1/16　印张：29.75(共三册)　字数：504 千
版　　次：	2023 年 4 月第 1 版
印　　次：	2023 年 4 月第 1 次印刷
书　　号：	ISBN 978-7-5672-4360-6
定　　价：	118.00 元(共三册)

凡购本社图书发现印装错误，请与本社联系调换。
服务热线：0512-67481020

本书编委会

主　任　丁　杰
副主任　孙朝仁　徐　蕾
成　员　(以姓氏笔画为序)
　　　　水菊芳　杨建清　杨原明
　　　　吴新建　陈　丹　金　鹏
　　　　洪　越　秦春勇　殷容仪
　　　　惠　兰

前 言

苏州教育源远流长。三千多年前，泰伯奔吴，带来了中原先进的文化。孔子七十二贤弟子之一的言偃，明确了"经世致用"的教育宗旨，倡导"有教无类"的全民教育。到宋元明清，苏州教育更是名家辈出，提炼出诸多至今仍有生命力的教学法。在近现代，也涌现出一大批有影响力的教育名流。如叶圣陶倡导理论与实践结合，在教育目的、教育方法、教育途径等方面提出了诸多开创性的理论主张，其中，"教是为了达到不需要教"的教育主张，更是我国教育思想宝库中的一颗明珠。

苏州先贤的教育思想，在苏州这片土地上嫁接繁衍，进行本土化改造和时代性改良，不断向前发展，呈现出"厚重与灵动、精致与质朴、崇文与实用、乡土与世界、传承与创新"等"苏式"教育"双面绣"特征。苏州教育发展到现在，无论是在教育思想、教育主张，还是在教育环境、教育管理等方面，都呈现出时代特色和区域特征。特别是近年来，更是涌现出一大批"苏式"教育代表性人物和教育改革主张，同时，一批具有能复制、可推广、好应用等特征的教育教学及研究成果也不断形成。

近年来，苏州市教育科研在省级及以上的各类成果评审中，无论是获奖成果的质量还是数量，都排在全省前列。仅以"基础教育教学成果奖""教育研究成果奖""教育科研优秀成果奖"为例，共有204项成果获奖。其中，在2018年国家级基础教育教学成果奖评审中，获得1项一等奖、10项二等奖；在2017年江苏省基础教育教学成果奖评审中，获得8项特等奖、17项一等奖、26项二等奖；在2021年江苏省基础教育教学成果奖评审中，获得5项特等奖、20项一等奖、31项二等奖。在2016年江苏省教育研究成果奖评审中，获得1项一等奖、5项二等奖、4项三等奖；在2018年江苏省教育研究成果奖评审中，获得2项一等奖、5项二等奖、4项三等奖；在2021年江苏省教育研究成果奖评审中，获得1项一等奖、2项二等奖、3项三等奖。在2016年江苏省第四届教育科研优秀成果奖评审中，获得1项一等奖、10项二等奖、18项三等奖；在2020年江苏省第五届教育科研优秀成果奖评审中，获得3项特等奖、6项一等奖、21项二等奖。

费尔巴哈曾说："理论所不能解决的那些疑难，实践会给你解决。"为了呈现获奖成果的探索与实践历程，推广全市优秀教学与研究成果，激发广大教师从事教育科研的积极性、创造性，全面提升一线教师教育科研的素质，特精心选编了这套《为高质量教育而研——苏州市基础教育教学研究成果选编》（上、中、下共3册）。它体现了实践者的求真和向善、研究者的自信和睿智。实践是思想的体现，本成果选编的魅力在于使我们真切地感受到教育科研的规律源于实践探索，它集中体现了五大特点：

其一，鲜明的主张。理论是灰色的，但生命之树常青。鲜明的主张，鲜活的行动理念，才是科研的生命力所在。因此，该书所有的成果项目均呈现了研究者实践、反思、再实践、再反思的思维火花反复撞击的过程，形成鲜明而具有个性化的教育教学主张。

其二，严密的学理。一般来说，对实践性取向特别明显的一线教育工作者而言，其研究基本是从课堂教学的一般研究上升到理论的层面，并着力解决教育实践问题，体现一定的学理。因此，本套书所有的成果项目均体现现场意识、问题意识、谱系意识、方法意识、价值意识和理论意识，具有前瞻性的主题、系统性的内容、科学性的方法、规范性的管理等特点，值得广大教育工作者借鉴。

其三，破难的勇气。这些成果突破了一般研究的模式和羁绊，体现了研究者攻坚克难的勇气，回应了基础教育教学改革的一些问题，达到了高起点、深内涵、广辐射的基本标准。

其四，精准的提炼。杨九俊先生认为，研究成果的表达应"倡导一个基准，讲究两套功夫，把握三个角度，穿越四重境界"。诚如此，本套书的所有成果都具有独到性的深刻体验、结构化的表达意识、操作性的模型建构等特征，并从一般的经验性上升到科学性，进而个性化，直至形成"关键词"。这种精准的提炼，就是在"寻找属于自己的句子"。

其五，高远的境界。从某种意义上来说，这些成果也是一种浓缩的文化，其文化的结构、形式和互动模式，无论是对学生的素养发展还是对教师的专

业发展乃至对学校的内涵发展都起着重要作用。法国哲学家帕斯卡尔曾说："人是一根能思想的苇草。"说到底，本套书所有的成果项目都是研究者基于对教育教学的精心思考与实践探索而形成的，不仅有着丰富的内涵，而且不断以思想激活思想，以求得到高境界的共享。

品读它，可以感受到苏州市广大教师的教育教学理念和行为已发生巨大的变化，他们敢于质疑、勇于实践，发现教育教学的奥秘；品读它，可以凝望到苏州市一大批优秀的科研型校长和教师，挑灯夜读，深耕细研。"苔花如米小，也学牡丹开。"这是一种精神，更是一种令人肃然起敬的生存状态。

倚锄望，到处是青青一片。国内外许多教育家，如中国的叶圣陶、美国的桑代克等都是教师出身，他们在工作中研究，在研究中工作，探索出教育的真谛，成为教育大家，被后人敬仰。我们也有理由相信，只要我们能有"采他山之石，博众家之长"的信念、胸怀和气度，脚踏实地、坚持不懈地实践探索下去，就一定会出现具有苏州地域特色的"苏式"教育名家。

愿此成果选编能为苏州市教育科研的改革和发展鼓风聚气、凝心聚力，并以此献给各位同人，祈愿您用睿智充盈自己，用思想强大自己，用人格扮靓自己，用研究提升自己，为"苏式"教育高质量发展贡献自己的力量。

目 录

- 县域"特教班"融合教育运行模式的构建与实施
  　　　　常熟市特殊教育指导中心　常熟市特殊教育学校　/ 1

- 开发种植与饲养资源：促进幼儿有益经验建构的教育实践
  　　　　　　　　　　　　苏州市吴江区金家坝幼儿园　/ 12

- 小学品德教学的行为诊断和改进策略
  　　　　　　　　　　　　　　苏州市教育科学研究院　/ 23

- 初中语文生态教育路径之探索与研究
  　　　　　　蔡明生态教育团队　张家港市教育局教研室　/ 34

- 小学语文组块教学
  　　　　　　　　　　　　苏州市吴江区盛泽实验小学　/ 44

- 教育哲学观下的中学数学教学的实践研究
  　　　　　　　　　　　　　　苏州市教育科学研究院　/ 57

- 多元化物理实验教学资源整合的研究与应用
  　　　　　　　　　　　　　　　　江苏省木渎高级中学　/ 67

- 小学全息学习的范型建构和实践推进
  　　　　　　　　　　　　　　　　　　常熟市实验小学　/ 79

- "德润文光"：百年老校育人范式的传承与创新
  　　　　　　　　　　　　　　　　苏州市平江实验学校　/ 92

- 多向"走学":培智学校育人模式的十年创新探索

    太仓市特殊教育学校 / 105

- "绿野村":劳动教育常态化实践20年

    苏州市实验小学校 / 117

- 教育数字化支撑大规模因材施教的区域实践

    苏州工业园区教育学会　苏州工业园区教师发展中心 / 136

- 全面质量观引领的"小初衔接"苏州实践

    苏州市教育科学研究院 / 145

县域"特教班"融合教育运行模式的构建与实施

常熟市特殊教育指导中心　常熟市特殊教育学校

（成果主要完成人：陆振华　朱林娥　孟春芳　邓炳华　高月亮　韩建光）

《国家中长期教育改革和发展规划纲要（2010—2020年）》指出：各级各类学校要积极创造条件接收特殊适龄儿童入学，不断扩大随班就读和普通学校特教班规模。《江苏省第二期特殊教育提升计划（2017—2020年）》指出：优先采用普通学校随班就读方式，就近安排适龄残疾儿童少年接受义务教育。基于这样的理念，常熟市努力构建县域特教班融合教育运行模式。

一、常熟市特殊教育之困

（一）困点之一：特殊儿童入学率低，"学有所教"还在路上

常熟市的特殊儿童大多分布在农村，范围广、类型多、程度重，特殊儿童迫切的入学需求与现实之间产生了巨大矛盾。如何通过城乡一体化有效解决城区、农村、外来务工等域内每一位特殊儿童的教育问题，并着力于职业技能教育，使他们最终融入社会、适应生活，是当前我们面临的严峻挑战。

（二）困点之二：融合教育方式单一，"全情接纳"还需努力

2004年之前，常熟市的特殊教育主要依赖于特殊教育学校，全市仅有3个特教班，融合教育方式单一。对于特殊儿童，社会舆论普遍认为应先行安排至特殊教育学校，普通学校拒收特殊儿童的案例时有发生，关爱、接纳特殊儿童的良好社会氛围的创设有待努力。

（三）困点之三："随班混读"现象严重，"学有优教"无从谈起

2004年之前，常熟市普通学校特殊儿童的教育安置及教学管理都由所在学校自行安排。普通学校教师融合教育理念不到位、学校资源配置不到位、教师获得的专业支持不到位，以及普通儿童难以接受特殊儿童等诸多原因，

导致"随班混读"现象严重,"学有优教"更是无从谈起,严重影响了特殊儿童的教育教学质量。

二、常熟市特殊教育之为

(一) 14 年,特教班数量快速增长(图1)

"特教班"特指附设在普通学校,针对特殊儿童实施教育教学的一种组织形式。它的特点是特殊儿童可以就近入学,增加了特殊儿童与普通儿童融合的机会,同时也有利于普通儿童接纳特殊儿童。特教班是实施融合教育的有效方式,是县域切实提高特殊儿童入学率的有效途径。

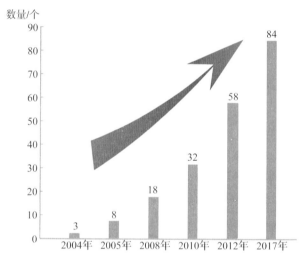

图 1 常熟市特教班发展趋势图

1. 初步探索阶段(2004—2005 年)

2004 年之前,全市仅有 3 个特教班。为保障广大特殊儿童权益,我们于 2004 年成立了常熟市特殊教育指导中心(以下简称"指导中心"),全面负责全市特教班建设。2005 年,全市新增 5 个特教班。通过回顾调查、总结反思,特教班融合教育运行模式开始酝酿。

2. 稳步推进阶段(2006—2008 年)

成立指导中心以后,常熟市稳步推进特教班建设,特教班逐年增加。2008 年增至 18 个特教班,通过行政保障、业务指导、社会支持,特教班融合教育运行模式已具雏形。

3. 模式构建阶段（2009—2012年）

从2009年开始，开启"标准化特教班"建设，要求有5个及以上特殊儿童的学校必须建立特教班，每年进行评比，符合条件的由教育局发文命名。2010年增至32个特教班，实现了乡镇中心小学特教班全覆盖。2010年，初中阶段第一个特教班在常熟市外国语初级中学建立，引起了初中校长的重视。2012年特教班增至58个，实现了乡镇中小学特教班全覆盖。特教班融合教育运行模式成功构建。

4. 拓展验证阶段（2012年至今）

2012年，特教班融合教育运行模式在城区中小学和外省市部分地区进行辐射推广，顺应国家政策，特教班更名为资源教室，教育局下发了《关于在义务教育阶段学校普遍建立"资源教室"的通知》。2017年，全市普通中小学建立了84个资源教室（其中两所九年一贯制学校共用一个资源教室），实现了城乡义务教育阶段全覆盖。特教班融合教育运行模式得到拓展验证。

随着特教班数量的不断增长，融合教育理念的不断增强，融合教育方式的不断丰富，在普通中小学接受融合教育的特殊儿童占特殊儿童总数的比率达85%，普校优先、全情接纳由理想成为现实。

（二）14年，特教班融合教育运行模式成功构建（图2）

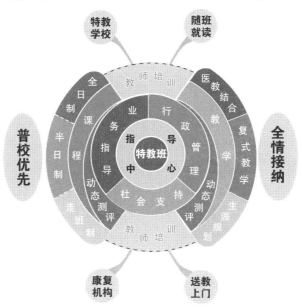

图2 常熟市特教班融合教育运行模式图

1. **首创特殊教育指导中心,奠定特教班有效运行之基**

2004年2月,常熟市成立了全国首个特殊教育指导中心,由教育局分管局长任主任,基教科科长、教研室主任、教研员、特教学校校长、巡回指导教师等为成员,统筹全市特殊教育工作,成为区域特殊教育指导和管理、示范性教学教研、诊断评估、发展研究、师资培训和特殊儿童康复的中心,起到了名副其实的枢纽作用。指导中心以更公平、更优质为目标,以融合教育为核心理念,始终坚持普通学校优先安置的原则,全情接纳特殊儿童。以专业化、规范性为指向,形成三大运行模式。

(1) 构建特教班融合教育行政管理运行模式。指导中心成立以后,城乡各中小学相应建立了特殊教育工作领导小组,并设立了"特教管理员"。由他们负责本校特教班的建设、特教档案的管理、特教教师的工作考核等,特殊儿童的入学率得到了切实提高。

(2) 构建特教班融合教育业务指导运行模式。成立特殊教育专家委员会进行动态测评、多元安置;区域特殊教育协作组组织特教班工作的开展和教学活动的安排;五类教学研究组〔视力障碍、听力障碍、智力障碍、脑瘫(肢体残疾)、孤独症〕进行质量管理。"随班混读"现象迅速得到了改善。

(3) 构建特教班融合教育社会支持运行模式。建立《特殊儿童受教育档案》,动态跟踪特教班教育教学情况;对学籍在特教班但由于重度残疾不能正常上学的特殊儿童,进行送教上门;编辑出版《常熟特殊教育》小报、开通特教服务热线电话,宣传特教班成功经验,形成了扶残助残的良好社会氛围。

> **非常亮点 1**
>
> 始终坚持政府主导,指导中心抓落实:形成了特教班行政管理融通、业务指导融合及社会支持融情的保障机制。

2. **原创特教班三种办班模式,探索特教班有效运行之路**

专家委员会在动态测评的基础上,对特殊儿童进行多元安置:随班就读、特教班、特殊教育学校、送教上门、康复机构。再以选择性、适切性为原则,创设了"全日制、半日制、走班制"三种办班模式,提供多元选择,促进相互融通,满足特殊儿童个性化发展需求。实现了特殊儿童就近入学,增加了特殊儿童与普通儿童最大限度融合的机会。

> **非常亮点 2**
>
> 始终坚持动态测评、多元安置不动摇：原创了特教班"全日制、半日制、走班制"三种模式。

3. 课程、教学两翼并进，确立特教班有效运行之本

始终坚持课程调整、教学改革共推进：以特殊儿童身心发展特点为基点，尊重个体差异，合理调整课程，科学选择教学策略。以基础性、差异性为重点，构建三种融合课程：普通课程"共性＋特需"相融合、特教课程"集体＋个别"相融合、生本课程"社会＋生活"相融合。以动态性、个别化为策略，探索三种教学特色：医教结合、复式教学、生涯规划。

4. 以教师专业培训为支持，架起特教班有效运行之桥

特教班模式的成功运行，需要一批富有特教情怀、专业技能的教师。我们以三种师训形式为支持：转岗培训、在岗培训、跟岗培训，加强特教师资队伍建设。

三、常熟市特殊教育之果

（一）特教班三种办班模式，确保融合教育按需供教

1. "全日制"特教班

"全日制"特教班设在特殊儿童人数较多的普通学校，教学对象是普通学校中重度特殊儿童，按照全日制培智学校的课程进行教育教学，并通过组织活动、走入社会等形式开展融合教育。如常熟市浒浦学校、海虞中心小学、张桥中心小学、古里中心小学和吴市中心小学的特教班。

2. "半日制"特教班

"半日制"特教班设在特殊儿童人数较少的普通学校，教学对象是中度特殊儿童，有两种教学组织形式：上午班、下午班。上午班的学生上午在特教班进行个别辅导，下午回普通班级参加其他活动类课程的学习；下午班的学生上午在普通班级学习，下午进特教班进行个别辅导。如常熟市练塘中心小学、杨园中心小学、唐市中心小学、辛庄中心小学、白茆中心小学等的特教班。这种模式很受特殊儿童家长的欢迎，更能体现融合教育理念。

3. "走班制"特教班

"走班制"特教班设在特殊儿童以随班就读形式为主的普通学校，教学对

象是轻度特殊儿童。学校安排一名专职特教教师在资源教室为各类特殊儿童辅导,学生在随班就读的同时根据实际需要轮流进资源教室接受个别化教育。如常熟市任阳中心小学、常熟市何市中心小学、常熟市周行中心小学等。常熟市何市中心小学安排了两位特教老师,全天7节课,教师定点在资源教室进行个别化辅导。这种模式让普通儿童和特殊儿童深度融合,并充分体现个别化教育理念。

三种特教班始终坚持在专家委员会动态测评的基础上,对特殊儿童进行多元安置,在实际操作中相互融通、不断变化。走班制、半日制、全日制模式分别是特教班的起步、巩固、提高,是动态衡量所在学校特殊儿童变化的一个重要依据,也为标准化特教班建设、资源教室建设打下了坚实的基础。

(二)特教班三种融合课程,实现融合教育以学定教

1. 普通课程"共性+特需"相融合

"共性"就是对于走班制和半日制特教班学生,选用和普通学生一样的课程,强调基础性和共同成长。"特需"就是针对学生具体情况,适当调整教学内容、教学目标,制定相关课程调整方案,综合研判学生个体发展关键因素,制订个别化教育计划,形成精准服务特殊学生的特需课程。在实施过程中,"共性+特需"课程合理穿插、互相补充、动态融合。同时,积极采用伙伴助学等方式,形成师生、生生之间全方位、多角度的融合,从而满足学生特殊需求,促进其智力和非智力因素的和谐发展,进而有效提高教学质量。

2. 特教课程"集体+个别"相融合

对于全日制特教班学生,我们选用特殊教育学校课程组织教学,形成了"集体+个别"相融合的课程形式。一是特教班集体课程和个别化课程的融合。采用特教部编教材选择使用、外地教材合理引用、其他教材适当补充的形式,同时合理制订个别化教育计划,满足每个学生的特殊需要。二是特教班小集体和学校大集体之间的融合。组织学生分组融入普通班的活动课程、开设与普通班级学生的协作课程、参与普通学生兴趣小组课程、参与学校主题活动等多种课程形式融入学校大家庭。

3. 生本课程"社会+生活"相融合

特殊教育的培养目标之一就是要指导特殊儿童适应生活。结合培养目标,我们根据常熟地域特征、社会环境、经济文化发展的特点,以及特殊儿童实际生活需要,编写了适合特殊儿童个性发展的生本教材《我爱常熟》《我爱生

活》，作为教学的补充，并采用主题教学的形式，帮助特殊儿童熟悉地方特色、乡土知识、生活常识，以便更好地适应生活、融入社会。

以上三种课程均以融合教育理念为根本，以特殊儿童为中心，根据每个学生的不同能力和需求，动态调整、以学定教，并以个别化教育计划为主线贯穿其中。个别化教育计划的推行，我们首先由特殊教育学校引领辐射，在积累开展个别化教育计划实践经验的基础上，逐步推广至全市特教班教师和随班就读教师。指导中心提出实施个别化教育的具体要求，编制了统一的"个别化教育记录表"，家长接受培训，共同参与制订个别化教育计划。

(三) 特教班三种教学特色，凸显融合教育因材施教

1. 学前教育阶段推行医教结合

学前阶段的特殊教育是抢救性工程，我们积极推行医教结合，将教育和康复相结合。首先在特殊教育学校试行医教结合研究，然后逐步辐射影响至全市幼儿园。以课题"医教结合促进残障儿童综合康复的实践研究"为抓手，联合常熟市残联、市二院、市三院，签署了学校、残联和医院共同开展医教结合实践研究的协议书，组建了由医院康复师、教师和家长组成的康复工作团队。通过言语康复、运动技能康复、情绪行为和社交康复三个子课题和多个微型课题的集约型研究网络，以丰富的个案为抓手，最终形成了集体教育与个训相结合的具体操作模式。何市中心幼儿园特教班的三名特殊幼儿通过医教结合的方式进行言语康复训练，均取得了良好的成效，常熟电视台对此进行了专访。

2. 义务教育阶段实行复式教学

义务教育阶段特教班学生由于年龄、智力等因素导致个体差异很大，组织整班化的教学有较大难度。目前，常用的教学组织形式是复式教学。复式教学是农村特教班特有的、符合中国国情的一种本土化的教学组织形式。小学特教班，一般跨越3个以上年级，有6—10人，可采用三复式教学。具体形式有：一动两静式、两动一静式、三动三静式。初中阶段的特教班，人数相对较少，一般以两复式为主。具体形式有：动静制复式、二二制复式、三三制复式。走班制和半日制特教班教学设计时大都采用插入式，全日制特教班以并列式为主，同时均须制订个别化教育计划。

3. 高中教育阶段进行生涯规划

特殊儿童虽然情况各不相同，但最终目标是融入社会。我们针对学生差

异，开设职教课程，进行生涯规划。特殊教育学校先后开办聋部缝纫职业班和培智烹饪职高班，同时还开设了中国结、画信、剪纸、丝网花、计算机应用、面点制作等具有实用价值的劳技培训。常熟市练塘成人教育中心校和特殊教育学校联合开办了烹饪职业高中特教班。在普通中学初三年级中开办了特殊学生技能短期培训，并将有一定学习能力的特殊学生安排进入各职业高中班随班就读。每年举办常熟市残疾人技能比赛、特殊教育学校文化艺术节等，进行才艺展示。全市特殊学生近两年累计接受职教培训1 000多人次，市级以上比赛获奖200多人次。

（四）特教班三种师训形式，保障融合教育学有优教

1. 转岗培训

特教班办班初期，新任特教班教师转岗业务培训主要有两种：集中培训、现场示范。2007年，指导中心与常熟市教研室联合在常熟市海虞中心小学举行了首次全市特教班教师转岗培训。2008年，常熟市莫城中心小学办起了特教班，指导中心选派教师与特教班老师一起制订教学计划，并进行现场备课和课堂教学示范。初办特教班的常熟市梅李中心小学、大义中心小学等都是通过这种转岗培训、现场示范，迅速提高新任特教班教师的教学能力。

2. 在岗培训

2009年开始，特教班数量快速增长，特教师资队伍不断壮大，启动了分类别、分学科的专业培训。我们将全市特教培训项目，逐步分为教学研讨培训、学科专业培训、课堂展示培训、暑期特教理论培训等多种形式。常熟市教研室每年两次组织全市特教班教学研讨活动，指导中心分别和苏州市特殊教育研究会、常熟市残联等联合举办学科专业培训，特殊教育学校每年组织一次特教课堂教学研讨，常熟市教师进修学校（现为常熟市教师发展中心）每年组织两次全市特教暑期理论培训。

3. 跟岗培训

近几年，常熟市启动了城区、农村教师交流工作，推进全市教育均衡发展。因此，我们研究出台了《常熟市特殊教育教师交流方案》，并探索了两种教师跟岗交流形式：骨干教师巡回指导、特教教师送教上门。积极选派乡镇特教老师到特殊教育学校短期跟岗挂职锻炼，同时选派特殊教育学校骨干老师定期进驻相关乡镇学校跟岗指导特教工作，全面提升我市城乡一体特殊教育水平。

四、常熟市特殊教育之效

（一）特教班运行模式，推动区域特殊儿童入学率大幅提升，"学有所教"得以实现

常熟市在全省率先实现了涵盖学前教育、九年义务教育、职业高中教育的15年特殊教育，建立了58个特教班，并分别在2010年、2012年实现了乡镇小学和初中特教班全覆盖。2017年，全市普通中小学建立了84个资源教室，实现了义务教育阶段资源教室全覆盖。2017年由特殊教育学校和常熟市练塘成人教育中心校联合举办的职业高中特教班成功开班。2018年，全省首个学前融合教育资源中心在常熟市东南街道东南幼儿园成立。全市义务教育阶段840名特殊儿童，654名就读于各普通中小学特教班或随班就读（不含送教上门66名），120名就读于特教学校。义务教育阶段特殊儿童入学率从60%提高到100%。

特教班运行模式，实现了特殊儿童入学率从60%到100%的跨越。

（二）特教班运行模式，推动区域融合教育教学质量大幅提升，"学有优教"初见成效

1. 学生成长

经过14年的积极实践，常熟市探索了比较完善的特教班运行模式，制定了特教班学科教学质量评价标准，特殊儿童教育教学质量得到了迅速提升。学前阶段的特殊幼儿在医教结合教学环境中得到了肢体、言语、情绪、交往、行为、心理等方面的综合康复，涌现出的康复小明星熠熠生辉。朱文涛等言语康复后转入普通小学随班就读，成绩优异。义务教育阶段特殊儿童积极参加各级各类比赛，累计获奖近千人次，学生作品在各类报纸杂志上发表，苏州市残疾人文艺展演捷报频传，多人荣获江苏省、苏州市"好少年"称号。高中阶段特殊学生进行生涯规划，毕业后有的升入高等学府，有的进入企事业单位，有的自主创业。毕业生唐某就读于江苏大学研究生院，陈某等40多名毕业生就读于北京联合大学等高校。毕业生虞某在欧尚世贸店点心部任主管，殷某任电子公司车间主任，毛某担任特教学校美术老师，程某开美甲店

自主创业,邓某、周某参加全国残疾人职业技能比赛获一等奖,等等。

2. **教师发展**

通过多样化的专业培训,常熟市建立了一支数量充足、结构合理、素质优良、富有爱心的特教教师队伍,特教理论水平、教育教学能力得到大幅提升。近十年来,累计培训约4 500人次,全市普通学校教师特殊教育培训覆盖率达40%,特教班、随班就读教师特殊教育培训覆盖率达100%,年培训经费6万—8万元。依托"常熟市特教工作室",组织特教教师参加各级各类比赛,成果显著。6人在江苏省特教基本功比赛、评优课比赛中获奖,多人获苏州市特教基本功比赛、江苏评优课比赛一等奖,更有近100名教师在全国特教技能比赛、江苏省优秀教案比赛、苏州市康复技能比赛等活动中获奖。1名教师被选拔参加教育部特殊教育课程标准、教材编写。特殊教育学校市级以上骨干教师比例达46%。省级课题"构建城乡一体化特殊教育发展模式的实践研究""区域性特殊教育学有优教保障体系构建的实践探索",均取得了丰硕成果。《努力构建具有常熟特色的特殊教育体系》等论文在《现代特殊教育》等省级以上期刊发表,共出版《随班就读管理与特教班建设》等6部专著。研究成果《特殊学生教育质量保障体系构建的区域化探索》《医教结合促进残障儿童综合康复的实践研究》先后获江苏省教育教学成果奖(基础教育类)一等奖。

(三)特教班运行模式,推动区域融合教育方式更加多元,"全情接纳"氛围浓厚

在融合教育实践过程中,学校努力为每一名特殊儿童提供适切的教育,从校长、老师到助学伙伴,每个人都热情接纳他们。常熟市教育局、残联、民政、卫生等部门通力协作,市慈善总会、市红十字会等也纷纷伸出援助之手,为特殊儿童融合教育提供支持保障。社会各界对特殊儿童的态度由排斥到关爱,由被动到主动,全情接纳成为每个人的共识。同时也培养了普通儿童包容差异、关爱他人的优良品质。形成了平等对待、互帮互助、扶残助残的良好社会氛围,实现了普特融通的双赢目标。

(四)特教班运行模式,推动区域融合教育影响力大幅提升,辐射推广凸显价值

县域特教班运行模式的成功构建,引起了国内外特教界的强烈反响和高

度赞扬，被特教同行誉为"常熟模式"。实践成果《构建城乡一体化特殊教育发展模式的研究》在全国随班就读支持保障体系建设研讨会上交流；江苏省随班就读师资培训班在常熟市召开；苏州市特殊教育现场会上进行常熟市特教班建设的介绍和推广。十多年来，救助儿童会、教育部领导及广西、浙江、云南、四川等省近100家单位的领导、教师来常熟市考察学习。《中国残疾人》杂志以《发展农村特殊教育的模式探索》为题介绍了常熟市特教班的发展成果，《现代特殊教育》多次就常熟市特教班建设做了专题报道，2011年第5期集中刊登了5篇相关文章。特殊教育界泰斗程益基老先生高度评价：常熟特教贵在坚持，首创了特殊教育指导中心，十多年的特教班建设从不间断，县域融合教育经验值得总结、推广。

五、常熟市特殊教育之思

（一）特教班专业师资保障水平有待进一步提升

特教班教师编制、待遇保障、职称评优等方面的问题，导致部分特教班教师老龄化。特教班教师须提升待遇、落实编制，通过特教特评等一系列措施给予保障。

（二）特教班"两头延伸"有待进一步发展

国家《第二期特殊教育提升计划（2017—2020年）》要求，加大力度发展残疾儿童学前教育，加快发展以职业教育为主的残疾人高中阶段教育。常熟市学前特殊教育虽已起步，但与特殊幼儿受教育的需求和文件要求尚有一定差距。常熟市特殊教育高中阶段教育起步较早，但办班规模较小。今后几年须加大投入，确保特教班向"两头延伸"。

（三）特教班运行模式实践成果转化有待进一步推进

《江苏省第二期特殊教育提升计划（2017—2020年）》要求，实现各学段融合教育资源中心全覆盖。目前，常熟市建立了84个资源教室（含原58个特教班）、1个融合教育资源中心。我们将进一步提炼转化县域特教班融合教育运行模式实践成果，拟在2—3年时间内依托特教班逐步在全市建立40多个融合教育资源中心，辐射至区域内每所学校。

（该成果2018年获国家基础教育教学成果奖一等奖）

开发种植与饲养资源：
促进幼儿有益经验建构的教育实践

苏州市吴江区金家坝幼儿园

（成果主要完成人：计彩娟 李莉 沈兰 凌伟娟 刘如燕 吴玲思）

苏州市吴江区金家坝幼儿园是一所典型的农村幼儿园，以"在自然中成长"为办园理念，从1996年开始依据本地资源优势，致力于种植与饲养资源的开发与课程建设研究，依托种植与饲养资源开发促进幼儿有益经验的建构。

一、问题的提出

随着幼教课程改革的不断推进，围绕"幼儿发展为本"这一中心，在寻求更优化的课程资源过程中，我们逐步认识到活动实施的关键在于以下几个方面：活动是否能指向幼儿的发展需求？是否坚持在行动中积累幼儿的有益经验？实施的过程是否能够帮助幼儿进入自主学习的状态？是否能够帮助幼儿形成一种积极的情感体验？等等。在活动实施的过程中，作为一所农村幼儿园，我园面临着以下一系列问题。

1. 学习内容脱离农村幼儿生活经验

幼儿心理发展水平决定了他们对事物的理解往往是粗浅的、表面的，对他们而言，课程就是他们每天所做的事情，只有源于生活的课堂才会充满生机与活力。但在实际教学中，活动内容往往脱离幼儿生活。更好地带领幼儿回归大自然，让教学内容看得见、摸得着、听得到，让幼儿在生活的真实情境中建构有益经验，是我们开发种植与饲养资源的一个重要目的。

2. 农村幼儿主动探究机会太少

长期以来，我们的课堂还存在着一系列弊端：关注教学过程，忽视学习过程；关注教师的工作，忽视幼儿的学习，活动中幼儿端坐静听的现象还时常发生。如何在种植与饲养活动中创造机会让幼儿进行尝试、探索、研究，激发幼儿内在的学习动机，使幼儿解决问题的过程成为幼儿获得有益经验的过程，是种植与饲养资源开发所要解决的主要问题。

3. 农村教师课程资源开发意识薄弱

回顾教学实践，教师能根据农村本地特色尝试开展一些种植和饲养活动，但对课程资源的开发与利用还比较单一，有大量丰富的课程资源被闲置，其中已经意识到并获得的资源没有充分利用，还有很多潜在的资源没有意识到，更没有去开发。教师如何通过资源的筛选、利用和开发帮助幼儿建构有益经验是种植与饲养资源开发的关键问题。

金家坝幼儿园地处农村，有着丰富的自然资源，但资源本身不能自动转化为幼儿的有益经验。如何顺应幼儿热爱自然、热爱动植物的天性，发挥本地资源的优势，促进幼儿有益经验的建构是我们重点思考的问题。于是，我们结合农村地域特色和幼儿年龄特点，以我园生态化的环境为教育背景，尝试开发种植与饲养资源。幼儿参与种植与饲养，不仅能丰富幼儿有关动植物的名称、类型、习性等方面的经验，而且获得了观察、发现和管理的机会，进而真正去感受生命、了解生命、珍惜生命。

二、解决问题的过程与方法

（一）环境改造，让学习内容看得见、摸得着、听得到

1. 环境改造第一阶段（1996—2003 年）：创设一个天天有绿、月月有花、季季有果的生态环境

金家坝幼儿园于1996年完成易地新建，只有一幢孤零零的教学楼，新建的校园四周都是田野，还有一片水塘。如何利用和创设这个自然环境？我们决定"把大自然搬进幼儿园"。首先，搜集资料，走访花木果农，了解本地适合种植什么植物，以及如何养护这些植物。着手为孩子们创建了一个五亩的观光果园，并根据季节特征在园内带领幼儿轮番种植西瓜、葫芦、番茄、草莓、山芋等植物。接着又逐步饲养了孔雀、鸽子、鸡、鸭、鹅、乌龟等动物。

环境改造第一阶段我们只是更多地考虑如何给幼儿创设一个好看好玩的生态环境，是一种静态的环境创设，还没有清晰、明确地认识到环境资源就是重要的教育资源。

2. 环境改造第二阶段（2004—2009 年）：打造聚焦行动的"小农场"

针对前期资源开发过程中还有大量的课程资源没有充分利用和开发的现

象，围绕"我们有哪些资源？已有资源的开发情况如何？还有哪些资源可挖掘开发？"三个关键问题进行资源调查分析。围绕幼儿发展所必需的一系列关键经验，将户外环境划分为各个不同功能区，建成了适合幼儿的安全的、自然的梯田式旱植园、水植园、荷花池、飞禽园、水禽园、果园等一体化的小农场，并在每个功能区用不同材质的小路贯穿，以满足幼儿与动植物零距离接触的需要。

随着环境的二次改造，我们的课程意识也在逐步发生变化，开始尝试利用小农场里的资源开展活动。如在"石榴熟了"活动中，孩子们通过"看石榴—摘石榴—吃石榴—送石榴—画石榴"等一系列活动，认识了石榴的主要特征，培养了分享合作的良好品质。但这个阶段的活动还是单个、独立的，没有把资源进行相互联系，也没有把幼儿经验进行统整，还没意识到对课程资源开发的整体规划。

3. 环境改造第三阶段（2010—2012年）：建成探究与挑战一体的户外主题游戏场

如何创设一个有利于引发幼儿多种经验、有利于支持幼儿互动的环境？我们尝试对户外环境进行第三次改造，在小农场的基础上将户外环境打造成一个集生态、趣味、挑战、探究于一体的主题游戏场。充分利用现有泥土、水系、树木、动植物、地形及其他自然资源，结合主题功能加以区域划分，主要划分成了生活拓展区、绿地休闲区、阳光沙水区、大型游戏器材区、创意体验区5个功能区，共20个活动区域。

户外环境的第三次改造，也代表我们开发种植与饲养资源的意识和观念在彻底发生转变，开始尝试将种植与饲养资源与更多的活动相结合，努力从幼儿感兴趣的动植物切入，不断扩展到人类生活的各个方面，实现了活动内容的多样化和整合，形成了完整的活动框架体系。

（二）转变教育方式，持续支持幼儿主动建构经验

"以学定教"，完整呈现"幼儿兴趣—问题—经验—表征"的探究动植物的自主学习建构过程，最大限度地满足幼儿直接感知、动手操作和亲身体验的需要。

1. 关注兴趣需要，对不同年龄段幼儿的兴趣点做价值判断

幼儿天真烂漫、好奇、好问，对什么事都充满兴趣，所以在开展种植与饲养活动时，幼儿可能会出现很多的兴趣点。面对幼儿在活动中的童言稚语，教师要及时给予分析和处理，捕捉和挑选适合孩子年龄特点的内容，最大限度地接近幼儿最近发展区，生成能够使幼儿获得关键经验的探究活动。

【案例】 兔子一家

幼儿年龄不同，感兴趣的话题也不同。小班幼儿来到小兔之家，总是一边抢着给兔子喂吃的一边问："兔子只喜欢吃萝卜和青菜吗？它还喜欢吃什么？"中班幼儿则对不同品种的兔子产生了兴趣："兔子怎么长得不一样？它们的食物一样吗？"大班孩子对兔子窝中一个个黑黑的洞很好奇："洞是从哪里来的？兔子为什么要打洞？兔子是怎么打洞的？兔子会选择怎样的地方打洞？还有哪些动物会打洞？……"针对小、中、大班幼儿表现出来的不同兴趣，生成能够使幼儿获得新经验的系列探究活动。

2. 强调问题解决的过程，鼓励不同年龄段幼儿进行适宜探究

（1）"请跟我来"——顺应小班幼儿爱模仿的个性。

3—4岁小班幼儿行为的目的性较差，思维属于直觉行动思维，认识主要来源于行动，爱模仿。针对小班幼儿的学习特点，教师鼓励幼儿在成人的协助下，通过参与简单的探究来发现动植物的明显特征。

【案例】 饲养蚕宝宝（小班）

正赶上蚕宝宝一眠，小班幼儿以为蚕宝宝死了，但是他们很聪明，尝试用各种方法去检验，有的用手碰，有的用嘴吹，通过实践幼儿发现蚕宝宝在睡觉。因为在活动中充分尊重并支持了幼儿自发产生的兴趣和问题，所以幼儿始终处于积极主动的探究状态。

（2）"携手行动"——带领中班幼儿参与动植物管理。

4—5岁中班幼儿有意性行为开始发展，会积极地运用感官去探索、了解新鲜事物。针对中班幼儿学习特点，教师从带领幼儿参与种植与饲养活动，逐步过渡到让幼儿独立完成管理动植物的工作。

【案例】 饲养蚕宝宝（中班）

蚕宝宝吃什么？孩子们在幼儿园内摘了桂花叶、香樟叶、石榴叶等喂蚕宝宝，但他们发现蚕宝宝只喜欢吃老师准备的叶子。这是为什么呢？孩子们通过动手摸一摸、闻一闻、看一看，认真比较自己摘的树叶和蚕宝宝喜欢吃的树叶有什么不一样。在探索蚕宝宝饮食习性的过程中，孩子们经历了"热情期盼—发现失败—获得新经验"的过程，既学习了运用多种感官观察的具体方法，又获得了关于桑叶的直接经验。

（3）"小鬼当家"——鼓励大班幼儿自主解决问题。

5—6岁大班幼儿观察事物的目的性、标准性、概括性都有了一定的增长，对周围世界有着积极的求知和探索态度，能尝试用思维解决问题，获得答案。针对大班幼儿的学习特点，教师将动植物管理工作主要交给幼儿承担，并鼓励幼儿像科学家一样探究动植物的秘密。

【案例】饲养蚕宝宝（大班）

大班幼儿在蚕宝宝饲养活动中发现了蚕宝宝身长的区别，于是想用蜡笔、线，甚至用积木和竹竿来量。讨论完后，各自到区域角寻找合适的材料动手测量。在第一次操作中，幼儿发现了所选测量工具的不足，在第二次测量中，幼儿将操作材料进行了适当调整，加入了尺，并将原有的线剪短（方便操作），淘汰了木块。经过两次测量实践后，针对到底哪种测量工具最好，幼儿又进行了讨论。整个过程教师鼓励幼儿尝试自己解决问题，虽然从活动表现来看，幼儿有些想法的可操作性和正确性不高，但通过跟进的实践探究活动，幼儿会自主发现用哪些材料测量是比较合适的，此时教师无须给幼儿过多的建议，只需给幼儿提供"疑惑—试误—解答"的自主探究学习机会。本次"测量蚕宝宝身长"的系列活动，并不是单纯为了测量出蚕宝宝的长度，关键是帮助幼儿通过行动获得有关测量的直接经验和方法。

3. 把握教育价值，让不同年龄段幼儿进行有意义的表征活动

小班幼儿能通过模仿、表演等方式来表达自己的发现。舞蹈的直观性、可感性恰好符合小班幼儿的天真活泼、好奇爱动、模仿性强等特点。在幼儿与小动物互动的过程中，教师及时将幼儿的每一个模仿动作拍摄下来，带领幼儿跟着音乐创编动作。幼儿不仅从中感到快乐和满足，也培养了对美的感受能力和对艺术的创造能力。

中班幼儿能通过简单的调查收集信息，能用图画或其他符号进行记录。中班幼儿在参与种植与饲养活动中已经储存了大量的动植物的有益经验，他们对动植物的识别、记忆、概括和运用能力也都得到了增强。因此，逐渐有了绘画、手工、律动、记录等与五大领域相结合的表征活动。

在成人的帮助下，大班幼儿能制订简单的调查计划、种植与饲养规则和计划并执行；能用数字、图画、图表、类文字或其他符号记录自己的观察活动和实验结果。在大班幼儿的表征方面，我们注重以幼儿感兴趣的种植与饲养活动为基点，注意注入多元智能的理念，关注活动中不同智能之间的现实联系，从而有效融合各领域内容，通过语言、绘画、记录、表演、唱歌、动作模仿等多样性表征来发展幼儿的多种能力。

(三) 开展行动研究，提升教师的课程开发能力

研训一体的培训，能增进教师对课程资源的筛选能力，以及对种植与饲养活动指导时机和实施策略的认识，有效提升教师课程资源开发能力。

1. 落实研究周期，合理建构活动内容

围绕"幼儿发展为本"这一中心，以安全性、教育性、代表性、可操作性为原则，挖掘、筛选、整理出最典型、最有代表性、能为幼儿接受的动植物样本，以具有本土特色的蚕宝宝、泥鳅、芋艿、马兰头等动植物的种植与饲养为重点，尽量丰富动植物种类，避免动植物关键经验的重复。成功开发了"蚕宝宝成长""龙虾大PK""石榴丰收啦""水稻种植记"等20多个具有本地代表性的种植饲养活动案例，同时结合季节时令成功开发了"我和小树有个约会""快乐的播种记""热闹的端午节""团团圆圆庆中秋"等20多个主题活动案例，实现了活动内容的多样化整合，也实现了长期、阶段、临时种植与饲养活动的系统规划，形成了完整的活动框架体系。

2. 梳理关键经验，满足不同年龄幼儿发展需求

种植与饲养活动取材于生活，是幼儿看得见、摸得着、听得到的实体，对于确定的动植物样本，尝试从动植物的基本特征、生活习性、生命周期、动植物间的生态联系切入，进一步延伸到人类生活的各个方面，关键经验的获得逐步向人、自然、社会三者有机联系的生态理念发展，梳理了《3—6岁幼儿种植与饲养活动关键经验一览表》。同时，结合《3—6岁儿童学习与发展指南》中幼儿的能力发展，依据不同年龄段幼儿在种植与饲养活动中审美能力、数量概念、语言能力、责任意识、与同伴的协作能力、计划能力等多种能力的实际发展情况，梳理了《3—6岁幼儿参与种植与饲养活动的能力发展一览表》。这些信息的梳理和提炼，既为今后种植与饲养活动的有效开展提

供了评价依据,也实现了小、中、大班三个年龄层次幼儿的经验衔接。

3. 确立种植与饲养资源开发的具体实施策略

一方面,种植与饲养活动打破各领域的界限,以整合的方式组织活动内容,将分割的知识经验连接起来,生成幼儿的有益经验。开发的思路从"可以种什么?可以养什么?"切入,梳理本地区适宜种植与饲养的动植物样本;落实研究周期,合理建构活动内容;围绕关键经验全面开发资源;预设与生成相结合组织活动(图1)。

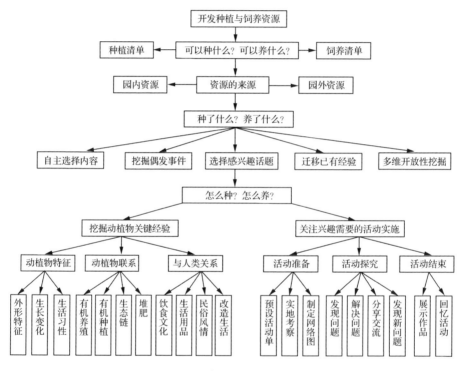

图1 资源开发流程图

另一方面,种植与饲养资源开发是一个整体推进的过程,围绕"幼儿发展为本"这一中心,对活动内容的选择、内容实施的途径等进行共同开发和完善,做好长期、阶段、临时种植与饲养活动的系统规划,最终培养幼儿热爱自然、热爱生活的积极情感,以及主动探究的学习品质,实现幼儿积累丰富的有益经验的核心目标(图2)。

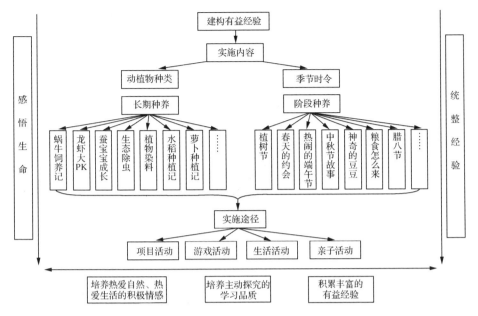

图 2　经验建构发展图

三、成果的主要内容

1. 形成并践行了儿童本位的资源开发立场

种植与饲养活动是幼儿亲近自然的过程，也是幼儿热爱大自然、热爱动植物，以及关注、关爱生命的天性得以展现的过程。依托本园"小农场"资源优势开发的种植与饲养活动遵循幼儿的成长规律，努力创造一种自然、自由、平衡、和谐的教育环境，充分关注幼儿的生活和经验、行动和思维、体验和感受，带领幼儿在亲近自然、体验自然、共享自然的过程中，逐步建立起"关注幼儿、关注生活、关注经验、关注行动"的资源开发价值取向。

2. 实现了从种植与饲养资源到幼儿经验的转化

充分利用小山、果园、田地、水池等自然资源，引领幼儿不断寻找和发现动植物的秘密，从动植物基本特征切入，不断扩展到动植物间的生态联系及与人类生活的各个方面，为幼儿提供了多样化的教育活动；帮助幼儿在感知、操作、体验、游戏、探究、讨论、实验中，在解决具体问题的过程中，与种植、饲养资源发生互动，建构有益经验，积累学习方法，形成积极的情感，提升学习品质，最终实现从"物"形态的课程资源到"精神"形态的幼儿经验的转化，以及幼儿碎片式经验的系统化。

3. 促成了幼儿、教师、家长与园所多个主体共同发展

种植与饲养资源的开发过程搭建了一个既能实现幼儿、教师、家长共同成长又能促进幼儿园内涵发展的全面动态的开发模式。对幼儿而言，幼儿在参与管理动植物的过程中，在"发现问题—实践验证—解决问题—发现新的问题"的循环往复中，获得了多方面的经验，增进了情感和能力。对教师而言，教师不仅增进了对农事的了解，增进了对幼儿天性、幼儿观察和表征能力的认识，也增进了对种植与饲养活动指导时机和策略的认识，课程资源的开发能力得到了发展。对家长而言，家长参与了种植与饲养活动，理解了种植与饲养活动对幼儿学习和发展的重要意义，使家园联系更紧密。对园所而言，幼儿园借助种植与饲养资源的开发过程实现了办园特色的形成和内涵的发展。良好的师幼关系、家园关系的形成，最终促进了课程的进一步可持续发展。

四、效果与反思

回顾研究历程，可以肯定，种植与饲养资源的开发是将我园"在自然中成长"的办园理念落到实处的一项战略性选择。它在更新教师教学理念，提升教师课程资源的开发能力，提高教育教学质量，整体提升办学水平，最终促进幼儿的全面发展方面，都取得了令人瞩目的成效。

（一）取得的效果

1. 丰硕多样的研究成果

教学成果《种植与饲养资源的开发》2016 年 9 月获得苏州市教育教学成果奖特等奖，2017 年 9 月又获得江苏省教学成果奖特等奖。我们将实践过程中形成的鲜活案例整合为《小小饲养员——幼儿园饲养活动》一书，2014 年由南京师范大学出版社出版，为其他幼儿园的老师组织、实施种植和饲养活动提供了借鉴。我园开发种植与饲养资源的经验和策略也被收录进了由中华人民共和国教育部与联合国儿基会共同委托中国学前教育研究会主编的《农村幼儿园教师培训资源包》的书稿中，种植与饲养资源开发的成功经验为西部农村幼儿园在课程资源开发与建设方面提供了参考。同时，基于种植与饲养资源的开发，成功研发了 20 多个具有本地代表性的种植饲养活动案例和 20 多个时令性园本主题活动，并成功梳理了《3—6 岁幼儿种植与饲养活动关键经验一览表》和《3—6岁幼儿参与种植与饲养活动的能力发展一览表》，为今后种植与饲养活动的有效开展提供了评价依据，也实现了小、中、大班三个年龄层次幼儿的经验衔接。

2. 日益精进的农村教师专业发展

教师在开发种植与饲养资源的过程中，不仅观念发生了变化，也获得了种植与饲养方面的经验和能力。更重要的是，教师对种植与饲养活动及其价值有了更深刻的认识，提升了开发种植与饲养资源的专业水平。全园28位教师，紧紧围绕种植与饲养资源开发，共有51篇文章在《上海教育科研》《早期教育》《幼儿教育》《生活教育》等全国核心教育期刊上发表。另有55篇文章在"师陶杯""行知杯"等优秀论文评比赛中获一、二等奖。2017年江苏省教育科学规划"十二五"青年专项重点自筹课题"种植与饲养活动：一项生态课程开发的行动研究"成功结题。立项中国学前教育研究会和江苏省陈鹤琴教育思想研究会的种植与饲养资源开发的课题于2015年均成功结题，并分获全国、江苏省课题成果一等奖。

3. 不断扩大的社会效应

研究成果在推广的同时受到了社会的广泛关注。2017年11月，中国教育电视频道对我园的种植与饲养资源开发进行了专题报道，苏州电视台、吴江电视台等电视媒体和《吴江日报》《早期教育》《幼儿教育》《环境教育》《保育教育》《苏州教育科研》《吴江教育》等报刊也对种植与饲养资源开发进行多次专题宣传报道。近几年，学校先后成功接待"国培""省培""市培"及园长骨干教师跟岗活动40多次，共计接待来自全国各地参培人员3 650余人次。研究成果也多次在"国培""省培"及江苏省教科院组织的"名师送培"中作为专题讲座分享，受到了专家和同行的好评与肯定。

(二) 今后需要改进的领域

1. 种植与饲养资源领域还需要进一步拓展

目前种植与饲养资源开发较多的是挖掘园内小农场的资源，接下来将结合园内外各类自然资源、社会资源和人力资源，形成本幼儿园的教育资源网，最大限度地发挥种植与饲养资源的教育价值。

2. 种植与饲养资源的开发需要与更多活动相结合

种植与饲养活动是一种综合性的活动，是涉及测量、空间、协作、规划、表现、责任感、任务意识及审美等多方面丰富经验的活动。但这些还不够，接下去要将种植与饲养活动与室内室外连接，与更多活动相结合。

3. 种植与饲养活动需要不断促进幼儿良好学习品质的形成

在下阶段的研究中要注意进一步培养幼儿良好的学习品质，在"幼儿与教师互动""幼儿与幼儿互动""幼儿与家长互动"的多向互动过程中培养幼儿收集、处理和利用信息的能力，培养幼儿提出问题、研究问题、解决问题的能力，不断促进幼儿良好学习品质的形成。

种植与饲养课程资源的开发见证了我们的成长和发展，同时也记录着我们的问题和反思。我们将继续依托本土资源优势，发扬团队精神，将教与研结合起来，最大限度地发挥种植与饲养资源的教育价值。

（该成果2018年获国家基础教育教学成果奖二等奖）

小学品德教学的行为诊断和改进策略

苏州市教育科学研究院

（成果主要完成人：胡春娜 胡莉英 朱小敏 金怡 张承智 罗红）

针对小学品德教师专业发展及品德课堂教学效率不高等问题，在进行行为诊断的基础上，本成果提出具有针对性的教学策略，以此实现小学品德教师的教学行为的改进，进而探索提高小学品德教师专业发展水平路径的一种行动研究与实践探索。

一、成果的主要内容

（一）问题的提出

项目负责人胡春娜老师是苏州市教育科学研究院小学品德学科教研员。在长期的教研工作中，她带领团队深入学校了解学科教学情况。经过调查研究，发现小学品德教学在以下三方面存在突出问题，并基于这些问题进行了细致的分析。

1. 基于小学品德学科教师配置的基本现实

一直以来，在大多数学校中，品德课程没有语、数、英学科那样得到应有的重视，处在"说起来重要、做起来次要、忙起来不要"的"边缘"位置。担任品德学科的教师不仅多为兼职，而且稳定性不高。同时，教师专业化发展的路径不畅，教学改革总是在起点上不断地进行着简单重复，很难有所突破。

就苏州市来说，以 2015 年为例，全市共有 307 所小学，小学教师共有 24 555 人。其中担任品德学科教学的教师有 6 817 名，占教师总人数的约 27.76%。品德教师数量比较庞大。但是在 6 817 名品德学科教师中，兼职教师有 6 573 名，约占品德教师总人数的 96.42%；专职教师 244 名，约占品德教师总人数的 3.58%。兼职教师由于其他学科教学任务的牵制，没有时间和精力研究品德学科的教学，在很大程度上影响了教师专业水平与专业技能的提高。

2. 基于小学品德学科课堂教学的基本现状

一方面，小学品德教师教学技能水平普遍偏低。教师在教材解读、学情分析、目标把握、教学设计、资源利用等教学方案设计上存在明显认识偏差，在教学活动、倾听对话、价值引领、生成调控等教学组织行为上存在操作技能失当。比如，有的课教学目标不明，教学内容没有很好地结合学生生活实际；有的课学生的主体性体现不足，偏重教师的说教与灌输；有的课偏重教学活动形式的热闹而忽略了教学活动的内涵；等等。

另一方面，小学品德学科课堂教学效率普遍不高。在实际教学工作中，由于可以借鉴学习的品德教学理论和教学操作策略相对匮乏，教师对课程的理解力和课堂的驾驭力显得力不从心，加之前文所分析的教师技能水平不高，从而导致课堂教学低效，严重影响了学科教学的质量。

3. 基于小学品德课程育人功能的基本思考

国家强调坚持德育为先，把育人作为学校教育的根本。小学品德课程是最直接的育人课程，也是落实"立德树人"根本任务的关键课程。教育大计，教师为本。有好的教师，才有好的教育。如何促进品德教师的专业发展，真正发挥小学品德学科教育功能？如何提升品德教学的质量，真正实现小学生品德素养的提高？这些都是值得研究的问题。

因此，非常有必要针对品德教学中普遍存在的典型问题，做出理性剖析和诊断，提出可操作性的行动对策，以提高教师品德课堂教学的实效性；也非常有必要针对品德教师学科教学技能低下，以及可借鉴学习的教学操作策略缺少的现状，研究和探索比较全面、系统的品德教学策略，供教师借鉴和学习，提升学科的理解力和执行力，以此发展学生的品德素养，落实"立德树人"根本任务。

综上所述，进行教学改进研究，探索切实可行的小学品德教师专业发展的路径，促进其专业化成长，具有非常重要的现实意义。以品德教学要素为基本线索，梳理存在的主要问题并进行诊断和分析，进而提出具有针对性的行动策略，以此提升教师的教学技能，提高品德教学实效。为此，我们于2000年就开始了"指向教师专业发展的教学改进研究——小学品德教学策略与行为诊断"的理论研究与实践探索，并于2010年1月开始对成果的实践运用和完善，2017年最终形成了成果。

（二）解决问题的过程与方法

解决问题的过程历经近20年，项目组通过组建团队、问题导向、实证研究、主题推进等措施，针对小学品德教师专业化程度不高、小学品德教学实效性偏低和育人功能没有得到很好落实这些问题，开展了"草根化"的理论研究与实践探索，取得了显著的成效。

1. 基础研究：教师素养和教学行为问题的调查诊断研究阶段

组建团队—实证调查—定性分析（2001—2004年）

项目主持人胡春娜老师于2001年9月到12月，对苏州市所辖4市6区共307所小学进行了调查，并对相关数据进行了分析。调查指标主要涉及专兼职教师专业素养情况等。在6 817名品德学科教师中，接受1—2次专业培训的教师有4 337名，约占63.6%；接受3—4次培训的教师有1 302名，约占19.1%；没有接受培训的有1 178名，约占17.3%。品德学科教师接受专业培训的面虽然比较广，但深度不够。在6 817名品德学科教师中专业知识一般及比较弱的教师占46.9%；专业技能一般及比较差的教师占54.1%；专业态度一般的教师占25.2%。

在此调研基础上，以各区市教研室、苏州市名师共同体为阵地，以教研员、特级教师、名师工作室主持人为骨干，成立11个专题研究团队，对品德课堂教学问题进行调查与诊断，定期开展专题研究、研修实践、课堂观察等活动，取得了阶段性的成果。先后承担了"'品德与生活（社会）'教学有效性的研究""江苏省中小学公民教育实践活动实验研究""小学主题大单元德育课程的校本开发"三项省级课题的研究与实践工作。通过名师示范，专家引领，区域联动，整体推进，开展市级以上课题研究活动30多次，出版了关于课题成果的专著3本，在核心期刊上发表了论文20多篇。其中2个课题获2013年江苏省教学成果奖特等奖，1个课题获江苏省第四届教育科学优秀成果奖二等奖。

2. 理性探索：以课题为引领探索品德有效教学阶段

问题导向—课题引领—提出对策（2004—2009年）

项目组以行动研究为主要方法，精心筛选出11个教学要素中出现的66个最典型的问题，深入剖析，根据教学理论结合品德课程的特点，对实际教学中真实存在的具体问题，从问题呈现、行为诊断和行动对策三个层面释疑解难。

通过长期深入课堂观课、评课、研课、教学案例征集等方式，掌握大量资料，进行分析和诊断，提出了解决教师备课、上课困惑的策略，帮助教师形成正确的教师观、教材观、教学观、课程观和学生观。如我们对教师教材解读中常出现的6大缺憾，通过剖析6个不同的典型案例，诊断出备课时"不注重教材的前后联系""解读教材案例僵硬死板"等13个"病灶"，开出17张"处方"，提炼出"个性化活用教材"等8个策略，帮助教师提高教学技能，并出版了专著《有效的教学技能——小学思想品德卷》。

3. 教学改进：教学策略形成检验阶段

实证掌握—理论构建—实践改进（2009—2010年）

研究团队通过听课、座谈、沙龙、研讨等活动，以品德课程理念和教学论为指导，以系统论的逻辑思想为框架，以促进教师专业成长为关键，以提升学生生命质量为根本，以教学理论为指导，厘清了小学品德学科教学的11个基本要素：教材解读、学情分析、目标把握、教学设计、资源开发、语言表达、情景创设、活动组织、倾听对话、捕捉生成、价值引领。

把品德学科听课和研课中发现的问题按一般教学逻辑进行透视型、诊断式解析，形成了小学品德与生活（社会）有效课堂教学的68个基本策略和69个行动对策（表1）。

表1　以情景创设要素为例的基本策略和行动对策

要素	基本策略	行动对策
情景创设	把握情景创设的基本内涵；关注情景创设的几个注意点；借助媒体情景，拉近时空距离；设置故事情景，激发道德情感；创设对话情景，促进沟通交流；营造生活情景，积极体验实践	情景创设紧密联系教学目标；情景创设重视学生亲身体验；情景创设引发学生良好心理体验；情景创设引起全体学生的共鸣；情景创设联系学生现实生活；情景创设向真实生活延伸

4. 实践检验："苏式品德课堂范式"确立及成果运用阶段

点面结合—主题推进—运用推广（2010—2017年）

我们将研究内容分解成11个板块，每个市区的研究团队承担相应的板块，一大批教师活跃于各研究团队中，形成了一个个研究联盟，通过举办同题异构、异题同构、异题异构等活动，征集典型案例，进行剖析和诊断，形成教学策略，指导教学实践；在不断的实践中再次加以梳理，形成富有地方特色的"苏式品德课堂范式"："生活链接—走心活动—真情体验—灵动践行"，实现品德课堂立德树人的内在价值。苏州地区的品德课堂呈现出了勃勃生机，形成了各自的风格。姑苏区的对话课堂范式、昆山的好习惯课堂范式、吴江区的"勾连整合"模式等在省内均有一定知名度。在有趣高效、精致灵动、真实真情的品德教学活动中，指引学生当下和今后的生活，使学生在生活中发展、在发展中生活，为生命成长奠基。在江苏省义务教育学校学生素养监测中，学生的良好行为习惯、个性品质等指标达标率均接近100%。

本成果在全国和全省获得了一定的知名度，2016年项目荣获苏州市教育教学成果奖特等奖，2017年又获江苏省教学成果奖特等奖。在广西、云南、安徽等省品德骨干教师培训活动中、南京师范大学和苏州大学等多所高校承办的品德学科国培活动中，我们的"苏式品德课堂范式"和成果专著被指定为必备的培训内容，并深受学员欢迎。

二、成果的主要观点及创新点

（一）提出小学品德教学基本策略，实现品德教师从兼职走向专业

基于近20年的实践探索与课例研究，在对品德教学基本要素全面分析与把握的基础上，项目负责人站在教研员的高度，以一线教师的视角，精准而系统地提出了从备课到教学的68个基本策略（图1：以一、二、三篇章为例），并对每个教学策略的本质属性进行抽象概括，用朴素的语言进行描述，便于品德教师领悟并实践。出版的专著《小学品德与生活（社会）教学策略与行为诊断》是国内较早系统研究小学品德课程教学的指导用书。本专著有11个篇章，共40万字，系统阐述了品德课程的教学策略。专著针对每一个篇章的教学策略分两部分阐述：第一部分是根据教学理论，结合品德课程的特点，从比较中观的角度阐述了教学的基本策略，为教师的教学作引领；第二部分是从比较微观的角度对教学实际中存在的具体真实问题，在问题呈现、行为诊断和行动对策三个层面上为教师释疑解难，提高教师对品德课程的理解与实施的能力。专著受到全国各地一线品德教师的广泛推崇，在网络平台得到了全优的好评，并成为一些地区教师培训的必选书目。

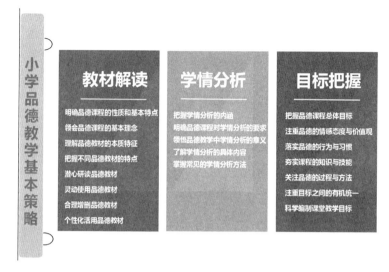

图1 小学品德教学基本策略

(二) 解答品德教学中各种困惑，实现品德课程从理念走向实践

项目组成员长期深入课堂，开展"草根化"的行动研究，精心筛选出实践中存在的11个类型69种常见问题，深入剖析，进行针对性的诊断和指导，形成69个改进教学行为的行动策略（图2：以四、五、六篇章为例），为品德教师在课程理念与教学行为之间架起了桥梁。近千名教师参与研究。通过举办同题异构、异题同构、异题异构等活动，进行剖析诊断，形成教学策略，指导教学实践；在不断实践中加以梳理、验证，进行完善、修正，研究成效显著，大量品德名师脱颖而出，品学兼优的学生不断涌现。

图2 小学品德教学行动策略

（三）构建"苏式品德课堂范式"，实现课程任务从知识走向育人

项目组以新的教师观、教材观、教学观和学生观，引领教师体现品德课程的生活性、开放性、活动性和实践性特征，形成富有地方特色的"苏式品德课堂范式"（图3）。通过"生活链接、走心活动、真情体验、灵动践行"，实现品德课堂立德树人的内在价值。有趣高效、精致灵动、真实真情指引学生当下和今后的生活，使学生在生活中发展、在发展中生活，为学生生命成长奠基。苏州的教师执教的品德优质课在全国全省的比赛中名列前茅。涌现出"江苏人民教育家培养工程"培养对象、江苏省特级教师、"姑苏教育领军人才"、"苏州名教师"等大批品德名师，承担全国"道德与法治"课程标准与教材的编写工作。在江苏省品德学科教师基本功大赛和优质课评比中，苏州的教师获得一等奖的人数列全省第一。

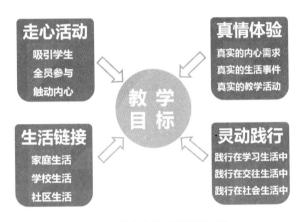

图3 "苏式品德课堂范式"

三、成果的社会影响及推广应用情况

（一）助推了小学品德教师的专业发展

通过开展各类培训活动和100多次专题讲座，深入解读教学策略，提高了对课程的理解与实施能力，较好地助推了教师的专业发展。涌现出大批学科名师，其中，正高级教师2人、特级教师4人、"江苏人民教育家培养工程"培养对象2人（占全市的25%）、大市名师33人（占全市的18%）、"姑苏教育领军人才"7人（占全市的10%），有73位教师成长为大市学科带头人。

(二) 提升了小学品德教师的教学技能

成果系统凝聚了品德教学的基本策略，开展了各级各类培训活动，仅胡春娜老师在近5年中，就做讲座100多次，使教师对品德教学策略有全面、系统的认识，掌握学科基本策略，提高对课程的理解与实施能力，提升教学技能，引领专业发展。

结合教研员的工作特点，以名师团队为主体，以教研活动的方式系统解答了教师在教学中的困惑，发挥了专业示范和引领作用。在问题呈现、行为诊断和行动对策三个层面上为教师释疑解惑，提升了品德教师的教学技能。在江苏省基础教育青年教师教学基本功大赛（以下简称"基本功大赛"）中，我市选手获一等奖4名、二等奖8名（表2），获奖总人数列全省第一。

表2 部分获奖信息（基本功大赛）

序号	获奖教师和获奖名称	主办单位
1	2017年赵苏苏老师获基本功大赛一等奖	江苏省教育厅
2	2017年张军老师获基本功大赛一等奖	江苏省教育厅
3	2014年华琳智老师获基本功大赛一等奖	江苏省教育厅
4	2014年胡静老师获基本功大赛二等奖	江苏省教育厅
5	2011年尹弘敏老师获基本功大赛一等奖	江苏省教育厅
6	2011年蒋燕衔老师获基本功大赛二等奖	江苏省教育厅

(三) 推动了小学品德课堂的教学改革

研究组贴近教学实际，基于项目团队成员的工作平台，指导一线教师的课堂教学实践。"苏式品德课堂范式"（"生活链接—走心活动—真情体验—灵动践行"），通过名师示范与专家引领，实行区域联动与整体推进，深化小学品德课堂的教学改革，提高课堂教学效率，促进学生生命成长。苏州市的品德课在全国、全省多次荣获一等奖（表3）。

表3 部分获奖信息（品德课程评比）

序号	获奖教师和获奖名称	主办单位
1	2016年华琳智老师获中国教育电视优秀教学课例一等奖	中央电化教育馆
2	2016年华琳智老师获江苏省评优课一等奖	江苏省中小学教研室
3	2016年陈华老师获江苏省评优课一等奖	江苏省中小学教研室

续表

序号	获奖教师和获奖名称	主办单位
4	2015年李喆老师获江苏省评优课一等奖	江苏省中小学教研室
5	2013年彭蕾老师获全国优质课一等奖	中国教育学会
6	2013年尤志华老师获江苏省评优课一等奖	江苏省中小学教研室
7	2013年朱振娟老师获江苏省评优课一等奖	江苏省中小学教研室
8	2009年金怡老师获全国小学品德优质课评比一等奖	中国教育学会

（四）解答了教师在教学中的各种困惑

项目组结合教研员的工作特点，以课题为抓手，由苏州市名师组成项目团队，发挥专业示范和引领作用，开展各类教研活动，解答教师在教学中的困惑。项目研究针对教学实际中存在的真实问题，开展教学观摩、教学研讨、教改展示、教学评比等活动，通过举办同题异构、异题同构、异题异构等活动，解答教师教学中的困惑。项目组成员长期深入课堂，开展行动研究，精心筛选出实践中存在的11个类型的69种常见问题，并对问题做了具体深入的剖析，提出了针对性的诊断和指导，形成了69个行动策略，使广大一线教师教学中的问题得以解决，引领教师教学，提升品德课堂教学的有效性，实现课程促进儿童生命成长的目的。

（五）促进了学生生命成长的素养形成

项目研究推动品德课堂回归生活，指向学生"国家认同""公民道德""社会责任""实践创新"等核心素养的培育，促进了学生正确的世界观、人生观、价值观的形成。在江苏省义务教育学校学生素养监测中，学生的良好行为习惯、个性品质等指标达标率均接近100%。

（六）加速了团队核心成员的高位成长

成果主要完成人胡春娜老师，在不断学习、整理、总结和反思的过程中得到快速提升，近几年发表省级以上论文13篇，其中6篇为《人民教育》等全国中文核心刊物；参与编写了国标教材、省编教材等多套教材；受教育部委托，担任全国聋校"品德与生活""品德与社会"课程标准研制组组长工作；教学成果显著，在全国基础教育课程改革教学研究成果评比中获得二等奖，2次荣获江苏省教学成果奖特等奖。

聚焦课堂，扎根教学。胡春娜老师2009年至今已经在各级培训和研究活动中,公开执教 20 多节示范课,形成了"教学植根于儿童"的教学思想和"基于生活的活动化"教学特色和"生活链接—走心活动—真情体验—灵动践行"的"苏式品德课堂范式"。其中,"我不胆小"荣获 2012 年江苏省评优课一等奖,并在江苏省"教学新时空·名师课堂"展播,受到全省品德专家和一线老师的好评。

胡春娜老师在成果实践和运用中主要获奖及成果情况如表 4 所示。

表 4　胡春娜老师主要获奖及成果情况

序号	获奖及成果情况	授奖单位及出版单位
1	2017 年江苏省教学成果奖(基础教育)特等奖	江苏省人民政府
2	2016 年江苏省第四届教育科学优秀成果奖二等奖	江苏省课题规划办
3	2016 年苏州市教育教学成果奖特等奖	苏州市人民政府
4	2011 年江苏省基础教育课程改革教学研究成果奖特等奖	江苏省人民政府
5	2011 年出版专著《小学品德与生活(社会)教学策略与行为诊断》	北京大学出版社
6	2010 年教育部基础教育课程改革教学研究成果奖二等奖	教育部
7	2009 年主编《有效的教学技能——教学问题诊断与技能提高》	吉林大学出版社
8	全国聋校"品德与生活""品德与社会"课程标准研制组组长	教育部委托江苏省教育厅
9	参编义务教育教科书《道德与法治》及其教师用书	核心编写成员
10	主编全国聋校《道德与法治》1—2 年级教科书	人民教育出版社

(七)产生了极其深远、广泛的辐射影响

研究成果以专著形式出版后很快售罄,在线上推广后,得到全国各地一线教师的高度赞誉。成果以讲座、课例等多种形式,在全国进行了上百次交流。在省级骨干教师培训活动,以及南京师范大学、苏州大学等多所高校承办的"国培"活动中,"苏式品德课堂范式"和研究成果专著被指定为重点培训内容,深受学员欢迎。专著成为江西、福建、云南、海南、广西等地品德教师培训的推荐书目。研究成果又以课堂教学实录和主题研讨录像的形式,在江苏省"教学新时空·名师课堂"上播出(表5),得到了省内外同行的广泛好评。

表5 "教学新时空·名师课堂"部分信息

序号	"教学新时空·名师课堂"上课教师	主办单位
1	2016年冯美虹"我来试试看"	江苏省中小学教学研究室
2	2015年袁云美"衣食的来源"	江苏省中小学教学研究室
3	2014年潘娜"塑料与我们的生活"	江苏省中小学教学研究室
4	2014年沈丽萍"隔海相望"	江苏省中小学教学研究室
5	2014年胡莉英"我们的民风民俗"	江苏省中小学教学研究室
6	2012年胡春娜"做事不拖拉"	江苏省中小学教学研究室

四、成果的实践反思

随着项目研究的不断深入，我们越来越深切地体会到，教育研究的探索之路永无止境。我们发现还有以下一些问题值得深入研究：

一是学校对品德课程的规范实施及重视程度有待提升，建设一支相对集中、相对稳定的品德学科教师队伍迫在眉睫，这需要行政的参与和政策的支持。

二是教师的课程意识的增强和能力的提高不是短时间内就能解决的，我们所做的也只是在让教师由"会教"向"教好"转变，但真正"教好"的标准是什么还有待进一步研究与制定。

三是德育新课程"道德与法治"的课程目标与内容发生了重大的变化，在此背景下的学科教学指导有待进一步探索，教学基本策略与行动策略要根据课程内涵的变化而不断与时俱进，修改和完善。

四是品德课程教学的有效性是一个永恒的话题，提高教育教学的质量其关键目标是发展学生的综合素养，通过小学品德课程实现全面育人、全员育人、全程育人，是我们今后努力的方向。

（该成果2018年获国家基础教育教学成果奖二等奖）

初中语文生态教育路径之探索与研究

蔡明生态教育团队　张家港市教育局教研室

（成果主要完成人：蔡明　朱治国　陈芳　祝荣泉　徐艳霞　蒋俭学）

初中语文生态教育路径之探索与研究（简称生态语文），是蔡明老师四步作文教学法、开放型作文教育、大面积提高作文教学效益、网络写作等成果后的又一项研究，是在蔡明老师领衔下的生态教育团队骨干成员亲自组织、若干学校语文教师主动参与的区域性的学科课改的实验项目，也是张家港市"十一五"全国教科规划课题"新课程背景下的生态课堂案例研究"的延续与拓展，更是一代代张家港基础教育人艰苦努力、不断探索而创建的区域生态教育、生态课堂品牌中的一道风景线。

一、成果的主要内容

1. 概念

生态语文是指在初中语文教育教学领域，运用生态教育思想及方法论，为改变语文课程的种种非生态现象，实现语文教学效益生态化增长，而进行的团队协作、整体推进的实践研究。

2. 概要

在"教育即生态"的基本理念指引下，本成果建构了学生成长"五星"生态教育良性大循环实践体系，在学科教学方面以初中语文的生态化教育为突破口，形成了"语文即成长""语文是每个人的语文"等理论；以学生成长为核心，建立了立体共生、圆融互摄的初中语文生态教育的五大实践工程，即语文教育微生态系统。

3. 生态语文行动路径

以学生成长为宗旨，形成了"语文学习力的培养与形成""语文生态课堂的境界提升及生态评价""语文学习环境的营造与利用""语文课程资源的开发与建设""语文生态团队的组建与培育"为主要行动项目的生态语文教育实践工程。五项行动工程既相对独立,又相互关联与相互影响,合力推动学生语文素养形成与精神品质的健康发育,形成一个良性互动的生态圈,实现语文效益的生态化增长(图1)。

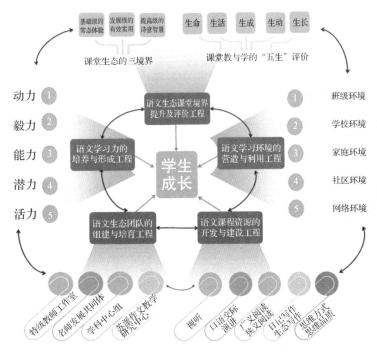

图1 生态语文教育微生态系统示意图

(1)语文学习力的培养与形成工程。

我们在引导学生学好语文基础知识、广泛阅读积累的同时,从语文学习的动力(兴趣、情感、审美等)、毅力(意志、品质、耐挫等)、能力(感知、记忆、思维等)、潜力(读写量及习惯、文化、科技、终身学习、合作性等)和活力(生命能量、批判性、创造力等)五个维度,让语文学科的核心素养的培养与中国学生发展的核心素养的养成相辅相成。

(2)语文生态课堂境界提升及评价工程。

语文课堂学习依然是学校落实语文教育的主阵地之一。我们从建设语文课堂生态场入手,切实有效地开展课堂境界提升与以学生为主的课堂评价活动。课堂生态教学的三境界为实践者提供了一个拾级而上的操作路径:基础级的常态体验—发展级的有效实用—提高级的诗意智慧。无论目前在哪一个层级，课堂教学均要基于学生语文学习问题，进而聚焦问题，继而组织学生解决问题，总结解决问题的方法和经验，并将之应用到发现和解决新的问题之中，进而形成问题驱动策略（图2）。

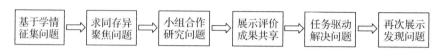

图2　生态语文课堂问题驱动策略示意图

为了保证课堂境界的提升和问题驱动策略的落实，我们在实践中不断总结、修改，进而形成了学生深度参与语文课堂教与学活动的"五生"评价体系。生命（以生为本、语文生态场）、生活（语文生活化和生活语文化）、生成（教与学）、生动（主动、互动、能动和灵动）和生长（从"四看""两测"的显性和"五力""三观"的隐性两方面）五大指标成为评价"生命为本，向生而生"的生态语文课堂是否实现生态化效益增长的主要参考依据。通过师生共同参与的评价"倒逼"生态语文课堂境界的提升。

（3）语文学习环境的营造与利用工程。

一是现实中的班级、学校、家庭、社区等阅读环境和虚拟世界中的网络环境，因校制宜，建好、用好图书角、报廊、读书吧、国学馆、生态讲堂、文学社、名著视听馆等语文学习环境；二是全力推动全民阅读，评比书香校园，实现全城阅读，培养读书人口，建设终身学习型社会，让每一个师生都成为推动阅读的人物，让每一个空间都成为语文学习的园地。

（4）语文课程资源的开发与建设工程。

课程资源开发包括听、说、读、写、思五方面，形成了演讲、日记、辩论、朗诵、阅读沙龙等系列活动体系。生态阅读从狭义阅读和广义阅读两个维度拓展了阅读的形式和内容，对自然、社会、人生的全景式阅读，是读人生、读社会、读世界。生态写作，在团队成员十多年的实践中，编写并出版了《在日记中成长（初中卷）》《蔡明老师教你写作文Ⅱ——生态作文十六讲》，基本解决了日记写作和初中段的作文教学的无序列、低效益等问题。张家港市第一中学建成了苏州市级"生态语文课程基地"，主要承担并领衔生态语文课程建设工作。张家港市东渡实验学校建成了江苏省初中语文学科发展示范中心（基地），承担着生态语文这一国家级成果奖项目在新时代背景下的再实践和推广辐射工作。

（5）语文生态团队的组建与培育工程。

我们依托特级教师工作室、名师发展共同体、学科中心组、苏派作文教学研究中心等多种组织形式，以"教育即生态"为理念，以"生态教育研究与实践"为总课题，以"生态课堂"为切入口，通过各种高品质生态教育活动，多层次培养名师，形成了一个覆盖全省、跨越文理、兼顾中小学的生态教育团队。名师引领生态语文教育的实践，积极推广生态语文教育；生态语文教育的一系列活动又积极有效地培养名师，帮助一大批中青年教师快速成长。

二、成果的主要观点与创新点

1. 主要观点

（1）我们确立"教育即生态"的理念，进而架构了"五星"生态教育大循环实践体系。

教育的意义在于让每一个生命个体在自由、个性化和丰富的学习生活中不断向着真善美健康生长。"生"是最能寓意教育本质与教育品质的汉字，"态"是最能体现教育目标与教育审美的表达。生态教育标识（图3）中的甲骨文"生"的内涵首先是生命，"天地之大德曰生"；其次是生活之"生生不息"；再其次是生成和变化，"生生之谓易"；最终是生长，成长。生命为本，向生而生。红、黄、蓝三原色，寓意教育中各种因子的和谐共生的发展。三条鱼的图案，可从不同视角诠释教育内外部环境的多重生态关系：生命教育、生活教育和生长教育的"三生"融合，全人教育、全纳教育和全息教育的"三全"圆融，社会教育、家庭教育和学校教育的"三教"一体。教育原本就是多维立体、系统宏大的生态体系，而系统有序、科学之运行，其中一个非常重要的愿景，就是让每一个生命个体都能生长出可人的动态美、丰富的情态美和强大的意态美。换言之，让每一个学生都能成为全面发展的人。

图3　生态教育标识

在"教育即生态"的理念下,我们建构了指向学生成长的"五星"生态教育良性大循环实践体系(图4)。我们通过学科教学、课程建设、教师发展、学校文化和区域教育等"五位一体"的生态教育行动联动共生,力求最终实现"学生成长"这一育人目标。

图4　生态教育良性大循环实践体系示意图

(2)我们亮出了自己的语文教育主张:语文即成长。

生态语文教育是生态教育之于语文学习的尝试与实践。一个社会学意义上的人的健康发展是不能没有语文知识,特别是语文素养的。语文直接关乎人的世界观、人生观、价值观的形成和发展。

生态语文教育,从关怀生命出发,以学习祖国语言文字的运用为主要目标,以学生的主动、互动、能动、灵动为表征,师生共同营造求真、求美、求新的多形式、多向度、多元化的语文听说读写生态场,进而实现叶圣陶先生所说的那样,自能读书、自能作文和自成新人。

生态语文是生命的语文。生态语文教育关怀每一个生态因子的快乐学习和健康成长,关注他们理解和接受程度、参与的过程及每一次表达,关注他们的举手投足的情绪与心理上的变化。

生态语文是生活的语文。生态语文教育坚持语文生活化和生活语文化的完美融合,让每一个学生爱语文、用语文,过上有层次、有品位的高雅生活。

生态语文是生长的语文。语文学习的过程就是一个互为主体的精神浸润过程,是发育与成长的过程,而语文又永远是每个人的语文。

生态语文始终看到语文活动和课程深处的人,语文是每一个人的语文,每一个生命个体的快乐、自由、完整、智慧的成长是语文教育最美的姿态。

2. 主要创新点

概括地说，本成果的主要创新点可用四个"创新"来表达。

一是理论创新。提出并阐述我们的教育理念："教育即生态"，以及"语文即成长""语文是每个人的语文""语文课堂是一个特殊的生态场"等语文教育主张。

二是实践创新。在生态阅读、生态写作、生态课堂三大支柱的基础上，形成了以围绕学生成长为核心的"五大实践工程"，让生态语文教育成为一个良性互动、相互联系与影响的系统性实践工程。

三是评价创新。发挥评价功能，坚持定量与定性结合的师生共同评价，形成了适合生态语文课堂的"五生"课堂教学评价体系。

四是路径创新。建设了省、市、校多级的生态语文课程基地，开发了广义阅读等语文学习资源，优化了语文学习的内外部环境，构建了开放而有活力的生态课程体系；成立了项目推广和应用学科中心组，依托工作室、共同体，培育了生态团队名师，促进了生态语文教育品质提升，品质提升最终推动、影响学生语文学习力的形成和生命的健康成长。

三、成果的学术价值或社会影响

1. 生态语文成果的学术价值

（1）成果对语文学科育人功能的准确认知与果断行动。

"语文即成长"是我们生态语文的鲜明主张。这一主张正是我们"教育即生态"这一教育主张在语文学科教育的延伸和实践。因此，我们一切的语文教学内容、活动、行为皆成为语文学习和学生成长的完美结合，达成真正意义上的语文育人、立德树人的教育和教学的目标。

我们生态教育团队的每一位名师，参与项目实验的每一位语文老师，都愿意和学生在阅读中成长，在写作中成长，在日记中成长，在演讲中成长，在综合性的语文实践活动中成长，在生态语文节日中成长，在名著阅读整体推进工程的活动中成长……让一切语文活动都在促进学生语文学科核心素养的落地生根，同时促进每一个生命个体健全、健康和健美地发展。

我们没有被所谓"语文就是语文"这种思想误导；相反，我们对"语文就是语文"进行正本溯源的重新研究和认知，坚持"语文是每一个人的语文"

的鲜明立场。让以语言文字为载体的语文学科功能、育人功能得到完美的结合，与课程标准提出的语文是人文性和工具性结合的综合性、实践性学科的基本性质定位，在生态语文的实践中落到实处。

（2）成果是生态学和生态教育学理论在语文学科教学中的成功运用与实践。

生态强调关系，关系重在和谐，和谐又呼唤个性化、多元化与生长力。生态学的三重体验理论在生态语文课堂中得到了发展性的运用和实践，课堂的关系不再是师授生听的线形关系，不仅仅是师生针对教材重难点的合力攻坚式包围，也不仅仅是学生、教师、教材、教学环境四者之间关系的平衡和协调，而是以学生学习和成长为中心，以教师、课程、环境等多种资源全力参与，以情境、任务、活动为载体所形成的和谐共生的生态场。这是多元的、多维的、复合的、立体的，又是交叉、渗透、融合、相互影响而形成的生命成长基地。语文学习的一切活动，校内和校外的各式课堂，都是有温度、梯度、厚度、宽度、饱和度的成长课堂，是学习和成长同步、人文与科学融通的富有生命力、生长力和创造力的以学习者为中心的生态园。

2. 生态语文成果的社会影响

学生语文学习面貌与品质显著性改观。竞赛成绩、学业质量数据等显性指标表现突出。

教师实验教研科研成果丰硕。蔡明生态教育团队成员发表了百余篇论文，出版了《生态语文概述与实践》《生态课堂概论》《因生态而美丽》《故事的故，故事的事：给聪明人的写作课》《蔡明老师教你写作文Ⅱ——生态作文十六讲》《蔡明和他的生态教育团队》等9部著作。

打造了一支生态教育名师团队。一批老师成长为苏州市名教师、带头人和江苏省教学名师、特级教师、江苏省"333工程"第二层次培养对象、江苏省"苏教名家"培养对象。

生态语文项目获得省级和国家级教学成果奖。2017年度获得了江苏省教学成果奖特等奖，2018年又获得了全国教学成果奖二等奖。

各大媒体不断宣传。《人民教育》《中国教育报》《中国教师报》《江苏教育》《江苏教育报》，以及国内语文学科四大期刊，纷纷报道，或以蔡明为话题，或以生态语文为话题，发表了百万余字的文章，在教育领域，在语文学科中，引发了一波接一波的振动。

特别值得一提的是，生态语文成果在区域性全面验证与推广阶段时，得到了省领导和省教育厅领导的充分肯定与推荐。2013年教师节期间，他们走进了蔡明老师面向全省直播的网络生态写作课堂，江苏卫视和《扬子晚报》报道。在江苏教育界产生了巨大的反响。

四、成果的推广应用情况

从实验开始，生态语文这一项目就是建立在一系列生态课堂、生态语文成果公开发表之后所开展的区域性推广与实践性研究上的。

1. 领衔人和团队的执着坚守

蔡明和他的生态教育团队十几年的执着坚守，成就了这一成果，如今这一成果的进一步推广和应用，这个团队依旧在发挥着巨大的指导、引领和推动作用。

2. 张家港市教研室（现为张家港市教师发展中心）全力主张

在实验的第三阶段时，张家港市教研室拟发了《张家港市关于全面推广"生态语文教育实践与研究"项目的实施意见》。项目组修改完善了实施方案和行动示意图，在张家港市区域内的初中学校大面积推广实践。

3. 张家港市教育局的多方支持

每年一度的"课改展示月"活动的举办，让生态语文项目组的实验者们有向全市亮相的机会，其中还有两届专门安排了全市性的"生态课堂节"和"生态语文"名师课堂展示，让生态语文课堂走近更多的语文人。

2016年3月，由张家港市教育局组织，召开了面向全国的"蔡明和他的生态团队教育思想研究会"，国内许多专家学者亲临观摩、指导，参加沙龙论坛。

4. 江苏省教科院，特别是基教所和教研室，反复、大力推广和宣传

项目全面实施的过程中，江苏省中小学教研室通过"教学新时空"平台，多次安排蔡明和生态团队多位成员执教"名师课堂"，先后5次向全省做宣传与推广。省教科院基教所通过网络平台，专场安排蔡明生态教育思想报告会，向全省推广。

5. 专家学者的肯定和媒体的重磅宣传，让成果走向全省和全国

著名学者、专家和名师们的关注和指导，让生态语文这棵小草不断生长。成尚荣、杨九俊、陆志平、魏本亚、刘惊铎、顾之川、苏立康、王铁军、刘远、张蕾、朱芒芒、段承校、祁建新、傅嘉德等专家和领导在相关媒体和有关场合，都给予热情的鼓励和悉心的指导，并在很多地方或学校宣传和推广。

在我们一轮、二轮、三轮实验过程中，有许多媒体给予报道或发表专题文章，让我们的阶段成果为更多同人知晓。比如：

① 2011 年第 5 期《教育研究与评论·中学教育教学》"教育家研究"栏目 32 个版面发表蔡明的《在生态语文的道路上》专题文章，以及成尚荣先生的《生态：蔡明语文教育"心的指南针"》评述文章。

② 生态语文教育成果 2010 年被收录于《中国语文人（第二卷）》；2012 年被收录于《著名特级教师教学思想录》（中学语文卷）；2019 年被全国中语会收录于《新世纪语文名师教学智慧研究（中学卷）》一书。

③ 2013 年第 4 期《语文教学通讯（初中刊）》用 7 个版面发表了 1.3 万多字的研究论文《生态语文教育》。

④ 2013 年第 9 期《江苏教育·中学教学》"苏派名师"栏目发表了蔡明"生态语文"主张和课例，以及全国中语会理事长苏立康教授的点评文章《按语文学习的规律教语文——一个阅读者的理论与实践》。

⑤ 2013 年第 10 期《语文学习》"关注"栏目用 12 个版面推出编辑部通讯、蔡明的论文和 3 位团队成员的文章。

⑥ 2016 年，《中学语文教学参考（初中刊）》在"课改新声"专栏，连续发表了蔡明和团队成员撰写的《语文即成长》《生态阅读，促进学生生命成长》《生态语文课堂的情态：快乐·从容·成长——小说〈三颗枸杞豆〉教学例说》《改变生命样态的生态写作——我的生态写作实践与感悟》4 篇重要论文。

⑦ 2016 年 3 月 30《江苏教育报》"教育面孔"栏目以《蔡明：让教育呈现更美好的生态》为题整版报道；2016 年 11 期《江苏教育》"教师发展"用独家策划的栏目，以《教师发展的生态教育团队样本》为题，用 17 个版面予以报道；《江苏教育·中学教学》2017 年第 5 期再次隆重推出"生态语文教育的行动研究"研究专题。

在我们的成果获得国家级成果奖之后，省教科院教研室依然利用各种机会和平台，不断向全省各地推广和辐射生态语文的成果。从 2019 年开始，省教研室一直通过"教学新时空"平台，每年安排一次生态语文项目或团队成员的讲学、讲课。

6. 生态语文项目在淮安市涟水县得到了全面的推广和再实验

在涟水县教育局基教科的牵头推动下，涟水县的初中推广和开展了生态语文的项目研究，产生了一定的效果。

7. 生态语文人借省内外工作室建设的平台，辐射和推广这一成果

时至今日，蔡明本人在省内外有20多个工作室或共同体团队，其中有三分之一以上的工作室是直接以"生态语文"命名的，其主要任务就是通过成果的辐射，培养更多的生态语文名师，让这一成果的价值得到更大的发挥。

8. 通过省级课程基地，进一步推广、辐射和升级

生态团队骨干成员领衔的张家港市东渡实验学校江苏省初中语文发展示范中心，一方面在全面推广生态语文的成果，另一方面，结合新时代的教育背景，正在研究与实践生态语文和生态课堂的升级版。

源自对语文课程朗朗生态的寻梦，越来越多的人选择了"信仰"生态语文或语文的生态。我们搁置了语文课程个性化理解的争议，将语文课程放置于"为党育人、为国育才""立德树人"的高度和人类社会发展的宏观生态场中予以观照和研究，关注并充分运用语文课程与社会生活"圆融互摄"的生态关系；关注到了语文的历史传承和时代创新，兼容了时代、地域发展差异带来的语文教学的各种新诉求，团队成员亦各自形成了颇具深度与特色的语文教学主张，既"立足语文教语文"，又"跳出语文教语文"的语文生态教育主张，奠定了语文教育教学开放、多样与繁荣的理论基础，贴近了新课程背景下的语文课程改革的脉搏，同样适应新时代背景下的落实"双减"、提升学校教育教学质量的要求。我们相信，生态教育将不断堆涌出区域内外的持续而深远的群体行动浪潮。

（该成果2018年获国家基础教育教学成果奖二等奖）

小学语文组块教学

苏州市吴江区盛泽实验小学

（成果主要完成人：薛法根 沈玉芬 王晓奕 金洁萍 范建健 徐国荣）

一、问题的提出

语文教学"高耗低效"的顽症至今没有得以根本性地解决，始终未能走出"少慢差费"的怪圈。重新审视语文教学的现状，我们发现当前语文教学普遍存在三个问题。

1. 不完整

教学实践中，对语文课程标准缺乏深刻的理解和准确的把握，极易将三维目标割裂成并列的三类目标或三项目标，且往往偏向于"情感、态度、价值观"，未能聚合于"完整的人"，偏失了语文课程的价值目标。

2. 不确定

文选型教材的教学内容往往隐藏在课文及练习中，具有不确定性，教学中对课文的教学价值和育人功能缺乏精准的解读，未能联系儿童的语文经验研制适宜的语文本体性内容，造成教学内容的随意、零碎和贫乏，甚至陷入"教课文"的误区。

3. 不充分

听、说、读、写之间，语文学习与其他学科及现实生活之间相互割裂、缺乏整合，导致教学活动太多、过碎，在线性的教学流程中常常为求"教得完整"而失去了"学得充分"，未能留下足够的时间与生长的空间，儿童难以充分经历从知到能、从生疏到熟练的实践转化。

二、解决问题的过程与方法

语文组块教学采取"理论与实践的双重探索"，以问题为导向，以课例研究为突破，以课堂观察为实证，以团队探究为支持，边实践，边提炼，边推广，在运用中验证，在反思中提升，实现理论与实践的双重转化。

1. 第一阶段：移植组块原理，建构模式

1997年到2005年，将心理学组块原理移植到语文教学，提出了语文组块教学，整体设计了"板块式课程、联结性学习与统整型实践"的实践构想。以能力要素为主线，选择关键点，整合教学块，建立逻辑链，设计台阶式的板块活动，建构了"结构化设计、板块式推进"的教学模式，提高了国家课程的实施水平。1999年在《人民教育》发表《语文教学要提高学生的语文素质》，2004年吴江市教育局发文推广组块教学模式。

2. 第二阶段：借鉴解放理念，整体推进

2006年到2011年，在"智慧解放教育"理念下，整体推进组块教学。打破学科界限，实现统整实践，设计了"主题阅读、学科写作、跨界学习"三个序列化的综合性语文实践板块；以言语交际功能为主线，设计了"由篇而类、学用融通"的单元结构，编写了12册《板块式语文教程》。2007年桂林市象山区教育局组织区域推广和运用组块教学，2011年江苏省教育学会举办了面向全国的组块教学现场推介会。

3. 第三阶段：运用关联理论，深化实践

2012年到2017年，运用语用学关联理论，阐释儿童言语智能的形成机制，提出了联结性学习方式，探索了"类化、联比、推想"等联结方法，形成了由字、词、句、段、篇，到整本书的操作策略；联结性学习实现了儿童对语文知识经验的自主建构，深化了组块教学实践。2012年立项为国家社科基金教育学课题，荣获江苏省教学成果奖特等奖，成立了全国实验联盟。

三、成果的主要内容

（一）形成了组块教学理论

1. 理论基础

组块教学是心理学组块原理和语用学关联理论在语文学科中的教学转化和实践创造。组块原理从心理学视角揭示了言语能力的发展规律：改善人脑中组块的容量与数量可以提升心智活动的质量。关联理论从语用学视角阐释了言语能力的形成机制，形成了语文组块教学的三个基本认知：（1）语文教学是一种特殊的言语交际，根本目的在于指导儿童学习运用语言进行认知与交际，旨在于生活化的言语实践中获得言语能力和精神生命的同构共生。（2）课堂教学的本质意义在于创设"促进意义生成与能力转化的丰富语境"，语境效果是衡量言语能力水平的重要标志。（3）言语能力的内生机制在于遵循与运用关联原则构建言语意义与交际语境的最佳关联，言语形式的同义选择是关联性的实践表征。

2. 概念内涵

语文组块教学将零散的教学内容重整，并转化为综合性、立体化、板块式的言语实践活动，引导儿童通过联结性学习和自主性建构，获得语文素养的整体提升。

组块教学的实践表征：在内容上基于教材，植根于儿童经验，将鲜活的生活素材融入课文、引进课堂，及时充实、调整、重组教学内容，具有聚合性；在结构上突破线性思路，采取板块式教学结构，凸显教学重点，更具简约性；在功效上，实现一个活动板块达成多个教学目标，使儿童获得以言语智能为核心的多方面发展，更具生长性。

3. 基本理念

组块教学的核心理念：共同织造完整的语文生活。语文是母语，儿童的学习生活和精神成长与母语相伴相生，学语文就是学做中国人；语文学习的根本意义在于运用母语完成自我生命的实践建构；语文教学的核心价值在于激发言语创造力，在教与学的多重交互中生成活泼的语文生活，促进儿童言语智能和精神生命的蓬勃生长，彰显母语教学的儿童性、整体性和文化性。

组块教学的核心目标：发展儿童的言语智能。言语智能是运用语言进行认知与交际的言语创造力，表现为对语言的敏锐感、熟练的驾驭力及良好的自我效能感。言语智能是人的生命特质，是人类智能发展的生长点，是语文核心素养形成与发展的心理学基础。言语智能内隐为言语思维，外化为言语能力，其道德性情感衍化为儿童的言语品格，共同构成语文核心素养。言语智能的发展将促进语文核心素养的整体提升，实现"自能读书、自能作文"的理想境界。

（二）开发了板块式语文课程

1. 板块课程的整体建构

根据文本的教学功能，将选文分为三类：定篇，指教材中规定的经典语篇；类篇，指按照文本类型重组的单元语篇；用篇，指为完成任务而选择使用的语篇，或用其中的观点，或用其中的事实，或用其中的表达方式等。三类功能语篇做如下结构化编排：定篇每学期安排8篇，每篇用4到5个课时，六年共选编96篇经典文章；类篇每学期安排16组，每组3到5篇选文，用2到3个课时，六年共选编600到800篇文章，阅读量是现有教材的2倍；用篇每学期安排4个单元，用4到5个课时，六年共完成48个情境任务。

2. **板块课程的内容开发**

定篇的内容板块以"能力"为主线，以"能力要素"为内核。对课程标准中的各项语文能力进行学理分析，提炼能力生长的关键要素；对经典文本做深入而透彻的解读，发现学生独立阅读的疑难之处。两相对照的契合点，可以聚焦在词汇、句式、段落与篇章的结构等教学点上，构成经典文本的教学内容。一篇经典文本可以形成以"能力要素"为内核的多个内容板块。

类篇的内容板块以"文类"为主线，以"文类要素"为内核。按照文本类型，对现有教材中的选文进行重组，不足的增补。每一组围绕一个"议题"进行比较阅读，以发现同一"议题"在不同语篇中的变与不变，探究其中运用语言的规律和奥秘。"议题"是多元的，可以是关于这一类选文的读写策略、文体特征、表达方式、作家风格、主题表现等。

用篇的内容板块以"功能"为主线，以"功能要素"为内核。在真实的生活情境中，为解决特定任务而选择的语篇，使用的是实际上是语篇的"交际功能"。比如，以"劝说"为任务的教学内容，可以选择多个文本，阅读指向"任务解决"，着眼于语篇中隐藏的"交际功能要素"，各类文本都在"交际功能要素"的统领下聚拢起来，形成了教学内容的有机整合。

3. **板块课程的开发策略**

（1）定篇的内容开发策略。

定篇以作品为主体，以能力为主线，以方法为支点，形成一个整体的内容结构。课题组精选了96篇经典作品，编制了12册《板块式语文教程》，实施了卓有成效的内容开发策略：一是发现文本阅读的关键点；二是整合内容碎片的教学块；三是构建板块之间的逻辑链。内容板块之间的教学逻辑应是"文本结构逻辑与学生认知规律"的内在统一。教学内容的板块与板块之间，应该顺应学生的阅读心理发展轨迹，步步为营，拾级而上；每个板块都应建立在文本整体阅读的基础上，避免肢解文本。

（2）类篇的内容开发策略。

一是重组单元篇目。通读一册教材中的课文，界定其文体类别；按照文体类别进行单元重组。二是重设单元议题。重组后的单元教学目标更加聚焦，可以根据学生的学习需要和能力发展规律，选定一个核心"议题"，组织学生围绕"议题"阅读，从中发现读与写的方法与规律。三是重建单元结构。充分挖掘每篇课文的教学价值，并根据单元教学目标界定其教学功用，以此形成单元课文的功能性结构。较典型的课文，可以作为"范例"，侧重于"方法"；有难度的课文，常常在某些关键点上体现文体阅读的特征，可以作为"样本"，侧重于"问题"；较简单的课文，可以作为"习题"，侧重于"练习"。

（3）用篇的内容开发策略。

小学阶段应促进学生发展"交流信息、表达自我及影响他人"三大言语交际功能，根据言语交际的双向交互特点，从言语交际行为的功能视角，组合了20对以交互的言语交际为主线的课程内容单元，如"倾听与讲述、提问与解答"等。每个单元根据言语交际的规律，设计成5个内容板块：

① 情境再现：选取典型事件，以戏剧表演、故事讲述、游戏体验等方式，重现言语交际情境。

② 议题探究：围绕交际话题，以归因分析、反向假设、经验归纳等方式，探究交际的成败奥秘。

③ 规则整理：梳理交际经验要点，整理交际规则。

④ 任务化解：尝试解决实际任务，并进行自我反思。

⑤ 换位交际：交换角色，进行换位思考，实现交际议题的转换。

（三）建构了联结性学习方式

语文联结性学习是指个体发现、把握并重构知识经验之间的逻辑关系而得其智能意义的学习方式。板块式课程内容的学习过程，就是发现联系、建立联系、运用联系、生成联系，进而实现改变的过程。汉语是字词前后连缀而成，属于"意合型"语言；汉语的学习应遵循其"意合"的内在规律。运用联结性学习方式，就能准确把握字词句段篇之间的内在关联，获得意义理解与运用法则。学生在联结性学习中，将文本中的各种关键点激活并建立内在的逻辑关系，改善认知结构，恢复"学的内在秩序"。语文联结性学习的基本要素有"意义地图、命题整合、情境应用与结构化"，主要方法有类化、联比、联想和推想。

1. 类化

围绕一个意思,将多个词语或句式组合在一起,比较异同,加深理解,促进在不同语境中的选择运用;围绕一个法则,将多个语言现象组合在一起,通过比较抽取普遍的规律,形成概念化的理解。

2. 联比

将相同、相近或相对的词语、句式、段落进行比较阅读,以推敲其在意义、情感、表达效果、使用条件等方面的细微差异,磨砺学生对语言形式的敏感力。

3. 联想

由此及彼、由物及人、由特殊到一般、由抽象到具象,都需要借助联想实现学习的跨越。可以让语言与想象联结成一个整体,实现语言的形象与形象的语言。

4. 推想

阅读就是凭借语言文字,在特定的语境中,穿透语言的字面意义,揣摩作者的写作意图,进而把握文本的主题思想;从表达视角看,就要设定特定的对象,推想读者的可接受程度,以便让文字更加妥帖。

就一篇课文的教学而言,可以运用的联结学习方式有言与意的联结、表与里的联结、上与下的联结、异与同的联结、知与用的联结、读与写的联结、文与人的联结等。

(四)探索了学科统整型实践

学科统整型实践是将语文与其他学科、儿童生活贯通的语文深度学习,旨在将学生学得的语文读写方法和策略,运用到复杂的、不确定的问题情境中,锻炼语文实践能力,促进言语智能的发展,整体提升语文素养。

1. 主题阅读

通过阅读得以学习。根据学生的年龄特点和阅读能力发展序列,研制了跨学科的综合性主题阅读书单,如数学阅读课程、科学阅读课程、名人传记阅读等。

2. 学科写作

借助任务学习写作。将学科教学中需要"写"的项目提炼出来,编制成学科写作课程,实现借助写作达成学科深度学习。如数学小论文写作、科学实验报告写作、综合实践社会调查报告写作等。

3. 跨界学习

依靠言语解决问题。言语实践需要拟真或真实的生活情境，在任务解决中催生学习的动力，生长言语实践能力，比如，围绕核心问题的辩论、演讲、表演、阐述等。尤其重要的是，将生活中遇到的真实而复杂的难题，引入语文教学中，鼓励学生模拟场景，凭借语言解决问题。这样的主题演说，考验的是学生的认知能力和表达水平。

（五）形成了组块操作策略

组块教学运用联结性学习，形成了六种便教利学的操作策略。

1. 字根识字

根据汉字的构造规律，选择最具构造功能的 300 个基本字，依据字源字典编成汉字图谱，让儿童在饶有情趣的活动中牢固识记，进而凭借字根自主识字，实现"掌握 300 个，学会 3 000 个"的教学目标。

2. 词串识记

围绕某个"线索"将散落在文本中的词语进行归类，形成词串加以整体识记。组合的线索有"描述的对象、语境的功能、词语的结构、表达的语义"等。这些词串需要以文本语境为背景，在朗读、复述、写话等语文实践运用中，转化为儿童自身的语言材料。

3. 句式集群

遵循同义选择的原则，将文本中最富表现力的句式汇集起来，与儿童常用的句式进行比较，在诵读中发现表达的奥秘，促进儿童在语境中选择最佳句式，提高表达能力。

4. 语段联比

根据"并列式、因果式、总分式、承接式"四种段落结构，引导儿童在比较学习中掌握结构特点，进行段意概括、仿写迁移，夯实读写能力。

5. 类篇教学

根据文体分类，对选文按照文类进行单元重组，同一单元的若干篇选文，分为教读、练读、自读等不同课型，通过教"这一篇"让儿童学会"这一类"，举一反三，熟能生巧。

6. 整书导读

针对整本书的结构和主题，选择儿童感兴趣的"话题"，组织学生围绕"话题"进行主题式研读，传授阅读策略，分享阅读经验，放大整本书的共读效应。

（六）建构了课堂教学范式

1. 选择生长性的教学目标

围绕"言语能力"，根据文本教学价值及学生发展可能，确定最具生长价值的核心目标，以实现多方面的教学功能，体现"聚合性"。

2. 整合本体性的教学内容

聚焦"运用法则"，选择语文本体性内容，并整合为板块化的教学内容：以语言材料为内核的板块、以语用法则为内核的板块、以言语策略为内核的板块，实现以少胜多，体现"简约性"。

3. 设计阶梯性的教学活动

基于"活动功能"，将教学板块内容转化为适合学生的言语活动板块：以积累为内核的诵读板块、以理解为内核的述演板块、以迁移为内核的读写板块、以创造为内核的问题解决板块，并设置为具有逻辑关联的阶梯式活动，实现一项活动达成多方面发展，体现"增值性"。基于"板块结构"，将线性的教学状态整合成块状的教学样式，呈现板块化的课堂教学结构；板块与板块之间，形成并列式、递进式、承接式与主从式等关联结构，体现清简有致的结构风格。

4. 采用一致性的教学评价

根据"目标达成"，适时评判学生的学习状态及水平层级，以调整教与学的节奏，实现教、学、评的一致性，体现"有效性"。

在此教学范式基础上，根据文本的不同教学功能，建构了"教读、导读、练读、自读"等课型。

四、效果与反思

（一）实证效果

1. 语文组块教学促进学生阅读能力的发展

通过板块式语文课程的建构，缩短教材课文的教学课时，给学生留下较大的自主阅读时间；指导学生运用联结性学习方式，促进了阅读理解力的发展。

（1）组块教学对学生阅读量及阅读偏好的影响。

分析：五、六年级学生4个学期的图书借阅率呈逐年递增态势，且差异度明显（图1）。通过调查问卷，证实教材课文学习时间的减少，促使学生课外阅读量的增加。

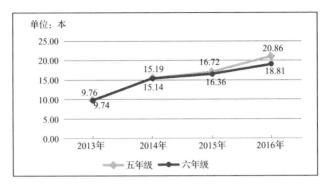

图1 五、六年级学生2013—2016年图书借阅率变化图

分析：低年级与高年级阅读类型的选择存在明显差异（图2），高年级的社会科学类阅读占所阅读书目的75%。通过调查问卷，证实源于各科教师布置的"任务型阅读"。

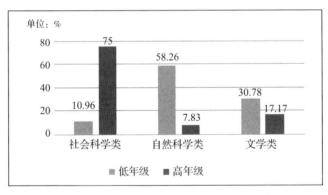

图2 低年级和高年级阅读类型的选择分布

（2）组块教学对学生阅读能力关键要素的影响。

我们提出了"识记力、概括力、解释力、推论力、建构力"5个阅读能力参数；参照国际学生评估项目（PISA）阅读能力测试，编制了阅读能力测试题；分阶段对实验班和对照班进行了多轮测试，分析了学生阅读能力各项参数的发展状况。

分析：实验班学生的阅读能力整体优于对照班，概括力、推论力和建构力三个能力参数存在较大差异（图3），说明联结性学习方式中的"归类、推理、联想"等方法可以改进阅读思维，提升阅读能力。

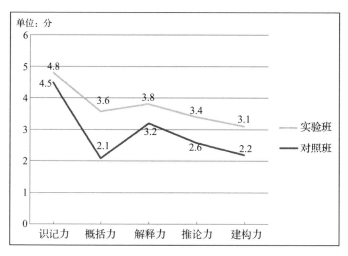

图 3 实验班与对照班阅读能力测试统计

2. 语文组块教学促进教师教学能力的提高

（1）对学校语文教师整体水平提升的影响。

语文教学能力分为 6 个领域 20 个指标，每个指标分成 4 个水平层级。在教师自我评估的基础上，按照每个指标项的水平层级，再折算成相应的分值进行排序，体现语文教师整体的能力水平状态。

分析：舜湖校区整体水平优于其他两个校区，在课程与教学的理解、阅读教学、写作教学、口语交际教学及综合性学习的组织与指导 5 个领域都与其他校区存在显著差异（图 4），证明作为组块教学的实验基地，教师通过 5 年的全程参与，语文教学能力普遍得到提升，教学能力平均达到三级水平，处于教学能手级状态。

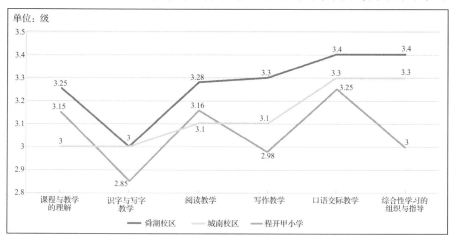

图 4 舜湖、城南、程开甲三校区语文教师教学能力整体水平状态

(2)组块教学对语文教师个体教学能力水平的影响。

分析：数据显示，教师个体（陈老师）在语文教学能力的六个领域均处于相对薄弱的阶段；就20个分项能力来看（图5），拼音教学、写作经验和写作知识以及综合性学习活动过程的指导四个能力点达到了三级以上水平，教学目标确定与教学内容选择等7个能力点处于比较低的水平，亟待专业指导。据此，为陈老师提供了4个研修主题清单：①依循体式特性抓住文本的关键点；②推测与分析学生自读课文时的疑难处；③确定阅读教学目标；④确定阅读教学内容。

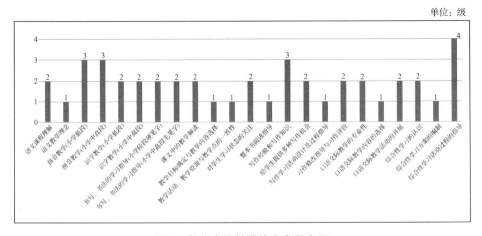

图5 教师个体教学能力发展水平

（二）教学成果

1. 学生语文水平整体提升

学校于2001年全面推广组块教学，与区内学校进行对比研究，实践表明：组块教学教得准、学得透、用得活，缩短了教材学时数，增加了课堂阅读量，提高了学生的阅读水平，"识记力、概括力、解释力、推论力、建构力"五项阅读能力明显高于对照校（表1）。近五年，在区域教学质量调研中，各年级学生的语文能力及学业水平均列前茅；在全国小学生读写大赛中有46.2%的学生获得各级奖项。

表1　组块教学对照研究成果

检测项目	教材学习时间	课堂阅读总量	单篇阅读水平	整本书阅读水平
对照校	126课时	10.85万字	91.27分	83.26分
实验校	98课时	13.68万字	92.60分	89.42分
对比分析	−22.2%	+26.1%	+1.46%	+7.4%

2. 教师专业能力普遍提高

组块教学"一课三磨"的教研方式，提高了教师解读教材、设计活动和应对课堂的能力，24位语文教师在全国及省市教学比赛中获得一等奖；参与12册《板块式语文教程》研发的48位语文教师成长为区级骨干教师；组块教学核心团队30多位教师为全国各地的来访者做示范课、讲座200多场次；4位教师被评为江苏省特级教师。

3. 研究成果相继出版或获奖

学校教师在课堂教学中创造性地运用组块教学，积累了"卧薪尝胆"等200多个经典课例，编成了6本课例专辑；在《人民教育》《中国教育学刊》等发表论文100多篇，中国人民大学复印报刊资料转载11篇；出版《为言语智能而教——薛法根与语文组块教学》等7本专著；2014年获江苏省教学成果奖特等奖，2015年获全国第四届教育改革创新典型案例奖，2016年获江苏省首届教育研究成果奖一等奖、第四届教育科研成果奖一等奖；由吴忠豪、薛法根总编，100多个名师工作室参与的部编教材教师教学丛书"文本教学解读与教学活动设计"，全部采用"组块教学"设计，在全国产生了广泛而积极的影响。

4. 辐射推广区域日益扩大

学校于2012年成立全国组块教学实验联盟，建立了广西象山、柳州及江苏江阴、湖北赤壁四个实验区，12个省市130多所实验学校积极推广和运用，惠及20多万学生；举办了近百场研讨活动，参加人次30多万，辐射区域日益扩大，《光明日报》等媒体相继做了报道。

（三）实践反思

在人工智能时代拉开帷幕的背景下，语文课程教学将迎来历史性的变革。组块教学需要顺应时代的需要，在原有的基础上做出更具前瞻性的思考与更富创造性的实践。

在理论建构上需要进一步完善。组块教学理论，基于心理学与语用学，更要超越心理学与语用学，从母语文化、儿童哲学等新的视角进行思考与建构，不断丰富与完善理论基石，创造更富生命力的语文组块教学理论。

在实践探索上需要进一步提升。组块教学在板块式课程、联结性学习和统整型实践上，需要从儿童精神生命成长的高度进行实践重构，突破技术屏障，呈现一种生动活泼而又成效斐然的教学生态。

在推广运用上需要进一步深化。在组块教学范式推广运用中，一线教师对教学内容板块的建构和板块活动的开展还难以把握，需要在典型课例的研究基础上，提炼出更具操作性、普适性的方法与策略。

（该成果2018年获国家基础教育教学成果奖二等奖）

教育哲学观下的中学数学教学的实践研究

苏州市教育科学研究院

（成果主要完成人：祁建新）

那些不应用哲学去仔细考虑问题的教育工作者必然是肤浅的，一个肤浅的教育工作者，可能是好的教育工作者，也可能是坏的教育工作者，但是，好也好得有限，而坏则每况愈下。

——乔治·奈勒《教育哲学导论》

1981年我参加工作。1981—1987年期间，我在省级刊物发表论文十余篇，主要研究数学问题的解题方法。从1987年起，受《几何重观》《数学教育哲学》《古今中外数学思想》《数学方法论》等著作的影响，我开始了"数学教学与哲学"这一领域的研究，至今已有40余年。回望这段研究历程：其一，本人是全国范围内较早开展"数学教学与哲学"研究的一线老师；其二，本人是国内至今仍在进行"数学教学与哲学"研究很少的学者之一，且研究重心始终关注课堂教学的变革与评价；其三，"数学教学与哲学"的研究与本人的教学实践紧密相关，研究不断引领自己的教学实践，显著的教学成效又不断提升研究的品质。1993年我被评为"全国优秀教师"，1995年被评为江苏省首届"十佳青年教师"，2000年被评为特级教师，2008年获数学教育最高奖——苏步青数学教育奖一等奖；由于在应用推广上取得显著成效，先后获评市劳动模范、省劳动模范、省中青年专家、全国高考改革研究专家委员会专家委员，2016年获全国五一劳动奖章，2017年获江苏省教学成果奖特等奖。

一、提出问题

（1）针对当前数学教学缺乏全面、多元的数学质量观，弱化数学教学育人功能的弊端，本成果提出了从数学教学转向数学教育等主张，提出了数学教育要给学生一种精神,数学教学要在发展学生的数学能力上下功夫,数学教育应该是培养学生对数学美的鉴赏追求和体现科学和艺术的全面数学教育观。

(2) 针对当前中学数学教学中探究性缺失及虚假探究的弊端,本成果提出了"广义的探究性教学"观点,并提出了探究性教学的三种实践课型。

(3) 针对中学数学教学中哲学思维方式运用和学生批判性思维缺失的弊端,本成果将哲学的对立统一的思想、普遍联系的思想、主次矛盾的思想、系统优化的思想等引入中学数学的教学中。

(4) 针对中学数学教学中学生学习数学过程"再创造"及学生思维实验空间缺失的弊端,本成果在弗赖登塔尔的"再创造"理论的基础上,提出了"广义的再创造"概念和方法。

(5) 针对中学数学教师教学研究方法和研究的正确价值取向缺失的弊端,本成果基于哲学视野提出了"没有研究的质量就没有理想的教学质量"的观点,以及"三研究、三重点、三体现"的教师研究文化的基本主张。

(6) 针对教师的课程理解开发能力不强和教学有效性不高的弊端,本成果提出要用哲学思维提升教师的课程理解和创生能力。如提出了专题教学的观念,提出要进行问题的专题化和创新案例的研究,提出了教学研究的一种范式("课例评析")。

(7) 针对教师解题能力缺失、不能有效地引发学生深度学习的弊端,本成果提出了教师要通过自身建构解题研究的系统,来引发学生深度思考的动力系统。

二、解决问题的过程和方法

1987—2000 年,我通过研读国内外大量文献和著作,进一步优化研究方向和研究内容,在理论探索上形成观点,实践探索上形成主张,教学探索上形成风格。2000 年,我参加江苏省新授予的特级教师代表座谈会。作为发言代表,我在主席台上看到特级教师们大多白发苍苍,进一步坚定了信念:我这辈子必须奉献给数学教育事业!为此,2000—2017 年期间,在前期研究成果的基础上,我再次将自己"关进实验室",在改革与实践探索上,亲自上实验课、研究课、示范课,独立完成所有论文和著作的写作,进行成果提炼,传播理念;建构模型,推广方法;课题引领,建设团队。

1. **问题是导向，理念是灵魂，建模是骨架，案例是血肉**

本成果坚持问题导向，从教学目标、教学过程、学习过程、教师研究和教学实践等维度建构中学数学教育与哲学的基本模型、课型和范式。

2. **组建团队—理论引领—典型示范**

成立10多个专题研究团队，开展多元化的研修活动，提升教师的理论水平、课程建设水平；专题研究和亲身示范，使研究成果看得见、摸得着，可操作、可推广。

3. **理论建构—实践改进—课例研究**

以自身的教学实践和各种调研活动为基础，持续进行理论和实践的改良与创新，如提出了作为文化的数学要实现从"数学教学"向"数学教育"的转变，数学教育是塑造健全人格的教育等观点；提出了"广义的探究性教学"的观点及探究性教学的三种实践课型；提出了"广义的再创造"的新观点；提出了"三研究、三重点、三体现"的教师研究文化主张等。

4. **点面结合—主题推进—运用推广**

在各市区筛选实验学校和实验教师，将研究内容合理分解成若干小专题，落实到校到人，进行专题研究；搜集典型案例，总结归纳策略，形成教学范式；对实验成果进行系统梳理和总结，逐步扩大实验学校的范围。

5. **定性研究—定量研究—数据分析**

在苏州市教育科学研究院创建评价研究中心，运用现代信息技术手段和实证的方法，通过课堂观察、访谈等手段，进行数据分析和诊断。

6. **总课题引领—子课题跟进—组建课题研究联盟**

以"中学数学教学的哲学研究"这个总课题为引领，从20世纪90年代开始，先后开展了"中学数学教学的创造教育研究""高中数学课堂教学改革的实践与反思""基于学生核心素养提升的中小学课堂教学与评价方式改革研究"，设立若干子课题，组建课题研究联盟，形成"群研究"效应。

三、成果的主要内容

成果研究历时30年，独立发表论文百余篇（核心期刊20多篇），论文被引用145次（知网），近20篇论文被中国人民大学复印报刊资料转载。

1. 成果架构（表1）

表1　成果架构

研究对象	研究内容	教学理论	哲学基础	主要论文及著作
教学目标（数学教育论）	基于文化的数学 数学的价值功能 数学教育观	情感教学理论 认知教学理论 建构主义教学理论	文化论 本体论 价值论 认识论 方法论	1.《新课程背景下数学教学的哲学思考》 2.《文化观下的数学教育的实践与认识》 3.《几何教育功能的哲学思考》
教学过程（数学教学论）	广义再创造 广义再探究 正确处理好传统与现代、继承与创新的关系			1.《文化观下的数学教育的实践与认识》 2.《基于探究的数学教学的哲学思索》 3.《新课程背景下数学教学的哲学思考》 4.《基于全面质量观的教研转型的理论思考》 5.《从厄尔多斯不等式的研究谈起》
学习过程（数学方法论）	哲学·数学思维方法的运用			1.《波利亚"对称"思想在解析几何中的应用》 2.《由两道高考试题的研究引发的教学思考》 3.《提升研究质量，追求有效教学》 4.《数学解题教学中要辩证地看待"巧解"与"多解"》 5.《没有研究质量，就没有理想的教学质量：对当前高中数学课程改革的思考和建议》
教师研究（数学研究论）	"三体现、三研究、三重点"的教师研究文化			1.《没有研究质量，就没有理想的教学质量：对当前高中数学课程改革的思考和建议》 2.《基于文化观视角的数学教育的追求》 3.《三体现·三研究·三创造》
教学实践	课例研究 解题研究 变式教学		"普遍—特殊—普遍"的认识规律和秩序	1.《"二次曲线参数方程的应用"课例评析》 2.《"基本不等式的应用研究"的教学设计与反思》 3.《三角函数的最值问题（高三复习）课例评析》 4.《献给数学教师》

2. 成果内容

（1）专题一：基于教育哲学的中学数学的教育目标研究。

提出了"数学教学要给学生什么"这个根本性的命题，与当前党中央提出的"立德树人"是一致的。"批判的精神（批判性思维）是一种真理观，是培养'完整的人'的需要"，与当下提出的学生核心素养的培养是一致的。

如《几何教育功能的哲学思考》（《数学通报》2001年第5期）在国内较早提出了"几何教育"的功能问题："几何是培养学生逻辑推理能力的最好内容""几何教育是培养学生'合情推理'能力最有效的方法""几何教育对培养学生数学的精神、品质及思想方法意义深远"。提出了"几何是一种文化"，对初中数学课程标准（讨论稿）压缩几何内容的安排提出了质疑，并被课标组采纳。《文化观下的数学教育的实践与认识》（《数学通报》2003年第1期）在国内较早提出了从数学教育的"数学层面"回到数学教育的"教育层面"的主张；提出"作为文化的数学，其教育是塑造健全人格的教育""培养学生'合理选择'的能力，'批判的精神'是数学的文化价值的重要体现"，在国内较早提出了批判性思维在数学教学中的重要价值，鲜明地指出了"数学教育艺术……要为学生的未来的发展服务，而不仅仅是眼前的传授数学知识和技能"。《新课程背景下数学教学的哲学思考》（《数学通报》2007年第2期）提出了数学教学的新思想："数学教学要给学生一种精神""数学教学要在发展学生的数学能力上下功夫""发展数学能力就是要发展学生未来发展所需要的能力""数学教学应该是培养学生对数学美的鉴赏和追求、体现科学和艺术的教学"。

（2）专题二：基于教育哲学的中学数学的教学过程研究。

成果提出了"广义的再创造"和"广义的再探究"的理论，同时也是一种教学范式，提出在新课程标准实施中要正确处理好传统与现代的关系，并提出了新课程背景下有效的数学教学的核心内容和实施方法。

如《文化观下的数学教育的实践与认识》（《数学通报》2003年第1期）提出了广义的"再创造"概念和方法："教学中，把握时机，展现数学家的思维过程（创造过程）；展现老师自己思维的原创造过程；以及展现同学的原思维过程（整个创造过程）。这样的'再创造'（广义上的再创造）……让学生亲眼看到，数学家是如何选择突破口的？是如何调整方向，修正错误的？合理运用了（选择了）哪些思想方法？这样的再创造，学生倍感亲切，深受启发""教师在暴露自己的思维过程时，特别要暴露教师自己是如何由失败走向成功的"。《基于探究的数学教学的哲学思索》(《数学通报》2014年第8期)在国内首次提出了"广义的数学探究性教学"的新观点："基于探究的数学教学是指教师针对教学中的某个教学内容，精心设计能引发学生积极探索的教学过程，使学生在体验数学研究的过程中培养独立思考、合情推理等方面的能力。它可以是课堂教学的基于'探究'的某个教学片段，也可以是整堂课的'探究'。因此，基于探究的数学教学更加关注学生的探究性学习，我们不妨称它为广义的数学探究性教学。"还提出了探究性教学的三种实践课型。

（3）专题三：基于教育哲学的中学数学的学习过程的研究。

将哲学世界观和思维方法，如对立统一思想、透过现象看本质的思想、联系和发展的思想、抓主要矛盾的思想、系统优化的思想等运用于中学数学教学，提升中学数学教学的有效性和深刻性。

数学方法论的研究是数学学习的重要内容。如《波利亚"对称"思想在解析几何中的应用》(《数学通讯》1997年第7期)："注意渗透数学思想、哲学思想的数学教学，不仅受到学生的欢迎，而且能最有效地提高学生的数学能力、数学水平，培养学生良好的思维品质。"《由两道高考试题的研究引发的教学思考》(《数学通报》2012年第12期)提出了"解题教学要还思维空间给学生""首先要重视教学目标的确定""其次……要增强问题研究的方向和方法的讨论"。还提出了"'数学思想'不能停留在教学的表层上""数学思想方法的渗透，必须克服'贴标签'的现象""数学思想方法的渗透必须重视数学美的研究"。《数学解题教学中要辩证地看待"巧解"与"多解"》(《中学数学月刊》1997年第4期)指出，"片面追求'巧解''多解'，引起了学生的思维环境、心理环境受到'污染'""数学教学的任务，不仅仅使学生获得数学知识，而且必须使学生的思维素质、心理素质得到较好的培养"。

（4）专题四：基于教育哲学的中学数学的教师研究文化的研究。

提出了影响教学质量的根本因素是教师的研究质量，进而提出了基于哲学视野的数学教师研究文化的观点和方法。

《没有研究质量，就没有理想的教学质量：对当前高中数学课程改革的思考和建议》(《中学数学月刊》2012年第1期，中国人民大学复印报刊资料全文转载)中，基于对一些学校进行的调研（随机听课、访谈师生等），指出："如何科学地提高数学教学的质量？这应该是当前课程实施中的核心问题。而影响教学质量的因素是多方面的，但根本的因素是教师的研究质量。因此，当今课程改革能否深入推进的根本问题是教师的研究质量（本文所指的研究主要指教师的个人教研，也包含教研组的合作研究）"。为此，本人基于哲学视野提出了数学教师研究文化——"三体现、三研究、三重点"的观点和方法（收录于《著名特级教师教学思想录：中学数学卷》，江苏教育出版社2012年版），即数学教育要体现精神性、思维性、艺术性（三体现）；要研究数学课程标准和教材，研究专家学者对课程标准、教材的内容、观点和思想的理解，在前面两个研究的基础上加强对教材的自我认识和研究（三研究）。在"三研究"的基础上，又提出教师研究要研学生所想、研学生所困、研学生所疑（三重点）。

（5）专题五：基于教育哲学的中学数学的教学实践研究。

在数学教育哲学的"教育目标、教学过程、学习过程"研究成果的基础上，提出了"课例研究""变式教学研究""问题解决研究"的理论与方法。

《"二次曲线参数方程的应用"课例评析》提出了课例研究的理念和方法（《中学数学月刊》1998年第3期），为课堂教学研究提供了一种新的范式。"变式教学"是我在20世纪80年代末形成的一个教学特色，是基于认识论、方法论和学生立场、数学立场，不断形成"变式教学"的理论思想：变式教学不仅仅是"一题多变"的研究，而且更重视"为何而变"的教学设计的研究。"'问题变化'的教学研究，第一，必须体现科学性，为什么要变化？""第二，'问题变化'的教学研究必须体现艺术性。在问题的细小变化中，引导学生发现解题方法、解题过程发生变化的原因，同时，还要引导学生发现问题的本质没有变化的原因"。(《"基本不等式的应用研究"的教学设计与反思》，《中学数学月刊》2016年第8期)

周建勋先生在《著名特级教师教学思想录：中学数学卷》（江苏教育出版社，2012年）中评价"时任江苏省南菁高级中学教务主任的祁建新（现任苏州教科院院长）的'三角函数的最值'可谓是变式教学的经典课例""虽然祁建新院长当年所教班级学生的基础比较好，但这一深深契合数学精神的变式教学的模式完全可以被其他学校和班级借鉴，起点低，坡度小，变化多，落点高，思维容量大，对问题的本质看得清，教学的效果当然就好，这种课堂教学模式就是一种最为高效的教学模式"。

基于哲学数学方法论视野提出了教师持续坚持问题解决研究是课堂充满

生命活力的根本保证，教师自身能构建解题研究的系统，才能有引发学生深度思考的动力系统。

3. 成果创新

（1）理论创新。

① 基于哲学视野提出了"数学教学要给学生什么"这样一个根本性的命题，提出了数学教学的新思想，对深化数学教学改革起到了一定的指导作用。

② 基于哲学视野对弗赖登塔尔的"再创造"理论进行了新的诠释，提出"广义上的再创造"观点，对提升学生的数学思维能力有一定的指导价值。

③ 基于哲学视野提出了"广义的探究性教学"的观点，并在深刻分析中学数学教学"探究缺失"原因的基础上，提出了探究性教学的三种实践课型，对提升数学探究教学的质量、培养学生的创新精神有一定的指导价值。

④ 基于哲学文化视野提出了教师研究要重塑"三研究、三重点、三体现"的研究文化，对促进教师的专业发展具有一定的指导价值。

⑤ 基于哲学文化视野指出在新课程标准实施中要正确处理好"传统与现代""继承与发展"的关系，提出了有效教学的首要问题是教师的教学哲学问题，提出了理想的数学教学的三大要素，对提高数学教学质量具有一定的指导价值。

上述观点有些是20世纪20年代提出的，很多观点与今天"立德树人"的价值取向及新一轮以"核心素养"为指向的课程改革也是一致的，具有较强的前瞻性和实效性。

（2）实践和方法创新。

① 成果体现了理论与实践的高度融合性。很多成果如"数学教学目标、广义的探究性教学、广义的再创造"等既是一种观点，又是一种实用的教学方法。在提出"广义的探究性教学"的观点的基础上，创建了探究性教学的三种实践课型。

② 在国内较早提出"课例研究"的理念和方法，从哲学与数学课程视野引导学校、区域数学教师开展"课堂观察""课堂评析"，为课堂教学研究做出了开创性贡献，提供了一个内涵新颖的研究范式。

③ 在全国较早开始且在较大范围内开展"变式教学"的课堂研究，这作为一种课堂教学模式的改革，对改进教师的教学方式和学生的学习方式起到了一定的促进作用。

④ 通过课题研究，形成子课题群，带动教师群体的整体提升。

⑤ 基于哲学数学方法论视野发表"数学问题研究"论文50多篇，其思想、成果收录在《献给数学老师》（祁建新著，2017年）。2014年与苏州大学数学科学研究院合作，成立苏州市高中数学命题研究与评价中心，加强对命题、解题的研究，在一系列活动中培训和提高了一批数学教师的专业素养。

四、效果与反思

1. 成果的推广应用

2012年世界数学家大会北京分会场举行了第一届全国中学数学教师论坛，邀请我做"数学教学与哲学"的专题报告。2014年北京第五届数学教师论坛特邀我为会议做"数学教学与哲学"的主题报告。2015年受复旦大学的邀请，我在苏步青数学奖颁奖大会上，做"基于文化观视角的数学教育的追求"的主题报告。2010年受贵州省数学学会的邀请，在贵州省中学数学年会上做"新课程背景下数学教学的哲学思考"的主题报告。1996—2017年在江苏、上海、北京、广东、湖北、贵州、陕西、安徽等地做实验报告，亲自执教研究课。2017年被聘为陕西省数学学科带头人导师。中国知网数据库信息检索，我的主要论文下载次数达3 728次，引用145次（截至2018年5月）。我的两堂研究课入选了江苏教育厅"名师新时空"，在省内外的影响力较大，教师观看点击量超3万人次。

近10多年来，"数学教学与哲学的实践"研究团队中仅在苏州市就涌现出一批省特级教师和市名教师、学科带头人。团队发表的省级及以上论文300多篇。课题团队在2017年获江苏省教学成果奖一等奖。

2. 成果的主要成效

（1）形成较为先进、系统的数学教育教学观念（"三体现·三研究·三创造"）和较为独特的数学教学思想（"三要"），与当今提出的"立德树人""核心素养"理念高度一致，创新了数学教师的研究文化。

（2）在较大范围内传播成果的思想理念。如应美国国家数学教育委员会邀请，在国际数学教育大会上做交流发言，介绍了数学教育哲学研究的成果。

（3）在国内较早提出了平面几何的教育价值（功能），为课程标准的修订和平面几何教学的改革做出了一定的贡献。

（4）在国内首次提出了"广义的数学探究性教学"的理论和方法及三种

课型，对指导教师课堂教学的变革、提升课程开发的能力、提高教师"培养学生的创新思维、发展学生的想象力"方面的能力有较高的价值。

（5）在国内首次提出了"广义的再创造"理论和方法，创新了数学教育家费赖登塔尔的"再创造"理论，并结合课堂进行多课型、多专题亲身示范。培养了一批优秀学生（1986—2003年），1996—2016年也培养了一批优秀教师。省内外许多教师在教学改革中应用此成果。

（6）在国内较早提出课堂教学研究新方式——"课例评析"，引发了我国数学教学课堂观察、课堂分析等研究方法的变革。"变式教学"的研究成果引领省内外诸多教师的教学改革。

（7）"数学教学与哲学"的相关课题形成了课题群，发表省级研究论文300余篇，有效地提升广大数学教师运用哲学思想、方法研究数学问题的能力，把握教材、把握教学的能力和课程建设的能力，为培养和发展数学教师提供了一个较为先进、有效的理论思想体系和实践指导方法。

3. 对成果研究及应用的反思

（1）中学数学教育哲学的理论体系建构还需进一步研究与完善。

（2）面向未来十年，成果的应用推广应更加重视骨干团队的培养，使成果的应用推广范围更大，科学性更强。

（该成果2018年获国家基础教育教学成果奖二等奖）

多元化物理实验教学资源整合的研究与应用

江苏省市渎高级中学

（成果主要完成人：张飞 曹会 吕彤 徐正黄 徐晓东 李清）

"教学情境化展开，知识条件化建构，能力结构化形成"是培养学生物理学科素养的必然路径，可以尽快解决"中学生怎样学物理？"（在物理情境之中、在物理问题解决的过程中学物理）"怎样让中学生学物理？"（这决定于教师的教学设计）等问题。张飞老师专注物理教学资源整合与应用的理论研究和实践探索近30年，引领项目组成员进行学科实践及课堂教学改革，凝练出本教学成果。

一、成果概要

实验是物理教学的重要基础、内容和方法，实验资源开发及应用直接影响教学效果。近年来物理实验教学资源呈现多元化的特征（图1），其整合和应用尤为重要。本成果从关注到系统研究历经近20年，实践检验效果显著。

图1 物理实验教学资源分类

1. 提炼了整合与应用的理论主张

成果形成了多元化物理实验教学资源特质分析报告，提出了优化情境的整合目标和真实适切、亲历过程、系统融合等整合原则，提炼了开发、替代、改进、嫁接、串接、并行等整合策略。

2. 构建了整合与应用的实践范式

成果基于理论主张构建了"确定目标、收集资源、特质分析、优化融合"的整合范式和"情境激趣、问题生成、实验探究、迁移应用"的教学范式，给出了整合标准和行为规范。

3. 取得了整合和应用的显著成效

成果开发了全国有影响的创新教具50个，筹建了特色实验室及媒体实验资源库（2 TB）；整合了教材实验104个，出版了实验操作指南教材1部；在核心期刊发表整合理论类论文3篇、应用类论文30篇。学生学习方式得到质的转变，学生课堂参与率高达96%，学业质量显著提升；教师专业素养大幅提高，核心成员中2人评为省特级、正高级教师。优化的物理课程被彭前程、陶洪等教授誉为"最具物理味"的课程，在全国多地推广，共做报告89场、课堂展示130节。

二、成果的主要内容

通过项目研究，项目组提出了实验教学资源的整合目标，构建了较为完备的整合理论主张，提炼出了较好操作的整合范式，摸索出了具有推广应用价值的课堂教学范式。研究小组共在核心刊物上发表成果论文33篇（中国人民大学复印报刊资料全文转载4篇，被引用达50多次），2位成员分别以力学、电学实验资源整合与研究为主题完成硕士论文。

1. 提出了多元化实验教学资源整合目标

项目组提出了优化情境的整合目标，进行实验教学资源的优化融合，优化情景设置，让学生重蹈物理知识构建中的那些最关键的步子，让学生重演物理知识的发生、形成和发展过程，让物理思想在学生的头脑里产生出来的，使学习成为学生的"亚研究""再创造"的过程。项目组成员撰写的文章《整合资源以优化情境　强化体验以唤醒思维》（基金项目成果）发表在核心期刊《物理教师》上。

2. 形成了多元化实验教学资源特质分析报告

项目组基于分类学观点对各种实验教学资源特质进行系统分析和归纳，形成了完整的实验教学资源特质分类框架（图2），为教师把握及运用多元实验教学资源功能提供理论支撑。

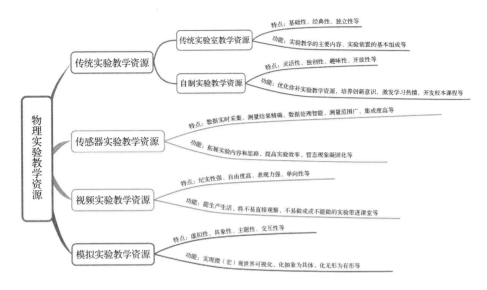

图 2　物理实验教学资源特质分类框架

多元化物理实验教学资源按其外部特征及其表现形式可分为实体实验教学资源和媒体实验教学资源两大类，实体实验教学资源包括常见的传统实验教学资源、传感器实验教学资源等，媒体实验教学资源包括常见的视频实验教学资源、模拟实验教学资源等。多元化实验教学资源各具特质：传统实验室教学资源的基础性、自制实验教学资源的创新性、传感器实验教学资源的智能性、视频实验教学资源的可视性、模拟实验教学资源的具象性。分析报告《多元化背景下物理实验教学资源特质分析初探》（基金项目成果）发表在核心期刊《物理教师》上。

3. 凝练了多元化实验教学资源整合的理论主张

项目组从课程资源开发理论、系统论等角度出发，基于对各种实验教学资源特质进行系统分析和归纳的研究基础，进一步提出多元化实验教学资源整合原则、范式和策略等理论主张。撰写的文章《简论多元化物理实验教学资源整合》（基金项目成果）在核心期刊《物理教师》上发表，并被中国人民大学复印报刊资料《中学物理教与学》全文转载并进行成果推广。

（1）提出了多元化实验教学资源整合原则。

多元化实验教学资源的整合不是资源的简单堆砌（机械组合），更不是资源的"混搭"（无序相加）。整合应保证物理实验的基础地位和基本功能不变，整合的目标是为了实现多元化实验教学资源的优化融合，整合的意义是为了更好发挥多元化实验教学资源的教育教学功能。项目组基于认知科学及系统论观点提出资源整合原则（图3）。

图3 资源整合原则

① 真实性原则。实验的精髓在于求真，实验教学资源自身更应该体现真实性的原则，绝不允许做假实验或假做实验。真实性体现在两个方面：其一，尽可能真实地呈现实验的过程；其二，不回避失败的实验教学资源。课堂上只呈现实验成功的一面，也会给学生形成"实验原来这么容易，一做就成功"的错觉。

② 适切性原则。实验教学资源要适合课堂教学时间、空间等客观环境需求，须安全、可行、可靠；实验教学资源要符合时代特色，注重现代科技的运用，体现资源的多样性，注重实验的创新；实验还要符合学生的认知规律；实验教学资源选材和实验方式还要考虑学生的心理因素，注意激发学生学习的积极情感，让学生学习从"无意注意"向"有意注意"转变，让学生在实验中不仅要动眼、动手、动脑，还要动情，培养良好的学科情感。

③ 过程性原则。教学实验更多关注过程，提倡学生在做中学，注重体验。过程性是学生参与的过程性（显性），学生在过程中动手操作、动眼观察、动脑思考、动口交流，甚至动了学科情感；过程性是学习进阶的过程性（隐性），方案建立、器材选取、数据处理及误差分析等环节均可选择性地深入探究，锻炼学生的高阶思维进阶。

④ 系统性原则。系统论的核心思想是系统的整体观念，课堂系统是由各种课程资源整合而成的，实验教学资源又是自然科学课程资源的重要组成部分，各种实验教学资源须协同工作，应形成"整体大于部分之和（1+1＞2）"的整合效应。整体性注重各种资源间的互补性，媒体实验教学资源应扮演好实体实验教学资源的辅助角色；整体性还注重资源间的逻辑性，设计螺旋进阶的实验教学资源序列，构成一个不可分割的教学资源整体，可以依据

学科知识发展逻辑关系组织资源，也可以依据学生认知规律及心理情感因素进行资源序列建构。

（2）形成了多元化实验教学资源整合范式。

项目组基于文献查阅、调查访问及课堂观察等基础研究，提炼出"确定目标、收集资源、特质分析、优化融合"的多元化实验教学资源整合范式（图4）。须从提升学生科学素养的高度确立教学目标，由教学目标确定所需教学实验，从实验教学资源分类的角度收集和开发实验教学资源，在收集过程中根据真实性、适切性、过程性原则去伪存真、去劣取优，再对筛选出的实验教学资源深入剖析其特质，从系统性角度选择适当的整合策略进行优化融合成新的实验教学资源整体。

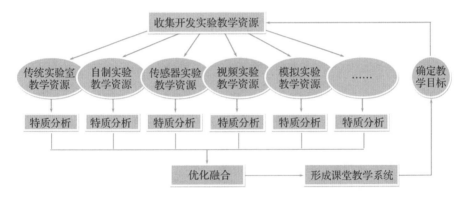

图4　多元化实验教学资源整合范式

（3）总结了多元化实验教学资源整合策略。

项目组总结出多元化实验教学资源整合策略：开发策略、改进策略、替代策略、嫁接策略、串接策略、并行策略（图5）。

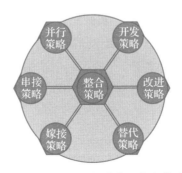

图5　多元化实验教学资源整合策略

① 开发策略。在备课环节中，如何突出教学重点和突破教学难点一直是教师重点思考的问题，其中不乏开发实验教学资源的教学手段，往往会得到"千言万语说不清，一做实验就分明"的课堂实效。这种开发是资源从无到有的创生，是零碎资源的重整或者资源功能新的迁移应用等。

② 改进策略。实验的改进和品质提升一直是物理人永恒的价值追求。这里的改进是狭义层面的改进，有别于其他整合策略所带来的改进效应，特指技术层面上使实验现象更为直观的改进、定性观察到定量探究的改进、实验更为稳定可靠的改进等。

③ 替代策略。随着科技的进步，新的实验仪器不断涌现，新的实验方法不断创生，传统的仪器或方法会被新的仪器或方法替代，有的是局部替代，有的是整体替代。这种替代不是一味地追新，而是自然筛选的"优胜劣汰"，是教师对实验教学资源应用"优"的推动。特别是近些年传感器测量仪器、数码相机等数字化产品的性能提升和普及，引发了新一轮的实验仪器及方法的替代革命。

④ 嫁接策略。嫁接是植物的人工营养繁殖方法之一，即把一种植物的枝或芽，嫁接到另一种植物的茎或根上，使接在一起的两个部分长成一个完整的植株。在物理实验教学资源整合中，课题组受到植物嫁接技术的启发，把现代的实验方法（视频分析法等）或资源（传感器实验教学资源等）嫁接到传统实验教学资源上，形成完整不可分割的整体，通过"嫁接"实现传统实验资源品质的"改良"，使传统实验教学资源焕发新的生命力。

⑤ 串接策略。串接策略也可称作资源的垂直整合，这种策略曾经较多应用在"问题化"教学"问题串"的生成上，也可把这种策略迁移到实验教学资源整合中来，形成有序的"实验教学资源串"（以下简称"实验串"）或"实验教学资源组合"（以下简称"实验组合"）。"实验串""实验组合"讲究实验教学资源的知识、技能、思维及情感等的逻辑性、进阶性，通过有序实验教学资源的串接搭建出基于学生视角的、清晰的"阶"，实现学习的有效进阶。这种资源组织模式具有节奏明快、步步为营的特性，特别适用于某个教学重点或难点的教学片段上。

⑥ 并行策略。随着课程资源日益多样化的发展趋势，在课堂上同时呈现多种课程资源也日渐成为一种有效的课堂组织模式。在实验探究活动中，把学生提出的多样化的实验方案，转化为可以同时进行的分组实验，再通过小

组汇报和组间评价,分享现象,得出结论。

4. 构建了多元化实验教学资源的应用范式

项目组基于整合理论,构建了"情境激趣、问题生成、实验探究、迁移应用"的课堂教学范式,建立应用模型,选择实践学校,培训教师,进行项目实践,凸显"以实验为基础、以问题为导向、以进阶为路径、以素养为中心"的物理实验教学主张。

基于实践推广过程案例汇集及提炼,项目组进一步探索出依托实验资源培养学生物理核心素养的途径和方法,提炼出以"核心素养为主旨,学生为主体,教师为主导,情境演进为主线"为核心思想的"四主"课堂教学实践模型(图6),多次尝试以实验教学资源来创设教学情境主线,运用情境的演进串设课堂教学主线,搭建基于学生视角的台阶,辅助学生的情感进阶、问题进阶、思维进阶、物理观念进阶具有显著教学效果。

图6 "四主"课堂教学实践模式

5. 形成了一批优秀的整合与应用案例

项目组基于整合理论和实证研究成果,提炼整合范例35篇(《"电磁感应"中三个自制实验的妙用》发表于《物理教师》,《用电磁打点计时器做波的干涉实验》发表于《中学物理》,《安培力演示实验定量分析改进》发表于《物理教学》,《"自由落体运动实验"传统与现代两种实验方法的对比研究》发表于《物理教学》等),受到国内同行的高度赞誉。出版《中学理科实验教学指导——高中物理分册》实验教材,收录经典整合案例50多篇,收到较好反响。

基于整合理论在不同课型中的实践应用，项目组提倡物理概念的教学中，情境创设的关键是要体现概念的本质特征，引导学生体会科学思维和日常思维的差异，促进学生科学思维的发展；物理规律的探究教学中，情境创设的关键是让学生从实验教学资源创设的情境中发现和提炼问题，让学生在活动中真切感受到科学探究过程，提高科学探究能力；应用物理知识解决问题的教学中，情境设计的关键是让学生体验把情境中的一段经历转化为一个物理过程，提高解决实际问题的能力。撰写的数篇案例论文《经典物理知识教学与科学探究的有机整合："气体的等温变化"授课和听课心得》《基于实验情境驱动　发展高阶思维能力》《物理教学植于"做中学"　思维发展源于"元问题"》《电感和电容对交变电流的影响："建构—合作学习"物理课堂例说》《巧设实验主线 凸显学习的"有效进阶"》《巧设实验主线 凸显实验资源的有效整合——"自由落体运动"研讨课回眸》《巧设实验主线 凸显学科教学的"物理味"——"探究感应电流产生的条件"展示课回眸》《巧设实验主线　凸显有效建构——"实验：探究碰撞中的不变量"评优课回眸》等均被物理核心期刊录用发表，给读者以示范和借鉴。

6. 建立了较为完整的实验教学资源库

创新开发了实验教具50件，筹建了独具特色的创新实验教学实验室，积累了数字资源近2T，建立了媒体实验资源库，节约了教师搜集与整合资源的时间。

三、解决的主要问题与成果创新点

1. 解决的主要问题

物理实验教学资源多元化的特征日益显著，此特征正在深度影响着课堂教学，引起教学方式及学习方式的变化，必然出现新的需要解决的问题，问题主要体现在以下几个方面：

（1）教师对多元实验资源缺乏深刻的理解和整合经验，教学中滥用、乱用实验教学资源等问题突出。

（2）教学中过于关注知识教育，淡化探究过程，虚假探究的问题严重。

（3）"互联网+"时代，教师处理大数据、资源共享能力较弱，学生批判性思维和大胆质疑能力缺失的问题明显。

2. 成果创新点

（1）立足于"现代学习理论"和"互联网＋"大背景的新视角。

项目组从现代学习理论出发，凸显"学习者为中心"的教育理念，以实体实验教学资源为基础，融合运用互联网时代新生的媒体实验教学资源，凸显情境体验的育人功能。

（2）探索了多元化实验教学资源整合的理论新领域。

基于对日益多元的实验教学资源所进行的分类及特质分析，项目组从资源开发理论、系统论等角度出发，提出整合原则、范式和策略，给出整合标准和行为规范。

（3）构建了多元化实验教学资源系统应用的新范式。

基于整合理论，项目组进一步探索多元化实验教学资源系统应用的新领域，形成"情境激趣、问题生成、实验探究、迁移应用"的教学新范式，在实践过程中开发了系列教学案例。

（4）开发和整理了大量多元化实验教学新资源。

项目组创新开发实验教具50件，形成特色的创新实验室，积累数字资源近2 TB，建立媒体实验资源库，对照教材撰写具有整合特色的实验操作指南104篇，出版实验教材1部。

（5）形成了学生物理学习的新方式。

项目组发挥创新实验室和媒体资源库的优势，优化学习情境，运用情境的演进串设课堂教学主线，搭建学习的情境之阶，促进学生具身体验、深度探究，将习得的知识迁移应用到生活情境中，学生学习兴趣明显提高，学生学业成绩显著提升。

四、成果学术价值

物理教学中引入多元化实验教学资源整合应用的实践后，无论是对学生物理学习方式，对教师专业化发展，还是对学校物理课程品质提升都产生了极大的影响，使各方面都获得了成长。

1. 转变了学生学习方式

成果给学生学习带来的变化，不仅仅表现在学业成就方面，还表现在帮助学生转变了学习观念和学习方式，有效地促进了学生的学习。对参与项目实验的班级进行课堂观察发现，学生积极参与率均高达96.2%；对参与项目实验的 522 名学生问卷调查，数据分析显示 90.8% 的学生认为资源整合应用能很好地帮助他们提高学习兴趣；95.1% 的学生认为资源整合应用能给他们参与实验提供选择空间；93.7% 的学生认为多元资源能为他们解决物理问题提供更多的方法和途径；86.6% 的学生认为实验资源整合应用能很好地帮助他们理解物理知识；93.7% 的学生认为通过资源整合应用获得的知识比传统讲授获得的知识印象更深刻。这些均能佐证学生学习方式的转变。

2. 提高了教师专业化水平

成果的应用促进教师观念的变化，参与实践检验的 16 位物理教师均对多元化物理实验教学资源的分类、特质分析和整合目标、原则、策略等理论有清晰的认识，并带动教学行为的变化。参与教师均能精心整合资源，预设实验，并通过实验实施物理教学，摒弃讲实验的陋习，课堂实验覆盖率高达 95%。教师的专业化水平得到了显著提高。

3. 提升了学校物理课程品质

多元化实验教学资源整合，不是对现有高中物理教材中 104 个实验的简单补充和拓展，而是对相关实体与媒体资源的深度融合与应用，整合所涉及的不只是教学内容，还包括教学方法与策略等诸多要素。学校自行筹建创新实验室 2 个，还将 2/3 以上演示实验转变为分组实验，让学生亲历更多"真实"的实验过程，回归物理教学的本真。优化的物理课程被郭玉英、彭前程、陶洪等教授誉为"最具物理味"的课程，学校成为省学会课程基地。

五、成果推广应用情况与效果

成果促进了课程资源的开发、整合与运用，促进了课堂教学模式的改革与创新，教师的信息技术与物理教学的深度融合、课程开发与整合等能力得到显著加强和提升。成果提炼出了整合与应用的理论主张，针对多元化物理教学资源特质提出了分类方法，总结了优化情境的整合目标和真实适切、亲历过程、系统融合等整合原则，提炼了开发、改进、替代、嫁接、串接、并行等整合策略。在实践过程中，基于理论主张构建了"确定目标、收集资源、特质分析、优化融合"的整合范式和"情境激趣、问题生成、实验探究、迁移应用"的教学范式，给出了整合标准和行为规范，并理论化得出了构建物理教学资源对物理课程的支撑，引领了物理教学情境化展开，促进了物理核心素养在教学中落地，又将成果撰写为专著，出版后面向全国发行（先后两次印刷），成果在全国"国培计划"和新课程领航培训中得到推广应用并取得显著成效。

1. 学生科学素养得到了显著性发展

成果关注学生科学素养的发展，基于"互联网＋"，总结提炼、开发新资源。积极探索信息技术与物理课堂教学的深度融合，实施更有"物理味"的课堂教学，在实证研究阶段的数据表明学生的科学素养得到了显著性发展，在推广应用阶段实践校反映学生物理核心素养也得到了显著性提升。

成果进行了两轮课堂实证对比研究。2012年9月至12月进行了第一轮对比实证研究，实验年级2012级苏州市名师共同体成员教师所在学校高一年级学生，对比实践研究与课堂观察，研究均表明实验年级（班）收到显著性成效，课题研究理性成果得到有效验证。2013年12月起，又分别在江苏省苏州市、扬州市、徐州市、福建省南平市、福州市、广西壮族自治区柳州市、桂林市等学校进行了实地推广和应用实践，实践均表明学生的课堂积极参与率、学习兴趣均发生根本性转变，学业成绩及科学素养均得到显著性提升，从而佐证了提出的整合范式及教学范式是可行的，提出的整合策略是有效的。

2. 教师课程资源整合的专业素养得到明显提升

教师的信息技术与物理教学的深度融合、课程开发与整合、实施与评价等能力得到加强和提升。伴随项目研究，项目组有1人被评为"江苏人民教育家工程"培养对象，4人被评为"姑苏教育人才"，2人被评为江苏省特级教师、正高级教师，2人优课评比获国家和省一、二等奖，10人在"一师一优课"活动中分获省、市、部优奖，3人在教师信息化整合能力大赛中获奖，2位成员分别以力学、电学实验资源整合与研究为主题完成硕士论文，2016年张飞老师受邀参与基于核心素养的高中教材《物理（教科版必修一）》的编写工作。

3. 全国各地推广应用反响较好

2013年12月起，项目组结合苏州市名师共同体活动进行了"多元化物理实验教学资源整合的研究与应用"项目（高中）展示、推广活动。2015年1月起，项目组逐渐在"国培计划"、省级培训中做专题报告89场，其中包括江苏省外46场次专题学术交流和课堂展示活动；赴全国各地做了关于"基于核心素养的物理实验教学资源整合与应用"的专题讲座和示范教学活动，获得同行及专家学者一致的认同；5次在江苏"教学新时空·名师课堂"平台上展示研究成果,并在江苏、重庆、福建、云南、河北等地推广实践,进行课堂展示达 130 多节。

4. 课堂模式的变革与后续研究得到有力推动

成果所引发的基于课堂模式的变革与构建、基于认知科学的学生核心素养发展研究两个课题"基于认知科学的物理核心素养发展研究"("人民教育家培养工程"专项)、"基于认知科学的高中物理'四主'教学模式的构建及研究"(青年专项)均获批为"十三五"江苏省规划课题,在近一年的研究过程中已取得一定的研究成果。

5. 成果列为 2022 年省、市前瞻项目

成果所引发的课堂模式的变革与构建对物理核心素养落实具有一定前瞻性,因此,成果被列为 2022 年省、市两级前瞻性项目进行进一步推广实践。

(该成果 2018 年获国家基础教育教学成果奖二等奖)

小学全息学习的范型建构和实践推进

常熟市实验小学

(成果主要完成人:金一民 顾惠芳 沈春媚 周振芳 刘雄)

全息学习的实验,发端于广阔的改革场景,开启于教育的现实思辨,创生于真实的儿童发展。

一、问题的提出

1. 正视当下教育的现实问题

全息学习的提出和实践,旨在解决教育中关于"人"的发展问题。

(1)从"半人"教育走向"全人"教育。

一直以来,学校教育以传承知识为宗旨,与人的完整的精神世界分离开来,是一种"半人"的教育,表现为片面追求成绩与分数这个"部分",忽视情感、态度、价值观等人的"整体"发展。

(2)从"旧人"教育走向"新人"教育。

传统教育培养的是"旧人",即习惯于书斋学习、被动接受知识、缺乏主体意识和创新精神、难以适应现代社会的人。随着经济和社会的发展,教育必然面临着这样一种转向:从培养接受知识的"旧人"走向适应时代发展的"新人"。

2. 基于学校改革的发展基础

长期以来,常熟市实验小学始终坚持"实验性""示范性"的办学导向,积极推进教育教学改革。

(1)发展性课堂的实践。

"十一五"期间,学校开展了"小学发展性课堂教学的研究",提出了"少教多学,以学论教"的教学主张、"学一生有用的东西"的核心理念,以及"既成人,又成事;是应世,非应试;似农业,非工业"的核心思想,形成了较为完整的理论体系和操作模式,"走向发展的教学"2014年被评为首届基础教育国家级教学成果奖二等奖。

(2) 结构化教学的探索。

"十二五"期间,小学数学学科开展的"结构化教学"的实践取得了丰硕的成果,成果被评为2013年江苏省教学成果奖特等奖。"结构化教学"以系统论为指导,根据知识发展规律和学生认知规律,融通教学各要素之间的结构化关系,使教学各要素达到最佳平衡、合理的状态,以实现学生良好的自主建构。

3. 面向未来发展的学习变革

面向未来的教育,需要尊重儿童发展的规律,把握时代发展的脉搏,培养学生适应社会变化、引领时代变革的品格和能力。

(1) 指向"全人"发展。

全息学习以"全人发展"为培养目标。"全人"即完整的人,是指躯体、心智、情感、精神、心灵力量融为一体的人。全息学习把"人"看作一个整体、一个独特的完整的生命个体,引导学生采用适合自己的学习方式,在与自我、他人、自然世界等的对话中实现完整发展。

(2) 面向未来发展。

未来学习应该是"全域"的学习。"全息学习"旨在实现处处能学。学生学习的场所不仅仅在学校、课堂,家庭、社区、社会、网络都能成为学生学习的场所。未来学习应该是"全时"的学习。"全息学习"旨在实现时时可学,打造全程的学习时间,利用信息技术平台让学习得到随时的支持。未来学习应该是"全人"的学习。同时,"全息学习"旨在实现人人皆学。在全息学习环境中,每一个人都有学习的可能,获得学习的支持,人人处在学习的状态中。教师、家长、社区人员、校外专家都成为学生学习的支持者、帮助者、指导者。

二、解决问题的过程和方法

基于全息理念,学校积极推进项目研究,引领和促进学校品质提升、教师专业发展和学生健康成长。

1. 解决问题的过程

(1) 第一阶段:问题提出阶段(2013年8月—2013年10月)。

组建了以"教师"为圆心，年级同事、学科同事、有经验的教师、校长及指导人员、专家教授等的"同心圆"研究共同体，让实验无人不在。融合、拓展、深化学校长期的改革实践成果，提出"全息学习"的概念和主张。

（2）第二阶段：实践探索阶段（2013年10月—2016年3月）。

构建了每天"日学日思"、每周"星期书会"、间周"集体备课"、每月"月度研讨"、每学期"假期研修"、每年"年度论坛"及不定期"阶段展示"的"阶梯式"校本教研网，让实验无时不在，不断实践、反思、总结、调整、改进，形成研究成果。

（3）第三阶段：检验、推广阶段（2016年3月—2017年12月）。

搭建了以"场域"为结构，形成了"课堂现场、校园内外、网络空间、名坛名刊、名校联盟、国际交流"等"全域型"经验分享场，让实验无处不在，检验、推广、辐射实践成果。

2. 解决问题的方法

（1）针对"空间封闭、资源单一"的问题，学校进行了学习空间和教育环境的整合开发。建设全息学习教室，搭建全息学习云平台，建设全息学习社区，让学习自然发生。

（2）针对"弱化对于儿童和学习的研究"的问题，学校吸收和借鉴学习科学的最新成果，提炼了"理解—联结—激活"的学习机制和教学策略，让学习真正发生。

（3）针对"'学'停留在浅层"等问题，构建"学为中心、问题导向"的学习模型，让学习深度发生，促进了学程、学法、学与教的融通，实现学习方式的创新和突破。

三、成果主要内容

项目实施以来，学校聚焦学习内部，探索学习原理，构建学习机制，转变学习方式，提供学习支持，取得了丰硕的成果。

1. 构架理念体系，让每个学生的学习完整发生

全息学习，指向"全人发展"和"整体学习"的理念创新。学校顺应儿童发展的规律，面向未来发展的要求，培养学生适应社会变化、引领时代变革的品格和能力。

（1）"息"。

"息"是一个象形文字（图1），在《说文解字》中的本义是"以心为鼻"进行呼吸。真正的学习，应该如老子所说"复归于婴儿"，追求一种"用心呼吸"的生命状态。学习与呼吸是相通的。

图1 "息"的象形文字

（2）"全息"。

"全息"是一个跨界概念，影像学的解释是指三维立体的图像，寓意教育要注重儿童发展的全面性、多元性；物理学中的"全息论"认为，宇宙是一个不可分割的、各部分之间紧密关联的整体，任何一个部分都包含整体的信息，寓意教育要注重学习的科学性、整体性；在生态学中，"全息"是指任何一个生态场域中，信息无处不在、无时不在，相互之间动态平衡、和谐共生，寓意教育要尊重自身的规律和各要素之间的关系。

（3）"全息学习"。

"全息学习"是以促进"全人发展"为目标，以环境、资源和技术为平台，在学习主体、课程形态、学习方式、学习资源建设等方面的整体变革或学习革命。为形象化地说明全息学习的内涵，我们构建了一个金字塔模型（图2）。塔尖"全人发展"是目标，是一切工作的指向。"无时不在、无处不在、无人不在"是实现"全人发展"目标的基本理念。"学程融通、学法融通、学教融通"是实现"全人发展"的方式变革。"课程资源、学习环境、信息技术"是实现方式变革的条件支撑。

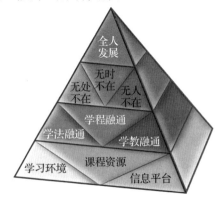

图2 全息学习金字塔模型

2. 开发环境技术，让每个学生的学习自然发生

全息学习，在于学习空间和教育环境的整合开发。学校致力于变革传统的教育空间、技术应用和环境构造，为学生开展随时随地的学习提供可能。

（1）全息学习教室。

学校已经建成300多平方米的全息学习教室，集未来教室、微格教室和开课教室为一体，并实现以下功能：一是提升数字环境。高带宽无线网络、便捷化信息终端、多屏幕展示平台、人手一个平板电脑……让每个小组都有自己的展示平台，让每个学生都有充分的互动机会。二是优化空间格局。突出以学生为中心的空间设计，促进集中学习、小组学习和个别指导的多种组织形式的学习。三是丰富教学资源。设置学科资源区、网络资源区和即时资源区，让资源随手可得、随时应用。

（2）全息学习平台。

学校与中科梦兰合作，自主开发了全息学习云平台，发挥其在学生学习支持方面的独特优势。一是便捷应用。通过电脑、平板电脑、家长手机等终端随时发送和接收文本、图片、语音、视频等多种形式的学习任务和资源，支持学生开展自主探究。同时，在应用过程中师生上传和生成的资源会不断充实，并以结构化的方式储存下来。二是即时互动。学生学习发生困难时，可以即时上传疑难问题，即时获得在线教师、同学或家长等的支持。同时，可以分享同伴学习成果，进行及时的检测和反馈。三是精准评价。以纵向层次分级以及横向内容分类为逻辑结构，形成学生"电子成长档案"，通过学习行为采集、作业作品展示、师生家长参与评价等生成大数据，实现对学生学习发展的精准分析、便捷调阅和有效改进。

（3）全息学习社区（图3）。

学校努力寻求学校、家庭和社区的深度合作，为学生创造良好的学习环境，真正让学习无处不在。一是建设校园学习广场。整合学校专用室场，建设阅读广场、艺术广场、创客广场……构建大空间、开放式、综合性学习场所，扩大学习社群，开展混龄、混合学习。二是建设家庭学习阵地。根据学生的兴趣特长，建设家庭图书室、家庭实验室等阵地，开展书香家庭、创客家庭、文化家庭等的星级创建，营造良好的学习氛围，发挥家庭教育在学生发展中的重要作用。三是建设社区学习中心。利用家委会、社委会组织，建设社区学习中心、社区活动中心，开发社区教育资源，外聘校外专家，满足

学生成长需要。

图3 全息学习社区

3. 应用学习科学，让每个学生的学习真正发生

全息学习，基于教育理论和学习科学的实践应用。改变当下教师教学唯经验的普遍倾向，借鉴和吸收近20多年来心理学、脑科学、神经科学在儿童学习方面的最新研究成果，构建全息学习发生机制和实施策略（图4）。

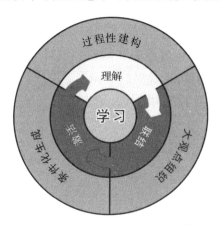

图4 全息学习发生机制和实施策略

（1）过程性建构：促进知识的理解。

任何有意义的学习都基于理解之上。这种"意义"来自学习的过程，并在过程中理解和生成。一是知识形成的过程。即把"本体"的知识转化成"教学"的知识，展现知识发生和发展的过程，让学生体会过程的知识。二是学习探究的过程。即把"书本"的知识转化成"活动"的知识，经历问题解决的过程，培养学生发现、提出、分析、解决问题的能力。三是素养发展的过程。即把"学科"的知识转化为"素养"的知识，经历情感、态度和价值观发展的过程，促进学生核心素养的发展。

（2）大观点组织：促进知识的联结。

理解之后的知识需要与头脑中相关的知识联结，才能成为结构的知识、容易迁移和生长的知识。一是由前及后，纵向联结。研究知识的"最初形态"和"发展形态"，定位知识的"现在形态"，培养学生由"点"成"线"的"勾连"能力。二是由此及彼，横向联结。体会学科内部、学科之间及学科与生活的关系，培养学生由"线"到"网"的"织网"能力。三是由表及里，内向联结。促进"陈述性知识""程序性知识""策略性知识"的生成，培养学生由"网"到"体"的"结构"能力。

（3）条件化生成：促进知识的激活。

只有能够激活和提取的知识才是"活"的知识。"条件化"的知识是最容易被激活和提取的。一是基于情境的知识。注重发挥"境"的功能，让学生知道知识"从哪里来""在何处发生""用在何处"，从而在面对相似情境时能自然唤起相关知识。二是联系经验的知识。研究新旧知识的联结点、分化点、生长点，让新知识在学生已有知识和经验的基础上"长"出来，有利于知识的迁移和生长。三是走向概括的知识。引导学生经历知识去情境化的过程，提升知识的概括度、普适性，促进学生灵活提取知识和解决问题。

4. 转变学习方式，让每个学生的学习深度发生

全息学习，指向全人发展和整体学习的创新突破。学校积极构建"学为中心、问题导向"的全息学习模式（图5），实现对传统学习的创新和突破。

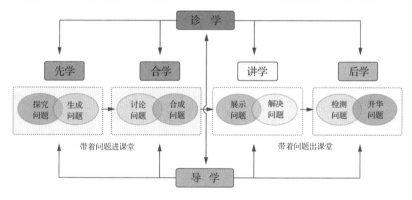

图5 全息学习模式

（1）基于"先学、后学"的学程融通。

全息学习理念下，课堂已不再是学习的全部，而是一个学习的"中枢"，来自先前学习的多元信息在这里汇集、碰撞、整合，形成学习成果并应用到后续的学习和探究中。一是学有先导，设计大问题。区别于传统的预习，"先学"是聚焦问题的学习。在课堂学习之前，教师把学习内容转化为一个个"大问题"，把"大问题"串联成一张"学习地图"，引导学生自主探究，让学生带着问题进课堂。二是学有延展，开展真探究。"后学"让学生带着问题出课堂，在更大课间内进行探究。"后学"可以是促进知识发展的拓展学习，可以是促进能力发展的体验学习，还可以是促进素养发展的基于问题或项目的学习。

（2）基于"合学、讲学"的学法融通。

全息学习理念下，学习不再是单一听讲的方式，而是一种融自主学习与合作学习、发现学习与接受学习等为一体的多样态学习。一是学有合作，体现交往性。当学生经过"先学""自学"后，"合学"成为之后学生学习的需要，学生在自学探究中形成的观点、生成的问题需要在一定的场域中交流、碰撞和整合，有利于培养学生的合作意识和交往能力。二是学有展示，体现发展性。学习既要能"学进去"，更要能"讲出来"，能够讲出来的知识才是内化了的知识。"讲学"的过程，是一个交流分享的过程，有利于培养学生批判性和创造性思维。

（3）基于"诊学、导学"的学教融通。

全息学习理念下，教师不再是学习的主宰，教师的"教"更多是通过对学生的"诊学"和"导学"来体现。教师真正站到了学习的后台，成为学生学习的引导者、合作者、支持者。一是学有诊析，让学习更精准。通过课前的诊学，收集分析学生的《导学单》，及时充分了解和把握学情，根据学生的真实学情进行教学设计。通过课堂的诊学，收集和分析学生在"合学""讲学"中呈现的学情，调整教学进程。通过课后的诊学，收集和分析学生的练习反馈，促进教师的教学改进。二是学有引导，让探究更深入。全息学习理念下，教师的"导"更多通过"串联"学生的"学"来实现。课前导学采用"问题"串联，引导学生通过先学探究，形成自己的学习成果，带着问题进课堂。课中导学采用"话题"串联。通过"串联"学生的回答，促进学生观点碰撞，学习深入。课后导学采用"主题"串联，把所学知识和现实生活联系起来，引导学生应用数学知识探究现实问题。

四、效果与反思

项目实施以来，通过常态观察、问卷调查、过程记录、成果比较等形式，我们对项目效能进行了分析，发现学生、教师、学校、家庭和社区均发生了积极的变化。

1. 学生的变化

我们对三至六年级共 8 个实验班和对照班 329 个学生进行了问卷调查，并进行了相关分析（图 6）。

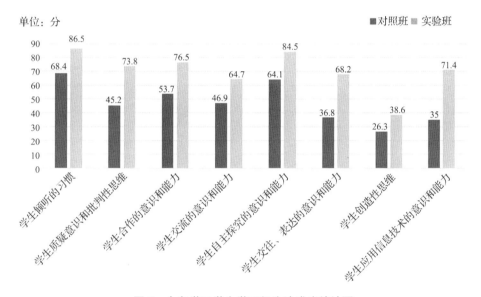

图 6　全息学习学生学习行为达成度统计图

（1）动力系统。

对比发现，学生对于学习的好奇心大大增强，对学习内容表现了浓厚的兴趣。"学为中心"理念得以落实，学生学习的主体地位得以确立。学生的学习机会不断增加，他们的主动性、积极性得到了有效的激发，学生的问题和探究意识明显得到增强，能够富有热情地投入学习活动中。

（2）方法系统。

基于先学探究、小组合学、全班讲学等学习方式在常态课堂中得到了真正的落实，学生变得会倾听、会思考、会质疑、会交流、会表达……能够根据不同情境和自身实际，选择合理、有效的学习策略和方法等。

（3）素养系统。

以"小组合作"为主要方式的全息学习培养了学生合作交往的意识和能力，并在这个过程中学会了相互尊重、理解、协作。以"实践探究"为主要特征的全息学习培养了勇于探究、坚韧的品格，学生的批判性思维和创新思维得到了很好的发展。以"信息技术"为重要手段的全息学习发展了学生的信息素养，包括应用信息技术的意识、开放创新的思维观念、数字化生存的技能等。

2. 教师的变化

根据对全校教师的问卷调查、教育行为的观察及相关成果的分析，教师在理论素养、课堂教学和学生研究上发生了积极的变化（图7）。

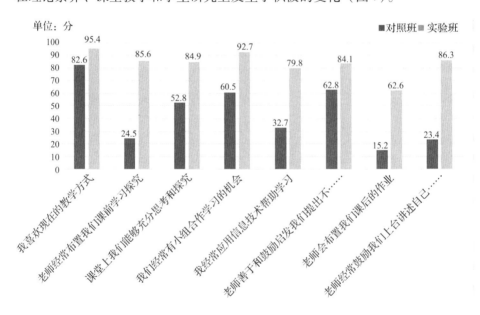

图7 全息学习教师教学行为达成度统计图

（1）理论素养。

学校推荐和组织教师阅读了皮亚杰、奥苏贝尔、布鲁纳等的经典教育理论，以及《学会关心》《学校的挑战》等体现当下先进理念的专著，重点学习了《人是如何学习的》《脑科学与教育》等最新关于科学和脑科学的研究成果，以及关于翻转课堂、大数据、未来学习等方面的著作。教师的理论修养、教育理念和创新意识得到了明显的提高。

(2) 课堂教学。

我们以课堂教学为抓手,促进全息学习理念的实践转化。名师专家的课堂引导、骨干教师的研究示范、全体教师的实践探索……一年来,教师执教各级公开课 300 多节次,教师的作用更多转向为支持学生学习的"诊"和"导",教师真正成了学生学习的组织者、支持者。

(3) 学生研究。

项目自实施以来,教师研究的重点逐渐从"教"的研究转向"学"的研究,"儿童研究"成为教师工作的"第一专业",全体教师对"儿童是什么""儿童是怎样学习的"等方面开展了积极的思考和实践。课堂教学和研究更多关注学生的"学"。

3. 学校的变化

随着项目研究的不断拓展和深化,学校也悄悄地发生了变化。学校从重视显性质量的"传统名校"转变为引领区域教育改革的"实验学校"。"全息学习"成为学校改革发展的重要内涵和响亮品牌。"全息学习"推动了"全息阅读""全息教研""全息管理"等各个领域的改革,"创新"成为学校文化的核心理念。

4. 家庭和社区的变化

全息学习促进了家庭、社区与学校教育不断融合。"家长讲师团""家长微课程"……蓬勃开展起来,家长们走进学校,走进课程,走进课堂。基于全息云平台,家长成为孩子学习的知情者、支持者。社区也越来越成为学生学习和成长的重要场所,"社区助学中心""社区小书吧"等设施为学生提供了学习机会,丰富多彩的社区活动促进了学生的全面发展。

5. 辐射带动

(1) 集团内部。

学校把全息学习作为集团办学的重要抓手,对集团教师开展集中和分层次培训,以骨干教师为主体,推进全息学习实验在各校的开展。举办集团展示研讨活动,采用课堂展示、评课研讨、专题报告等形式深化改革实验。

(2) 区域推进。

学校被确认为"苏州市义务教育改革——'苏式课堂'项目学校"。基于这个平台,项目学校之间开展相互观摩研讨,深度合作,共同发展。学校被评为"苏州市义务教育改革项目先进学校",成果获评"苏州市义务教育项目成果"一等奖。

（3）联盟学校。

学校采用"学校联盟"的策略，聚合各方智慧推进改革发展。组织张家港、昆山、常熟等地的15所学校建成"常熟市实验小学联盟"，参加南京师范大学教育学院引领的"五校联盟"、省内名校组成的"苏派名校联盟"、中国教育报刊社指导的由全国100多所名校组成的"中国未来学习联盟"……促进了全息学习在更大范围上的辐射。

（4）国际交流。

学校与澳大利亚雷昂加沙小学结成联谊学校，每年组织30多位学生、家长到对方学校互访交流。应用全息学习的实践成果，双方利用每周三上午第三节课的时间，开展了实时交流，合作的两地饮食文化的研究课题成果获常熟市综合实践活动案例评比一等奖。

6. 取得的物化成果

（1）课例。

项目实施以来，已形成了"牛郎织女""认识圆柱""秋"等40多个覆盖多个学科、多种课型的典型课例，较好地体现了全息学习的基本理念和实践模式。在此基础上，形成了《全息学习指导纲要》《全息学习规程》，为全息学习的实验研究提供了具体的指导和保障。

（2）论文和专著。

两年来，共有250多篇与项目研究相关的文章在省级以上刊物发表和获奖，其中在《人民教育》等全国中文核心期刊发表论文5篇。专著《全息学习：改变"学习"的面貌》2017年由教育科学出版社正式出版。全书共7章，对全息学习的基本理论、课程形态、教学样式、评价策略、平台建设、实践推进、成果展望等做了较为系统的阐述。

（3）获奖和媒体宣传。

2016年9月，成果获苏州市教育教学成果奖特等奖。2017年9月，成果获江苏省教学成果奖特等奖。2018年，成果被评为国家基础教育教学成果奖二等奖。2016年6月17日《江苏教育报》以"全息学习：让学习像呼吸一样自然"为题，用一个整版进行了报道。江苏电视台两次做了专题报道，常熟电视台、《常熟日报》、常熟人民广播电台等媒体进行了相关报道。

7. 反思与改进

（1）全息学习环境建设有待于进一步优化。

进一步建设物型环境，改善学习时空，构建大空间、开放式、综合性学习场所，开发家庭、社区教育资源。进一步加强信息环境建设，接入千兆宽带网络，校园 Wi-Fi 全覆盖，提供更为便捷化的移动终端、更为完善的全息学习平台。进一步加强人文环境建设。加大学习和宣传，构建"学习共同体"，形成全社会关心、支持和促进全息学习实验的氛围。

（2）全息学习实践应用有待于进一步深化。

进一步加强儿童和学习研究，吸收教育理论和学习科学成果，深化对学习原理的认识，完善全息学习机制。进一步加强"学为中心、问题导向"的课堂教学实践，全面促进学生学习方式的变革。进一步开发全息学习云平台，在完善原有功能的基础上探索"核心素养"评价的实践，形成"知识图谱"和学生学习分析报告，让学习可见。

（3）全息学习成果转化有待于进一步推进。

进一步提炼全息学习实践成果，并辐射至各个学科、全体师生和家长。推广云平台的应用，让更多的师生、家长借助技术的力量实现教与学方式的改进。将全息理念应用到学校管理的各个方面，开展全息管理的实践。加强交流研讨，融合国内外前沿教育改革的理念和成果，促进全息学习研究深化。

（该成果2018年获国家基础教育教学成果奖二等奖）

"德润文光"：百年老校育人范式的传承与创新

苏州市平江实验学校

（成果主要完成人：潘娜 秦琳娜 孙晓莉 沈俐 王雯静 柯晴）

一、问题的提出

习近平总书记指出：要坚持把立德树人作为中心环节，把思想政治工作贯穿教育教学全过程，实现全程育人、全方位育人。

苏州市平江实验学校始终把立德树人作为学校立身之本，努力探索百年老校育人范式的传承与创新。

第一，百年老校优秀传统文化在新时代的传承与创新上，存在脱节现象。党的十九大报告中强调：没有高度的文化自信，没有文化的繁荣兴盛，就没有中华民族伟大复兴。教育本身是文化的传承，百年老校肩负着传承优秀传统文化的重要责任。百年老校文化精髓未充分激活，存在着过去、现在、将来在文化传承、创新上的断裂。如何更好地继承历史文化，回应时代的创新发展，是百年老校面临的共同问题。

第二，立德树人根本任务在学校实施中未落实到位。党的十九大报告对立德树人根本任务聚焦于"落实"二字，"要全面贯彻党的教育方针，落实立德树人根本任务，发展素质教育，推进教育公平，培养德智体美全面发展的社会主义建设者和接班人"。如何正确解读新时代新要求，全面、系统、创造性地将立德树人工作落到实处，是每一所学校需要思考的重要命题。

第三，学校办学理念和办学实践存在"两张皮"现象。新时代教育的价值追求是聚焦生命成长，让每一个儿童成为全面发展的主体，让每一个儿童在多元化的育人范式中成就自己。目前学校存在"重智育、轻德育""重知识、轻能力"等现状，而秉承办学思想，系统构建多元化育人课程体系，引导生命成长，实现儿童全面发展，使办学理念与办学实践形成"一致性"，这是每一所学校的重要使命。

二、解决问题的过程与方法

（一）解决问题的阶段

一是初步探索阶段（1978—1998年），梳理百年老校历史文化传统，调整课程设置，改变教学方式，开展文化育人项目实验。二是稳步推进阶段（1999—2008年），以百年老校文化优势为突破口，提炼特色文化，开展课程与教学改革，深化育人实践。三是体系建构阶段（2009—2013年），以"德润文光"为核心理念，全面落实国家立德树人根本任务，确立校本化培养目标，创新课程体系，倡导对话教学，设计学生活动，科学评价体系，创设育人环境，构建儿童成长的完整体系。四是实践检验阶段（2014年至今），呈现具有典型意义的育人课程、经验和范式，形成特色鲜明的教学综合改革经验，带动国际、国内多区域和多学校协同研究、协作发展。

（二）解决问题的方法

一是激活优秀传统文化。通过传统、当下、未来三重对话，回归教育原点，明确"德润文光"价值追求，实现校本化培养目标。二是强化顶层设计。以"德润文光"为核心价值统领，对学校育人范式的各个要素，如培养目标、课程、教学、活动、评价、环境进行系统设计，努力让核心价值观照亮整个实践体系，体现一致性。三是形成操作策略。在育人范式架构、育人要素渗透方面，多年探索，形成实施策略，具有可复制、可推广价值。

三、成果的主要内容

学校历史可追溯到南宋咸淳元年（1265年），是有着750余年文脉传承之地。位于校内中心位置的大成殿（建于1541年），门匾上的题字"德润文光"在今天仍有启迪价值。学校立足时代高度，提炼并激活德才兼备、因材施教、质疑商讨、创新活动、科学评价、环境熏陶等传统文化中优秀的教育思想和方法，实现了百年老校育人范式的传承与创新。

（一）确立校本化培养目标

学校传承"德润文光"意蕴，顺应时代精神，提出"崇德尚美、乐学善思"的培养目标。

1. **文化传承**

大成殿门匾上的题字"德润文光"是学校百年校训，是学校育人的价值追求。"德"的本义是"道德、品行"，包括忠、孝、仁、义、温良、恭敬、谦让等。"润"的本义是"滋润万物，修饰，使有光彩"。"文"有"文章、文德、文教（礼节仪式）"之意。"光"是"润"的结果，作"光大"解读。"德润"出自《大学》，原文是："富润屋，德润身。"意思是：富裕可以养护好房屋，仁德可以滋润、保养身心。"文光"出自《折桂令·李翰林》："五花马三春帝乡，千金裘万丈文光。""德润文光"意思为：用道德润泽人性，用道德润泽文化进步。

2. **时代呼唤**

百年校训"德润文光"出发点和归宿都是"人"，追求人的全面发展。这与习近平总书记提出的立德树人一致。学校将优秀传统文化精神与新时期育人目标结合，赋予"德润文光"现代内涵，"以德育人，以文化人，德才兼备，完整人格"。这是社会主义核心价值观的创新性转化、校本化发展，使立德树人之根深植于学校之中，闪烁着培养时代新人的光彩。

3. **现实批判**

《国家中长期教育改革与发展规划纲要（2010—2020年）》强调德育为先、能力为重、全面发展。但当前普遍存在"重智轻德、重智轻能、重智轻美"的偏向，学校直面现实，聚焦儿童生命完整成长，从道德、艺术、情感、思想、行为、心理等方面全面塑造，提出"崇德尚美、乐学善思"的培养目标。

（二）创新课程体系

学校汲取孔子儒家教育思想中的精华，将孔子提出和践行的"因材施教"融入课程体系。学校秉承素养引领、个性适切理念，研究学生的身心特点、认知规律和情感变化等方面的共性特点与个性差异，设立基础性、拓展性、提升性三类课程（图1），分别指向全体、有兴趣、有特长的学生，追求"让每一个学生得到与其个性相适应的最大发展"的课程理想，促进学生获得全面的、主动的、个性的发展。

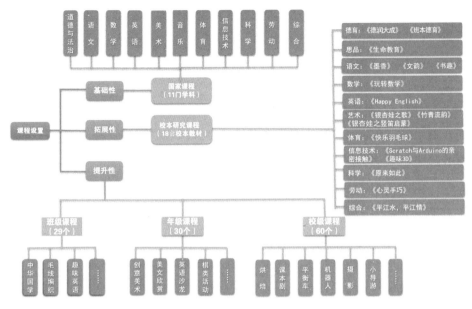

图1 课程体系

1. **基础性课程**

基础性课程即国家课程,学校根据《基础教育课程改革纲要》和《江苏省义务教育课程设置实验方案》,严格执行国家课程计划,开足开齐、均衡设置,扎实培养学生的基本素养。

2. **拓展性课程**

拓展性课程是指校本研究课程。学校针对国家11门基础课程,自主研发了18套校本教材,渗透在国家课程中,内容呈螺旋式上升,增加广度和深度,提升学科素养。

3. **提升性课程**

提升性课程是学校根据学生的兴趣、爱好、特长开设的班级、年级、校级三级课程。一、三、六年级共29个班级课程,学生100%参与,一师一长,一班一特。二、四、五年级共30个年级课程,学生以跑班形式100%参与。60个校级课程,学校每学期初在网上为学生提供自助式菜单,学生自主选择,参与率51%以上。

以艺术课程为例。基础性课程即国家规定的音乐、美术两门艺术课程,以体验性教学为主,激发学生学习艺术的兴趣,通过聆听、对比、律动、游戏等方式,培养学生基本的艺术素养和能力。拓展性课程分艺术启蒙校本课程和艺术兴趣小组课程。艺术启蒙校本课程中补充了《银杏娃之歌》《银杏娃之舞》《银杏娃简笔画》《银杏叶画》《银杏娃之竖笛启蒙》《墨香》等校本教材，艺术启蒙校本课程渗透于国家课程教学中，以丰富内容，扩大教学的广度和深度；艺术兴趣小组课程每周定时、定点、定人，学生以跑班形式100%参与，一师一长，一班一特。提升性课程是根据学生的艺术兴趣、艺术特长成立的艺术社团，分为必选和任选，必选课程有乐理、视唱等，任选课程有昆曲、评弹等。

（三）倡导对话教学

学校借鉴、汲取两千多年前孔子杏坛树下和弟子们平等、和谐的讲学形式和北宋时期"苏湖教学法"提出的"分斋教学"中的教育精髓，提出对话教学主张，促进认知、人际、内省三者互相激荡，生成高品质课堂。

1. 明确目标

对话教学在目标确立上追求"三新"：一是新的关系，创建民主、平等的师生关系，尊重学生个性，激发学习兴趣，强调学生的主体性；二是新的共识，着力研究学生自主、合作、探究的学习方式，注重培育学生自主学习能力，培养学生实践与创新能力；三是新的自我，用人性重构课堂文化，用交流启迪学生智慧，用平等培育师生的人格力量，实现师生教学相长，共同发展。

2. 建构模型

学校通过研究与实践，提炼出了以"素质"为目标，以"学生"为主体，以"交流"为策略，以"能力"为核心，以"任务驱动"为途径的对话教学模型（图2）。

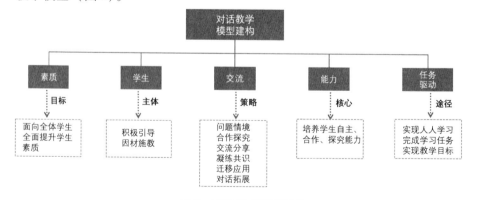

图2　对话教学模型建构

3. 操作步骤

学校基于对对话教学的理论研究，遵循各学科教学的普遍规律，提炼出对话教学的操作步骤（图3）。

图 3　对话教学操作步骤

4. 学科特质

课堂教学以"对话"为核心，立足学科特点，彰显学科素养，把握学科教学特质（图4）。

图 4　学科特质

（四）设计学生活动

顾明远先生曾说，学生的素质主要是通过活动培养的。我校开展丰富的课内外、校内外、国内外活动，促进儿童个体生命自由、充分、和谐、持续发展。

1. 德育活动

学校开展体验性学习与礼仪节庆活动有机融合的德育主题活动。例如，快乐"二艺"：艺术嘉年华，每年6月1日，学生、教师、家长共同策划和参与，组织综合性艺术活动，彰显学生个性；艺术汇报展演，每年6月中旬向社会公开呈现一台艺术教育成果专场汇报展演，给学生搭建发挥特长、展示自我的舞台。经典"四礼"：每年9月28日孔子公祭日，一年级"大成·启蒙"入学礼；11月28日学校校庆日，三年级"大成·启智"成长礼；4月27日苏州解放纪念日，一年级"大成·启德"入队礼；6月28日六年级"大成·启航"毕业礼。全体学生参加，全体家长观礼，留下终生难忘的校园记忆。缤纷"六节"：每年4月"德润·崇德"阅读节、5月"德润·强身"体育节、6月"德润·尚美"艺术节、10月"德润·创意"科技节、11月"德润·善思"数学节、12月"德润·乐学"双语节。"六节"覆盖11门基础学科，每个节历时一个月，学校、教师、学生、家长共同设计，全程参与。

学校还开展体验性学习与综合实践活动社会参与相结合的主题活动。例如，双休日、节假日、寒暑假开展的"成长足迹"60项户外活动，鼓励学生走进大自然，体验户外活动；"体验护照"112家社会实践体验站活动，引导学生走进社会，体验实践，丰富生活，开阔视野。

2. 游学活动

学校传承孔子先贤的游学思想，组织学生开展市内外、省内外、国内外的游学活动。学生通过深入实地考察、学习，获得真实体验，传承优秀文化。苏州文庙的历史研究、山东曲阜寻根之旅、北京修学之旅、台湾经典诵读之旅、香港国学研讨之旅，弘扬优秀传统文化；美国、澳大利亚、日本、新加坡来往访学，编中国结、写毛笔字、印碑拓，发扬民族情怀，拥有国际视野。

3. 学科社团活动

社团活动是学生展示自我、锻炼自我的平台。学科社团覆盖11门基础学科，结合提升性课程内容，开设了119个学科社团。社团活动给学生带来更多选择和更多学习、展示的机会，成为生命成长的欢乐舞台。

（五）科学评价体系

学校以"德润文光"育人理念为核心思想，关注人的生命价值意义，关注学生的全面发展，构建生动、立体的绿色评价体系。

1. 科学的评价标准

孔子"因材施教"的教育思想就是尊重人的差异性的表现。学校的评价尊重学生的差异，强调评价的发展性、动态性，重视"诊断性评价"和"形成性评价"。学校通过评价，了解学生知识、能力、情感、价值的需求，成为开发课程、改进教学的重要依据。学校优化"三好学生"的评价体系，形成《五好银杏娃评价标准》，促进学生的全面发展。

2. 多元的评价主体

学校建立学生、家长、教师、社会多元的评价机制，以学生自评互评提高自主意识及反思能力，以教师评价促进师生和谐发展，以家长评价形成家校教育合力，以社会评价共建优质教育环境，形成评价共同体，共同助推学生发展。

3. 全面的评价内容

学校推行"四个三"评价内容，即审美、鉴赏、创新三种能力，儒雅、坚强、自信三种气质，音乐、美术、人文三种技能，文化、艺术、品德三种修养，为学生的持续、终身发展奠定基础。

4. 有效的评价方法

学校建立"学生成长档案袋""星级评价表""激励兑换""一日老师""我和校长共进午餐"等机制，激发学生的内驱力，注重"过程性评价""阶段性评价""发展性评价"，从而客观、公正、科学地评价每一位学生。

（六）创新育人环境

孔子在教育学生的过程中重视环境熏陶对人格形成与完善的作用。学校通过校园建筑景观和文化符号的"教育表达式"，反映了文化价值观念的主流，体现了教育目的的价值取向，实现育人环境和课程基地的完美融合。

1. 经典建筑

学校建筑积淀着历史、传统、文化和社会的价值，蕴藏着巨大的教育意义。学校组织师生通过感受、体验、表现等不同方式来解读内涵，潜移默化地影响学生态度、情感和价值观，使经典建筑充分发挥课程基地的育人作用。

"殿"课程基地。"古殿"（大成殿）是空间建筑的存在，更是千百年精、气、神文化传播基地。学校利用殿内建校史馆和百年讲堂，开展"大成"系列主题课程。"园"课程基地：建设四大主题园，即"声韵园""情境园""并蒂园""茂盛园"，集四园首字"声情并茂"，成为学生诵读、表演、励志、农耕等基地。"林"课程基地：学校根据"银杏大道""香樟林荫""泮池荷花""翠园秀竹"这些校园绿化植被，挖掘内涵，提炼"银杏精神""香樟品质""荷花品性""青竹气节"，成为架构师生精神坐标基地。"碑"课程基地：大成殿内保存有三块古碑（分别立于清嘉庆二十二年八月、咸丰八年、光绪二十一年），2015年又复原了记载着学校从元朝到清朝历史变迁的22块碑文，形成一条碑刻廊，成为了解校史、开展碑拓社团活动的基地。"楼宇"

课程基地：建造科学馆，成立创客工作室，创建录播教室、未来教室、云教室和远程教室，政府投入7 000万元正建造艺术综合楼，满足多元化课程的教学和活动需求。

2. **文化符号**

学校发挥文化的创造性，寻找古今文化的切入点和融合点，形成系统的、独特的、能被全体师生广泛认同的、融古贯今的文化符号体系。

校训：德润文光

校风：正道立达

教风：立人达人

学风：己立己达

校标：

校徽：

卡通形象：银杏娃

校赋：《平江铭》

高山仰止，景行行止。长元学宫，咸淳肇始。
薪火传承，有赖良师。德润青衿，文光启智。
鸿儒巨擘，名垂青史。赫赫三元，流芳百世。
改弦更张，岁在乙巳。倡导新学，抱朴崇实。
宏材继出，达人间世。泠泠平江，浩然远志。
莘莘学子，心向往之。

校歌：《银杏娃之歌》

校操:"银杏娃"羽毛球操

校刊:《杏坛》

校报:《银杏树》

四、效果与反思

(一) 研究成果

1. 已经取得的成果

通过常态观察、问卷调查、过程记录、成果比较等形式,我们对项目进行了效能分析,发现学生、教师、学校均有提升。

(1) 学生成长。

学生连续3年在省、市义务教育学业质量监测中名列前茅,各科平均分均比市平均分高出15%~18%。毕业生获得上一级学校及社会各界的一致认可,大家普遍认为我校学生道德素养高、全面发展又个性突出,学校文化育人的主导作用得到显现。

创客社团获第32届全国青少年科技创新赛二等奖、第28届江苏省青少年科技创新赛一等奖、苏州市第十二届"十佳阳光团队"称号;合唱社团荣获第八届海峡两岸合唱节童声组金奖、第二届江苏省紫金杯合唱比赛少儿组金奖;羽毛球社团队于2015年、2016年获得江苏省少儿羽毛球赛优胜奖……据不完全统计,近3年,我校学生团体获得全国、省级奖项35项,市级奖项102项。

学生王谭昇荣获第十一届"中国青少年科技创新奖",谭佩钰等人被评为"江苏省美德少年",李静阳获得第18届"中国少儿戏曲小梅花"金奖,2015年的毕业生陈文淇获得第54届金马奖最佳女配角……近3年,学生获得国家、省级奖项316项,市级奖项2 340项。

(2) 教师提升。

教师专业素养稳步提升。截至2017年年底,学校有江苏省正高级职称教师、江苏省特级教师、江苏省"333工程"培养对象、"江苏人民教育家培养工程"培养对象、江苏省名教师5人次,苏州市首届教育领军人才、特级校长教育名家、青年拔尖人才、名校长名教师、市学科带头人等29人次,区学科带头人等47人次。

教师完成26万多字的个人专著《对话,品德教育的范式》,论文《建构基于儿童艺术素养的教育新范式》发表于《课程·教材·教法》2017年第8期,《对话教育理念下的小学品德课堂教学改革》《"对话"式品德教学课的形式与设计》分别发表于《上海教育科研》2013年12期、2016年11期,《综合实践活动课程怎样突出价值引领》《起于冲突,达至认同与内化——小学品德课堂教学改革的一种可能性》《提升内涵需重构校本培训体系》分别发表于《人民教育》2018年3—4期、2017年13—14期、2012年第5期……近3年,教师有363篇论文发表及获奖。

(3)学校发展。

近3年,学校先后被评为"中国陶行知研究会先进学校""全国学生营养与健康示范学校""江苏省文明单位""江苏省教育工作先进集体""江苏省百所数字化学校"等国家、省级综合荣誉67项。

2017年9月,《传承、发展与创新:"苏式学校"文化育人范式的探索与实践》《建构基于儿童艺术素养的教育新范式》分获江苏省教学成果奖特等奖、二等奖;2016年6月,《对话,品德教育的范式》获江苏省第四届教育科学优秀成果奖三等奖、省教育研究成果奖二等奖。2015年12月,申报江苏省中小学教学研究第十一期重点课题(已结题);2017年12月,申报江苏省中小学教学研究第十二期重点资助课题(在研);2015年9月,申报江苏省教育科学"十二五"规划重点立项课题、立项课题(均已结题);2015年10月,申报江苏省首批前瞻性教学实验改革项目(已结题)。

2. 社会影响力

近年来,学校报道频频出现在中央教育电视台、央视新闻报道、《人民日报》《人民网》《光明网》等国家级主要媒体。2014年9月24日,"苏州市平江实验学校绿笔批改作业"被央视新闻报道、腾讯网关注。2017年9月2日,"开学第一课:苏州小学生'喜迎十九大 争做文明娃'"被中央教育电视台报道。2018年1月20日,"建构基于儿童艺术素养的教育新范式"被江苏教育电视台专题报道。2013年10月25日,"苏州市平江实验学校特色文化秀"被《人民日报》报道。2017年9月15日,"苏州市平江实验学校五位小达人闪亮纽约时装周"被《人民网》报道。2017年9月23日,"百年老校承接经典文化进行国际交流"被《光明网》报道……据不完全统计,近年《新华日报》《扬子晚报》《江南时报》等省级媒体报道我校教育教学改革158次,市级媒体报道391次。

学校工作先后得到教育部艺体司、教育部基教处、教育部语用司及江苏省各级领导和专家的高度评价。

3. 辐射带动性

学校与美国、澳大利亚、新加坡、韩国、日本等国家的学校缔结友好学校。近3年，学校之间开展国际级交流29次、国家级87次、省级135次、市级314次。

学校是"中国好老师"公益行动计划、江苏省"传统文化与中小学古诗文教学研究"、江苏省师资培训、江苏教学新时空、南京师范大学、苏州大学等基地校。学校每年与区域学校交流教师15%以上，还为贵州江口县、西藏林芝市巴宜区等地薄弱学校派送优秀骨干教师挂职。

（二）反思与创新

1. 反思

百年老校育人范式研究开展40多年来，深感研究的责任之重大、任务之艰巨，这是一项复杂的系统工程；学校继续在认真总结主要成果和基本经验的基础上，进一步提高教学成果的理论性和科学性，扩大在全国范围内的推广、应用和辐射。

2. 创新

（1）以价值观为核心，实现传统文化创造性转化。

学校传承儒家传统经典中"有教无类""因材施教""以德育人""学思结合""知行合一"的教育思想，智慧转化，赋予现代内涵，分别与教育公平、教育理念、教育目标、教育方式、教育过程深度融合，实现"德润文光"核心价值观的创造性转化、创新性发展，以培养全面发展的面向未来的新人。

（2）以课程教学为重点，构建儿童全面发展育人范式。

学校打通、融合国家课程与校本课程，系统建构"德润文光"课程体系，倡导"对话教学"课堂，实现课堂教学与课外活动、校内与校外融通，形成横向有联系、纵向有提升、相互促进、浑然一体的课程体系，促进儿童个体生命潜能得到自由、充分、和谐、持续发展。

（3）以校本化实践为路径，形成学校文化特色。

学校依托百年文脉，立足时代高度，挖掘优秀传统文化的现代生命力和生长点，在传承、创新中探索校本化实践的发展之路，努力建设厚重大气、灵动雅致的学校，培养修德怀爱、博学笃行的教师，培育崇德尚美、乐学善思的学子,形成学校文化特色,塑造学校文化品牌。

(三)展望:研究团队的发展与超越

历经40多年的实践,梳理出存在的主要问题,总结出一些成功经验,为百年老校的共同发展创造更好的平台。中国特色社会主义已经进入新时代,学校致敬古典,与时俱进,向往未来,希望通过不断整合现有社会、环境资源,不断为未来提供有效的驱动力,担负起指引民众、塑造并激励新一代的社会责任。

(该成果2018年获国家基础教育教学成果奖二等奖)

多向"走学"：培智学校育人模式的十年创新探索

太仓市特殊教育学校

（成果主要完成人：陈玉红 王燕 李健 陆向萍 顾怡 蒋萌）

《国家中长期教育改革和发展规划纲要（2010—2020年）》指出："注重潜能开发和缺陷补偿，培养残疾学生积极面对人生、全面融入社会的意识和自尊、自信、自立、自强的精神。加强残疾学生职业技能和就业能力培养。"基于这样的理念，太仓市特殊教育学校依托江苏省教育科学规划重点课题"培智学校'走班制教学'的实践研究"和苏州市基础教育改革前瞻性项目、苏州市教育科学规划立项课题"走向回归：创新培智学校多向融合'走学'方式的实践研究"等多个课题，构建了培智学校多向"走学"的育人模式（图1）。

一、成果的主要内容

（一）三种"走学"方式，实现培智教育按需供教

1. 校内走班

校内走班是以特殊儿童能力、特长为依据开展教学的一种组织形式，分为按能力走班和按兴趣特长走班两种。分层走班在生活语文、生活数学、生活适应、劳动技能学科中进行，根据特殊儿童能力水平，全校分为若干教学班，特殊儿童走班到与自己能力水平相当的班中学习（图2）。分类走班在选择性课程中进行，学生根据自己的特长走班到体育类、艺术类、劳技类等选择性课程相应的教学班中进行学习（图3）。分层分类走班，通过基本常识性认知和兴趣类发展认知，培养了特殊学生儿童社会的认知力，习得了融入社会的知识和技能，学会了自理生活。

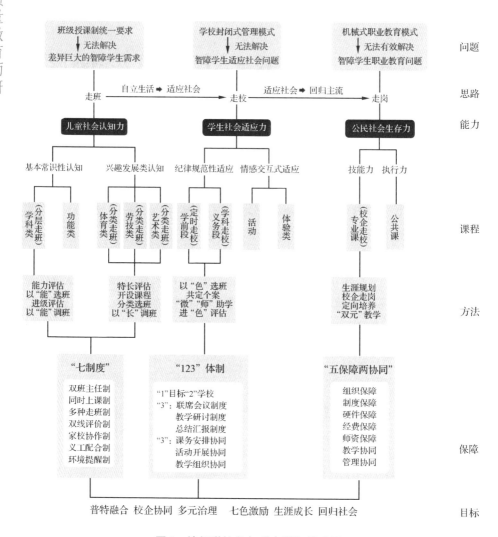

图1 培智学校多向"走学"模式图

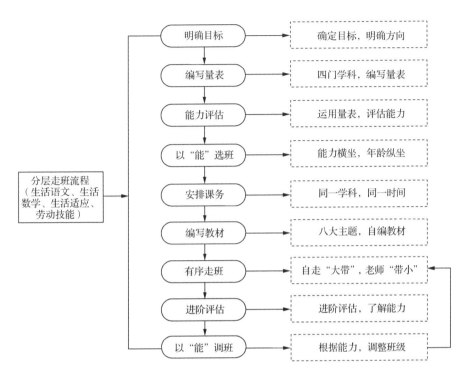

图 2 分层走班流程图

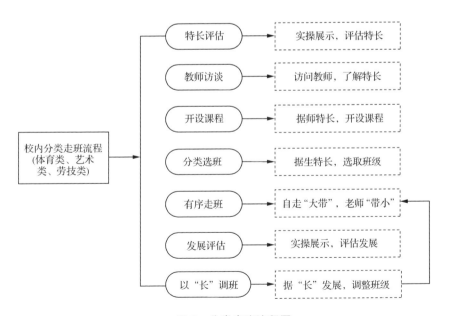

图 3 分类走班流程图

2. 普特走校

普特走校是在培智学校和普通学校之间开展的流动式走学的一种教学组织形式，分为"园校融合，定时走校"和"普特融合，学科走校"（图4）。"园校融合，定时走校"在太仓市特殊教育学校和太仓市新区幼教中心陆渡幼儿园之间进行，每周半天。"普特融合，学科走校"在太仓市特殊教育学校和太仓市陆渡中心小学的音体美学科中进行。普特走校推倒了学校围墙，扩大了特殊儿童的交往范围，提高了特殊儿童学生社会的认知力，促进其从自理生活到适应社会。

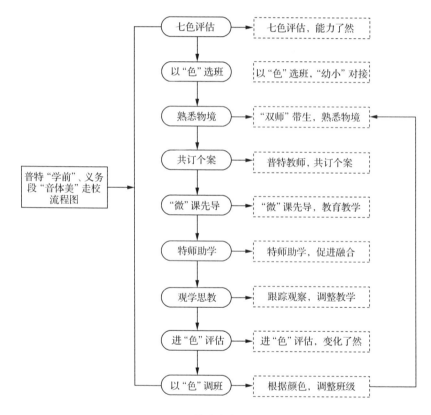

图4 普特走校流程图

3. 校企走岗

校企走岗是培智学校与合作企业之间开展的学习实践的一种教学组织方式（图5）。培智学校组织特殊学生到不同的企业、同一企业不同的岗位顶岗学习，企业为特殊儿童提供实训和就业岗位，学校则每周为企业提供为期半天的特殊儿童管理知识培训，特殊儿童学到了各种职业技能，培养了其公民社会的生存力，促进了其从适应社会到回归主流，企业提高了管理水平，校企获得了双赢。

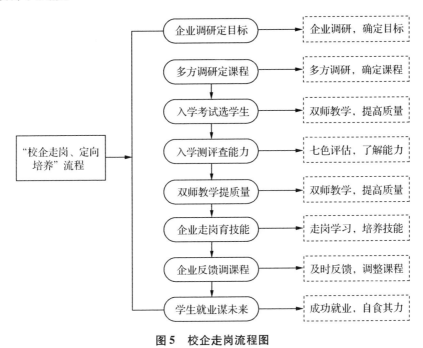

图 5　校企走岗流程图

走班、走校、走岗是特殊学校根据特殊儿童身心发展特点创建的走学方式，实现了培智教育按需供教，创建了培智学校从自理生活到适应社会，最终回归主流的育人模式。

（二）三种"融合＋适合"课程（图6），凸显培智教育以学定教

1. 普通课程"共性＋特需"相融合

"共性"课程是指音乐、体育、美术等走学课程，我们采用普校教材，强调基础性和共同成长。"特需"就是针对特殊儿童具体情况，适当调整教学内容、教学目标，制定相关课程调整方案，综合研判学生个体发展关键因素，制订个别化教育计划，形成精准服务特殊儿童的特需课程。在实施过程中，"共性＋特需"课程合理穿插、互相补充、动态融合，并积极采用伙伴助学等方式，形成师生、生生之间全方位、多角度的融合，从而满足了学生的特殊需求，促进了其智力和非智力因素的和谐发展，有效提高了教学质量。

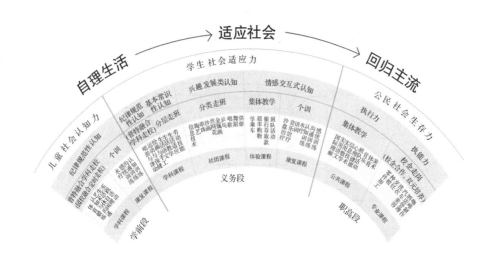

图6 培智学校多向"走学"课程体系图

2. 特教课程"集体+个别"相融合

一是集体课程和个别化课程的融合。通过部编教材选择使用、外地教材合理引用、地方教材适当补充的形式，合理制订个别化教育计划，满足每个学生的特殊需要。二是班级小集体和学校大集体之间的融合。通过组织行政班学生融入教学班的走班课程、开设与普通班级学生的协作课程、参与普通学生的活动课程、参与学校主题活动等多种课程形式融入学校大家庭。

3. 校本课程"社会+生活"相融合

特殊教育的培养目标之一就是要指导特殊儿童适应生活。根据培养目标，我们根据太仓地域特征、社会环境、经济文化发展的特点，以及特殊儿童实际生活需要，以适应社会、融入社会为目标，以生活为核心整合课程资源，将目标具体化，设计了便于操作的8大单元主题和72个小主题，形成了以生活适应课程为主导，其他课程协同教学的课程内容体系，编写了生活语文、生活数学、生活适应、劳动技能四门学科的地方教材，并结集出版，取名《点亮明天》，共9个年级18册，旨在帮助特殊儿童熟悉地方特色、乡土知识、生活常识，以便更好地适应生活、融入社会。利用校内情境场室，开设了超市购物、银行存取款、乘坐公交车等体验课程和国际理解、零件加工、烹饪、汽车美容、宾馆服务、咖啡制作等职训课程，帮助特殊儿童更好地了解生活常识，了解企业，学习融入社会及到企业实习就业的各种职业技能。

以上三种课程均以"融合+适合"的理念为根本，以特殊儿童为中心，根据每个学生的不同能力和需求，动态调整、以学定教，并以个别化教育计划为主线贯穿其中，实现了培智教育以学定教。

（三）三种教学特色，凸显培智教育因材施教

1. 学前教育阶段推行医教结合

学前阶段的特殊教育是抢救性工程，我们积极推行医教结合，将教育和康复相结合。联合太仓市残疾人联合会、星星益站康复机构、新安康复医院开展医教结合实践探索，组建了由康复医院医生、康复机构康复师及培智学校教师组成的康复工作团队。通过言语康复、运动技能康复、情绪行为和社交康复，形成了集体教育与个训相结合的操作模式。

2. 义务教育阶段实施体验教学

太仓特殊教育学校校内建有公交站、大润发超市、银行、星巴克咖啡吧等情景场室，学校安排学生每周半天轮流到这些场室体验学习乘坐公交车、超市购物、当营业员、银行存取款、品尝咖啡……特殊儿童在学校这个小社会中学习像普通人一样生活的本领。

3. 高中教育阶段实行双元教学

"双元制"教学是起源于德国的一种学习方式，其中一元是培智学校，另一元是企业，学生在学校主要学习文化知识和一些专业基础技术理论，在企业主要接受职业技能培训，两者相结合，从而完成学生的职业教育任务。太仓是德企之乡，有德企387家，为了跟德企合作，太仓市特殊教育学校引进了"双元制"教学，根据特殊学生的职业生涯规划，与太仓中德善美实业有限公司、慕贝尔汽车部件（太仓）有限公司、星巴克中国有限公司太仓分公司等外企和太仓沙溪恒力手帕厂等国内企业合作，实行双元教学，定向培养。职高班学生的文化课由太仓市特殊教育学校老师执教，专业课由企业技师和中等专业学校专业课老师执教。学生定期走岗到企业学习技能，并在一个企业中从事多个生产岗位的工作，以此帮助学生寻找到最适合的工作，为学生应聘企业提供必要的技能保障和专业支持。如今14名学生就业于太仓中德善美实业有限公司等德企，另有7名学生就业于其他外企和国内的其他企业。

医教结合、体验教学、双元教学是太仓市特殊教育学校根据不同年龄特殊儿童身心特点而采取的教学方法，充分体现了培智教育因材施教。

（四）七色评价体系，实现多向"走学"全程激励

依据普通学校和培智学校课程标准研制了七色评价体系，以赤橙黄绿青蓝紫为评价标记，帮助师生及时了解特殊儿童社会适应能力的发展和知识技能的掌握程度。学前阶段：赤、橙（橙色表示具备去幼儿园参与融合的水平）；义务阶段：黄、绿（绿色表示具备去小学参与融合的水平）；职高阶段：青、蓝（蓝色表示具备去职训基地实训的水平）、紫（具备去企业就业的水平）。

以颜色为标记的七色评价体系，普特关联、相互渗透，以适应社会为主线、以知识技能为辅线进行双线综合评价，贯穿学前阶段、义务阶段和职高阶段，适合思维直观、形象的特殊儿童，体现了整体性、阶段性、直观性、激励性。

二、成果的创新点

（一）突破了以自理生活为目标的培智教育传统育人观，提出了以"特殊儿童与普通人一样享受美好生活"为目标的育人观

提出了让特殊儿童享受与普通人一样的美好生活的培智教育人生价值的理念和育人观；提炼了该理念指导下的多向"走学"理论，形成了2本专著，对培智学校开展的教学改革具有很强的指导性。

（二）突破了培智教育传统的封闭式管理的模式，架构了适合特殊儿童回归主流的多向"走学"模式

创建了"走班、走校、走岗"三种走学模式，超越了传统课堂时空、学校类别和社会的界限，学习活动的融入性满足了特殊儿童个性化、社会化的发展需求。尤其是引进德国"双元制"教学，开创了"校企合作，双元教学"的培智职业教育模式，突破了培智职业教育知识与实践脱节的培养模式，实施学校企业双元培养，23名毕业生中21名就业于中外企业。特殊学生毕业即就业。该模式得到了教育部调研组专家、各级领导和同行的一致好评。

（三）突破了单一性评价无法判断特殊儿童社会适应能力发展的弊端，研发了适合特殊儿童的七色性评价体系

研发了七色评价体系，以适应社会为主线、以知识技能为辅线，以赤橙黄绿青蓝紫为标记，让师生及时了解特殊儿童发展水平和知识、技能掌握程

度：达到橙色表示具备去幼儿园融合的水平，达到绿色表示具备去小学融合的水平，达到蓝色表示具备去职训基地实训的水平，达到紫色表示具备去企业就业的水平。七色评价体系适合思维直观、形象的特殊儿童。

（四）突破了特殊儿童被社会排斥的困局，营造了协作支持、全情接纳的社会氛围

创建了普特融合、校企协同、多元治理的管理体系，教育局、残联、民政、卫生等部门通力协作，为特殊儿童融入社会提供支持保障。社会各界对特殊儿童的态度由排斥到关爱，由被动到主动，全情接纳成为每个人的共识。

三、成果的社会影响及推广应用情况

（一）推动了教育教学质量大幅提升，按需供教成效显著

1. 学生幸福成长

（1）学习能力明显增强。

图7选取了五个学期四门学科学生学业质量测评情况，折线图总体呈上升趋势，说明走班后学生的学习能力明显增强。

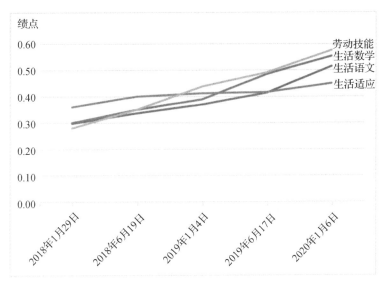

图7　学生四门学科学业测评情况汇总图

（2）社会适应能力显著提升。

图8选取了走校、走岗学生三学年七色评价情况，折线图整体呈上升趋势，说明不同学段学生能力均有所提升。由于2018年9月和2019年9月有新的融合学生加入，其数据略有下降。

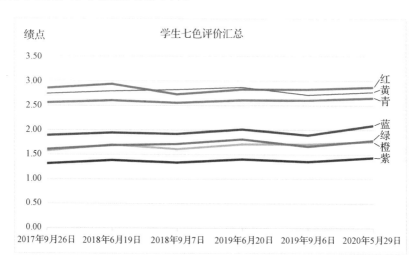

图8　学生七色评价汇总图

（3）就业能力极大提高。

四届毕业生就业率分别为50%、80%、100%、100%，整体呈上升趋势，近两年所有职高学生全部就业，就业率达100%（除极个别因家长舍不得孩子就业外），毕业即就业成为常态。

2. 教师长足发展

教师提升了评价能力，对智障儿童的诊断分析更加综合和全面；提升了科研能力，出版了专著2本、校本教材18册，发表了论文20多篇；提升了教研能力，教研中学会了合作、创新、探究。教师参加教学基本功比赛获奖108人次。全校26名教师中有8名教师成了市级名教师、学科带头人和教坛新苗。

3. 学校声誉提升

多向"走学"成为促进智障儿童融入社会、幸福生活的有效育人模式，成为推动培智教育教学质量提升的成功载体。学校连续多年获本市学校教育质量综合评估一等奖。成果分获江苏省、苏州市教学成果奖特等奖。多向"走学"成了学校一张亮丽名片。家长和社会认为，学校是艺术的殿堂、幸福的乐园、融入社会的中转站、社会文明进步的窗口，办学满意度达到99.8%，荣获"社会责任卓越奖"。

（二）推动区域融合教育方式更加多元，"全情接纳"氛围浓厚

普通学校积极为智障儿童提供适切教育。从校长、教师到助学伙伴，每个人都热情接纳智障儿童，带动了江苏乃至全国融合教育水平的提升。全日制、半日制、走班制，智障儿童安置方式更加多元，智障儿童在普通教育环境中享受与普通儿童一样公平而有质量的教育，培养了普通儿童包容差异、关爱他人的优良品质，实现了普校、特校、企业三赢的目标。社会各界对智障儿童的态度由被动到主动，全情接纳成为每个人的共识，形成了扶残助残的良好氛围。

（三）推动区域培智学校影响力大幅提升，辐射和推广凸显价值

1. 联盟推广

2019年，学校牵头组建了由60所特殊教育学校组成的全国首个"走班教学联盟"，模式在联盟中得到广泛应用。

2. 活动示范

学校先后承办了全国特殊学校分层走班教学研讨会、全国发展性障碍儿童教育干预研讨会、江苏省特殊教育高质量发展改革研讨会等大型活动19次，多向"走学"模式得到与会领导、同行高度评价。

3. 报告辐射

校长赴重庆等地做成果推广讲座28次；向来校交流学习的浙江等地的500多家单位领导、同行做成果报告50多次，多向"走学"模式获大家高度评价。

4. 成果发表

2016年、2020年先后出版专著《培智学校"走班制教学"的实践研究》《多向"走学"：培智学校育人模式的创新实践》，2016年出版校本教材《点亮明天》18册，在《现代特殊教育》《中国残疾人》等期刊上发表相关论文20多篇。

5. 媒体宣传

办学成果被《中国教育报》《现代特殊教育》等媒体报道30多次。

6. 团队考察

2017年以来，学校先后接待了厦门、浙江等地的50多个团队2 000多人

来校考察学习。

7. **专家赞誉**

多向"走学"模式的成功构建，引起了国内特教界的强烈反响和高度赞扬，被特教同行誉为特殊教育高质量发展的"太仓模式"；接受了教育部、中国残疾人联合会关于特殊教育职业教育的调研，成果得到了教育部领导、特教泰斗程益基、江苏省教育厅领导盛赞，他们一致认为多向"走学"的创新实践基于问题具有针对性，多向融合具有前瞻性，走校走岗具有实践性，成果丰硕，具有引领性，值得推广。

（该成果2021年获江苏省基础教育教学成果奖特等奖）

"绿野村"：劳动教育常态化实践 20 年

苏州市实验小学校

（成果主要完成人：葛戴丹 王静 黄斐 顾华红 陈芳 顾晓岚）

苏州市实验小学校创办于1905年，其"育人为本"的办学思想和"贵在实验，重在示范"的办学传统一脉相承。从建校之初的手工课开始，劳动育人的基因就植入了学校课程，并在一百多年的发展历程中始终受到高度重视。

进入新时代，学校劳动教育迎来了新的机遇和挑战。1999年，学校在太湖之滨开拓了一片250余亩（1亩合666.7平方米）的劳动教育实践基地"绿野村"。20多年间，学校以"绿野村"的开发、建设、使用、改进为突破口，经历了"创建绿野基地走向规范化"的初创阶段、"研制实施纲要走向课程化"的持续阶段、"优化师资队伍走向多元化"的深化阶段、"探索落实机制走向高质量"的跃升阶段。学校深入推进小学劳动教育的常态化实践与探索，完成了劳动教育基地建设、劳动教育课程建构及校本化实施、专兼职师资队伍的培养，形成了劳动教育保障机制，取得了一定成效。

20多年间，绿野村先后进行了4次改造与翻新，以满足劳动教育课程实施条件。学校坚持学生每学期赴绿野村开展"劳动周"实践活动，实施了1 700多天绿野村劳动实践课程，开发了6年240课时劳动课程内容，开展了80多次劳动教育研讨活动，进行了2 200多人次教师培训，研制了20多套绿野村及校内劳动教育精品案例。2017年"素养导向的绿野村综合实践主题课程开发"获苏州市中小学生品格提升工程项目"精品项目"。2020年"绿野村：劳动教育20年"获苏州市教育教学成果奖（基础教育类）特等奖。2021年"新时代儿童劳动教育的实践与探索"获江苏省中小学生品格提升工程项目"精品项目"。学校联合吴江、相城、姑苏三区多所中小学校形成劳动教育学校联盟，让"绿野村"成为本市学生重要的劳动实践场所，20多年来共接待区域内学生40多万人次，"绿野村"劳动教育20多年实践成果在《人民教育》《江苏教育》等期刊上发表。

一、问题的提出

学校地处经济发达地区，不少学生缺乏奋斗精神，劳动观念淡薄，有坐享其成、不劳而获的苗头。家庭、社会对劳动教育的认识普遍不足，学校实施劳动教育主要存在以下三大难题。

（一）劳动教育实践场域缺失

学校劳动教育长期以来存在两种现象：一是学生缺少能"出力出汗接地气"的劳动实践场所；二是劳动实践零敲碎打，没有固定的场所去实现可持续发展。建立安全、广阔、多元的劳动实践场所是落实劳动教育的突破口。

（二）劳动教育课程内容单一

劳动教育要实现五育并举的综合育人功效，需要丰富、多元的课程设计。以往劳动课程缺乏顶层设计、内容单一、科技含量少。劳动教育呼唤科学系统、多元融通、与时俱进的课程体系。

（三）劳动教育保障机制缺乏

劳动教育时空有限、劳动师资缺乏、有效评价机制缺失是影响劳动教育成效的瓶颈。急需探索持续、稳定的劳动教育机制，保障劳动课程的常态化实施。

基于以上问题，苏州市实验小学校于20世纪90年代末提出：让劳动教育成为全面实施素质教育的突破口。学校始终认为劳动的本真是从土地开始的，没有劳作的土地、劳动的空间，劳动教育只能沦为空谈。学校要实现劳动教育目标，就要突破空间的局限，向更深远、更广阔的校外延伸。

基于这样的认识，1999年，学校突破重重困难，在苏州城外太湖之滨，建立了苏州市实验小学校劳动教育实践基地——"绿野村"，这在全国是首创。学校通过建立"绿野村"劳动实践基地，为学生提供长期、固定的劳动实践场所，解决以往劳动教育实践性、持续性不强的难题；学校通过研制劳动课程实施纲要，整体设计"绿野村"劳动教育课程，实现劳动教育课程化，综合提升劳动育人功效；学校着眼于探索持续稳定的劳动教育机制，建构"四位一体"劳动格局，保障学校劳动教育构建起新常态——有目标、有场域、有师资、有课程、有评价，面向全体学生，面向学生终身成长，回应新时代对人才素养提出的新要求。

二、解决问题的过程与方法

依托基地建设、课程构建、师资培育、机制保障四大平台，实现"绿野村"、学校、家庭、社区"四位一体"的劳动教育场域融通，综合提升劳动育人成效。

我们将20多年的劳动教育实践，划分为4个阶段。

（一）初创阶段（1998—2006年）：创建绿野基地，实现规范化

研究学生的年龄特点，开发适合小学生的劳动内容，推动劳动场地与劳动实践需求对接，合理规划基地场域，建设劳动室场，开辟了农田、种植、养殖、制作等区域，设计了覆盖土地、气象、生产、自理等20多个劳动教学内容，搭建了室内外结合的主题式劳动实践课程框架，劳动教育走向规范化。

（二）持续阶段（2007—2012年）：研制实施纲要，实现课程化

研制《苏州市实验小学校劳动课程实施纲要》，整体规划三类劳动课程："绿野"生活劳动课程注重生活能力的培养；"绿野"生产劳动课程学习使用工具，掌握相关技术，完成有一定难度的劳动任务；"绿野"服务劳动课程设计服务岗位，参与公益劳动、志愿服务，打通"绿野村—学校—家庭—社区"多个服务性劳动的场域，培养服务意识和社会责任感。劳动课程的顶层设计，实现了学校劳动教育体系全面落实。

（三）深化阶段（2013—2018年）：优化师资队伍，走向多元化

打造"四位一体"育人格局：培育校内教师，聘请校外专家，发展父母"导师"，培养互助"小老师"。劳动育人共同体的打造，打破劳动供给单一局面，促进了学校、家庭、社区全员育人的新风尚，有效提升劳动教育多元化程度。

（四）跃升阶段（2019年至今）：探索落实机制，走向高质量

制定校内ISO质量管理文本《劳动课程工作指导》《"七会"——劳动工作指导》《劳动标兵评选工作指导》等数个实施文件，设计6年12份《学生劳动素养评价单》。劳动教育机制完善，保障学校劳动教育目标清晰、内容完整且具有进阶性、时空管理及质量管理到位，学校劳动教育走向高品质。

四个阶段，有量的积累，有质的提升，清晰地勾勒出了学校劳动教育实

践进程（表1）。

表1 劳动教育20多年实践进程表

时段	时间	名称	具体问题	主要措施	实践主张	实践成果
初创阶段	1998年	基地建设	劳动教育被严重忽视，劳动教育资源匮乏，缺少实践基地	申请土地，建立基地。划分场地，建造宿舍。三年级每学期2天，四到六年级每学期3天的"绿野村"劳动实践开始实行	"绿野村"土地是一本活教材，学校自有的劳动教育实践基地是独特优势	培养学生亲近土地、亲近自然的美好情感。培育学生自理能力和生活生活能力。基地实践成为实施劳动教育突破口
初创阶段	2001年	"三农"体验课程开发	学生不了解"三农"，缺乏吃苦精神	带领学生开办实践农场，种植小树林、茶园、果园，办气象小站 整合"三农"教育资源，设计"三农"体验课程，组建指导团队	学习劳动技能，体验农民生活	基地先后挂上"苏州市中小学生素质教育基地"等9块区域性实践基地牌，接待区域内三农体验学生1万多人次
初创阶段	2006年	综合主题劳动课程	劳动课程内容单一，不利于学生综合劳动素养的形成	课程设计以板块式内容为基础，以主题式综合性活动的形式开展，关注学生综合劳动素养的形成	实现劳动综合育人的价值	多项综合主题劳动课程在各级各类比赛中获奖，学生劳动实践能力提升
持续阶段	2007年	校本劳动课程纲要初步制定	校本劳动教育课程缺少上位架构和目标引领	从课程目标、阶段要求、主要内容、实施建议等多个方面提出学校劳动教育的实施要求	以《苏州市实验小学劳动教育课程纲要（试行版）》为统领的学校劳动教育整体架构让劳动课程体系性落实	《苏州市实验小学劳动教育课程纲要（试行版）》在校内试行

续表

时段	时间	名称	具体问题	主要措施	实践主张	实践成果
持续阶段	2009年	"绿野+"劳动课程整体开发	课程纲要下，需要进一步开发系统课程，助力学生劳动综合素养的全面提升	充分挖掘课程资源，拓宽课程门类，丰富课程内容，初步形成了"当家自理""田园农耕""手工实践""互助服务"等内容的"绿野+"课程体系	体系性的课程内容、充足的课时保障，让劳动教育落到实处	学校劳动课程全面落实，6年240课时劳动课程阶梯内容基本成型。"每学期固定16课时'绿野村'劳动"+"每周1课时校内劳动"全面落实
	2012年	劳动类选修课程进校园	学生提出更多元的劳动学习需求无法得到满足	组建劳动外聘专家团队，弥补本校教师在某一专项领域专业化水平的不足	满足学生对丰富多彩劳动实践的需求，既有传统型技艺传承，又有创新型劳动实践	外聘专家助推课程改革经验获苏州市教育局肯定，在校内召开现场会，被多家媒体报道
深化阶段	2013年	"父母+祖辈"劳动讲师团成立	劳动师资缺乏，校内老师无法胜任各类专业劳动课程	将家长劳动者资源有效利用，通过讲师团竞聘、任用等形式，成立"父母+祖辈"劳动讲师团，为学生授课	家长来自各行各业，是劳动教育天生的有利资源，高效组织及有效利用能为全校学生服务	讲师团招聘38名父母讲师，19名祖辈讲师，进校园为学生授课192人次
	2016年	劳动良师成长培训	教师缺乏劳动教育专业培训，需要不断更新劳动教育观念	建立专兼职相结合教育责任人，定期开展劳动教育教师专业培训	立足做劳动良师，力争做劳动名师	形成"实小劳动教师"团队，走出省基地实践教学比赛一等奖及多个市级比赛一等奖教师

续表

时段	时间	名称	具体问题	主要措施	实践主张	实践成果
深化阶段	2018年	吴地非遗类传统技艺劳动课程开发	吴地非遗类手工劳作具有地方特色，应该在校内传承	打造"知古学庐"非遗传统劳动技艺专业教室，引进行内专家，开发校本劳动课程	劳动教育继承优良传统，彰显时代特征	开设缂丝、碑拓、桃花坞木刻等多个非遗类劳动课程。在第六届全国中小学生艺术节上，缂丝社团展示受到时任教育部部长陈宝生的赞扬
跃升阶段	2019年	研制多维度劳动评价单并正式发放	学生劳动评价标准不一，评价方式随意，评价重结果、轻过程	设计6年12份学生劳动素养评价单；设计8份绿野活动手册；教师全员培训；标准先行，评价量化，办法有趣	发挥评价的育人导向和反馈、改进功能	学生的劳动本领、劳动素养都有较大幅度的提升
	2020年	苏州市实验小学校劳动课在线课堂播放	新型冠状病毒感染疫情袭来，校本劳动课程实施受限，家庭成为实施劳动教育的主阵地	以云课堂的形式开展家庭生活劳动指导、评比活动。各年级选择适合本年龄段孩子的家务劳动主题，班主任通过线上平台进行技能辅导，家长在家协助并监督孩子完成相应的家务劳动	发挥学校在劳动教育中的主导作用；发挥家庭在劳动教育中的基础作用。特殊时期家校共育，将学生劳动教育落到实处	"我当劳动小主播"视频联展，通过学校微信公众号推送。小主播带领更多苏州市实验小学校学子学习、实践、锻炼。微信公众号劳动类点击率积累几十万人次

三、成果的主要内容

（一）劳动的沃土：创立了全国首个校本劳动教育实践基地，突破育人瓶颈

20世纪90年代末，学校首次提出：让劳动教育成为全面实施素质教育的突破口。我们始终认为劳动的本真是从土地开始的，没有劳作的土地、劳

的空间，劳动教育只能沦为空谈。学校要实现劳动教育目标，就要突破空间的局限，向更深远、更广阔的校外延伸。

苏州，这座 2 500 多年的历史文化名城地处太湖流域。这一特殊的地理生态环境，形成了人们独特的生产方式和生活方式，其独具特色的江南农耕文化、苏作手工文化等皆是祖祖辈辈劳动人民智慧的结晶，也是实施校本劳动教育最温润的土壤。基于这样的认识和思考，1999 年起，学校在太湖之滨建立占地 250 余亩的劳动教育实践基地——"绿野村"。

1. 得天独厚的自然环境

"绿野村"（图 1），位于太湖之滨，毗邻刺绣小镇，周围有包括太湖湿地公园、杵山生态园、西京湾公园在内的多个自然生态公园，远眺大小贡山两座湖心岛屿。绿野村内，有近 20 亩的水域，水域周围有竹林、小丘、茶园、花园、农田等，形成了一个水系丰盈、草丰林茂、保存完好的江南农耕生态，保证了学生在这个极具"江南生活史"的场域里，充分体验农耕时代劳动人民的生活方式，感受劳动的本真和独特的价值。

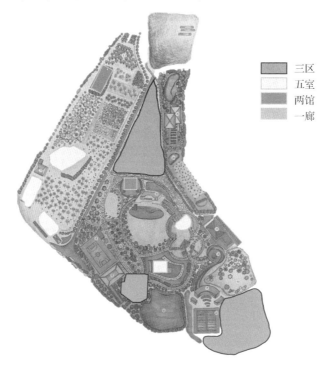

图 1 "绿野村"平面示意图

2. 悠久丰润的人文资源

"绿野村",位于苏绣之乡镇湖,其周边有着许多历史悠久、底蕴深厚的苏作手工实践资源。这里工艺门类齐全,大师名人云集,是苏州市、江苏省乃至全国工艺门类最为齐全的地区之一。世界级非遗"香山帮传统营造技艺""缂丝""刺绣",国家级非遗"光福核雕""苏绣""苏州玉雕""苏扇"等,可谓一应俱全。这些丰厚的人文资源,为"绿野村"开拓劳动教育课程资源提供了便利,让学生在耳濡目染中浸润于优秀传统文化之中,从小学习工匠精神,树立文化自信,形成正确的劳动观念。

3. 量身定制的劳动场域

20多年来,"绿野村"为配合校本"绿野"劳动课程的更新迭代,经过四次建设升级,目前已形成"三区""五室""两馆""一廊"的全新格局(表2)。

表2 "绿野村"场地功能划分细目表

场地区域		面积大小	容纳人数	对应功能	课程板块	课程举例
"三区"	农田区	3 000平方米	250—500人	按照季节更新种植各种农作物,使学生了解农作物的生长,并尝试掌握耕地播种、除草灌溉、浇水养护、除虫修剪等基本农田劳作技能	田园农耕	"爱绿、护绿、植绿""秋收劳作,俭以养德""舞花弄枝学问多"
	养殖区	24 000平方米(二期山坡)	250—500人	分区域散养羊、鸡、鹅等家禽,供学生饲养实践	田园农耕	"一场穿越千年的劳动大揭秘"
	宿舍区	2 700平方米	320人	给学生提供集体生活的空间,学生以宿舍为单位完成洗漱、洗衣、铺床、叠被、打扫房间等生活劳动	自理自护家务劳动互助服务	"劳动助我成长"

续表

场地区域		面积大小	容纳人数	对应功能	课程板块	课程举例
"五室"	木工室	60平方米（气象楼一楼）	50人	展示和存放锯、刨、刀、尺等木材加工工具，给学生提供木工制作的专门场室	手工实践	"初识绿野村" "小小建筑师"
	陶艺室	60平方米（陶艺楼一楼）	50人	展示学生陶艺作品，给学生提供陶艺制作的专门场室	手工实践	"早春茶飘香"
	刺绣室	400平方米（彩板房300平方米＋苏绣馆100平方米）	200人	展示学生刺绣作品，感受苏绣文化的博大精深，体会传统文化的魅力，给学生刺绣制作提供专门场室	手工实践	"也学绣娘神针舞" "'布'同凡响"
	烹饪室	240平方米（含野炊区）	120人	给学生提供饭菜烹饪的专用工具，使学生在尝试烹饪菜饭的过程中，学会使用炊具，学会拣菜、洗菜、切菜、淘米等基本生活技能	自理自护家务劳动互助服务手工实践	"五彩圆子" "小鬼当家"
	创客室	270平方米（创客教室区）	100人	放置物联网、人工智能、VR、3D打印等器材的专门教室，提供学生创客学习、创客实践的活动场所	手工实践	"3D打印宫灯" "智创劳动生活，解锁幸福密码"

续表

场地区域	面积大小	容纳人数	对应功能	课程板块	课程举例
"两馆" 天文馆（气象站）	140平方米	50人	存放望远镜、气象仪等天文专业器材，是学生学习天文、气象知识的专业场室	手工实践	"小小气象站" "小小天文家"
农展馆	140平方米（吴农舍20平方米+农具房120平方米）	50人	展示各类传统劳动工具和现代农业科技，提供学生认识农具、学习使用农具、了解现代农业发展的专业场室	田园农耕 手工实践	"土地里的学问"
"一廊" 田园小憩廊	60平方米	100人	学生劳动实践课程交流汇报区	田园农耕 互助服务	"希望在这里放飞"

20多年来，学校充分发掘"绿野村"独特的场域价值，让学生劳动回归土地、回归农业、回归出力出汗、回归传统精神，也让学生逐步意识到生活始于劳动、人人都要劳动，劳动创造价值，新时代的劳动者既要立足当前，也要知道过去，亦能展望未来。

（二）课程的村落：构建了"绿野"特色的劳动教育课程体系，落实了育人目标

学校基于劳动教育需求，从体力劳动出发，不断更新迭代，经过20多年的打磨，将劳动课程内容定位在"绿野"生活劳动课程、"绿野"生产劳动课程、"绿野"服务劳动课程，分成"家务劳动""自理自护""田园农耕""手工实践""互助服务""社会服务"6个板块，设计6年240课时劳动课程阶梯内容（图2），培养学生基本生活的能力，帮助学生掌握必备的劳动知识和技能，形成劳动服务意识，整体呈现出系统性、综合性、时代性的特点。

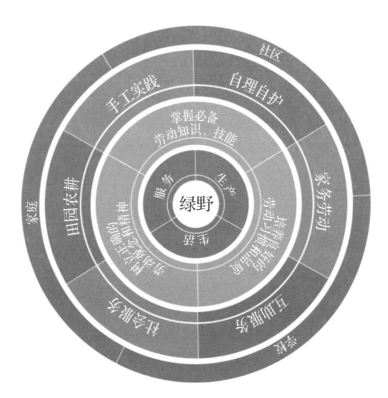

图 2　"绿野"劳动课程

1. 设置了为"全面发展"奠基的课程育人目标

实施劳动教育的最终目标，是提升学生劳动素养，奠基幸福人生，培养社会主义的建设者和接班人。学校劳动教育从树立学生正确的劳动观念、培育学生积极向上的劳动精神出发，帮助学生掌握必备的劳动知识和技能，进而形成良好的劳动习惯与品质。根据学生的年龄特点，分年段设定劳动教育的目标（图 3），让劳动教育课程设计有目的、有方向，为学生幸福生活奠基。

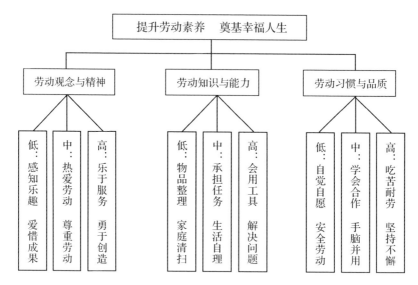

图3 "绿野村"劳动课程目标架构图

2. 构建了具有"绿野"特色的劳动课程内容

（1）生活劳动课程：锻炼必备生活技能，为幸福生活赋能。

生活劳动课程，立足个人生活事务处理，注重学生生活能力和良好的卫生习惯的培养，课程内容以"自理自护""家务劳动"为主体，包含"个人清洁""收纳整理""安全自护""场室打扫""厨事劳动""垃圾分类"等日常生活劳动，课程目标、内容和评价的梯度螺旋上升，着重锻炼学生必备的生活技能。

（2）生产劳动课程：完成适当劳动任务，为精彩生活助力。

生产劳动课程分"田园农耕"和"手工实践"两大部分，继承优良传统，彰显时代特征。"田园农耕"主要包含"花卉园艺""田间劳动"两大板块，指导学生进行简单的花卉种植、养护，学习耕地、灌溉、种植、收割等农业知识和技能。"手工实践"主要包含传统技艺的学习和利用新技术的创客制造，引导学生热爱传统技艺，形成文化自信，同时鼓励发展创新，掌握新技术，发挥创造才能。

（3）服务劳动课程：培育社会责任感，为和谐生活起锚。

服务性劳动课程，从为他人服务开始，逐步走向为社会提供服务，以设立服务岗位、参与公益劳动、志愿服务为抓手，打通"绿野村—家庭—学校—社区"多个服务性劳动的场域，从小培养学生的服务意识、公民意识和主人翁意识，帮助学生形成诚实守信、吃苦耐劳的品质，培养学生的社会责任感。

三大类课程相互支撑，互为补充，多元融通（图4），共同促进学生形成良好的劳动精神面貌、正确的劳动价值取向和一定的劳动技能水平，全面提高学生的综合劳动素养。

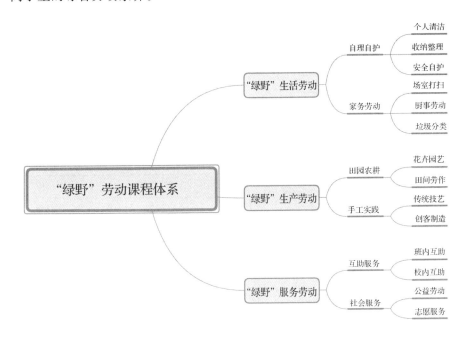

图4 "绿野"劳动课程内容序列图

3. 创建了指向"综合育人"的课程实施模式

劳动课程实施形式为"两个融通"："单项技能练习+主题综合项目"课程内容融通，"学校、'绿野村'、家庭、社区"劳动场域融通。

"单项技能练习+主题综合项目"课程内容融通：用单一课时学习劳动单项技能，如扫地、簸垃圾、包饺子等，用3天24课时完成项目式劳动，如："在绿野村完成小鬼当家任务"。单一技能学习为项目式劳动做准备，项目式学习深化劳动实践内容。

"学校、'绿野村'、家庭、社区"劳动场域融通：劳动课上学习的劳动技能在家庭分别练习；家庭掌握的劳动技能在"绿野村"展示；"绿野村"学到的劳动技能在社区服务中实践……学校、"绿野村"、家庭、社区"四位一体"多向对流循环，多方评价，最终提升学生综合劳动素养（图5、表3）。

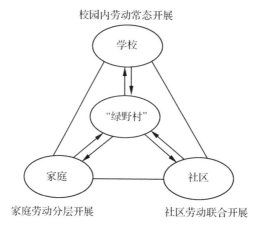

图5 "绿野"劳动"四位一体"劳动场域融通模式

表3 "绿野"劳动课程内容融通样例呈现表

板块名称		课程内容	途径			
			"绿野村"	学校	家庭	社区
"绿野"生活劳动	自理自护	个人清洁：刷牙，洗脸，梳头，洗衣物 收纳整理：整理床铺，铺床叠被，更换被套，摆放洗漱用品，整理储物柜 安全自护：简单包扎，伤口护理，心肺复苏	3—6年级主题劳动实践活动"劳动助我成长""知识守护生命"等	劳动课班队课	"自理小能人"活动	
	家务劳动	厨房劳动：淘米烧饭，做简单家常菜，包馄饨，饺子，简单烘焙 针线手工：穿针引线，钉纽扣 垃圾分类：按厨余垃圾、可回收垃圾、有害垃圾和其他垃圾分类	3—6年级主题劳动实践活动"小鬼当家"等	劳动课班队课学校日常劳动	云课堂"家务劳动能量储蓄活动"	

续表

板块名称		课程内容	途径			
			"绿野村"	学校	家庭	社区
"绿野"服务劳动	互助服务	场室打扫：扫地、擦桌、擦黑板、拖地、倒垃圾；班内互助：整理图书、绿植养护、班级值日岗；校园服务：班级值日、餐厅值日、图书管理	3—6年级实践活动"文明宿舍"创建	晨会课班队课校园服务岗	"一日当家"活动	
	社区服务	公益劳动：社区劳动，慰问孤儿和孤寡老人，环保宣传等；志愿服务：市图书馆志愿服务、环境志愿者活动等	3—6年级实践活动"知识守护生命"	劳动课	亲子志愿服务	雏鹰假日小队活动——"爱心公益行""我是小小志愿"
"绿野"生产劳动	手工实践	传统技艺：纸艺、布艺、陶艺、刺绣、扇面、碑拓、绳结、桃花坞木版年画、木工等；创客制造：3D、VR、人工智能等	3—6年级实践活动"早春茶飘香""丝语江南，匠心苏绣""创客工坊：小小气象站""'布'同凡响"等	劳动课社团课	亲子手工课堂	雏鹰假日小队活动——"走近传统工艺""未来行动"
	田园农耕	花卉园艺：花卉种植（移植、定植、扦插、分株）养护；田间劳作：锄地、灌溉、种小青菜、番茄、黄瓜、辣椒等；收鸡毛菜、收大青菜、拔萝卜、挖山芋……	3—6年级实践专项活动"一枝一叶总关情""秋收劳作，俭以养德"等；每次劳动实践活动均安排农活和园艺两部分内容	劳动课学校"绿野生态园"	家庭植物养护	职业体验活动——"小小园艺师""农林大世界"

4. 形成了多元统一的评价考核体系

学校设计了6年12份《学生劳动素养评价单》，从劳动常识知晓度、技能掌握度、情感认同度、行为稳定性和一贯性4个方面对学生劳动情况进行学期评价。学生劳动素养评价标准的设置包括劳动次数的多少、劳动行为水平的高低、劳动成果的优劣，是否形成系统、自觉的劳动观念，是否有积极、愉悦的劳动情感体验。评价采取定量的星级评价作为基础，定性的描述评价作为补充。

学校发放学生《劳动成长手册》，引导家长以周为单位填写，写实性记录学生劳动态度、持续时间、劳动成果，引导学生用喜闻乐见的贴笑脸、敲章等方式自我评价以获得积极愉悦的劳动体验。班主任指导学生在《班级日志》中轮流记录同伴在班级的劳动表现，教师将同伴评价的内容，作为学生劳动过程性评价的重要补充。多元化的评价，引导学生乃至家庭重视劳动教育。

（三）完善的机制：建立了常态化、高质量劳动教育机制，保障育人成效

学校为保障劳动教育顺利实施，制定了绿野村管理运行制度，建立师资保障机制，健全课程领导和管理机制，保障劳动课程常态化、高质量实施。劳动教育落实机制保障了学校劳动教育目标清晰、内容完整且具有进阶性、时空管理及质量管理到位。学校劳动教育走向高品质，面向全体学生，面向学生终身成长。

1. 建立"'绿野村'-学校"一体化管理运行机制，保障劳动教育常态化实施

（1）统一管理，资金保障。"绿野村"归属学校统一管理，"绿野村"运行资金由财政支持，学校制定经费保障制度，保证专款专用，学校每年对建设项目的总预算做出科学、合理、准确的计划，落实预算经费，保障"绿野村"正常的维护和运行，并根据学生劳动课程的需要更新场室配置。

（2）协商发展，系统规划。学校建立由校领导、部门负责人、家长代表、教育主管部门和社区代表参与的学生"绿野村"劳动教育基地发展协商会议制度。其中，社区代表由苏州市农业农村局、苏州高新区科技局、高新区消防大队等单位部门安排代表组成。学校系统设计"绿野村"发展规划，建立专家与教师相互合作的项目工作团队，推进各项工作任务的落实。

2. 建立专兼职师资培养机制，保障劳动教育多元化队伍

师资保障机制，打造劳动育人共同体，促进学校、家庭、社区全员育人新风尚，实现劳动育人的独特价值。

（1）建立"劳动教育教师荣誉制度"，推进校内师资的培育。

聚焦和发展教师的劳动教育胜任力、积极的专业情感和职业荣誉感，制定劳动师资培育方案，通过岗位历练、培训研修等平台，培养班主任和一批学科教师成为劳动教育能手，开发和实施校本、班本劳动课程。

（2）建立"校外人才准入机制"，保障外聘师资质量。

一是聘请校外专家，柔性使用校外能工巧匠、专技人员。通过资格准入、教学培训、配置助教、满意度调查、考核评价等一系列机制，弥补本校教师

在专业领域专业水平不足,提升劳动教育的质量。二是发展父母"导师",通过家长讲师团岗位竞聘等形式,招收各行各业的家长进校园成为劳动教育讲师。

(3)建立"互助小老师培树机制",提升综合育人功效。在劳动合作中,培养一批起示范作用的劳动"小老师",对劳动"小老师"给予评优嘉奖。

3. 健全课程领导和课程质量管理机制,保障劳动教育高质量实施

学校建立劳动教育课程领导机构,包括课程开发咨询委员会、课程领导小组。课程开发咨询委员会聘请苏绣大师卢福英和张黎星、缂丝技艺传人陈文等专业人士做顾问。每学年召开一次会议,就课程建设的思路与目标、阶段性建设成效和问题等方面听取报告、展开研讨,并提出咨询建议。课程领导小组由校领导、部门负责人、教师代表组成,负责统领劳动课程开发工作,规划课程开发各阶段要点,制订课程开发计划,并协调学校学生处和基地部门之间的关系。学校建立起从课程需求调研、课程遴选,到课程反馈与评价的课程管理机制,保证课程体系的有效运行和课程质量的监控。

(四)成长的学生:"绿野村"劳动教育为培育德智体美劳全面发展的社会主义建设者和接班人奠基

20多年来,全体学生每学期都有一段固定的时间在"绿野村"学习、生活、实践。他们从"绿野村"出发,走向更广阔的劳动天地。"绿野村"三个字的内涵和外延都远远超出了一个劳动教育实践基地的范畴,成了学校实施劳动教育的新常态、新符号。

"绿野村"劳动教育在苏州市实验小学校学生身上打下了深深的烙印:

"绿野村"劳动教育20多年,让学生切实掌握了劳动知识,习得了劳动技能,锻炼了动手能力,同时也锻炼了身体、增强了体质。

"绿野村"劳动教育20多年,让学生养成了良好的劳动品质和习惯。劳动和生活紧密结合,学生将劳动视为生活的一部分,在长期的劳动锻炼中,自觉完成劳动任务,养成了劳动习惯。

"绿野村"劳动教育20多年,培养了学生正确的劳动价值观,提升了学生对劳动的认同度,养成了专注耐心、踏实肯干的劳动态度,有了吃苦耐劳、坚持不懈之意志,责任担当、创新求变之精神,明白了"劳动创造生活"的道理,在心理上真正认同了劳动的价值、劳动的伟大。

四、效果与反思

学校劳动教育常态化实践 20 多年取得了显著成效，产生了广泛影响。经学校 20 多届 15 000 多名学生的实践检验，学生劳动习惯养成了，劳动能力提高了，正确的劳动价值观基本形成了，受到了家长和社会的认可。

（一）效果

1. 实践成果受到高度肯定

"绿野村"1999 年被苏州市教育委员会命名为"苏州市中小学生素质教育实践基地"，2000 年被江苏省教委命名为"江苏省学校德育基地"，2009 年被苏州市文明办、苏州市教育局命名为"苏州市未成年人社会实践太湖基地"，其间还被共青团江苏省委、江苏省少工委命名为"江苏省青少年夏令营基地"，被共青团江苏省委、省希望工程办公室、省青少年发展基金会命名为"江苏省希望工程教师培训基地"等。2000 年 3 月至今，先后有 5 000 多位社会各界人士到基地参观考察，给予"绿野村"劳动教育以高度评价。

2. 实践成果获重要奖励

（1）"绿野村：劳动教育 20 年"获苏州市教育教学成果奖（基础教育类）特等奖。

（2）"新时代儿童劳动教育的实践与探索"获第三批江苏省中小学生品格提升工程项目"精品项目"。

（3）"素养导向的绿野村综合实践主题课程开发"获首批苏州市中小学生品格提升工程项目"精品项目"。

（4）"绿野生态园"等多篇劳动教育案例获苏州市中小学社会实践基地优秀课程案例一等奖。

（5）多篇劳动教育研究论文在省、市级论文评比中获奖。

3. 实践经验在全国推广

成果推广至苏州全市，部分中小学校定期组织学生到"绿野村"开展劳动教育实践活动。学校在江苏省中小学生品格提升工程项目立项申报、中期汇报、结项汇报中向省内同行介绍推广经验；在江苏省教育科学研究院组织的"小学科研基地学校劳动教育研讨"中做主题发言；学校作为全国优秀校长、教师培训基地，将成果作为重要的项目，先后向 50 多批来校参训校长、教师推广介绍。《人民教育》《江苏教育》等知名教育媒体均发文介绍学校实践探索常态化、机制建构常态化、应用推广常态化的成果，对项目的稳定和自觉发展进行了高度评价。《苏州教育》《苏州德育》《苏州日报》等多家地方媒体对学校劳动成果进行报道和推广。

（二）反思

20多年来，学校以"绿野村"为出发点的劳动教育虽然取得了一定成绩，但未来仍有可发展和提升的空间，具体表现在以下方面：一是完善劳动专兼职教师职前教育、职后培训的内容与方式，同时，让劳动观念成为全体教师素养的基本组成部分。在人力资源保障上，建立起一支专兼职结合的劳动教育教师队伍，促进劳动教育教师专业化，提升劳动课程的现代化程度。二是寻求更多校园外社会资源的支撑。劳动教育的场景可能发生在车间、田间、博物馆、街道和乡村。学校应该更多地主动联系这些资源，结合地域特色寻找安全适切、贴近自然、开放包容的场地，满足学生不同层面、不同类型劳动实践活动的需要。三是根据时代赋予的新要求，让劳动教育遵循学生的认知规律，把握新技术的构成要素和发展态势，逐步增加技术含量，帮助学生建构符合社会发展需要的劳动素养体系。

（该成果2021年获江苏省基础教育教学成果奖特等奖）

教育数字化支撑大规模因材施教的区域实践

苏州工业园区教育学会　苏州工业园区教师发展中心

（成果主要完成人：沈坚　葛虹　肖年志　孙春福　杨原明　夏静怡　张久旗　祁华忠）

苏州工业园区是中国和新加坡两国政府间的旗舰合作项目，在商务部公布的国家级经开区综合考评中连续六年位列第一，成功跻身科技部建设世界一流高科技园区行列。苏州工业园区教育与经济社会同步高速发展，特别是近10年来，园区借力教育数字化赋能，围绕学生的"学习"与"成长"，积极探索教育数字化转型的普遍规律和区域实践路径，探寻大规模因材施教的育人方式创新和当代表达，重构了教育数字化转型、高质量发展的新生态。

一、成果的主要内容

当前，基础教育普遍存在学生学习与发展质效不高的问题。根据韦纳的"归因理论"，影响学生的学习和发展归根于外部因素和内部因素，通过改变外部因素可以有效改善内部因素的不稳定性，增加向好可控性。基于上述理论对存在的问题进行深入分析，我们认为影响学生学习和发展的外部因素主要表现在以下方面。

一是优质教学资源匮乏。无法实现资源按需选择、关联推送、充分共享，犹如贫瘠的土地无法孕育出参天大树。二是教学适切度不高。被动学习、陪同学习、低效学习现象普遍，个性需求难以得到尊重和满足。三是评价标准单一。仍然存在"重分数轻成长、重结果轻过程"的顽瘴痼疾，以分数给学生贴负面标签，导向不合理、方法不科学，使个体成长的价值被矮化、被忽视。

通过供给侧结构性改革，来改变这三个外部因素，致力于更优质、更丰富的教学资源供给，更适切、更创新的教学引导，更全面的评价和更有效的激励，让"每一群"学得更好，也让"每一个"个性成长，努力让每个孩子有人生出彩的机会,从而实现大规模因材施教的奋斗目标。为达成这一目标,多年来,我们积极探索"以数字化撬动教育整体变革"的破解之道,主要做好三个层面的事情。

(一) 数字化赋能教育供给变革,解决优质资源匮乏的问题

优质的数字资源不仅是体系化、结构化的,更是层级性的,应具有"鲜活、丰富、便捷、有效"等特征,能够满足选择性需求。

1. 建立结构化、系统化学习资源支架

一是有图谱。一方面,以学科教材为基础,对知识点进行全面梳理,形成覆盖所有学段、所有学科、所有章节、所有知识点体系的知识图谱;另一方面,基于课程标准和核心素养内涵理解,建立各年段、各学科关键能力和核心素养图谱,为资源建设提供体系化支架,做到建设有据、呈现有依。二是多维度。形态上,做到"文本、图形图像、动画、音频与视频"全涉及;种类上,做到"课程资源、同步资源、微云课资源、题库资源、仿真实验、学科工具"等全包含,让学生可听、可看、可做、可玩、可思。三是全架构。有支撑课前、课中、课后的全学程课程包资源,有满足以项目化、特色化学习的专题资源,还有面向教师专业研训和居民终身学习的资源,让资源布局更合理、呈现更科学。

2. 制定学习资源标准与建设路径

一是研制建设标准。区域层面,明确微视频、微实验、精品课、教学工具的标准与要求,注重内容设计,体现学科特征,强调"音视同步";二是明确建设路径。推进区校联动、自主研发的资源建设策略。专家引领、把握方向,研训员梳理、建立架构体系,技术团队培训、提供技术指导,骨干教师带头、放样资源创建,学科教师参与、落地常态建设,形成共建共享样态。引进社会化优质资源,让资源鲜活可用。

3. 健全审核评估与遴选共享机制

一是评估审核,确保资源质量。由学科研训员牵头,建立区校两级资源审核团队,从资源内容、格式及标注等多方面进行严格把关,确保资源标准与质量。二是区校联动,推进共建共享。按照资源图谱分解建设任务,区域全体教师共同参与资源建设,形成学校、区域两级共享资源库。三是优选推送,形成良好生态。基于资源被引用、被查看、被分享、被授课使用等应用数据,平台会自动启用并运行资源遴选与淘汰规则,促进资源"自进"与

"更迭",并提供"综合排序""智能精选""系统优推"等便捷查看方式,节省学习者甄别与选用资源的时间,使其以最快的速度找到所需内容,实现可分析的"净化"资源体系。

4. 实现基于平台的关联呈现与应用

一是平台应用,积累数据。历经10年建设,园区智慧教育平台形成了"1115"架构,即集成1个空间入口、1套数据标准、1个数据中心、服务"学教测评管"的5类应用,沉淀、积累各类应用数据。二是数据融通,关联推送。易加学院通过融通的数据,分析、了解每个学校的成长点和需求点,并形成关联应用,推送优质资源,支撑学生自主、自由学习,让每一个学生通过线上和线下的融合,不仅能享用学校的优质资源,还能"走出校门",充分共享全社会的优质资源。园区这一智能关联的资源系统,让学生不仅能习得程序性知识、陈述性知识,更能掌握策略性知识。

当前,平台拥有资源总量286万多个,其中微云课8万多个、专题特色资源3 000多个、同步资源29万多个、学科工具6 800多个、题库249万道,为自主学习、按需学习、差异化学习提供丰富的资源支撑。优质学习资源为教与学带来了不一样的支撑,让大规模的因材施教得以实现。

(二) 数字化赋能教与学变革,解决教学适切度不高的问题

1. 变革教的方式

立足数字化平台,促进素养图谱结构关联,虚实结合创设环境,智慧探究沉浸体验,数字画像诊断学情,学习支架优化路径,探索出"整体""融浸""激趣""精准""开放"等教学方式。

(1) 注重关联,整体地教。利用数字图谱,使复杂、隐性的知识简约和清晰,有利于学生自主建构知识结构体系。其基本特征是大观念大主题、跨课时跨单元、资源关联、结构重塑、综合理解。教师通过大问题、大任务驱动,利用具有清晰资源关联和直观学习路径的学科图谱,实施概念理解和整体教学。

(2) 增强现实,融浸地教。通过构建与"真实性"问题一体化的学习情境,增强学生体验,从而实现知识建构。其基本特征是情境化、混合式、体验性。教师借助数字化学习空间,利用虚拟情景与真实实验,设置问题、激活思维,让学生反复观察、探索试误和实践体验,实现知识建构。

(3) 智慧导引,激趣地教。基于行为主义学习理论,利用技术赋能让激

发因素持续作用，使学生的学习行为得到有效强化。其基本特征是技术赋能、激发求知、趣味吸引、积极互动。教师通过营造趣味性学习环境，借助平台的智能行为感知技术，记录学生的学习过程，分析行为数据，调整教学行为，促进学生主动求知。

（4）画像驱动，精准地教。通过采集学习过程的伴随性数据，精准掌握学生的学习程度和个体差异，为每位学生设计出个性化的学习方案，增强教学的适切性。其基本特征是素养监测、数据画像、智能导学、精准辅导。教师借助数字化平台的评估发展量表进行测评，全样本采集数据，精准分析个体差异，精准推送适切性更强、颗粒度更小的学习资源，以学定教，从而建立以学习为中心的精准教育服务。

（5）路径自选，开放地教。建设课程超市，让学生自主选择学习内容和学习路径，满足多样化的个性成长需求。其基本特征是资源开放、环境开放、方式开放。教师通过提供课程与单元学习支架，动态优化教学方式和教学流程，根据教学进程中学生的认知差异，及时推荐个性化的学习资源和学习方式，满足学生个性化的学习需求。

教育数字化赋能下的课堂教学，在教学内容、教学组织、教学手段、教学策略和教学流程诸方面进行优化，让教好"每一个"的美好追求成为现实。

2. 变革学的方式

在数字化平台的支撑下，探索了"全链式、项目式、主题式、混合式、自主式"等学习路径，形成了"融合创新、深度学习"的学习模型。

（1）全链式学习。基于数字化平台，设置前学、共学和延学三个环节，以课堂为基点向两端延伸，课前自主学习、课中互动学、课后拓展学，关注学习的前后逻辑，遵循学习规律，促进深度学习。其基本特征是全流程设计、全流程引导、全流程评价。

（2）项目式学习。围绕入项活动、自主探究、出项展示和评价修订四步骤，提供个性化学习方案。学生在入项之初即可获推"导学库"，助力信息收集与定位；在自主探究中匹配"资源库"，助力信息加工与综合；在出项展示时，依托"成果库"，助力信息内化与创造；在项目评价修订中，形成一人一档的"学历库"，助力信息归档与反思。其基本特征是真实问题、真实情境、探究展示、评价反馈。

（3）主题式学习。围绕主题发布、学习社群组织与实施、学习成果展示等环节,依托学习数据的收集、统计与分析功能,达成"大主题驱动学"。其基本特征是:问题引发、话题深入、主题驱动。

(4)混合式学习。依托数字化平台,实现场景混合、学科混合、方式混合、学段混合、现实和虚拟的混合,提倡多种、有效学习方式的协同实施。其基本特征是场景多样、方式多元、时空延展、跨界协同。

(5)自主式学习。基于平台的"资源库、课程库、试题库",绑定知识点、能力点、素养点,为学生搭建适切的学习支架,共享海量学习资源。所有学习资源都能生成二维码,实现自主扫码、便捷查找、智能推送。其基本特征是资源图谱、学习自主、关联推送。

学习方式的变革,其共同的基本特征是问题驱动、尊重差异、强调自主、鼓励分享,让学习发生在学生身上,让学习成为学生自己的事,让学生用自己的方式去学习,促进每个学生全面而有个性地成长。

(三)大数据支撑教育治理变革,解决评价标准单一的问题

我们研制测评指标,构建诊断系统,探索改进路径,以教育数字化赋能教育治理与教育教学改革。

1. 大数据支撑教育测评体系变革

研制区域教育质量综合评价指标体系。从学生认知发展的主体因素和客体因素两个方面,架构三级评价指标。以监测数据精准刻画,实现单一性评价到全面性评价的转向。

出台区域学生学业质量监测方案。绘制中小学各学科核心素养图谱,并研制出学科核心素养测评工具,进行学业质量和相关影响因素的监测,为区域素质教育实施现状进行整体画像。

编制中小学综合性评价指标体系。评估内容分两大部分、5个项目:第一部分为内涵发展指标,包括学生发展水平、教师发展水平、学校发展水平;第二部分为教育满意度测评,包括内部满意度和外部满意度。实现"历史性数据,过程化记录,校际观差异,学校看发展"的评价新样态。

架构学生综合素质评价体系。从"思想品德、学业水平、身心健康、艺术素养、社会实践"5个方面,用数据跟踪学生成长轨迹,绘制学生综合素养图谱,全程、全面刻画学生综合素质发展。

多年来,常态化开展学科监测、学校监测、区域监测,形成即时性、全学科、全维度、全过程的学业监测模式。12轮监测采集到38 000多条监测数

据，多轮次学校发展评价，输出评价报表近 1 000 套；生成电子素质报告书及学生综合素质评价报告近 15 万份。

2. 以"学"为先催生现代办学治理方式变革

传统的办学模式多为"管"字当头，表现为"管教学测评"，行政办学，层级管理，经验决策，我说你做。为此，我们优化了以学为先的"学教测评管"一体化推进的现代办学治理新体系，坚持以学定教、以测促学、以评优教，形成"你学我教，监测跟进，数据决策，专家治理"的新机制。研究"学"产生的数据，由此出发带动"教"，数据说话，实证诊断，动态刻画学生学情、教师教学、学校与区域的管理等。制定以学为先的现代办学治理的政策图谱，创新项目推进路径，遴选基地校实验校，统筹名师工作坊、学校发展共同体等深入研究、同频共振，形成以学为先的现代办学治理推进范式。

3. 数据赋能构建教育质量"5＋1"跟进式闭环管理模式

构建尊重个性差异的教育质量"5＋1"跟进式多循环测评、治理新模式。厘清五大环节：一是基于问题，确立项目。以问题为切入点，确立优化教育教学方式的改革项目。二是工具研发，实施监测。研发指标、问卷等监测工具，及时开展相关监测，进行靶向诊断。三是数据分析，科学诊断。用数据分析，用数据验证，让量化评价与质性评价相互印证，还原教育教学的"真状况"和"真问题"，寻找证据、精准归因。四是明确方向，跟进改革。确立改革目标与策略，制定改革方案，及时行动，落地举措。五是指导督导，解决问题。实证治理，举一反三，扩大项目改革的影响和效益，保障区域教育高质量发展。这一模式在程序与环节上是闭合的，具有自我完善和自我修复的特质，包括监测技术、方法、工具等不断校对与修正，也包括改进策略、方案、举措等不断优化。

二、成果的主要观点和创新点

因材施教是教育规律的高度凝练与中国表达，高水平因材施教是教育高质量发展的必然命题。减负增效背景下，全面推进大规模因材施教具有重大的现实意义。实施大规模因材施教，克服传统教学模式下班级授课制中的诸多问题，需要教育数字化赋能，即需要优质资源保障资源关联推送、数据精准刻画、教学方式变革、监测评价引领，促进每一个学生个性而全面成长。基于以上理性认知，我区全面落地实践创新。

一是变革教育供给。基于供给侧结构性改革,研发区域教育数字化平台,建设结构化、体系化的数字化学习资源,打造数字化学习场景,研制多样化评测工具,为教育数字化转型提供丰富的资源系统、科学的教学系统、全面的测评系统。

二是变革教学方式。立足数字化平台,以融合创新、深度学习为主题,促进素养图谱结构关联、虚实结合创设环境、智慧探究沉浸体验、数字画像诊断学情、学习支架优化路径等,探索新型教学方式;整合数字化资源、工具和平台,基于数据刻画,重构学习路径,打造个性化、精准化、泛在化的深度学习新样态。

三是变革教育治理。培育"问题立项、工具监测、分析诊断、定向改革、督导评估+跟进完善"的跟进式多循环管理新模型,形成以学为先的一体化推进的现代办学治理体系。

三、成果的学术价值和社会影响

我区历经十余年,聚焦立德树人,围绕"学习"与"成长",致力于教学改革创新。针对传统教学模式下班级授课制中存在的优质教学资源匮乏、教学适切度不高、评价标准单一等问题,探索教育数字化转型的普遍规律和区域实践路径,探寻大规模因材施教的育人方式创新和当代表达,落实减负增效,让每一个学生享有公平而有质量的教育,实现核心素养导向下个性而全面的成长。

本成果历经十余年探索,以教育数字化转型为杠杆,撬动教育整体变革的实践探索。一是数字化赋能教育供给变革,解决优质资源匮乏的问题。我们建立了结构化系统化学习资源支架,制定了学习资源标准与建设路径,健全了资源审核评估与遴选共享机制,实现了基于平台的资源关联呈现与应用。二是数字化赋能教与学变革,解决教学适切度不高的问题。我们通过变革教的方式,注重关联,整体地教;增强现实,融浸地教;智慧导引,激趣地教;画像驱动,精准地教;路径自选,开放地教。我们通过变革学的方式,探索了"全链式、项目式、主题式、混合式、自主式"等学习路径,形成了"融合创新、深度学习"的学习模型。三是大数据支撑教育治理变革,解决评价标准单一的问题。我们借助大数据支撑教育测评体系的变革,以"学"为先催生现代办学治理方式变革,数据赋能构建教育质量"5+1"跟进式闭环管理模式。本成果催生了教育供给、教学方式、教育治理等变革的新样态，夯实了教育数字化新基建，重构了教育数字化转型、高质量发展的新生态。

本成果先后在中国教育学会首届中国基础教育论坛等全国性学术会议交流、展示，获江苏省基础教育前瞻性教学改革实验重大项目优秀等第第二名，助力我区成功入选教育部"基于教学改革、融合信息技术的新型教与学模式"实验区，相关成果专著由苏州大学出版社出版。

四、成果的推广应用情况

本成果先后在吉林省长春市宽城区、湖北省武汉市洪山区、江苏省苏州市等地得到推广应用。

吉林省长春市宽城区教育局自2017年5月起参与苏州工业园区教育局"易加"教学平台的实践研究工作。学校利用"易加互动""易加学院"等数字化学习平台，基于路径优化的课程导引，勾连课前、课中、课后，支撑"预学、共学、延学"的全学程教学管理，借助平台中的知识体系图谱、关键能力图谱和素养体系图谱，通过学生学科能力素养的精准刻画，进一步实现资源的个性化和针对性推送，形成了有效教学的闭环。宽城区师生利用平台提供的三大金库（资源库、课程库、试题库）中50 000多个微视频、85 000多个课程包和200万道试题，实现了基于二维码按需学习、基于评测自主补缺、基于画像自由拓展、基于课程全面发展。学习中，学生的自主性更强，师生互动更为丰富，不断实现教师"目标导向、任务驱动、项目引领、合作探究"的教学方式和学生"自主学、精准学、探究学、泛在学"的学习路径，形成了"个性学、智慧教"的良好局面，满足学生充分发展、个性发展的需求，不断提升学生的必备品格和关键能力，让"适合的教育"这一大规模因材施教得以真正落地。

湖北省武汉市洪山区教育信息技术中心于2017年5月参与苏州工业园区大数据应用平台实践研究，主要涵盖"易加分析""易加评价""易加数据"等平台的使用。洪山区利用"易加分析"，一方面进行学业质量监测，通过50多次的网络阅卷，实现学习评价的"全对象、全学科、全维度"，通过雷达图、柱形图一目了然地呈现学生学习的长短板，另一方面进行学业负担监测，采用平台提供的区域监测流程采集数据，基于分析功能，从联系、动态、发展角度审视学业负担，实行一年一报告、一校一反馈，有效减轻学生负担、增加工作绩效；利用"易加评价"从"学校发展、学生发展、教师发展、内部满意度、外部满意度"五个维度全面客观地评价学校的教学管理长短板，过程性采集分析学校数据，全方位了解学校发展的潜力和不足，用数据驱动学校的发展；以"易加数据"作为平台的基础底层，实现自动化数据汇聚、高质量数据管理、科学性数据分析和关联性数据驱动，实现大数据驱动个性学、智慧教、科学测、智能评、精准管。在园区大数据应用平台的助力下，洪山区的相关学校以大数据驱动教育决策，实现了优质、均衡、高质量发展。

江苏省苏州市教育局自2017年开始，以苏州市工业园区"易加互动"为平台内核，建设"苏州线上教育中心"，成为当年苏州市政府实事工程。苏州市工业园区教育局与苏州市教育局签订协议，无偿将苏州市工业园区20 000多节微课迁移至市平台，首先实现园区中小学全覆盖，并于次年实现苏州大市全覆盖，有效整合名优教师资源并贯通线上、线下与课内外的智能化、个性化网络学习平台。目前，丰富的学习资源已吸引累计1亿3 560万学生登录观看，服务全市977所学校，在新型冠状病毒感染疫情期间有力支撑大市范围内学生的线上学习，实现"涵盖全过程"：课前学习指导、课中名师讲学、课后一对一教师答疑指导，不让问题"滚雪球"；"覆盖全学段"：课程覆盖小学、初中、高中3个学段、12个年级主要学科，同时涵盖心理健康、传统文化、家庭教育等综合教育课程，助力全市中小学生全面发展；"平台全免费"：作为"政府实事项目"，全市学生均可免费使用，且使用过程中不产生任何费用。同时，"苏州线上教育中心"作为整治校外培训机构的疏导措施之一，有效助力苏州市校外培训机构达成94%的整改率，位列全省第一。

（该成果2021年获江苏省基础教育教学成果奖特等奖）

全面质量观引领的"小初衔接"苏州实践

苏州市教育科学研究院

（成果主要完成人：丁杰 惠兰 王颖 李琴 钱建江 袁峥）

"小初衔接"是一个现实问题，也是一个影响义务教育乃至基础教育质量的关键问题。小学到初中的过渡时期，是人生的重要阶段，科学、有序的"小初衔接"有助于学生顺利适应初中教育生活，并为后继学习和终身发展奠定坚实基础。国家高度重视学段衔接教育，教育部继 2021 年出台《关于大力推进幼儿园与小学科学衔接的指导意见》后，又于 2022 年 4 月颁布《义务教育课程方案（2022 年版）》，其中突出强调"注重学段衔接"，明确要求"依据学生从小学到初中在认知、情感、社会性等方面的发展，把握课程深度、广度的变化，合理安排不同学段内容，体现学习目标的连续性和进阶性"。由此可见，学段之间的衔接教育不仅非常重要，而且十分迫切。

项目组自 2010 年起，立足义务教育一体化视角，坚持以全面质量观为引领，聚焦"小初衔接"不畅问题，从心理调适、课程教学、教师研训和评价改革等方面，历经 12 年探索与实践，形成"小初衔接"教育的理念主张、实践模型和操作框架。成果先后获得市、省基础教育教学成果特等奖，并被纳入市政府《历史文化名城保护提升总体方案》中的《教育医疗高地工作方案》。《人民教育》《中国教育报》和中国教育新闻网等多家媒体做专题报道，在全国产生了积极的影响。

一、问题的提出

长久以来，"小初衔接"不畅问题客观存在。作为义务教育的两个阶段，小学和初中的学习目标具有连续性和进阶性等特点，但在心理发展、师生交往、学习要求、教学方法、教学节奏和评价方式等方面都有明显不同。这些差异，给处于"小初过渡期"的学生成长和发展带来了很大影响。主要体现在以下三个方面。

1. 小学、初中分段教育，缺乏贯通性机制消除"真空态"

我国的义务教育具有公益性、统一性、强制性特征。其中的统一性，说明义务教育是一个完整的教育体系。但小学和初中的阶段性特征明显，现实中"各干一行""各管一段"现象普遍存在，过渡期教育常常处于"真空态"。虽然不少一线教师在学科层面对"小初衔接"进行了有益的探索与实践，但这些"点对点"的尝试带有明显的个性化特征，普适性不够。因此，需要系统、适合、持续的贯通性机制，从整体上探寻消除学生成长"真空"状态的策略。

2. 成长存在阶段差异，缺少适应性方法应对"突变期"

学生在不同的成长阶段具有不同的心理特征与认知特点，特别是"小升初"阶段的学生，在认知、情感、社会性等方面都处于"突变期"。从现实情况看，学生常常表现出既幼稚又开始走向成熟、既经验不足又强烈渴望独立、既被动又趋于自觉等错综复杂的状态，在学习、心理、交往等各方面极易出现矛盾，不能较好适应初中生活。因此，需要适切、有效的适应性方法，应对"突变期"带来的各种问题。

3. 课程教学发生变化，缺失融合性举措打破"封闭圈"

小学、初中两个学段课程设置具有连续性，但深度和广度都发生了自然变化，在课程设置、教学管理、课堂形式、学习进程和学习方式等方面差异明显。小学教学重指导、重体验、多操作，倡导经历过程；初中教学重自主、重逻辑、讲严谨，强调缜密思考。现实中，由于学段隔离，小学、初中教师往往"各自为政"而形成"封闭圈"。因此，需要科学、系统的融合性举措将之打破，支持学生"平滑"进阶。

二、解决问题的过程和方法

针对"小初衔接"缺乏贯通性机制、适应性方法和融合性举措等问题，项目组自2010年起，在全市范围内开始了系统、深入的全域渐进式实践探索。组建覆盖义务教育段所有学科、纵跨小初两个学段的项目研究团队，采取调研先行、选点试行、协同创新、重点攻关、循证实践、评价激励等方法，通过模型建构、框架设计、工具研发、资源建设、机制构建，形成系列成果，并不断实现成果转化，提升学生过渡期的适应性、教师跨学段教学的融合性及义务教育学校衔接教育的育人质量。

本成果研究的问题、方法与创新如表1所示。

表1 研究的问题、方法与创新

阶段	先行试点阶段 2010—2015年	实践建构阶段 2015—2016年	实践建构阶段 2016—2017年	推广应用阶段 2017年至今
问题	现实问题：对"小初衔接"的现状缺乏了解，"三学会"评选暴露假期教育"真空" 研究问题：衔接不畅主要表现及成因；集团化办学能否作为衔接教育突破口	现实问题："小初衔接"教育基础研究较为薄弱，缺乏衔接的教育理念和机制 研究问题：适切的衔接理念的确立；科学的衔接机制的构建	现实问题："小初衔接"教育缺少针对性方法、举措和载体 研究问题：衔接教育实施框架构建；衔接教育工具研发	现实问题："小初衔接"教育成果推广不够，缺乏指导意见 研究问题：成果的推广应用；普适性指导意见的研制
方法	1. 系统调研衔接教育现状 2. 梳理衔接不畅主要问题 3. 研制衔接教育试行方案	1. 深入研究衔接教育文献 2. 全面分析学校衔接实践 3. 科学谋划衔接教育方略	1. 构建"小初衔接"教育可视化路径 2. 研制系列"口袋"工具 3. 建设衔接教育资源库	1. 进行成果应用的实证检验 2. 引进第三方评估，完善过程治理 3. 出台衔接教育实践指导意见
创新	1. "坚持儿童本位，让学生成为衔接主体"，体现衔接观点创新 2. 通过"义务教育改革项目"引动衔接教育变革，体现研究方法创新	1. "全面质量观"引领衔接教育凸显全面性、全程性和全体性 2. 创生"学段贯通·课程融合·各方协同"衔接方式，体现理念创新	1. "坚持双向奔赴，让衔接路径可视化"，体现实践操作创新 2. 研发口袋工具和系列资源，促进认识和研究深化	1. "坚持系统推进，让分段教育一体化"，体现机制创新 2. 衔接教育实践指导意见体现应用的普适性

项目组历经先行试点、实践建构和推广应用三个阶段，进行了12年的理论研究与实践探索。

1. 先行试点阶段（2010年9月—2015年8月）

以启动义务教育改革项目为标志，采取调研先行、选点试行等方法，按照"发现问题—现状调研—项目引动—试点实验"的推进路线，在对"小升初"过渡期存在的问题准确把握的基础上，进行顶层设计，系统谋划下好"先手棋"。为应对小学、初中"二元分治"产生的"真空态"，遴选50所义务教育学校试行集团化办学，全面试水衔接教育；出台衔接教育试点实施方案，明确小学、初中双向、科学和有效衔接的要求，举办"从协同走向融合"高峰论坛，消解人才培养"孤岛"现象，为"小初衔接"教育提供专业引领。

（1）发现问题。2009年市教育局出台《苏州市执行"三项规定"、落实"五个严格"、保证一小时运动，全面提高教育质量实施意见》，并于2010年开展"三学会"（学会休息、学会自学、学会健体）先进学校评比活动，评选中暴露出小学毕业年级假期教育的"真空"，凸显"小初衔接"不畅的现实难题。

（2）现状调研。项目组在全市范围开展"小初衔接"教育现状调查，基于调查数据分析，发现三个突出问题：一是小学、初中两个学段之间的知识内容跨度较大，衔接内容出现"拐点"；二是小学、初中两个学段的教育方式、教学方法与教学手段明显不同，衔接方式出现"盲点"；三是小学、初中两个学段的课堂形态差异显著，衔接路径出现"堵点"。

（3）项目引动。2013年在省内率先启动义务教育改革项目，遴选50所学校试行义务教育集团化办学，把跨学段的义务教育集团化办学作为"小初衔接"教育实践的突破口，探索集团内"小初一体化"运行的方法、策略和机制。通过项目引动衔接教育变革，进行衔接教育试水。

（4）试点实验。2014年研制并落地《关于实施小初一体化衔接教育试点工作的实施方案》，从心理指导、课程教学、教师研训、评价改革和家校共育等方面提出了实施要求，全面指导各地各校"小初衔接"教育工作的开展，并于2015年4月举行"从协同走向融合"全市义务教育学校集团化办学高峰论坛。

2. 实践建构阶段（2015年8月—2017年4月）

以形成"小初衔接"教育实施操作框架为标志，采取协同创新、重点攻关等方法，按照"基础研究—开发资源—建构模型—出台方案"的技术路线，创生"学段贯通·课程融合·各方协同"衔接方式，形成"小初衔接"实施方案，明确工作总体思路、目标和主要任务，精准发力打好"组合拳"。聚焦衔接内容、方法和评价等关键问题，从心理调适、课程教学、教师研训和评价改革等方面优化策略与方法，探索应对学生成长"突变期"的方法，打破小学、初中"二元分治"形成的"封闭圈"，形成"小初衔接"教育操作框架（图1），全域推进"小初衔接"教育实践。

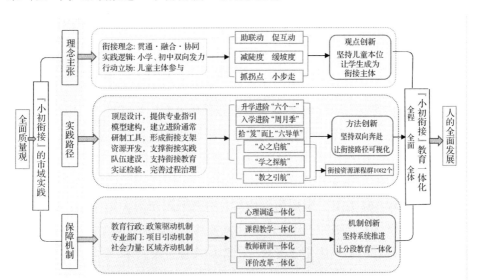

图1 "小初衔接"教育操作框架

（1）开展基础研究。系统梳理了衔接教育的相关文献，并重点研究了《中华人民共和国义务教育法》《国务院关于基础教育改革与发展的决定》（国发〔2001〕21号）和《基础教育课程改革纲要（试行）》（教基〔2001〕17号），以及《小学管理规程》（国家教育委员会令第26号）等政策文件，寻找"小初衔接"的教育学、心理学及教育生态学等理论基础，包括孔子的因材施教思想、巴班斯基的教学过程最优化理论、布卢姆的掌握学习理论、佐藤学的课堂社会形态理论、维果茨基的最近发展区理论、罗杰斯的人本主义理论等，以此确立"小初衔接"教育的理念和主张。

（2）开发课程资源。组织骨干教师开发了心理调适（含学生手册、家长手册）、学法指导（10个学科）和教学建议（10个学科）等3大系列22个资源包，并将之结集成册。主要包括以下几个方面：心理调适辅导资源——《心之启航》（正式出版），旨在帮助教师和家长准确把握不同学段学生的心理状态和发展需求，科学指导学生调整情绪和状态；学习方法指导资源——《学之探航》，帮助学生在实践中体验不同学段在学习特点、学习方法和思维习惯上的不同，实现知识和方法的"全景式"储备，顺利度过衔接过渡期；教学建议引导资源——《教之引航》，帮助教师理解衔接教学的要求，从课程内部统筹走向课程综合化实施。开发了1 082个衔接教育"桥梁"课程（含线上课程），形成课程群。所有课程围绕核心素养来架构，为每一位学生提供进阶学习的资源。线上课程资源由"导学稿""在线直播""课后评估""课程答疑""我要评价"等模块组成，指导每一个学生自主选择、自主学习、自主管理。全面配套的资源成为"小初衔接"教育实践的有力支撑载体。

（3）建构实践模型。构建小学"升学六个一""恳谈会"和初中"入学周""入学月""入学季"等衔接教育实践操作模型，并研制"'小初衔接'：拾'笈'而上"6大任务群及活动导单，实现"小初衔接"教育实践路径的可视化。"减陡度，缓坡度"让学生逐步"亲近"初中生活，"抓拐点，小步走"让学生有平滑的进阶通道。

（4）出台实施方案。聚焦衔接内容、方法和评价等关键问题，从心理调适、课程教学、教师研训、评价改革和家校共育等方面优化衔接策略与方法，出台《关于开展小初一体化衔接教育工作的实施方案》和《关于常态化开展"小初联合教研"的方案》，构建并形成衔接教育实践操作框架。

3. 推广应用阶段（2017年5月至今）

以成果被市政府纳入《历史文化名城保护提升总体方案》为标志，采取循证实践、评价激励等方法，按照"建设基地—出台意见—实证检验—推广应用"实践路线，建立第三方评价机制，全面检视推广实践成效，科学治理打好"主动仗"，出台《关于进一步推进小初衔接教育实践的指导意见》，为"小初衔接"教育提供普适性的方法指导。

（1）建设融合实践基地。2018年研制并出台《教科研融合建设基地实施方案》，涵盖决策咨询、教学研究、教师研训、质量监测、课程教学和评价改革等六大工程，建成10个融合建设基地，实现"小初衔接"的目标贯通、内容对接和过程融合。贯通，是指厘清学段教学目标，实现教学目标与教学内容序列化；对接，是指梳理必备知识、方法与能力，实现学生知识与能力结构化；融合，是指从知识能力、态度方法、情感心理等"全面育人"维度打通空间、融通标准，体现教、学、评的一致性。

（2）出台实践指导意见。2021年制定并出台《关于进一步推进小初衔接教育实践的指导意见》，按照"专业引领，科研支撑，统筹规划，分步推进"的工作思路，在全市全面推广"小初衔接"教育。研制涵盖全学科的衔接教育实施建议，进一步明确"小初衔接"的教育内容选择、教育方法选用、教育资源开发及教育评价建议，定期推出"'小初衔接'教学设计及课例分析"

案例集，为全市小学、初中教师教学方式、方法的有效融通和有机统一提供参照样本。

（3）全面检视实践成效。开展实证研究，实施过程治理，深入各衔接教育联盟校，通过全面观课议课，客观评估衔接教育成效。依据项目实施要求，对"小初衔接"教育实践区域开展问卷调查，共收回有效问卷42 026份。问卷共设计28道题，涉及基本信息、学生交往、师生关系、学习心理、方式认同、学习习惯等方面。引进第三方对学生的"幸福感""学习动力""学习方式""教学方式""学习负担""师生交往"等指标进行评估，全面检视应用成效。在评估基础上，命名5个示范区和50个示范校。同时，每学期在全市范围开展研讨展示活动，推介有借鉴价值、可有效复制的衔接教育典范，推出了一大批精品案例。

（4）全域推广实践成果。在市域范围全覆盖推广与使用，并辐射至省内外多个地区与学校。2021年6月，"衔接教育"纳入市政府出台的《历史文化名城教育医疗高地工作方案》，彰显了项目的决策咨询服务功能和为群众办实事的社会效益。

三、成果的主要内容

以全面质量观为引领，着力于"小初衔接"教育实践的方案顶层设计、资源系统开发和机制科学构建，取得如下成果。

1. 提出了衔接理念，形成衔接操作框架

突破以往学段隔离局限和单一知识训练倾向，基于学段差异与发展差异，提出"贯通·融合·协同"的基本理念，并以小初"双向协同发力"为实践逻辑，以"儿童主体参与"为行动立场，体现育人过程全程性、衔接内容全面性和教育力量全体性，形成"小初衔接"教育操作框架。

2. 创生了衔接方式，明确衔接教育思路

出台《关于开展小初一体化衔接教育工作的实施方案》等6个市域实施意见，建成10个"小初融合"建设基地，从"小初衔接"教育的内容设计、课程教学、资源开发、机制构建4个方面，创生了"学段贯通·课程融合·各方协同"的衔接方式，探索出一条"区域联动、校际互动、家校社齐动"的小初衔接教育之路。

3. 研制了衔接支架，建设衔接实践载体

构建小学"升学六个一"和初中"入学周月季"衔接操作模型（图2）。研发小升初系列"口袋"工具，形成"'小初衔接'：拾'笈'而上"6大任务群及活动导单，包括"成长变化我悦纳""升学进阶我呵护""衔接教育共成长"3个系列，明确学生、教师和家长3类人群分别在小学毕业和初中入学两个阶段各应做的9件事，支持师生和家长进阶实践。研制涵盖全学科的衔接教学实施建议，为"小初衔接"教育实践提供定制菜单。自主研制的操作模型、系列工具、任务导单、定制菜单成为"小初衔接"教育实践的支撑载体。

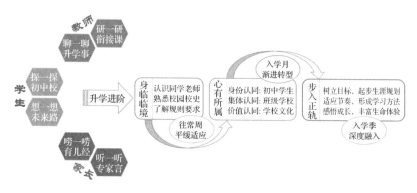

图2 "小初衔接"操作模型

4. 开发了衔接资源，保障衔接教育实施

从心理调适、课程教学、教师研训和评价改革等维度，建成服务学生、家长、教师的"小初衔接"教育资源库，含"心之启航""学之探航""教之引航"等1 082个"小初衔接""桥梁"课程。通过"线上+线下""专题+渗透""点+面"等形式，帮助教师和家长准确把握不同学段学生的心理状态和发展需求，指导情绪状态调整和课程教学管理，让衔接教育有章可循。

5. 培养了衔接师资，提供衔接智力支持

组建"小初衔接教育联盟"，形成"1+1""1+N""N+N"等多形式教师发展共同体，构建了"小初衔接"的跨区域、区域内、校际和名师共同体等多层联动研训机制，建成了一支适应学生发展变化的教师队伍，开发了1 487份衔接教育案例，使课程教学的融合性得以不断改善。

6. 构建了衔接机制，促进衔接常态运行

以整体系统的思维构建教育行政为主体的政策驱动机制、专业部门为主

体的项目引动机制和社会力量为主体的区域齐动机制，推动学校、家庭、社会及各级教育行政部门和教科研专业部门在"小初衔接"教育中主动作为，保障"小初衔接"教育在心理调适、课程教学、教师研训及评价改革等方面的一体化常态运行。

主张的确立、思路的明晰、框架的构建、资源的保障、师资的培养及机制的跟进，让"小初衔接"教育从认识走向行动，形成了"上下贯通、有机衔接、相互协调、科学有序、质量保证"的衔接教育模式，呈现义务教育一体化发展的实践样态。

四、效果与反思

成果形成过程中，通过基础研究提出衔接理念和创生衔接方式，体现观点创新；经过实践探索形成可视化衔接路径和提供实践载体，体现方法创新；基于评估检验提出指导意见和构建一体化运行机制，体现机制创新。

成果涉及"小初衔接"的心理调适、课程教学、教师研训和评价改革等多个方面，突出专业引领，注重操作指导，强化工具应用，可以为"小升初"学生尽快适应和过一种幸福、完整的生活提供有力支撑；成果以学习、心理指导和各学科教学建议为基础，通过组建教学联盟和实践共同体、组织各类教研与培训活动，可以有效提升教师专业水平和衔接教育实施能力，为助力"双减"落地提供策略和方法支持，促进基础教育高质量发展。

成果适用范围广泛。从群体来看，可以为区域、学校、教师开展衔接教育提供专业支持；从学段来看，不仅对"小初衔接"，而且对"幼小"及"初高衔接"也具有借鉴意义和参照价值。成果在全市范围进行了广泛的实践检验，并辐射江苏常州和宿迁、浙江台州、陕西西安、山东青岛、贵州铜仁等地教研部门和学校。研发的衔接教育资源和工具使用满意率达98.5%。

成果应用效果具体表现在以下四个方面。

1. 学生成长适应性明显提高

研发的各类衔接教育资源及"口袋"工具成为学生成长"伴手礼"和家长教师"好助手"。2017年起的第三方评估数据显示，学生主观幸福感指数持续攀升；2021年全市"小初衔接"专项调查显示，95.7%的学生进入中学后很快适应，94.15%的初一学生人际交往顺畅，较前几年均上升近10个百分点。

2. 课程教学融合性不断改善

开发的 1 082 个衔接课程，观课累计达 3 100 万人次，带动了义务教育段教师衔接教育理念和教育观念的转变，义务教育教学质量明显提升。以某区初一年级为例，在近 5 年市质量监测中，其主要学科学业质量逐年上升，至 2021 年已超市平均分 6 分左右；学生的心理健康、学习品质（兴趣、习惯、方法）、人际关系（师生关系、同伴关系）及教学支持等综合指标也明显向好。

3. 学段之间贯通性显著增强

构建的"小初衔接"机制，实现了义务教育一体化运行，解决了"小升初"学生发展的连续性和进阶性问题，助推了学校育人方式转型和整体育人质量提升。截至 2021 年，全市跨学段教育集团达 42 个，较 2017 年增长 425%，以学段贯通为指向的义务教育集团化办学基本实现全覆盖。通过课堂教学考察，能胜任小学初中双学段教育教学工作的教师逐年增加。

4. 项目成果影响力持续扩大

本成果契合《义务教育课程方案（2022 年版）》"注重学段衔接"的要求，体现了项目组的前瞻意识和教育自觉。《中国教育报》头版头条做《传好"接力棒" 育人添新彩》专题报道，中国教育新闻网全文转载。江苏省教育厅举办"为高质量发展而教"全省基础教育课程教学改革"小初衔接"专场展示活动，并从 5 个视角在《江苏教育》期刊上以《小初衔接教育实践的"苏州样本"》为专题全面推介成果，专家一致赞誉是"主动破解制约教育事业发展体制机制障碍的生动体现"。成果被市政府纳入《历史文化名城教育医疗高地工作方案》。出版系统研究"小初衔接"教育的专著《全面质量观引领的"小初衔接"苏州实践》，219 篇专题文章发表于《人民教育》《中小学管理》等学术期刊上。

"全面质量观引领的小初衔接市域实践"虽已取得系列成果并产生积极影响，但项目组深知，这只是众多衔接教育实践中的一种探索，有待进一步改进和完善。《义务教育课程标准（2022 年版）》已经颁布，"双减"政策持续推进，这些无疑是项目深化研究与实践的政策依据和行动指南。"苔花如米小，也学牡丹开"，项目组将持续深入研究"小初衔接"教育，并探索"幼小"和"初高衔接"教育，努力为教育高质量发展做出贡献。

（该成果 2021 年获江苏省基础教育教学成果奖特等奖）

为高质量教育而研

——苏州市基础教育教学研究成果选编

(中册)

主编 丁 杰

苏州大学出版社

图书在版编目(CIP)数据

为高质量教育而研：苏州市基础教育教学研究成果选编. 中册 / 丁杰主编. --苏州：苏州大学出版社，2023.4
 ISBN 978-7-5672-4360-6

Ⅰ.①为… Ⅱ.①丁… Ⅲ.①基础教育-教学研究-苏州-文集 Ⅳ.①G632.0-53

中国国家版本馆 CIP 数据核字(2023)第 071534 号

书　　名：为高质量教育而研
　　　　——苏州市基础教育教学研究成果选编(中册)
　　　　Wei Gaozhiliang Jiaoyu Er Yan
　　　　——Suzhou Shi Jichu Jiaoyu Jiaoxue Yanjiu Chengguo Xuanbian(Zhongce)
主　　编：丁　杰
责任编辑：金莉莉
美术编辑：刘　俊
出版发行：苏州大学出版社(Soochow University Press)
出 版 人：盛惠良
社　　址：苏州市十梓街1号　邮编：215006
印　　装：苏州工业园区美柯乐制版印务有限责任公司
网　　址：www.sudapress.com
邮　　箱：sdcbs@suda.edu.cn
邮购热线：0512-67480030
开　　本：700 mm×1 000 mm　1/16　印张：29.75(共三册)　字数：504千
版　　次：2023年4月第1版
印　　次：2023年4月第1次印刷
书　　号：ISBN 978-7-5672-4360-6
定　　价：118.00元(共三册)

凡购本社图书发现印装错误，请与本社联系调换。
服务热线：0512-67481020

本书编委会

主　任　丁　杰
副主任　孙朝仁　徐　蕾
成　员　(以姓氏笔画为序)
　　　　水菊芳　杨建清　杨原明
　　　　吴新建　陈　丹　金　鹏
　　　　洪　越　秦春勇　殷容仪
　　　　惠　兰

前 言

苏州教育源远流长。三千多年前,泰伯奔吴,带来了中原先进的文化。孔子七十二贤弟子之一的言偃,明确了"经世致用"的教育宗旨,倡导"有教无类"的全民教育。到宋元明清,苏州教育更是名家辈出,提炼出诸多至今仍有生命力的教学法。在近现代,也涌现出一大批有影响力的教育名流。如叶圣陶倡导理论与实践结合,在教育目的、教育方法、教育途径等方面提出了诸多开创性的理论主张,其中,"教是为了达到不需要教"的教育主张,更是我国教育思想宝库中的一颗明珠。

苏州先贤的教育思想,在苏州这片土地上嫁接繁衍,进行本土化改造和时代性改良,不断向前发展,呈现出"厚重与灵动、精致与质朴、崇文与实用、乡土与世界、传承与创新"等"苏式"教育"双面绣"特征。苏州教育发展到现在,无论是在教育思想、教育主张,还是在教育环境、教育管理等方面,都呈现出时代特色和区域特征。特别是近年来,更是涌现出一大批"苏式"教育代表性人物和教育改革主张,同时,一批具有能复制、可推广、好应用等特征的教育教学及研究成果也不断形成。

近年来,苏州市教育科研在省级及以上的各类成果评审中,无论是获奖成果的质量还是数量,都排在全省前列。仅以"基础教育教学成果奖""教育研究成果奖""教育科研优秀成果奖"为例,共有204项成果获奖。其中,在2018年国家级基础教育教学成果奖评审中,获得1项一等奖、10项二等奖;在2017年江苏省基础教育教学成果奖评审中,获得8项特等奖、17项一等奖、26项二等奖;在2021年江苏省基础教育教学成果奖评审中,获得5项特等奖、20项一等奖、31项二等奖。在2016年江苏省教育研究成果奖评审中,获得1项一等奖、5项二等奖、4项三等奖;在2018年江苏省教育研究成果奖评审中,获得2项一等奖、5项二等奖、4项三等奖;在2021年江苏省教育研究成果奖评审中，获得1项一等奖、2项二等奖、3项三等奖。在2016年江苏省第四届教育科研优秀成果奖评审中，获得1项一等奖、10项二等奖、18项三等奖；在2020年江苏省第五届教育科研优秀成果奖评审中，获得3项特等奖、6项一等奖、21项二等奖。

费尔巴哈曾说："理论所不能解决的那些疑难，实践会给你解决。"为了呈现获奖成果的探索与实践历程，推广全市优秀教学与研究成果，激发广大教师从事教育科研的积极性、创造性，全面提升一线教师教育科研的素质，特精心选编了这套《为高质量教育而研——苏州市基础教育教学研究成果选编》（上、中、下共3册）。它体现了实践者的求真和向善、研究者的自信和睿智。实践是思想的体现，本成果选编的魅力在于使我们真切地感受到教育科研的规律源于实践探索，它集中体现了五大特点：

其一，鲜明的主张。理论是灰色的，但生命之树常青。鲜明的主张，鲜活的行动理念，才是科研的生命力所在。因此，该书所有的成果项目均呈现了研究者实践、反思、再实践、再反思的思维火花反复撞击的过程，形成鲜明而具有个性化的教育教学主张。

其二，严密的学理。一般来说，对实践性取向特别明显的一线教育工作者而言，其研究基本是从课堂教学的一般研究上升到理论的层面，并着力解决教育实践问题，体现一定的学理。因此，本套书所有的成果项目均体现现场意识、问题意识、谱系意识、方法意识、价值意识和理论意识，具有前瞻性的主题、系统性的内容、科学性的方法、规范性的管理等特点，值得广大教育工作者借鉴。

其三，破难的勇气。这些成果突破了一般研究的模式和羁绊，体现了研究者攻坚克难的勇气，回应了基础教育教学改革的一些问题，达到了高起点、深内涵、广辐射的基本标准。

其四，精准的提炼。杨九俊先生认为，研究成果的表达应"倡导一个基准，讲究两套功夫，把握三个角度，穿越四重境界"。诚如此，本套书的所有成果都具有独到性的深刻体验、结构化的表达意识、操作性的模型建构等特征，并从一般的经验性上升到科学性，进而个性化，直至形成"关键词"。这种精准的提炼，就是在"寻找属于自己的句子"。

其五，高远的境界。从某种意义上来说，这些成果也是一种浓缩的文化，其文化的结构、形式和互动模式，无论是对学生的素养发展还是对教师的专

业发展乃至对学校的内涵发展都起着重要作用。法国哲学家帕斯卡尔曾说："人是一根能思想的苇草。"说到底，本套书所有的成果项目都是研究者基于对教育教学的精心思考与实践探索而形成的，不仅有着丰富的内涵，而且不断以思想激活思想，以求得到高境界的共享。

品读它，可以感受到苏州市广大教师的教育教学理念和行为已发生巨大的变化，他们敢于质疑、勇于实践，发现教育教学的奥秘；品读它，可以凝望到苏州市一大批优秀的科研型校长和教师，挑灯夜读，深耕细研。"苔花如米小，也学牡丹开。"这是一种精神，更是一种令人肃然起敬的生存状态。

倚锄望，到处是青青一片。国内外许多教育家，如中国的叶圣陶、美国的桑代克等都是教师出身，他们在工作中研究，在研究中工作，探索出教育的真谛，成为教育大家，被后人敬仰。我们也有理由相信，只要我们能有"采他山之石，博众家之长"的信念、胸怀和气度，脚踏实地、坚持不懈地实践探索下去，就一定会出现具有苏州地域特色的"苏式"教育名家。

愿此成果选编能为苏州市教育科研的改革和发展鼓风聚气、凝心聚力，并以此献给各位同人，祈愿您用睿智充盈自己，用思想强大自己，用人格扮靓自己，用研究提升自己，为"苏式"教育高质量发展贡献自己的力量。

目 录

- 让幼儿的学习看得见
  ——基于幼儿学习品质提升的区域活动实践探索
  　　　　　　　　　　苏州市教育科学研究院　/ 1

- 时代性价值指向的高中历史教学建构与实践
  　　　　　　　　　　吴江区教育科学研究室　/ 13

- 全语文教育课程的建构与实践
  　　　　　　　　　　　　　　昆山市兵希中学　/ 24

- 核心问题统领的小学数学教学
  　　　　　　　　　　太仓市高新区第二小学　/ 32

- "衔接、进阶、融通"视域下的物理活动情境研发与实践成果报告
  　　　　　　　　　　　　苏州市振华中学校　/ 45

- 全人理念下基于主题图谱的综合实践活动范式研究
  　　　　　　　　　苏州市吴江区程开甲小学　/ 56

- 高中体验性艺术课程的实践创新
  　　　　　　　　　　　　苏州市第六中学校　/ 66

- 新书院：一所百年小学育人模式创新的"市道经验"
  　　　　　　　　　　　昆山市培本实验小学　/ 76

- 跨界课堂：普通高中培育跨学科素养的十年探索
  　　　　　　　　　　　　　　　常熟市中学　/ 91

- "活泼泼地"：普通高中育人方式变革的震泽探索
  江苏省震泽中学 / 106

- 医教结合促进残障儿童综合康复的实践研究
  常熟市特殊教育学校 / 115

- 童心语文：让语文学习更好玩
  ——游戏精神理念下儿童语文学习的实践与研究
  常熟市石梅小学 / 124

- "科学取向"教学理论在小学语文教学中的市土化实践与探索
  苏州市实验小学校　苏州科技大学 / 130

- 小学语文互动场的范式建构与区域推进实践研究
  太仓市城厢镇第一小学 / 141

- HPM视域下小学数学教学实践研究及范式建构
  张家港市崇真小学 / 151

- 基于高中生物学学具开发推动学习方式转变的实践研究
  江苏省苏州第一中学校 / 158

- 优化高中生物实验教学的实践研究
  苏州工业园区第二高级中学 / 166

- 与教师共同成长的教学研究方式探究
  苏州工业园区星海实验中学 / 172

让幼儿的学习看得见
——基于幼儿学习品质提升的区域活动实践探索
苏州市教育科学研究院

（成果主要完成人：戈柔 陆叶珍 庞剑敏）

一、成果的研究背景、要解决的实践问题及解决途径

（一）研究背景

1. 支持幼儿学习与发展是幼儿园课程改革的现实所需

幼儿园教育质量是幼儿园教育系统中的各要素对儿童学习和发展的支持和促进程度。2012年教育部颁发的《3—6岁儿童学习与发展指南》（以下简称《指南》）中明确提出支持幼儿的主动学习，促进幼儿的发展。2014年我省推进幼儿园课程游戏化，始终强调以儿童为本，关注现实生活，注重游戏精神，倡导主动学习。

2. 对幼儿学习状态与成效的关注与研究是优化区域活动的起点和终点

区域活动是幼儿园一日活动的一种重要活动形式，是满足幼儿自主选择、自由探索、自我发现、主动学习、不断建构关键经验的有效途径。我省课程游戏化实施要求明确指出，以尊重幼儿兴趣爱好、激发幼儿自主活动为宗旨，根据课程实施进展情况，创建数量充足、种类多样、材料丰富、与幼儿发展相适宜的游戏区域，区域活动中教师注重观察，适当介入，有效指导，为幼儿自主学习、主动发展提供保障。

（二）所要解决的实践问题

幼儿园的区域活动，对幼儿游戏经验积累、操作技能提升、思维能力发展、学习品质培养等方面缺乏有效支持，因此，需要进一步深入探析幼儿有效学习的行为特征。围绕对幼儿学习过程的观察和解读，对区域活动问题情境的创设、环境和材料的提供、幼儿活动的支持策略等关键要素进行深入探

索，努力实现幼儿在游戏中主动、有效地学习，提升学习品质。

如何优化环境和材料，解决环境创设轻幼儿立场、轻课程价值的现象？如何观察和识别幼儿学习，改变教师观察目的不明确、分析不专业的现状？如何有效互动和回应，解决教师回应时机不妥、方法不佳、评价内容单一、方法主观等问题？思考与解决这些问题，对支持幼儿学习和提升幼儿学习品质具有重要意义。

(三) 解决问题的过程与方法

1. 组建队伍，学习理论（2012年1月—2012年12月）

(1) 确定研究领衔园（2所）、基地园（11所）和小、中、大班教师（104名）。

(2) 学习理论，了解幼儿学习特点。明确区域活动能促进幼儿有意义学习。

(3) 初步研制《班级环境评估量表》（第一稿）和《幼儿学习品质评估量表》（第一稿）。

2. 明确问题，规划路径（2013年1月—2013年6月）

(1) 通过调查访谈、环境评估等方式，了解区域活动实施的现状，分析存在的问题。

(2) 立足问题，规划路径：基于幼儿视角，优化区域环境；基于经验生长，建构适宜的内容；基于幼儿学习，进行有效支持；基于幼儿学习品质，形成过程性评价。

3. 改进实践，反思优化（2013年7月—2015年6月）

(1) 优化区域环境布局，形成橱柜配置建议表，创设开放性材料资源库，制定环境互动规则等，完善《班级环境评估量表》（第二稿）。

(2) 对照《指南》目标，梳理各年龄各主题各区域幼儿发展的关键经验，师幼共同建构适宜的活动内容。

(3) 采用各类观察记录量表，为幼儿制订个案跟踪的动态观察计划。

(4) 分析幼儿学习行为，优化回应策略，完善《幼儿学习品质评估量表》（第二稿）。

4. 点面结合，全园推进（2015年7月—2017年6月）

(1) 从领衔班典型示范到全园跟进，持续优化活动场、材料库及支持策略。

（2）梳理和提炼实践经验：汇编了《解码：活动案例》《视角：研究个案》《拾贝：环境案例》《灼见：论文随笔》；在省级核心期刊上发表了论文24篇。

5. **提炼策略，推广辐射（2017年7月—2022年7月）**

（1）从基地园到联盟园、结对园、帮扶园，从园所到片区到大市，逐层推广。

（2）梳理了成果并出版了专著《让幼儿的学习看得见——班级区域活动的实施策略》《区域活动精选300例》。全国征订数量达到5 000册，并根据需求进行再版，推广至江苏、浙江、安徽、云南、湖北等省。

（四）解决问题的途径

1. **依托多种形式，提升本成果研究的深度和广度**

一方面，课题引领。依托江苏省教育科学规划"十三五"立项课题"基于幼儿核心素养提升的区域活动实践研究"、"十三五"滚动课题"区域活动支持幼儿深度学习的实践研究"、苏州市教育科学"十三五"重点课题"基于区域活动的幼儿发展评价实践研究"，以课题引领研究，提升研究的深度。

另一方面，研孵合一。研究覆盖大市范围内多个地方，采用"基地园领衔研究—梳理提炼经验—研究项目孵化—区县观摩推广—大市资源共享"五步走模式，集研训与培孵于一体，提升研究的广度。

2. **创新研究路径，保障本成果研究的有序和有效**

第一，形成"雁阵领跑，逐层生长"的共生路径。"领衔园—基地园—孵化园（联盟园、结对园、帮扶园）"，"区县—大市—全省"，由点及面，形成"雁阵领跑，逐层生长"的实践研究路径。

第二，形成"循环迭代，制度保障"的管理模式。确立"审议—实践—反思—再实践"的研究思路，形成"学习与反思并行、行动与优化并举、研究与验证并进、实践与应用并重"的制度，切实保障研究的有序、有效。

3. **实现多元架构，提高本成果应用的价值和效度**

第一，创新组织架构。形成省学前教育戈柔名师工作室、省市乡村骨干培育站、市名师共同体、区域联盟等分类分级的组织架构，推进实践与应用。

第二，搭建研究平台。通过团队研究、基地实践、项目引领、研究孵化、骨干培育、区域辐射等多种形式，搭建省市各类平台，提升研究和推广的效度。

二、成果的主要内容及创新特点

（一）成果的主要内容

本成果依托江苏省规划课题、省名师工作室领衔项目、苏州姑苏领军人才资助项目，聚焦幼儿园班级区域，优化区域活动环境，建构区域活动内容，通过"关注、识别、回应"策略，提升幼儿学习品质，促进幼儿有意义学习。通过十年的探索与实践，产生了良好的示范带动效应。区域活动学习路径见图1。

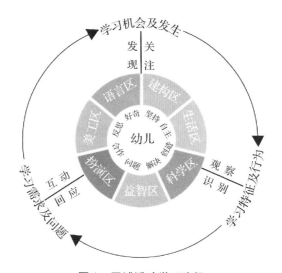

图1 区域活动学习路径

第一，优化学习区域。适宜的区域环境能引导、激发幼儿产生积极的探究行为。本成果以《指南》为目标，以幼儿发展的关键经验为视角，创设并优化7个学习区域（语言区、益智区、建构区、美工区、科学区、生活区、扮演区），给幼儿提供自由选择、自主探究、自我学习的机会。7个学习区域既相对独立又内在联系，空间规划充分考虑班级的空间资源及区域特点，遵循"自然适宜、动静分离、通道流畅、灵活可变"原则，因地制宜，合理规划。材料提供体现开放性、探究性、层次性、操作性和动态性，随时调整，满足幼儿的学习需要，帮助幼儿获得学习经验。

第二，形成过程性评价。幼儿作为学习的主体，有自己的学习特点。本成果凸显幼儿学习的主体地位，关注幼儿学习的积极性、主动性、创造性。

一是创设环境,给幼儿提供学习的机会,"发现关注"幼儿学习的发生;二是"观察识别"幼儿学习的特征和行为,理解幼儿学习的过程;三是"互动回应"幼儿学习的需求和存在的问题,支持幼儿有意义的学习。通过"关注、识别、回应"策略,形成过程性评价,并分析诸多影响幼儿学习的因素(环境、材料、教师、同伴等),为幼儿制订个性化的学习计划。本成果探究并形成"环境创设、材料提供、观察指导、师幼互动、多元评价"等方面的具体行动策略,使每个幼儿在原有水平的基础上获得更好的发展。

第三,提升幼儿学习品质。幼儿是积极、主动的学习者。幼儿学习是幼儿在与周围环境互动的过程中,根据自己的学习兴趣,通过直接感知、实际操作和亲身体验的方式主动参与,从而建构和迁移经验,解决问题。幼儿学习的特征主要是具有自我学习的动力,呈现多样的学习方式,有高阶思维的参与,积极、主动地建构,关注实际问题的解决。由此,本成果遵循幼儿的身心发展规律和学习特点,尊重每个幼儿在学习过程中不同的学习倾向和学习能力,有效支持,提升幼儿的学习品质(图2)。

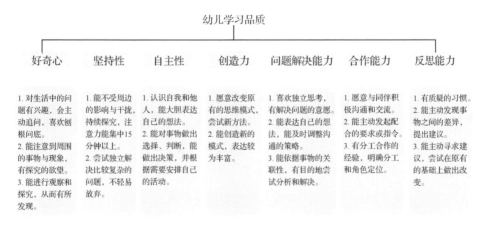

图 2　幼儿学习品质

(二)成果的创新特点

1. 创设开放、互动的学习环境,为幼儿学习的发生提供机会

形成区域环境创设理念:体现幼儿立场开放、互动理念。基于幼儿立场,创设学习空间,营造学习氛围,满足幼儿的学习需求,发挥环境的互动功能,让幼儿与环境产生互动,促进有意义学习的发生。

优化区域环境创设策略:开放的时间、空间是支持幼儿学习的条件和保障；丰富、适宜的游戏材料易于激发幼儿学习的兴趣；有效的互动规则促进幼儿与环境充分互动。如大班主题活动"丰收的秋天"美工区环境的创设（表1）。

表1 大班主题活动"丰收的秋天"美工区环境创设

设施		材料		互动
橱柜类	二层柜、三层柜	自然类材料	石头、树叶、树枝、干花、松果、种子、芦苇、菖蒲、干果壳	1. 师幼共同创设秋日意境，教师鼓励幼儿围绕秋天展开想象与创作。 2. 师幼共同收集材料，定期进行材料的整理、归类和统计。 3. 师幼商讨材料适宜存放的地方，教师鼓励幼儿用图文并茂的标识来标记容器。 4. 教师引导幼儿在环境中展示商议后制定的操作规则。 5. 师幼共同商讨和布置作品展示的地方、展示的形式。 6. 师幼个别交流，教师以文字或录音的方式记录下幼儿对作品的介绍。 7. 教师引导幼儿交流作品，并进行自评和互评。
展示类	展示架、展示桌	生活类材料	瓶瓶罐罐、纸盒、纸筒芯、纱巾	
操作类	小方桌、小椅子、小画板	工具类材料	花边剪刀、胶水棒、水桶、蜡笔、彩笔、水粉刷、拓印模子	
视听设备	iPad、耳机、录音笔	视听类材料	秋日名画作品《金色的秋天》《麦田与收割者》《白杨树》等，秋日轻音乐《秋之歌》《秋天的色彩》《小夜曲》等	

研制《区域环境评估量表》：从空间、区域、互动三大维度出发，形成"室内空间、角落规划、设施设备、幼儿相关展示、材料类型及数量、收集分类、操作规则"等28项评价指标，并对设施、材料、互动等方面提出优化建议。

2. 建构适宜的活动内容，为幼儿经验建构提供载体

对照《指南》目标，梳理幼儿发展的关键经验，师幼共同建构适宜的活动内容。以支持幼儿学习为指向，以幼儿兴趣需要为生长点，通过材料、问题、经验等线索引发和生成内容，并关注内容材料与幼儿经验的关系，体现平衡性、适宜性和挑战性，促进幼儿主动建构并获得有益的新经验。

强调幼儿作为主动学习者建构经验的全面过程。活动前，注重审议，梳理区域关键经验，从幼儿经验生长出发，形成与幼儿发展水平相适应的区域内容，增强活动的有效性；活动中，着重观察，敏锐把握幼儿的兴趣需要，适时开发和利用资源，调整内容，生成新的探究点，引发新经验；活动后，有效反思，整理区域内容的典型案例，从多维度呈现师幼共同建构区域内容的全过程。建立开放、动态的资源库，使各类资源有效整合，发挥最大的功能和价值，为区域活动的实施提供有力保证。

3. 建立动态的观察和评价模式，为优化支持策略提供依据

区域活动为幼儿发展评价提供了真实、自然、丰富、生态的学习情境。为突破教师"观察随意，分析割裂"问题，以区域活动为载体，坚持"客观性、科学性、过程性、个别性"观察评价原则，建立以持续跟踪过程为导向的动态观察和评价模式。为幼儿制订个性化的观察计划，探究多样化的观察方法，分析诸多的影响因素（环境、材料、教师、同伴等），在持续的跟踪观察与反思中形成客观、动态的评价，理解幼儿学习的整体性和连续性，为进一步支持幼儿学习提供依据，如表2中的幼儿个案观察。

（1）建立观察与评价指标：多层面、多维度呈现幼儿全面、立体的发展。

（2）制定观察和评价方法：制定行为观察、成长档案、作品分析、个案持续追踪观察等多种有效的观察和评价方法。

（3）形成动态的评价模式：观察和分析幼儿区域活动片段或连续情景，对幼儿行为进行全面、客观、动态的评价，为对每个幼儿的适宜指导提供依据。

表2　幼儿个案观察

观察对象：琪琪（女，5岁2个月）		
场景	方法	记录分析
科学区	实况详录法	琪琪用黄色小棒首尾相接，完成了钢琴高度的测量。
语言区	时间取样法	专注（6次），走神（1次），发呆（0次），摆弄（0次），讲话（1次），打闹（2次）。琪琪能逐页翻书，不受同伴的干扰，并能细致地观察画面。
建构区	事件取样法	琪琪有初步合作的意愿，能主动表达自己的观点和看法。
益智区	等级评定法	琪琪想出新的玩法（有时）；会把自己的发现记录下来（经常）；遇到困难或问题时会求助同伴（很少）……
扮演区	检核表	明确角色的职责，装扮体现角色特征√ 情节发展尚可，能模仿一些角色的行为√ 兴趣较浓，持续时长5—10分钟√

4. 形成积极、有效的回应策略，为提升幼儿学习品质提供支持

教师作为幼儿发展的"重要他人"，能充分尊重幼儿，尊重幼儿的不同智力水平，尊重幼儿的认知方式，尊重幼儿的成长规律。教师基于"建立关系—积极互动"理念，与幼儿建立良好的师幼关系，进行积极、有质量、有意识的师幼互动，并形成积极、有效的回应策略（问题引导、材料支持、镜面描述、师幼对话等）。以观察幼儿的行为为前提，以识别幼儿的行为为基础，以回应幼儿的行为为指向，在理解幼儿的前提下支持幼儿学习。教师将注意力从关注自身的教育行为转变为关注幼儿的学习体验，相信幼儿是积极、主动的学习者，在遵循幼儿的身心发展规律和理解幼儿的学习方式的基础上，提升幼儿的学习品质。如大班科学区教师回应支持策略（图3）。

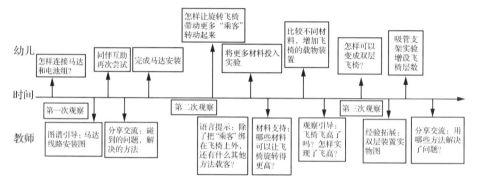

图3　大班科学区教师回应支持策略

三、成果的应用及其成效

本成果坚持"研孵合一，同频共振"的原则，在研究的同时引领辐射和推广应用。

（一）提升幼儿学习品质，促进幼儿可持续发展

本研究基于幼儿视角，立足幼儿的学习品质，关注幼儿好奇心、坚持性、自主性、创造力、问题解决能力、合作能力、反思能力，充分理解和尊重幼儿发展过程中的个别差异，强调幼儿作为主动学习者建构经验。实践中，基于个体的连续观察、评估和大量实例，都反映出幼儿在各项活动中积极的态度和良好的行为倾向，如认真、专注、不怕困难、会解决问题、敢于探究和尝试、乐于想象和创造等。在幼小衔接的追踪评估中，95%的反馈为"幼儿自主能力强，会解决问题""兴趣广泛，喜欢探究""积极主动，愿意合作和分享"等。幼儿在活动中展示出的良好素养，获得了专家、教师、家长的一致肯定和高度认可，更为幼儿的后继学习和终身发展奠定了良好的基础。幼

儿学习品质评估（以"坚持性"为例）见表3。

表3　幼儿学习品质评估（以"坚持性"为例）

对象：陌陌（男，4岁6个月）				场景：建构区			
项目分值/分	1	2	3	4	5	6	7
坚持性	专注力	容易受干扰，2分钟就换区	在提醒下持续搭建5分钟左右		专注搭10分钟左右，不受任何影响和干扰		做好计划，按步骤完成，持续20分钟以上
	忍耐力	挑战7层垒高，失败后即刻放弃	能接受同伴的帮助，有战胜困难的意愿		尝试多种方法，解决屋檐不稳定的问题		反复研究多边形屋顶的搭建，尝试独立解决问题
观察日期	3月18日		4月12日		5月16日		6月20日

（二）优化师幼互动策略，提高师幼互动质量

本成果研究和实践的过程，也是教师教育理念优化、专业能力不断提升的过程。理念上，改变以往以师本位为主，自上而下的教育观、儿童观、课程观；行为上，形成良好的师幼关系，支持幼儿学习并获得新经验、新发展；方法上，采用启发、引导和鼓励的方式，让幼儿在自由自主、愉悦创造的过程中获得全面、和谐的发展。班级师幼互动观察汇总见图4。

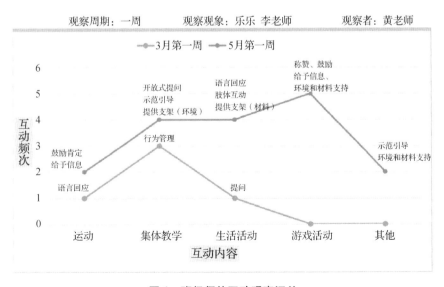

图4　班级师幼互动观察汇总

根据对教师教育行为观察及相关成果分析，教师的教育理念和行为发生了积极的变化。从忽视师幼关系到83.6%的教师重视师幼关系，师幼互动方式和策略都得到了明显提升。从理念到行为，教师真正理解了环境创设者、材料提供者、活动引导者、共同学习者、观察记录者、发展评价者的角色意义。

同时，研究形成的各类评价量表与观察工具，为一线教师提供了实践的范本和借鉴的依据。例如，《区域环境评估量表》的研制，有助于教师审视已有环境及材料，提升对区域环境和材料的优化能力，为教师调整和优化班级区域环境提供参考。《幼儿学习品质评估量表》的研制，帮助教师更好地评估幼儿发展水平，分析幼儿发展存在的问题，进而调整区域活动的组织和实施策略。量表为评价幼儿学习提供参考，不简单定论，无好坏之分，不一成不变。以观察到的幼儿行为特征为首要依据，真实、客观地记录与分析，并在实践中不断优化和完善。各类幼儿发展评价方法及工具包括各类观察法、作品取样法、轶事记录法等，有助于教师有针对性地进行跟进式指导，高效地促进幼儿个体更好地发展。

（三）改变传统活动方式，呈现支持幼儿学习的区域活动样态

区域活动以幼儿为主体，关注幼儿个体发展。教师尊重幼儿，给予幼儿自主选择的机会和权利，理解幼儿学习方式，为幼儿制订个性化的学习计划，构建基于幼儿立场支持幼儿学习发展的区域活动样态。自主、适宜、多样、动态的区域活动样态的呈现，对改变传统的以教为主的活动方式、丰富和优化幼儿园一日活动内容和形式，具有积极的作用。本成果形成了100个环境优化案例，梳理了300个活动创新案例。领衔人多次在亚洲幼教年会上做专题报告。领衔园作为全国人大视导活动苏州推荐的幼儿园。

（四）架构"雁阵领跑，逐层生长"路径，提高成果"同频共振"应用成效

坚持"实践—反思—验证优化"的行动研究思路，以领衔园雁阵领跑为起点，带动基地园和孵化园。每个幼儿园参与实践的反思和应用验证。以一个班一年为例：累计应用量表8份，个案跟踪观察25名幼儿，幼儿活动观察、师幼互动观察、材料使用观察等各类观察达1 200多次。在大量观察和分析的基础上，形成了大样本的应用数据，既体现成果应用的实效，也为进一

步研究提供真实、有价值的素材。

（五）构建立体多维共同体，发挥"研孵合一，引领辐射"的增值效应

研究期间，以行动研究方式引导教师在学习中思考，在实践中感悟，在反思中成长。成果促进教师团队成长，提升幼儿园课程质量，推进幼儿园优质、均衡发展，苏州市优质园比例位于全省前列。

通过领衔园、基地园、孵化园三级阶梯，省和市工作室、培育站、教研联盟等形成立体多维共同体。省内外26所联盟园、38所结对园、150所帮扶园、6 000多名教师应用，不仅研究成果得到了广泛的辐射和有效的孵化，研究思路、方法、路径也产生了很大的指导意义与借鉴价值。成果带来了一系列影响，从点到面，从显性的量变到隐性的质变，从教育行动优化到思维方式转变……建构了各类各层学习与研究共同体，优化了各区各园骨干教师的理念，进而提升幼儿园研究水平和幼儿园课程质量。这样有广度、有质量的辐射与孵化是经得起实践验证的，研究成果得到了幼儿园及一线教师的广泛好评，在全国范围产生了较大影响。

6年多来，我们收到了200多名教师观摩后写下的心得体会，以及不计其数的园长、教师的赞许与认可。很多幼儿园结合对专著《让幼儿的学习看得见——班级区域活动的实施策略》《区域活动精选300例》的学习，组织各类园本教研、专题研究、现场观摩、读书分享等系列研修活动，形成务实、有效的研究氛围，在助力教师将理念落实到行为、优化区域活动的同时，提升幼儿园园本教研的质量和效度。成果示范辐射一览表见表4。

表4　成果示范辐射一览表

团队成长					专业表达			辐射推广			
特级教师	正高级教师	姑苏教育名家领军人才	姑苏教育拔尖人才	名教师	学科带头人	成果论文	教育专著	研究案例	讲座交流	观摩交流	媒体宣传	成果征订
省级8名	市级3名		市级10名		市级、区级54名	24篇	4册	7册	200多次	400多次	300多篇	5 000册

四、对成果的反思和展望

任何一项研究都是在思考实践、再思考再实践的过程中螺旋发展的。研究有价值、有意义，注重过程、实效，这是我们一直追求的方向，也是本成果研究的原则。研究成果推广至今，有必要进行反思和展望。

目前，现阶段研究重点在班级区域活动中支持幼儿的学习和发展，下阶段进一步从室内区域活动延伸到户外区域活动和专用活动室价值的研究。

本研究建构了《区域环境评估量表》和《幼儿学习品质评估量表》，这是一项创造性的工作，我们要时刻保持辩证、批判的思维方式，下阶段还需要在理论和实践中不断完善和丰富，对幼儿学习品质还需要进一步深入研究。

（该成果获2021年江苏省基础教育教学成果奖一等奖）

时代性价值指向的高中历史教学建构与实践

吴江区教育科学研究室

（成果主要完成人：唐琴 季芳 吴伟钢 石晓健 葛家梅 张羽丰）

基于历史课程时代性要求，"时代性价值指向的高中历史教学建构与实践"以时代性价值为视点，融入正确的思想导向和价值判断，破解历史教育中"价值缺场"的难题，从价值体系、课程内容、价值转化和价值评价全面建构，推进学科育人，落实立德树人。本研究由唐琴主持，经过了17年的实践研究和应用推广。成果主体内容被立项为江苏省教育科学规划课题、江苏省基础教育前瞻性教改实验项目，获苏州市教育教学成果奖特等奖、江苏省基础教育教学成果奖一等奖。

一、问题的提出

《普通高中历史课程标准（2017年版2020年修订）》要求课程内容依据时代性和基础性原则，增强与社会进步、学术发展和学生经验的联系。国家课程把立德树人作为教育的根本目标，强调思想性和时代性，时代性原则得到丰富和发展。根据以上理念，时代性价值理应成为高中历史教学的应然取向。

（一）要解决的问题

融思想导向和价值判断的历史教学实践在当下仍然存在"价值缺场""历史失真""课堂无人"等问题（图1），主要表现在以下几个方面。

1. 价值体系碎片化

价值观教育多在公开课上，但在常态化教学时则具有随意性，缺乏连续性和整体性，不利于有序而持久地推进，导致价值观教育不能深入人心，收效甚微。

2. 课程内容偏学术化

时代性原则要求吸纳史学研究的新成果，而课堂教学却走向史料教学，无视学生已有经验和可能的价值生成，甚至出现培养小史学家的现象。表面的学术化使学生缺席、价值缺场。

3. 价值转化泛娱乐化

以娱乐历史代替思考历史，无视历史真实性的泛娱乐化实质是对历史的去价值化。教学中教师缺乏判断或者引导，教条化灌输和说教，在教学转化上呈现价值"暴力"。

4. 价值评价去生活化

当下历史教学价值观评价存在偏重教师淡化学生、偏重文本淡化实践、偏重高考淡化平时的问题。历史学科的成果多是教师对文本的研究，少有学生的实践性表现，和学生的生活相去甚远。

图1 历史教学实践现实问题

（二）对核心概念的理解和认识

历史课程的时代性表现为"体现时代气息""反映时代进步""吸取学术研究新成果""联系学生经验和生活"。一个时代有一个时代的价值，不同时代会形成与当时社会制度、意识形态相适应的价值观体系。价值取向的合理化是时代进步的重要标杆，历史学科的特性之一恰恰在于其突出的时代性价值。

对同一事件或人物，不同时代的人会有不同的看法，这取决于观念和价值标准。从历史发展的时空维度看，时代性价值包括"共时态"价值（当时代人的看法）、"昔时态"价值（后时代人的看法）、"即时态"价值（现时代人的看法）三个维度（图2）。

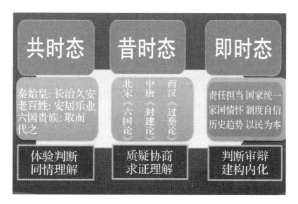

图 2　时代性价值

学习者是现代高中生，"即时态"下的时代性价值基于对现时代和社会的观照，以社会主义核心价值观为统领，充分考量历史的历史意见（"共时态"价值）和时代意见（"昔时态"价值），援引具有时代内涵的史学研究新成果，统整中国学生发展的核心素养，倡导适应时代需要、符合社会进步的价值立场（"即时态"价值）。

二、解决问题的过程和方法

（一）解决问题的过程

1. 现状分析，实践探索（2005—2012 年）

调研高中历史教学中存在的问题，剖析成因，组织课堂观察，主办主题研讨，将时代性的四个表现融于"探究—建构"教学，深化育人目标的研究，形成的基本流程和教学策略被收录于《著名特级教师教学思想录》。

2. 归纳内涵，初步建构（2012—2014 年）

依据时代性原则，初步归纳时代性价值内涵，基于国家课程开发价值立意，横向梳理每课的多元立意，纵向归纳单元的核心立意，初步构建价值立意体系；援引、下移、融通史学研究新成果，建构学术性课堂。"基于时代性价值取向的高中历史学术性课堂建构的实践研究"被立项为江苏省教育科学"十二五"规划课题，课题研究报告被人大复印资料中心全文转载。

3. 双向建构，转型突破（2014—2018 年）

基于核心素养的时代要求，以新课标理念观照教学，在理论和实践上双向建构。理论上从三个时空维度丰富时代性价值的内涵，实现理论突破；实践上审视偏学术化倾向，重建学习化课堂和多维度评价，完成价值体系、课程内容、价值转化和价值评价的整体建构，实现时代性价值教学的突破和转型。研发"做历史"活动菜单和探究性作业群，推进学科实践；推广"学生评课"教研范式。"时代性价值取向的高中历史教学"被立项为江苏省、苏州市两级基础教育前瞻性教改实验项目。

4. 呼应教改，实验推广（2018—2021年）

切合新课标、新教材和新高考推进的现实需要，壮大联盟，发展团队，组织全省百余所学校的教师先行先试、二次开发，形成"初高教材衔接""新旧课标分析""新旧教材对比"三套教学指南和"微衔接课例群""新教材学习设计"系统案例，《问史·践履——让历史进驻"人"》《问史·立意——高中历史新教材学习设计》《问史·贯通——指向学习进阶的初、高中微衔接》《问史·建构——历史教育价值的教学转化》《问史·探究——高中生"做历史"创新作业》的出版和推广，为教育部新教材国家级示范区示范校研修和深度学习教改项目推进提供教学课程、媒体、高校、各级研讨会广泛推广，为全国新教改提供江苏经验。"指向时代性价值的高中历史教学建构"获苏州市教育教学成果奖特等奖、江苏省基础教育教学成果奖一等奖。

（二）解决问题的方法

1. 与时俱进，整体建构

基于课程时代性原则，回应核心素养、学科育人、"三新"教改的社会关切，开展学习，组织研讨，领会和落实课程理念，丰富和发展时代性内涵和认识，形成对时代性价值的学科理解，并从"价值缺场"问题出发，系统建构整体性价值体系、进阶式课程内容、学习化课堂教学和多维度价值评价。

2. 实践改进，提炼范式

遵循教育规律、学生立场和学科特质，从国家课程优化实施和学科综合实践两个方面开展研究，再构"横向多元、纵向进阶、立体贯通"价值立意体系，形成"基于1个立意、开展3项对比、组织3项活动"学习设计范式和"从旧教材到新教材、从高一到高三、从课内到课外、从学科内到学科外"的大教研视域，推进教学从教走向学。

3. 应用推广，创新变式

基于省教育厅关于名师工作室"传播主持人思想和经验"的要求，遵循"市区实践—省内普及—全国推广"的路径，组织全省百余所学校的教师，结合新课标、新教材和新高考改革，实践以价值判断为主线的教学策略和以价值协商为要义的学习路径，并以时代性价值为指向，探索"对话教学""立学课堂""历史探究""融学课堂""真善课堂"等教学形式，焕发研究的新活力。

三、成果主要内容和创新体现

研究以立德树人为根本任务，呼应课程时代性要求，根据学科特质，整体性建构价值体系，进阶式建构课程内容，学习化建构课堂教学，多维度建构评价体系。

（一）成果内容

（1）立足统整与重构，从三个时空维度提出时代性价值内涵，构建"一个核心、两种意见、四观教育、'24+'立意"时代性价值体系（图3）。

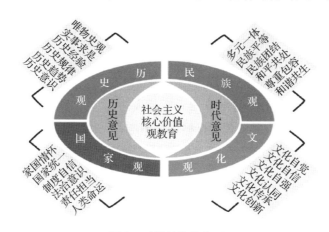

图3　时代性价值体系

"一个核心"，即将时代性价值纳入社会主义核心价值观的语境中，融入正确的思想导向和价值判断。"两种意见"，是正确理解和认识历史的基本方法和维度，帮助"即时态"的学生基于"共时态"和"昔时态"的视角对历史进行解读。"四观教育"，即以历史观、民族观、国家观和文化观教育为内涵。"'24+'立意"是对"四观教育"的逻辑建构，每个立意从"经典定义""历史诠释""价值取向""知识链接"上诠释，指向学生对历史的价值判断。

形成了覆盖新、旧教材时代性价值立意的纲要手册；在《上海教育科研》

等期刊上发表了《时代性价值：高中历史教学的应然取向和实践建构》等研究论文百余篇，20多篇发表于核心期刊上；出版了专著《问史·建构——历史教育价值的教学转化》《问史·践履——让历史进驻"人"》《问史·成人——遇见更好的你》等。

（2）立足课程的优化与重组，进阶式推进基于学科优化国家课程的实施和从历史学科出发的实践、探究（图4）。

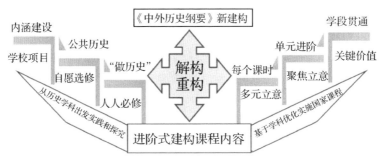

图4　进阶式课程建构

国家课程方面，基于横向每节课多元立意建构内容；基于纵向单元核心立意实施单元教学；基于贯通学段的关键价值梳理不同学段进阶课程。在新教材背景下，解构和重构基于单元立意的促进深度学习和综合育人的课程，为新教材顺利接轨时代性价值教学做好前瞻准备。

开展学科实践和探究，包括必修性的"做历史"活动和探究性作业、选修性的"公共史学"社会实践和学校内涵建设项目支持，用"有价值"的历史引领学生面向生活。

举办了30多次有影响力的主题教研论坛，承办了全国千人学术研讨会，形成了逾百万字的教研论文，并在《江苏教育研究》等期刊上发表，出版了专著《问史·论谈——"唐秦人"的学术追求》；研发了"新旧课标对比""新旧教材分析""初高教材衔接"三套教学指南；开发了"做历史"活动菜单、"生动"实践性作业群、系列党史和公益课程，推进了"多维历史探究"省课程基地建设。

（3）立足教与学的转化，构建引导并促进学生价值判断、价值协商、价值生成的学习模型。

一方面，以价值判断为主线，优化教学策略，提炼课堂教学"四类价值"，即显性价值、隐性价值、冲突价值、错误价值，归纳认知体悟、诱导感悟、协商领悟、影响觉悟四项教学策略。

另一方面，以对话协商为要义，转变学习方式，形成"同情理解—史料实证—反思申辩—价值共生"的学习路径，达成三个时态维度的时代性价值。

研究优化学习方式，改进教学行为，开设示范课200多节，120多人次在各级评优课等业务比赛中获奖；40多篇关于课例的论文发表在学术期刊上，多篇被转载；《问史·立意——高中历史新教材学习设计（上、下册）》《中学历史教学参考·唐秦专刊》分别由江苏凤凰教育出版社和陕西师范大学出版社出版；指向价值的课例研究《问史·贯通——指向学习进阶的初高中微衔接》由江苏凤凰教育出版社出版。

（4）立足过程和发展，构建多维度价值评价，使价值观在体验、探究、生成的实践中得以培养。

探索出"多层面、全方位、宽领域"的评价体系，表现在"评价主体多元，评价过程多段，评价内容多样"。学生自我评测课堂学习形成常态，开创学生"共研评教"多类型价值教育评价方式。

倡导的"学生现场评教"被认为"启发并倡导了一种新的评课思路和取向"，连续6年被全国历史教育学术研讨会采用；"让作业成为作品"丰富了评价内容，近年吴江区有82名学生的关于研讨学习的文章被刊发。吻合高考命题趋向的实证研究成果丰富，教学轻负高效，教学质量显著提高。

（二）成果创新体现

1. 理念前瞻，首创时代性价值历史教学理念

成果呼应时代性原则，将时代性价值置于社会主义核心价值观的语境下，将正确的思想导向和价值判断融入历史叙事和评判，提高核心素养，帮助学生形成正确的价值观，引领学生成长。

2. 实践突破，研创时代性价值教学的整体建构

构建整体性价值群、进阶式课程内容，借助协商式教学策略和多维度评价方式，优化国家课程的实施，打通课堂对外的三个通道，在升学压力的夹缝中拓展实践空间，让价值观教育常态化落地，破解"价值缺场""历史失真""课堂无人"的问题。

3. 评价创新，推广学生以"共研评教"为特色的价值评价

在重视纸笔测评的前提下，指导学生检测自我，创设"共研评教"平台，学生参与教学研讨，以主体身份对教学现场评议和阶段评教，实现师生价值协商、价值共生,其影响贯穿学生生命全程。这种价值评价产生了跨区域和跨学科效应,被全国历史教学学术研讨会采用。

4. 教改先行,形成江苏经验,引领全国历史教改创新

主持人领衔省领航名师培养工程、省工作室、省乡村教育培育站,成员覆盖江苏省13个大市。在新课标、新教材、新高考的背景下,我们带领团队基于价值立意开展学习设计、单元深度教学、初高中贯通式研究、"做历史"探究等前瞻研究,先行先试,形成江苏经验,为新教材接轨时代性价值教学做准备;大量有关实践成果的专著被出版,有关实践成果的论文被发表和转载,并推广至全国,教育部课程项目多次推广,"学习强国"和《中国教育报》多次宣传报道,被誉为"吴江现象""唐秦效应""江苏经验"。

四、成果和反思

(一) 应用范围

1. 撬动市区实践,形成"吴江现象"

2005年开始,以名师工作室为基地,在吴江所有高中学校开展实践研究,形成时代性价值的理论建设、实践路径和经典课例。在苏州市乡村骨干教师培育站、苏州市名师发展共同体等推广。2018年立项为苏州市前瞻性教改实验项目,促进市级层面帮扶学校,如江苏省沙溪高级中学推进实践。

2. 带动省内应用,凸显"唐秦效应"

领衔主持省领航名师培养工程中学历史项目站和三届江苏省高中历史名师工作室。丹阳、姜堰学科领军团队,江苏省天一中学、江苏省溧阳高级中学、如东县马塘中学等百余所学校的教师参与应用和实验。主持人作为南京师范大学"历史+思政"复合型硕士培养指导教师、扬州大学兼职教授、苏州大学马克思学院硕士生导师,在对师范生的培养上渗透项目思想和内容。

3. 推动全国教改,辐射江苏经验

多次主办和承办全国、省、市级研讨活动,全国数千名专家、名师和一线教师参与;在"人民教育"论坛、全国历史教育研讨活动中示范执教、讲学交流;首都师范大学、华东师范大学、陕西师范大学等高校将成果作为教学案例。成果被应用到教育部新课程新教材示范区示范校全员研修课程研发和教育部普通高中深度学习教改推进项目中。百余篇研究成果论文发表在《上海教育科研》等期刊上,核心期刊转载20多篇。《中学历史教学参考》主编任鹏杰说:"唐秦团队这些创造性探索成果,被《中学历史教学参考》大篇幅报道后,在全国读者中产生极大影响,犹如一石激起千层浪,反思性的深度探讨成果层出不穷,之所以如此,是因为唐秦团队的探索全面聚焦'立德树人',一切服务于'人'的健康成长、进步、发展。"

(二) 成果应用效应

17年的实践,研究呼应时代关切,直面实践中存在的问题,审思育人价值,2017年成果的普及和应用,彰显育人效应,促进学生成长。

1. 克服价值缺场,实现价值观教育的常态化

围绕时代性价值,从立意、内容、教学和评价上整体建构,课堂建构从学术性走向学习化,既规避"历史失真""偏学术化"两个极端,又明晰价值判断和价值协商的教学路径;基于价值立意研发的53个学习设计,以及立意"隐于导语、渗于内容、贯于活动"的实施路径,使堂堂课进行价值判断成为常态,所形成的四类价值、四项对策、四环路径,使思想导向和价值判断融入历史,推进价值教育深入人心,引导学生厚植家国情怀,推动教学转型,对于提高学生的核心素养具有深远意义。

2. 推进育人方式的改革,全面提升教育质量

基于价值立意研发教学指南,"初高衔接分析"有助于把握学生的实际水平,踩准教学起点;"新旧教材对比"推动教师自我知识结构的更新;"新旧课标分析"落实新课标的育人理念,解决容量与课时矛盾、理念落地和方式转型等现实问题。研究将关键能力落实在常态课的106个学习活动中,"做历史"实践探究和探究性作业,吻合新课程开放性题型,符合国家"适当增加综合性、实践性、探究性作业"的政策要求,成为基于高中学科综合育人的先行者。研究优化了学生的学习方式,推动实验学校"历史多维探究"省级课程基地的建设,历史学科成为教育部项目试点和北京大学学科研究基地。

3. 应用普及和推广,对中学历史教学产生广泛影响

应用从苏州市的大部分高中扩展到全省各大市部分高中。发表了论文200多篇,出版了专著7部,成果推广至全国;成果多次在教育部国家级示范区示范校研修和深度学习教改项目中运用;与全国18个省交流,为陕西、贵州等省公益支教,开展了"苏克联研""宜苏联研""苏陕协作"教学展示,扩大了成果的受益面。承办了全国研讨会并展示了经验,在各地培训、研讨、师范生教学中,时代性价值成为重要议题,学生评课常态化实施,受到了全

4. 带动教师成长，凸显学科研究品牌效应

学科教改创新多次被《中国教育报》《江苏教育报》等报道；《中国教育报》以"教学改革，向着'学生'进发——从苏州市唐秦历史名师工作室透视教改创新"为题进行了专题报道；《中学历史教学》开辟了"唐秦名师工作室巡礼"栏目集束推介时代性价值研究成果。时代性价值的教学建构改进了教师的教学行为，教师提升了价值判断力、学识转化力、课程重构力和教学胜任力。吴江团队中涌现姑苏教育人才5名，14名教师获省、市优课一等奖，唐秦名师工作室连续3年获评全国优秀教研团队。

（三）前景展望

时代性价值的教学建构，呼应立德树人的时代要求，切中一线实践教学的现实需求，前景可期。

1. 研究契合高中学科育人和课程思政的时代需要

所形成的关于时代性价值的理念，所提出的时代性价值指向的教学建构，对于破解"历史失真""价值缺场""课堂无人"的问题具有现实意义。陕西师范大学任鹏杰院长认为，"选题切实体现了历史教育的本质，也彰显了以人为本，关注家国天下，把爱国主义教育落到实处，为学生未来的人生选择提供依据。"扬州大学朱煜教授的撰文《名师工作室：引领教学研究的新模式——以唐秦历史名师工作室为例》被收录于社会科学文献出版社出版的《21世纪全球历史教育的发展与挑战》一书，体现了本研究的前瞻性。

2. 研究源于强烈的问题导向，切中一线教师的实际需求

对于本研究，首都师范大学赵亚夫教授说："非常务实，都是中学老师在一线研究中解决问题的视角，而且这些研究成果具有生产性、实践性和学术性，有非常突出的实践价值，不仅为一线老师提供了很好的借鉴，同时对于教师教育包括师范生的培养，也具有现实的借鉴意义。概括地说，这些成果，在时代性、深刻性和实效性方面能够对中学历史教育、教学产生广泛的影响。"

3. 研究将在全国范围得到进一步推广

在教育部"普通高中新课程新教材国家级示范区示范校课程研修"和"指向普通高中教学改进的深度学习项目"全国推进活动中，利用本成果现场指导北京海淀区、东城区及上海杨浦区、深圳龙华区的课改实践，并逐步推

广至全国。华东师范大学李月琴教授说："研究成果具有引领和辐射作用。随着科研成果的出版，随着唐琴及其团队成员在全国各地教师培训和各类学术会议上的推广，价值立意引领历史教学被越来越多的老师理解和赞同，影响力越来越大！"

4. 项目是江苏省前瞻性教改实验项目，以科研的方式开展教研，得到教科研专家的支持和鼓励

江苏省教育学会荣誉会长杨九俊认为项目具有以下特点：实，研究扎实；活，注重学习方式；新，具有时代性；透，研究各方面通透。江苏省教育学会副会长彭钢评价项目"进展明显，成效显著，成果丰富，影响广泛"，具有"问题意识强，充分体现国家意志，实践结构系统化，心中有人有学生"四个特点。上海教育学会副会长苏忱认为成果研究"着重在实践探索，形成的结构化思考非常可贵；回答了一些根本问题，具有前瞻性"。江苏省规划办蔡守龙副主任称赞项目"一有通透的问题意识，二有自己的研究思想，三有丰富的实践基础，四有结构化的系统表达，五有高度的研究成果"，认为项目的"五有"值得做课题、做项目的老师学习。

让历史照亮未来，我们将不断探索，深化研究，融合新课程、新教材、新高考，进一步聚焦时代性价值，形成学科育人的普适性研究理念、基本研究方式和可复制、可推广的经验，形成全学科课程思政、合力育人的新格局。

（该成果2021年获江苏省基础教育教学成果奖一等奖）

全语文教育课程的建构与实践

昆山市兵希中学

（成果主要完成人：刘恩樵 刘祖元 陈光跃 郑方荣 吴婷婷 崔延华）

"全语文教育课程的建构与实践"缘起于刘恩樵老师自2001年课标颁发之后对课标20年的研究与实践。当时，借着课标颁布的契机，刘恩樵老师提出了"新语文教学"的主张，并做了大量的实践研究，从2001年至2016年，他进行了大量的思考与实践，出版了《新语文叙论》《新语文教学叙论（第二部）》。

2017年，在"新语文教学"的基础上，刘恩樵老师借鉴"全人教育"的理论，发展性地提出了"全语文教育"的教学主张。昆山市兵希中学于2017年、2019年分别获批了苏州市初中语文课程基地、江苏省初中语文学科发展示范中心，并在全省范围内组织成立了由22所初中学校组成的全语文教育联盟校，并展开实践研究，于2020年提炼了基于课程标准的全语文教育"兵希样本"。《中国教师报》《语文教学通讯》等做了广泛推介。

一、问题的提出

当下一线的语文教学存在着这样一些问题，我们将其概括为"四重"，即重教材、重课堂、重阅读（教学）、重分数。这"四重"十分普遍，严重地异化了语文教学结构，使得语文教学变得很沉重，了无生趣。

1. 重教材：教材成了语文教学的全部依托

语文教材是进行语文教学活动的重要材料之一，这是毋庸置疑的。然而，现在的状况是从小学到高中，语文教材几乎成了教师教语文、学生学语文的全部依托。语文教师的工作，就是带着一本语文教材走近学生，指导学生学语文；学生也是整天抱着一本语文教材。课上教师教教材，学生学教材；课后教师盯教材上的练习（包括与教材配套的辅导练习），学生做练习；考试时教师用教材考学生，学生唯教材是从。很显然，这样的做法夸大了教材的功能，忽视语文学习重习得的基本规律。

2. 重课堂：课堂成了语文教学的唯一场所

只在课堂上进行，课外没有相关的活动，重课堂的一个表现就是连教材上安排的一些课外实践活动也被取消了，这样就把语文教与学单一化、窄化了。

重课堂的另一个表现就是教师太重视课堂上的讲解，这已经是当下语文课堂的通病。从总体上说，我国的课堂教学改革尚未取得实质性和根本性的进展。教师教学方式单一，学生被动学习、个性受到压抑等未能从根本上得到改善；过于强调被动接受学习、死记硬背、机械训练的状况依然普遍存在。

3. 重阅读（教学）：阅读教学成了语文教学的主打内容

当下中小学阅读教学的比重占到了85%，然而，大量的阅读教学并没有换来语文教学的丰硕成果。语文学习要落实听、说、读、写的训练。

阅读，确实是写、听、说的基础，但是由于只重视教材阅读，只重视课堂讲授，反而使得阅读的效率也降低了。

4. 重分数：分数成了语文教学的单一追求

"考、考、考，教师的法宝；分、分、分，学生的命根。"这句话形象地道出了分数在当下教育评价中举足轻重的地位。重教材，重课堂，重阅读（教学），在某种程度上来说，其根源大都在此。

过于看重分数，将分数作为评价学生语文水平的唯一标尺，这是不对的。学生整体的语文能力与素养不是仅靠分数来判断的。

二、解决问题的过程与方法

"全语文教育课程的建构与实践"的发展大致经历了三个阶段：一是1.0版的实践。从2001年至2016年，这个阶段主要是刘恩樵老师以个人的名义在班级里摸索和实践。这期间，刘恩樵老师紧紧围绕课标，提出了"新语文教学"的策略与思路，并做了大量的尝试性研究，取得了较好的成果，为"全语文教育"的提出、建构与实施，提供了大量的语文教学案例。二是2.0版的实践。2017年11月，刘恩樵老师以学校的名义，以"全语文教育"为语文教学新主张、新策略，申请并获批了苏州市初中语文课程基地，组织学校语文教研组来集体实践，初步形成了基于语文课程标准的初中全语文教育实践框架。因为该项目成果丰硕，"全语文教育课程的建构与实践"在2018

年获得了苏州市教学成果奖一等奖。三是 3.0 版的实践。2019 年，学校获批成立了以"全语文教育课程的建构与实践"为研究内容的江苏省初中语文学科发展示范中心，从而形成了以昆山市兵希中学为实践主体，由全省各大市 20 多所学校组成的全语文教育实践联盟。

全语文教育致力于打造学科发展示范中心建设的样本，在具体的推进方法上积极实践"涟漪范式"。在语文教学上，以"课堂教学"为"涟漪中心点"，提升课堂的教学效益，推动阅读写作、综合实践和特色产品的开发。在学科建设上，以全语文教育为中心点，注重学科融合与渗透，影响和带动其他学科的建设。在辐射与引领上，以"学科发展示范中心"为"涟漪中心点"，借助专家团队，积极发挥自身优势，激发"涟漪最近圈"的苏州全语文教育联盟校，同时辐射"涟漪外围圈"的全省多所全语文教育联盟校。

三、成果的主要内容

全语文教育坚持"五全"理念，即实践"全人教育"，实施"全域语文"，面向全体学生，促进"全程成长"，落实"全科融通"；以"四着"为基本策略，即着眼于学生人文底蕴与语文综合素养的提升，着眼于学生语文听、说、读、写能力的全面提升，着力于第一课堂、第二课堂与第三课堂的全面融合，着重于国家语文课程、地方语文课程与校本语文课程的全面优化。"全语文教育"的主张与实践，旨在因地制宜而又创造性地全面实施《义务教育语文课程标准（2022 年版）》，让语文学习活起来、动起来，提升学生运用语言文字的能力，提升学生的语文核心素养，以语文学科的特殊优势立德树人。

（一）语文文化课程：以环境建设为载体的语文文化氛围营造

1. 打造语文学习的硬件环境

打造语文学习的硬件环境，一方面对教室及校园进行"语文式"布置，让学生足之所至、目之所及都能感受到语文的气息；另一方面依托学校图书馆，设立各班级图书馆分馆，优化与拓展学校图书馆的新功能，将图书馆作为学生语文学习实验室，研究学生读、写能力提升的方法。以图书馆建设为抓手，整合学生语文学习的读写资源，将学校图书馆打造成学生阅读馆与写作馆，同时，创建多种语文学习场馆，形成学生语文学习的综合实践馆群。比如，小剧场、辩论厅、大讲坛、国学馆、研学馆、编辑部、播音室、朗读亭、档案馆、阅读社、创作社……

2. 塑造语文学习的软件环境

通过校园内的图书馆、书香长廊、快乐阅吧、文学墙角、小小百家讲坛等，建设具有浓厚气息的文化环境；同时，开展校园语文节，举办青春剧场、语文电台、朗诵者等活动，创办语文报刊，等等，努力打造语文学习的软件环境。

3. 营造语文学习的人际环境

再好的主张与构想都需要人来实现，激发校内外、区域内外更多的语文教师对语文教学研究与实践的热情，培育全语文教育研究的优秀团队，让更多的语文教师成为"四有"教师，即有追求、有激情、有理念、有行动的教师，努力做全语文教育的建设者，在全语文教育的实践中促进教师的专业发展。

（二）语文必修课程：以核心素养为旨归的语文基础工程的实施

1. 研究语文学习"一课堂"策略

"一课堂"策略重在改变学生在课堂上只管听讲、只顾记录的学习状态。"一课堂"在目标追求上以"语文素养"为"一"，在训练内容上以"言语思维"为"一"，在教学设计上以"学生活动"为"一"，在教学结构上以"平等、民主的教与学关系"为"一"，让课堂成为学生进行语文学习的"一"。

"一课堂"操作实践，主张学生对文本熟读后进行以下 4 个操作：一是"我有发现要说"。学生读熟了文本，首先要做的第一件事是自我发现，即发现文章中哪些是自己能够理解的，并将这些发现写在"我的发现本"上。学生写好后，教师组织全班同学交流互动，并进行点拨和指导。二是"我有问题要提"。学生说出自己的问题，然后，教师组织全班同学讨论并解决这些问题。三是"我有感想要写"。每学习一篇课文，学生都要写一篇"一课一得"的简短的小文章，角度自选，或从内容方面入手，或从写法方面入手。四是"我有个创要做"。每一篇选入教材的课文，都有其可圈可点、可效可仿之处，学一篇课文不仅仅是学这一篇，更是要学这一类。因此，根据所学课文的特点引导学生进行个性化的创意写作，或仿篇章结构，或模仿语言特色，或拓展延伸读写，等等。

全语文教育的"一课堂"，在彰显学生主体的前提下，凸显语言和思维的作用，引领学生的听、说、读、写训练。同时，关注学生的人文熏陶，引领学生的精神成长。

2. 研制学生"大阅读"路径

"大阅读"的策略在于改变只读一本语文教材的现状。"大阅读"的"大"有三层含义：一是阅读面要广，在以文学类书籍为主的基础上，广泛涉猎人文书籍，包括历史、科学、艺术类的书籍，鼓励学生读"闲书"。二是阅读量要多。尽量挤出时间，每学期多读几本书。三是阅读要精。在阅读过程中做用心人，能思考。

"大阅读"路径有以下5个方面：一是"1＋X"，即"一本教材＋足量课外书"。教材是学生学习语文之本，同时，每个班级都拥有小图书馆，保证学生有大量的书可读。二是"3＋1"，即"三周研学教材＋一周互助阅读"，以保证学生有充足的阅读时间与阅读活动。三是"5＋2"，即"校内阅读＋家庭阅读"，在校内和家庭中营造读书的氛围，切实培养学生的阅读习惯。四是"1/1＋"，即"每个学期至少精读一部经典"，学生精读，教师适当指导。五是"＋N"，即能写一定字数的阅读笔记，切实将写作融进阅读之中，以此提升阅读的品质。

3. 研究学生"日写作"机制

改变以"日习题"为主要训练方式的语文教学，将写作活动贯穿于学生的日常生活之中，探索"日写作"的载体、时空、策略、途径、方法等，研制指导学生"日写作"的课程纲目，力求让每一个学生都爱上写作。

"日写作"中的"日"，第一层含义是坚持。写作能力是需要培养的，写作是需要坚持的，否则很难产生写作的动力，很难培养这样的能力。第二层含义是积累。一是时间的积累，要让学生有充足的练习写作的时间。在初一至初三的六个学期中，要求学生每日都写随笔，即使寒暑假也不例外。二是写作篇幅总量的积累。有了时间的保证，学生的写作篇幅总量自然得到保证。三是思想与情感的积累。通过写作提升学生的思想与情感。四是写作感的积累。经常性的写作无疑能让学生对遣词造句、谋篇布局、立意角度等形成一定的感觉，而这种感觉胜过所谓的作文技法的僵硬指导。第三层含义是成长。通过"日写作"学生精神得以成长。总之，"日写作"旨在让学生养成写作的习惯，培养学生写作的兴趣，激活学生的思维，丰富学生的思想认识，最终让写作成为他们的一种生活方式。

"日写作"的机制坚持"二八律"的作文教学观，即训练路径，二分课堂，八分课外；教学策略，二分薄发，八分厚积；教学心态，二分精彩，八分寻常；评价原则，二分评判，八分激励；训练重点，二分技巧，八分思想；写作状态，二分规范，八分自由；目标追求，二分特长，八分合格；教学保障，二分学生，八分教师。在"二八律"的统领下，"日写作"机制倡导与实践"三个大量"，即大量阅读、大量写作和大量活动。

"全语文教育"在作文教学上建构了"333 工程"（图2）。

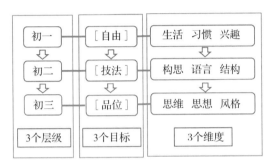

图 2 作文教学"333 工程"示意图

第一个"3"，即"3 个层级"，指这个训练工程是着眼于初中三个年级整体规划的。第二个"3"，即"3 个目标"，指初一年级作文训练的目标重在"自由写作"，初二年级作文训练的目标重在"技法训练"，初三年级作文训练的目标重在"品位提升"。第三个"3"，即"3 个维度"，指每一个年级的每一个目标主要从三个维度来展开，初一年级主要从"生活、习惯、兴趣"三个维度来展开；初二年级主要从"构思、语言、结构"三个维度来展开。初三年级主要从"思维、思想、风格"三个维度来展开。当然，必须指出的是 3 个层级的 3 个目标不是独立的，而是相互依存的。

4. 研发语文学习微课程

"微课程"的"微"重在突出"小主题""小体系""小活动"，以更多的"小"累积起"大"来。充分利用网络新媒体的功能，发挥教师与学生的双重积极性，以研发语文微课程为目标，开发适合不同年级、不同学生学习的语文微课程，以此作为国家与地方语文课程的有效补充，形成富有特色的校本语文课程体系。我们所实践的语文微课程包括以下四种基本类型：讲授微课程（主要由教师开发和讲授），共学微课程（注重学生的参与性及活动的程序化，教师根据微课程引导学生学习），独做微课程（指学生自己独立开发微课程），共做微课程（指小组合作完成微课程）。

（三）语文活动课程：以学科跨界为路径的语文活动课程模型的建构

全语文教育结合语文学科的特点及学生学习的特点，整合多学科课程改革的经验，以学科跨界为路径，以语文综合实践性学习为学习方式，开发诸多特色化、综合性的语文课程产品。

新华书店校园书屋。与昆山新华书店合作，将新华书店引进校园，创办新华书店校园书屋，面向学生开放，教师负责指导，学生负责管理。新华书店校园书屋成为学生选书、购书、读书的温馨场所。

校园语文节。每年秋学期学校举行一届校园语文节，开展丰富多彩的语文综合实践性学习活动，每届为期一周。

尔雅书院。在图书馆与语文实验室的基础上创建尔雅书院，充分发挥尔雅书院的职能，引导学生读书。

东城教育大讲坛。东城教育大讲坛分学生大讲坛、教师大讲坛、专家（含家长）大讲坛三种类型。一方面，把学生推上讲台，以讲促读、促写；另一方面，让学生能够聆听窗外的声音，提升学生的人文素养。

东城小剧场。组织部分有兴趣、特长的学生，将一些适合演出的课文改编成剧本，并排练成课本剧。东城小剧场还是学生进行朗读、讲演、辩论的场所。

尔雅国学馆。在尔雅国学馆定期组织学生进行传统文化诗文的诵读等。尔雅国学馆同时也是学生练习书法的场所。

语文学习私人定制。针对不同学生语文学习能力不同的情况，有针对性地为学生进行私人定制式指导。

东城研学。每年寒暑假选择有文化底蕴的城市或景区，组织学生进行研学活动。研学活动做到有研学材料、研学笔记、研学导师、研学成果展示等。

学生语文学习协会。成立不同的学生语文学习协会，学生自愿报名。在教师的指导下，学生语文学习协会由学生管理，定期开展各种活动。

《第一语文》杂志。创办《第一语文》杂志，每月1期，全面展示区域内学校语文学科建设的动态，探讨语文学科建设的方法、途径等，交流相关经验，同时，刊登学生的优秀作文。

"第一语文"广播站。成立学生播音组，成立"第一语文"广播站，及时播报学校动态等。

尔雅文学院。按照学生社团管理的方式进行管理，培养文学爱好者，为文学爱好者搭建文学教育的平台。

全家读书人。每学期举行一届全家读书人活动，家长与孩子共读一本书，共同完成对话式的读书心得，然后在学校进行展示。

多学科融合。进行语文学科与其他诸多学科的融合，一方面提高学生运用语言文字的能力，另一方面让学生深化学科学习，同时寻求语文学科与其他学科深度融合的途径。

语文学习档案袋。以语文学习档案袋的方式，改进对学生语文学习评价的方式，建立全新的语文学习评价机制，发挥评价的积极导向功能。

四、成果与反思

全语文教育课程的建构与实践，从2001年起，就有了自发的研究，从2017年起，更是进入了自觉研究的状态，经过多年的研究与实践，取得了很好的成绩。

在语文学科的建设上，实践并提炼出了具有鲜明特色的"兵希样本"，在苏州市乃至省内外都具有一定的知名度和影响力。在促进教师发展方面，借助全语文教育学科发展示范中心的建设，培养了一批青年语文教师，不断提升和发展了他们的专业能力。在学校品质和内涵提升方面，以初中语文学科发展示范中心为抓手，提升了昆山市兵希中学的品质和知名度，昆山市兵希中学成了昆山市的品牌学校。在示范效应上，带动了全省范围内20所学校的语文学科建设。具体来说，成果有以下几点：① 学校的学生在2020年、2021年中考中，语文成绩在全市名列前茅，其中一个班级获得了全市第一名。② 学校的办学品质有了很大提升，从2018年起，学年度市局综合考评连续获得A类优秀，2020年学校在全市初中综合考评中排名第三。③ 2018年9月，"全语文教育课程的建构与实践"获得苏州市教学成果奖一等奖。④ 中文核心期刊《语文教学通讯》（2020年第9期）上刊登了《基于课程标准的全语文教育"兵希样本"》论文，《中国教师报》《中国教师》等也对全语文教育做了介绍，全语文教育在全国有了一定的知名度。⑤ 以学校为实践主体，全省20所全语文教育联盟校在基于课程标准的全语文教育理念与实践的框架下，语文学科都取得了可喜的成绩。

两点反思：一是以全语文教育课程的建构与实践为主要内容的课程基地建设与学科常规教学的深度融合有待强化。二是通过"全语文教育课程的建构与实践"项目的实施，构建促进教师专业发展的机制。

（该成果2021年获江苏省基础教育教学成果奖一等奖）

核心问题统领的小学数学教学

太仓市高新区第二小学

（成果主要完成人：王文英 张秋霞 陈洁 程转 钟长军 王珏）

"核心问题统领的小学数学教学"系太仓市高新区第二小学王文英团队的研究项目。该项目历经21年的实践探索，是对"问题情境""问题解决""问题教学"等系列课题研究之后的最终提炼。该项目首创性地提出了"以核心问题统领的问题结构推进学习"的教学方式，这一教学方式符合当前的教育教学改革理念，是改变教与学的方式、促进深度学习、发展学生数学素养的创新实践。

从教学的角度，该项目创造性地对核心问题的含义、特点和如何提炼进行了理性思考，对核心问题统领的问题结构类型及实施流程进行了归纳和梳理，这是对问题教学的开拓性研究，是对教材的创造性解读，具有创新性和前瞻性；同时，构建了核心问题统领的课堂实施四阶段，研制了贯通课内、课外的评价模型。

经过8年多的实践检验，该项目不仅促进了师生的发展，提高了教学质量，更是让低耗高效成为可能。研究成果获评江苏省中小学教学研究第十期课题成果奖特等奖、苏州市第二届教育教学成果奖特等奖。

一、问题的提出

课改之后，数学课堂发生了可喜的变化，"满堂灌""教师一言堂"的现象渐渐消失，动手操作、小组合作逐渐成为课堂的日常，课堂气氛活跃了，学生学习的主动性也提高了……课改所取得的成就毋庸置疑。然而数学教学的变革是否真正促进学生思维能力、数学素养的提升呢？在大量的听课、调研中发现，"新瓶装旧酒"的现象依然存在，以下三个方面的问题尤为突出。

1. **课堂问题多、乱、指向性不明确**

好的问题能让学习发生，能激活学生的思维。然而在一些数学课堂上，教师所提问题的质量令人担忧。主要表现在以下几个方面：问题多、乱、指向性不明确。问题多，思考空间就小；问题乱，则条理性不够，不利于学生厘清知识间的关系；问题指向性不明确，使学生无所适从，不知如何作答。

2. **数学学习泛而浅**

当下，数学课堂上教师照本宣科，浅尝辄止，导致学生对知识的理解浮于表面，难以构建起完整的知识体系。

3. **教与学割裂而片面**

备课时，不少教师未能站在一定的高度，系统地把握教材内容，只顾眼前，就教材教教材，导致教学割裂、片面，学生看不到知识之间的相互联系，无法将散落的知识点串成线、连成片。于是，"教了好像没教""学过马上就忘"的现象就不足为奇了。

综上所述，数学教育改革要取得更大的成就，必须直面问题，进一步转变教育教学理念，变革教与学的方式，通透、系统地解读教材，了解知识之间的相互联系，引导学生去学习，促进学生对知识的深度理解。"核心问题统领的小学数学教学"就是应对上述问题的创新实践，通过提炼核心问题，以核心问题统领的问题结构推进教学进程，实现板块化、结构式的学习，培养学生支撑终身发展和适应时代要求的必备品格和关键能力。

二、解决问题的过程与方法

（一）解决过程

本项目自 2001 年开始酝酿、调研、筹划，共经历了 3 个阶段。

1. **萌芽期（2001—2009 年），培养并提升问题意识的阶段**

面对学生问题意识不强的现象，通过苏州市市级课题"创设问题情境，培养问题意识"、江苏省教研重点课题"'问题解决'在小学数学教学中的探索与研究"的深入研究，形成培养问题意识和提升问题解决能力的策略与途径。有关研究成果的论文在 8 家省级刊物上发表。

2. **发展期（2010—2016 年），提出并提炼核心问题的阶段**

面对教师解读教材片面、不深入的问题，立项申报了"对苏教版国家课程标准小学数学实验教材的挖掘与开发研究"，为设计好问题打下了基础。而后，立项省教研重点课题"小学数学'问题教学'的研究与实践"，在全国首个提出了"核心问题统领教学"的主张。其间，对什么是核心问题、如何提炼核心问题、核心问题统领如何在课堂上实施进行了探索，取得了重要突破。《小学数学教师》专栏介绍了研究成果，江苏省教育新时空做了专题课堂推介，苏州市教育科学研究院举办了专题课堂研讨活动。

3. 成熟期（2017—2021年），整体建构并全面实践的阶段

2017年，"核心问题统领的小学数学教学"成功入选江苏省前瞻性项目，从此，项目研究拉开了新的篇章。

（1）全面解读，整体梳理。

项目组将12册教材分为"数与代数""图形与几何""统计与概率""实践与综合运用"四大领域，就教材中的知识点及从教材中提炼的每一个教学问题进行了系统梳理，以便教师更好地把握知识点的内在联系与发展脉络，更科学地判断教学问题的合理性、科学性。

（2）系统研究，实践检验。

项目组对核心问题提炼、问题结构构建、课堂实施、评价等方面开展了深入、系统的研究，对12册教材中的新授内容完成核心问题的提炼及问题结构的构建，制作了12册"核心问题统领"的电子课本。

（3）提炼成果，推广辐射。

本项目的研究在小学数学界得到了广泛认可。《小学数学教育》连载了4篇研究论文，其中一篇被北大复印资料全文转载；团队成员受邀赴14个省市示范讲课，得到了高度评价。主持人王文英校长应邀赴全国小数会年会做主题交流，得到了与会者的好评；王文英校长作为省、市名师工作室主持人，将研究成果辐射至全省各地。

（二）解决方法

项目从教师理念、教材解读、课堂实施和学生素养四个方面入手，寻找项目研究深入的方法和途径。

1. 教师层面，形成核心问题统领的教学理念

通过调研，了解教师教学存在的普遍问题，在此基础上通过学习理论并认真实践，使团队成员充分感受核心问题统领的教学意义，并形成核心问题统领的教学理念与思维方式，保障项目研究的顺利进行。

2. 教材层面，形成搭建问题结构的解读视角

搭建问题结构是该项目的最大创新之处，通过改变教材解读视角，将传统意义上的"备流程"向"备问题"转变，主要从以下几个方面实施：第一，组织学习，掌握学生数学学习和教师数学教学的规律。第二，对教科书进行系统研究，准确把握教材中的核心知识点。第三，根据核心知识提炼核心问题，并设计其他问题。第四，将问题按照逻辑关系梳理，构成问题结构。完成12册教材所有新授内容的问题结构图的构建。这是确保该项目实施的重要环节。

3. 课堂层面，形成核心问题统领的教学自觉

项目组在课堂实施过程中，强调以问题结构推动课堂板块式行进，这种行为保障了该项目在课堂实施中的推进进程。从之前课堂实施的6个阶段到如今的4个阶段，项目组在不断发现问题、解决问题中推进项目的深化，帮助学生实现结构化学习，提升他们的思维能力和素养。

4. 学生层面，形成问题自主探究的方法和途径

着力帮助学生掌握问题探究的方法，形成基本的探究路径：问题驱动，激发问题意识；创设空间，经历探究过程；问题解决，获得积极的情感体验；鼓励学生发现新问题。探究方法的习得、探究路径的形成，对于提升学生的问题解决能力和数学素养具有重大意义。

三、成果的主要内容

（一）理论成果："核心问题统领的小学数学教学"的理性思考

1. 明晰了核心概念

对核心问题的内涵及特征做了解读。核心问题与一般问题又有所不同。总的来说，核心问题是指向数学知识的本质，能够驱动学生积极主动地思考，能使学生在思考中不断提升认知，加深理解，获得各种有价值的体验。与一般问题相比，核心问题具有关键性、统摄性、生长性等特征。

关键性，指核心问题指向知识理解的关键环节或解决问题的重要节点。统摄性，指核心问题需要指向一节课的整体目标，对其他一些问题而言，具有统领作用。生长性，指核心问题指向相关知识和方法的拓展、延伸、应用过程，能在后续的知识学习和问题解决过程中发挥重要作用。

对核心问题之外的教学问题做了界定。在核心问题统领的课堂上，除了核心问题外，一般还有三类问题，分别是辅助性问题、拓展性问题和加工性问题。辅助性问题指为激活学生的已有经验，引入新知，进而为核心问题的提出和解决做铺垫而设计的问题。拓展性问题指在学生初步理解并解决核心问题，获得相关结论之后设计的继续跟进的问题。加工性问题指促进学生反思自己的初始回答，进而能帮助他们理解隐藏在背后的问题。

提出了问题结构的概念并做了解释。问题结构指把核心问题、辅助性问题及拓展性问题适当加以统整，根据知识形成和发展的内在逻辑及学生的学习心理进行结构化处理，由此形成更具启发性和层次性的问题。问题结构是课堂教学活动的展开线索，也是引导学生自主学习的指路牌。

2. 揭示了核心问题统领的小学数学教学的价值意蕴

本项目通过改变教师的教学行为拓宽教师的备课视野，让教师深刻理解知识，重新梳理教学流程，从而促使学生的学习实现以下三大转变。

（1）由被动学习逐步向主动学习转变。

主动学习和被动学习的区别很大程度上取决于学生面对学习任务时的态度。前者指学生能积极地进入学习状态，主动寻找解决问题的办法；而后者则是学生为了完成教师发出的一个个指令而亦步亦趋进行的操作、演算和思考。因为问题的提炼和设计是教师反复打磨的结果，所以用核心问题统领更能驱动学生积极参与探索学习。同时，特别重视引导学生基于现实情境自主提出问题，鼓励学生大胆质疑，激发学生主动探索、自主学习的热情。

（2）由碎片化学习逐步向结构化学习转变。

核心问题统领的课堂教学注重体现问题之间的相互联系，注重用问题为学生搭建认知框架，注重从整体上揭示知识的形成和发展的过程，从而使课堂更具整体性、逻辑性，同时使学生对知识的回顾和梳理更有条理性。

（3）由模仿式学习逐步向应用式学习转变。

在核心问题统领的课堂上，学生在不断发现问题、解决问题的过程中获得对新知的理解，实现知识的内化，这个过程需要学生灵活地运用所学知识尝试解决问题。

（二）实践成果：核心问题统领的小学数学教学操作方式和实践体系

1. 探索了核心问题提炼的方法：三个维度、四步操作流程

核心问题统领的小学数学教学，核心问题的提炼是关键。提炼核心问题要把握三个维度，即教材、知识和学生。研究教材须"见树木又见森林"，即既要对一节课的教学内容做深入、细致的分析，也要对与上述内容相关的知识领域等进行整体的思考。研究知识须"既丰盈又骨感"。"丰盈"指尽可能多地了解与知识相关的信息，包括与该知识有关的数学史料等；"骨感"指对知识进行更加深入的思考。提炼核心问题，需要把学科知识与学生的个体经验联系起来，尽可能调动学生思考的积极性，让他们主动思考。

同时，提炼核心问题要把握四步操作流程，即研究教学内容，确定核心知识，转化为核心问题，推敲问题措辞。其中转化为核心问题，以开放式提问为主，主要指向知识本身，推敲问题。

2. 研究了问题结构构建的流程和模型：五个步骤、三大模型

构建问题结构，通常需要经过以下五个步骤：第一，基于内容本质，确定教学目标。核心问题统领的课堂，是通过问题的解决逐步实现教学目标的达成，教学目标不仅决定着具体问题的指向，还决定着问题之间的先后顺序和关联。第二，划分教学环节，分步落实目标。教学目标确定之后，需要将教学过程有序划分为若干环节，并将教学目标分步落实到各个环节。第三，围绕目标任务，设计具体问题。通过环节划分，将教学目标合理分解之后，需要针对各个环节的具体目标任务设计相应的问题。一般而言，先提炼核心问题，再设计其他问题。第四，整合各类问题，形成问题结构。根据核心问题与其他问题的内在逻辑关系，进行梳理，形成问题结构。第五，整体梳理和调整，形成问题合力（图1）。对初步形成的问题结构加以调整，调整表达方式，调整问题的先后顺序，以便形成合乎逻辑的问题结构，使之形成合力，更好地促进学生思考。

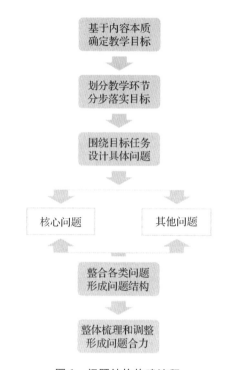

图1　问题结构构建流程

常见的问题结构有以下三种结构模型：直线型、树状型和菱状型。

（1）直线型。

这种问题结构是指按知识形成和发展的先后次序，将辅助性问题、核心问题、加工性问题、拓展性问题逐步递进地加以展开。其结构方式就是"一"字形排列（图2）。

图2　直线型问题结构

（2）树状型。

问题与问题之间有时并非线性的前后递进关系，即一个问题解决之后紧接着就跟进另一个问题。有时一个问题解决之后，可能会引出两个甚至更多的问题。这样的问题结构犹如树状。因此，我们称之为树状型问题结构（图3）。

拓展性问题
加工性问题
加工性问题
核心问题
辅助性问题
辅助性问题

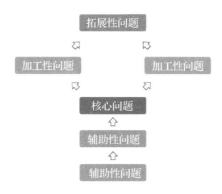

图 3　树状型问题结构

（3）菱状型。

有些内容的教学，课堂开始时不经辅助性问题铺垫，直接出示核心问题，再通过加工性问题帮助学生生成高质量的回答，加深对概念的理解，最后在掌握基本概念之后，通过设计拓展性问题提升学生的认识。整个促进学生学习进程的问题按照其先后的逻辑关系成菱状型（图 4）。

核心问题
加工性问题
加工性问题
加工性问题
拓展性问题

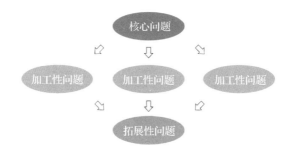

图 4　菱状型问题结构

3. 形成了核心问题统领的小学数学教学课堂实施的四个阶段

在马赫穆托夫问题教学五阶段的基础上，通过实践和研究，我们总结了小学数学教学课堂实施的四个重要阶段（图 5）。

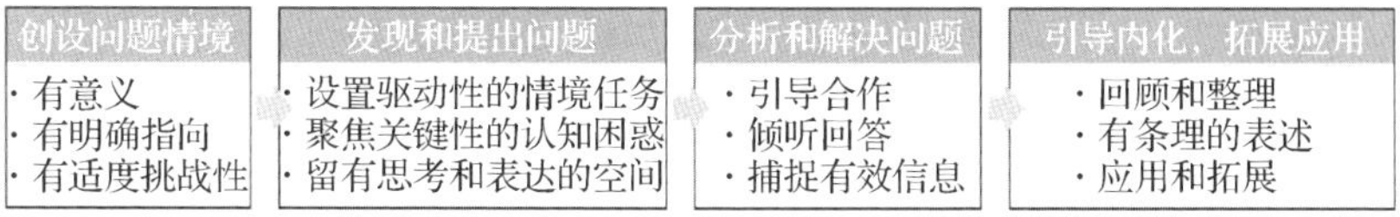

创设问题情境
· 有意义
· 有明确指向
· 有适度挑战性
发现和提出问题
· 设置驱动性的情境任务
· 聚焦关键性的认知困惑
· 留有思考和表达的空间
分析和解决问题
· 引导合作
· 倾听回答
· 捕捉有效信息
引导内化，拓展应用
· 回顾和整理
· 有条理的表述
· 应用和拓展

图 5　核心问题统领的小学数学教学课堂实施的四个阶段

第一阶段是创设问题情境。问题情境应有意义，即与现实生活相联系，与学生的理解能力相匹配，并要服务于新知学习，为新知的学习提供情感或理解上的必要支撑。问题情境应有明确指向，即指向核心问题，有助于引发学生积极的、富有个性的数学思维。问题情境还应有适度的挑战性。

第二，发现和提出问题。首先要设置驱动性的情境任务，驱动学生积极、主动应对。其次要聚焦关键性的认知困惑，帮助学生精准发现问题。最后要留有适当的思考和表达的空间，为学生提出好问题提供可能。

第三，分析和解决问题。这是关键环节，其间，要重视引导学生之间的合作，精选适合交流的例子，倾听学生的回答，并从中捕捉有效信息。

第四，引导内化，拓展应用。问题解决并非教学的结束，而是在问题得以解决之后借助问题结构，进行必要的回顾和整理，同时要创造机会让学生用自己的语言将学到的知识有条理地加以表述；还要继续创造机会，引导学生将所学的知识加以应用和拓展，为后续学习做铺垫。

4. 研制了核心问题统领的小学数学教学的课内外评价模型

为检测核心问题统领的小学数学教学是否促进了学生学习，是否发展了学生的思维，是否提升了学生解决问题的能力，我们研制了核心问题统领的小学数学教学的课内外评价模型（图6），通过课内、课外两条途径，研制了两张量表（表1、表2），用以检测学生课堂学习情况及问题解决能力。

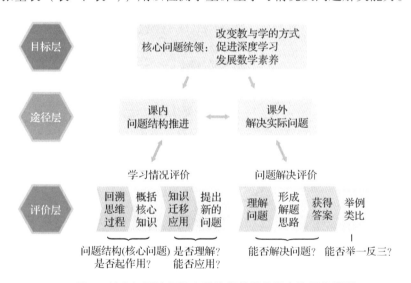

图6 核心问题统领的小学数学教学的课内外评价模型

表1 课堂学习评价分析表

评价项目	4	3	2	1
回溯思维过程	能流利地、有条理地、完整地描述学习的全过程	能较有条理、较为完整地描述学习过程	对学习过程可以基本描述，但不够完整，条理不够清晰	仅能回忆学习过程的某一点
概括核心知识	能准确地概括核心知识	对核心知识的概括基本准确	核心知识概括有所偏颇	核心知识表达不准确
知识迁移应用	课堂练习没有错误	课堂练习有少许错误	课堂练习出错较多	完成的练习中仅有少量练习做对了
提出新的问题	能发现并提出新的有质量的问题	能提出新的问题，新问题质量尚可	能提出新问题，新问题质量一般	无法提出新问题

表2 问题解决评价分析表

评价项目	5	3	1	0
理解问题	对问题的理解完全正确，并能组织语言进行准确解释	对问题的理解大部分正确，能组织语言解释大概的意思	对问题的理解一部分正确，但几乎不会组织语言解释	对问题的理解完全不正确
形成解题思路	有明确的解题思路，能有条理地说明解题过程	有较为明确的解题思路，但表达不够清晰、完整	没有形成完整的解题思路，表达有些混乱	完全没有解题思路
获得答案	能获得正确的答案	运算方法的选择正确，可能因为抄错数字或是计算出错，没有获得正确的答案	多步骤的解题中，有部分步骤的运算方法选择正确	解题步骤完全错误
举例类比	能联想，举例解决类似的问题	在教师的点拨下，可以举例解决类似的问题	不会举例，但对教师提出的类似问题能解决	不会举例，对教师提出的类似问题无法解决

四、效果、社会影响与反思

（一）应用效果

1. 极大促进了教师的专业成长

太仓市高新区第二小学是政府定点吸纳务工子女的小学，教师专业发展相对滞后。在项目实施前，数学学科没有一名市级骨干教师。随着项目的实施和推进，教师的教学理念、研究意识、科研能力得到了极大提升，学校90%的数学教师在各级各类数学学科评优活动中获奖，数学团队多次被评为市级优秀教研组。主持人王文英有幸成为"江苏人民教育家培养工程"培养对象，同时学校培养了2名苏州市级骨干、7名太仓市级学科带头人。

2. 加速提升了学生的数学素养

因父母大多为打工者，很多学生所处的家庭环境并不理想，他们中部分人没有受过学前教育，学习基础相对薄弱。之前数学考试分数一直在市内垫底，近年来上升至中上水平，数学教学质量明显有了提高。学生的教学素养也明显有了提高，学生撰写的数学论文频频发表或获奖，学校多次被《小学生数学报》授予优秀组织奖。

3. 明显提高了学校的办学品质

因项目研究在数学学科取得的显著成效，核心问题统领的教学理念、操作方式、实践途径在其他学科全科辐射。项目研究调动了学校整体的教研氛围，使教学研究成为教师们日常的自觉行为，学校整体办学水平得到了提高，学校"'百川'好教师团队"成为江苏省首批四有好教师团队重点培育项目，学校获评全国教育系统先进集体。

（二）社会影响

1. 兄弟学校实践效果明显

随着项目研究影响的不断扩大，全国14个省份近60所学校参与项目研究，共同分享研究成果。项目负责人王文英校长作为省名师工作室主持人、苏州市首届名师领航班导师、太仓市高研班导师，通过手把手带学员，将核心问题统领的小学数学教学理念、教学方式辐射至省内外，受到了学员们的追捧。共培养了太仓市学科带头人13人，苏州市学科带头人、名教师5人，姑苏教育青年拔尖人才4人。

同时，也促成了学校的一些发展。太仓市双凤中心小学，项目核心成员每月一次入该校指导，两年后，不仅该校的教研氛围浓厚了，教师教育教学水平也得到了快速提升，在市级评优活动中首次获一、二等奖，学生的数学学业质量也得到了大幅度提高。海南省农垦直属第一小学，每学期邀请项目核心成员入校培训3天，海口市其他学校的数学教师也纷纷要求参与。从一校到一区，再到海南省教育科学研究院多次邀请做培训，证实了核心问题统领的小学数学教学的实践成果。

2. 媒体等相继报道成果

核心组团队受邀赴14个省市示范讲学，讲课内容受到了当地教师的高度评价。《小学数学教师》《小学数学教育》设专栏介绍项目成果；江苏省教育新时空、江苏教育电视台等分别报道了研究成果；近年来教师在省级刊物上发表了55篇论文，其中在核心期刊上发表的有5篇；项目获苏州市教育教学成果奖特等奖、江苏省教研室第十期教研课题成果奖特等奖……

3. 专家和学者给予高度评价

杨九俊："核心问题统领的小学数学教学"是很有价值的课题，对学生数学学习的深入和思维水平的提升有着积极的意义。尤其是问题结构的搭建，为实现结构化学习提供了可能。

鲍建生：问题教学是当今世界数学教育非常关注的一个话题，王文英老师的团队以核心问题为突破点展开研究，很有意义。他们用问题结构推进教学的思路和做法很有创意，对促进学生的数学学习非常有价值。

郑毓信：问题引领是中国数学教育十分重要的一个传统，为一线教师改进教学方法指明了重要方向。核心问题统领下的小学数学教学是这方面的一个很好的实践，不仅较好地实现了促进学生真正动脑的目的，相关的教学研究，特别是问题结构的设计也具有较大的意义，因此须积极推广。

王林：小学数学教学中核心问题统领课堂，可能是改进小学数学课堂教学的关键之一，是落实问题解决能力这一小学数学课程核心目标的有效出路，也是发展小学生核心素养的有价值的课堂教学方式。

（三）反思

随着对项目研究的不断深入，我们越来越深切地体会到教育研究的探索之路永无止境，以下一些问题还须深入研究。

1. 成立研究联盟，汇聚研究力量

为了回应各地各校加入项目研究团队的要求，我们将建立核心问题统领的研究联盟学校。一方面，汇聚众人的智慧，将本项目进一步做深，更多更好地为一线教师提供服务；另一方面，建立微信公众号，在更大范围宣传和推广研究成果，在分享和交流成果的同时，扩大影响力。

2. 丰富概念内涵，完善操作体系

修订后的《义务教育数学课程标准（2022年版）》将明确数学核心素养

的具体内容，并在基本理念、课程目标和内容标准方面都有相应的修改和调整。随着数学课程标准的修订，师生对核心问题的认识会得到进一步的丰富和完善，尤其是结合新理念在课堂实施、评价等方面做进一步探索。

3. 凝练研究成果，辐射其他学科

随着研究的深入，我们感受到核心问题统领不仅是一种教学主张、教学理念，更是一种思维方式。我们期待通过不断的研究，进一步凝练成果，更好地辐射其他学科的发展。

（该成果获2021年江苏省基础教育教学成果奖一等奖）

"衔接、进阶、融通"视域下的物理活动情境研发与实践成果报告

苏州市振华中学校

(成果主要完成人:申洁 程建军 曹蕴瑞 陈梁 张月兰 沈英)

义务教育物理课程与小学科学课程相衔接,具有基础性、实践性与发展性等特点。物理教学注重在真实问题情境中帮助学生从物理学视角认识自然,解决实际问题,经历科学探究过程,学习科学的研究方法,养成科学的思维习惯,进而提升物理课程核心素养。

物理活动情境,指创设的与物理现象相关的活动场景、环境与气氛,以学生的主体性活动为核心,突出"做"中学,让学生充分体验物理现象带来的乐趣,激发学生的好奇心与求知欲。情境通常以多样化的微活动方式进行,让学生经历自主探究、亲身实践、应用拓展的过程,从而获得经验提升,形成科学思维,提高解决问题的能力,同时使课堂教学生动、活泼而富有创造性。

"衔接、进阶、融通"视域下的物理活动情境研发与实践,关注课程内容的衔接与实施途径的进阶及课程活动研发的融通,凸显情境的活动性与实践性特征。"衔接"指小学科学课程与初中物理课程的衔接;"进阶"是课程实施基于学习目标的有梯度的学习方式与路径;"融通"涵盖知识技能、思维品质、学科核心素养与育人方式的融合贯通和统一。

成果从关注到研发与实践,经历20多年,实践检验效果显著。

一、问题的提出

目前,小学和初中非常关注核心素养的提升,但普遍现象是学生动手实践活动和创新活动的开展并不理想,其实质是对日常科学教育活动情境研发的关注度不够。存在的主要问题有以下几个方面。

1. **学科育人价值的体现缺乏情境活动的支撑**

课程核心素养是课程育人价值的集中体现，由于当下物理课程的实施过于强调学科的知识体系，忽视学生个性和素养的发展，单纯地以追求学业成绩为目标，背离科学教育的启蒙作用，导致常态的物理教学缺乏情境活动的支撑，学生逐渐失去对物理学习的兴趣，物理课程学习的体验性与实践性等不能落实，学习方式机械，立德树人的学科育人价值难以体现。

2. **对课程性质及学科本身的特点缺乏科学的认识**

义务教育物理课程是一门以实验为基础的自然科学课程，课程内容的选择遵循学生的身心发展规律，注重物理课程内容与生产、生活、科技发展等的联系，为学生物理课程核心素养的发展打下基础。而实际教学的现状是部分教师由于对课程性质和学科特点缺乏科学的认识，忽视实验教学的重要性，不重视实验活动情境的创设，造成学生物理学习内在动力不足，缺乏自信，学习方式机械，不愿动手动脑的现象较为普遍。

3. **对课程衔接的基础性与发展性缺乏关注**

义务教育物理课程与小学科学课程在学习内容及教学方法上具有一定的延续性和关联性。但现实情况是初中物理与小学科学在课程衔接与教学上并没有做到有序的连贯，学生学习能力及心理上潜藏着无形的难以跨越的"台阶"。加上初中物理学习的难度与小学科学学习的目标不太吻合，使得学生对物理课程的学习没有期望，学习的自主性很欠缺，阻碍了学生学科核心素养的发展。

项目团队自2001年起以新课标实施为背景，进行物理探究教学的体验性情境研发与设计研究，经过多年的实践探索，形成"活动、体验、探究"教学特色，并在省市进行了推广，有效推进了新课程的实施。在此基础上，项目团队近十年注重物理课程衔接、课程实施进阶与融通方面的研究。因此，本项目旨在构建具有切实可行的现实基础，又富有共性和个性的活动情境研发范式，并沿着这个方向，加强项目理论与实践研究的现实探索。

二、问题的解决过程与方法

本成果以"衔接、进阶、融通"视域下的物理活动情境研发和实践为导向，结合物理学科特点和初中学生的认知特征，进行理论和实践相结合的系统研究与开发，并落实于实践。具体过程与方法如下。

1. **第一阶段：基于课标与教材定向研究**（2001年9月—2005年6月）

2001年物理新课标颁布，项目组在使用新教材和实施新课程的过程中，发现问题，经历思想碰撞，聚焦问题，寻找研究方向。项目组基于问题导向，开展以探究教学活动为主的教学研究，寻找教学资源，创设丰富的物理活动情境，并进行文献研究，确定研究方向，申报研究课题。

2. **第二阶段：确立活动情境研发理念与目标**（2005年7月—2008年6月）

开展基于探究教学的课题研究，提出活动情境研发的思路，研究"情境体验、活动探究、思维进阶"等教学策略，并进行实践探索，初步形成情境资源研发的贯通理念，确立物理活动情境研发的目标。此阶段主要运用学习研究、目标确定、案例总结的方法。

3. **第三阶段：活动情境研发的结构化与系列化**（2008年7月—2015年6月）

进行大量课堂观察和分析，理论与实践相结合，建构"衔接、进阶、融通"视域下的结构化物理活动情境模型，研发系列化活动情境，实现各种活动情境资源的融会贯通。此阶段的主要研究方法是实践先行、案例分析。

4. **第四阶段：总结提炼与推广应用**（2015年7月—2022年6月）

彰显"活动、体验、探究"教学特色，构建"情境体验—活动探究—问题驱动—拓展应用"课程实施范式。锤炼课例，实证研究，反思凝练，形成论文、专著和国家专利等多种形式的成果，媒体进行报道与宣传。建设江苏省初中物理学科发展示范中心，打造学科品牌，示范引领，辐射影响，推广应用，改变教师的教学方式和学生的学习方式，促进教师的专业发展。

三、成果主要内容

通过项目研究，凝练了较为完整的情境研发理论主张，提出了物理活动情境研发的目标，形成了情境研发的策略，构建了具有推广应用价值的课堂教学范式。"基于小初衔接的物理融通课程建设实践研究"于2018年获苏州市教育教学成果奖一等奖，"'衔接、进阶、融通'视域下的物理活动情境研发与实践"于2022年获江苏省基础教育教学成果奖一等奖。项目组成员累计发表了相关研究论文40多篇，其中在核心期刊上发表了22篇。省重点课题结题2项。项目组成员出版了专著1部，获国家专利5项。

（一）凝练了以活动情境研发促进学习方式改变的育人主张

"衔接、进阶、融通"视域下的物理活动情境研发，以提升学生核心素养为目标,以促进学生思维进阶为宗旨,引导学生从书本学习走向实践性与综合性学习,在情境中体验、探究、创造,促进学习方式的改变。

1. 活动情境研发的价值

基于"衔接、进阶、融通"的成果特质成为研究与实践的信念,彰显核心素养培育背景下的学科育人价值。情境研发以激发学生的好奇心与求知欲为导向,以培养"求实、创新"科学精神为愿景,为学生物理课程核心素养的发展打下基础。

撰写的文章《活动·体验·智慧——"运动的相对性"的活动情境设计》发表在核心期刊《物理教学》上。

2. 活动情境研发的特征

体现"衔接、进阶、融通"特征,关注学习活动显性与隐性的相互融合,凸显学习内容与过程上构与下延的相互贯通,以促进思维进阶从无序到有序的螺旋式上升。

撰写的文章《"衔接、进阶、融通":物理活动情境创设的研究与实践》发表在《江苏教育》上。

3. 活动情境研发的途径

关注"衔接、进阶、融通"的特色呈现,以其作为研究与实践的专业追求。通过案例研究、行动研究等方式和途径,形成实践层面的成果,给师生带来情感、态度、价值观的积极发展与变化。

撰写的文章《基于核心素养培养的"平面镜"实验教学设计》发表在核心期刊《物理教师》上。

(二)确立了"衔接、进阶、融通"视域下的物理活动情境研发目标

"衔接、进阶、融通"视域下的物理活动情境研发,是在学生认知水平的基础上,立足课程内容的衔接,关注课程实施过程中学生的思维进阶,以实现各种活动情境资源的融会贯通。情境研发的总目标是激发学生的内在学习动力,引发深度学习,促进高阶思维能力的形成,提升学生的学科核心素养。

撰写的文章《基于衔接与进阶的物理学习活动设计》发表在核心期刊《物理教师》上。

(三)研发了"衔接、进阶、融通"视域下的结构化物理活动情境

依据物理活动情境研发的主张和目标,有目的、有计划地进行物理活动

情境的研发，对物理活动情境进行结构化提炼，研发了具有衔接性特征、进阶性特点和融通性特色的物理活动情境，并在"衔接、进阶、融通"视域下进一步整合贯通（图1）。

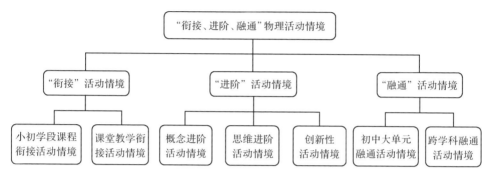

图1　结构化物理活动情境模型

1. 衔接性特征的物理活动情境

衔接性特征的物理活动情境，包含小初学段课程衔接活动情境和课堂教学衔接活动情境。小初学段课程衔接活动情境指在小学科学课程和初中物理课程之间进行衔接活动情境的创设，帮助学生实现课程内容及学习方式的平稳过渡。课堂教学衔接活动情境指在物理教学过程中，创设适合教学内容和环节的衔接活动情境，使课堂教学活动环环相扣、灵动、有活力，实现课堂教学整体的自然、流畅。

2. 进阶性特点的物理活动情境

进阶性特点的物理活动情境，包含物理课程学习过程中的概念进阶、思维进阶、创新性活动情境。通过创设阶梯式物理活动情境，学生的物理学习实现从真实情境到物理问题，从物理问题到物理观点，从物理观点到物理概念，从小概念到大概念的进阶。设置思维发展的坡度，在活动中促进学生科学思维的进阶，创设各种创新性活动项目情境，激发和提升学生的创新能力。

3. 融通性特色的物理活动情境

融通性特色的物理活动情境，包含初中物理大单元融通、跨学科融通活动情境。对大单元内知识内容进行融通，精心设计大单元整合的活动情境链，进而建立系统的物理知识内容体系。将跨学科活动情境的创设立足于引导学生开展物理综合实践活动和微课题项目研究，提升学生的学科融合与综合能力，挖掘学生的创造潜能，实现培养学生核心素养的目标。

（四）构建了"衔接、进阶、融通"视域下的教学范式与实践策略

关注义务教育物理课程的衔接性，重视不同课程内容学习的梯度设置。研发活动情境，目的是给予学生生活化、活动化的体验与感悟，以实现学习思维的进阶性跨越。

1. 编制基于活动情境研发的科学课程衔接教程

立足活动情境研发与优化创新，设计了从小学科学走向初中物理学习的衔接课程纲要，编制适合课程衔接的物理活动校本教程《科学》。衔接课程以项目活动为主，注重课程学习活动情境的设计，以学生小实验、小制作等具体的科学活动为载体，体现"衔接、进阶、融通"的活动情境特征，以帮助学生在学科课程学习上实现学段内容的无缝对接。

2. 形成以"活动、体验、探究"为特色的教学范式与策略

经历多年活动情境研发的实践和探索，已形成了"活动、体验、探究"的教学特色，构建了以"情境体验—问题驱动—活动探究—拓展应用"为课程的实施范式（图2），并提出相应的教学实践策略，具体为"可视性策略、科学思维策略、资源整合策略、目标达成策略、反思评价策略"。积累典型课例及特色案例30多例，为一线教师的物理教学提供了优质的案例借鉴与实践参考。

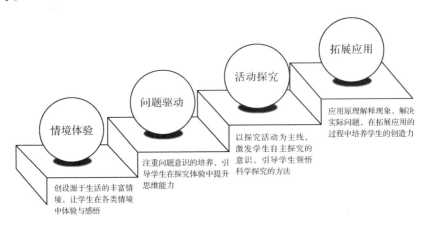

图2　课程实施的阶梯式模型

3. 提出"衔接、进阶、融通"物理活动情境的研发策略

进入初中阶段的学生，在自主独立意识、发现和探索自我、思维的独立性和批判性等方面逐渐增强，但心理年龄仍处于较幼稚阶段，自觉性与自主

性相互交织。因此，学习活动的设计应充分尊重学生的认知规律及身心成长特点，在研发物理活动情境时提出了以下策略。

（1）以激发兴趣为出发点。

以激发兴趣为出发点，用充满趣味的教学手段、技术支持营造生动有趣、引人入胜的活动情境和氛围，激发学生的学习热情，以促使学生进入最佳的学习状态。

（2）以引发认知冲突为生长点。

活动情境创设能引发强烈的认知冲突，激发学生的求知欲，充分调动学生的问题探究热情，在活动中活化学生头脑中的知识，使其更好地内化到学生的认知结构中。

撰写的文章《关注情境体验 提升常态化教学境界——"光的色彩颜色"一课教学设计与实施评析》发表在核心期刊《物理教师》上。

（3）以丰富体验为切入点。

让学生在各种活动情境中体验、感悟和生成，培养积极思考、善于分析、敢于创新、独立而自信的科学态度，让学生在高参与和高互动的情境活动过程中发挥想象，表达思想，丰富情感和提升智慧。

撰写的文章《基于体验的物理实验教学情境设计策略——以"用干冰做升华和凝华实验"研究为例》发表在《物理通报》上。

（4）以技术支撑为立足点。

活动情境的研发离不开技术的支撑，立足现代科学技术与物理学科的融合，注重活动情境研发的时代性，引领学生从感性认识向理性思考发展。

撰写的文章《"互联网＋"推进情境体验式教学路径的优化》发表在核心期刊《物理教师》上。

（5）以资源优化为进阶点。

整合优化活动情境资源，凸显"衔接、进阶、融通"特征，丰富情境研发的内涵，实现活动情境研发水平的进阶与升华。

撰写的文章《概念图思维对教学情境可视化形式呈现的启示——以"参照物"概念建构的教学设计为例》发表在核心期刊《物理教师》上。

4. 拓展物理与科技活动及综合实践活动情境研发的空间

学校提供了开展物理学习活动的情境空间场所，一个面积为200多平方米的物理创新实验室，一个面积为300多平方米的创客基地，配备了各种物理创新实验设施和设备,包含机器人、开源硬件、3D打印机、激光切割机、金木工工具、电脑和触摸一体机等,为有创意、爱制作的学生提供交流、学习、分享的情境活动空间。物理活动特色日益鲜明(图3)。

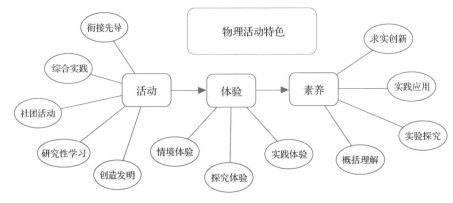

图3 物理活动特色

(1) 物理小制作活动。

物理小制作活动以知识单元为模块,给学生设计了实践活动及思维进阶的广阔空间。学生在活动情境的指引下,将日常生活中的瓶瓶罐罐等废旧物品资源利用起来,创作一个个与物理学习有关的物理小制作作品,体会活动情境中蕴含的学习乐趣。

(2) 综合实践活动。

综合实践活动是在特定学习活动情境中展开的一种学习活动。对学生而言,浸润于综合实践活动过程中获得的学习体验,往往伴随着各种问题情境中的新发现、新认识和新收获。活动情境和内容的设计灵活且有生成空间,突出物理知识和跨学科的融合,注重在探索与合作中学生自主学习、创造和创新,在实践过程中提升关键能力。

撰写的文章《指向关键能力的初中物理综合实践活动开发与实施——以"物作太阳能动力小车"为例》发表在核心期刊《物理教师》上。

(3) 物理微课题活动。

物理微课题活动是以所学物理知识为基础,让学生根据自己的兴趣及小组合作团队的研究能力,进行自主选择课题并开展研究的活动。比如,选择"引力弹弓"这个课题,是学生对电影《流浪地球》观影后进行的拓展性研究。微课题研究有很强的活动情境研发特征,有利于学生的思维进阶,有利于开拓学生的视野和发挥学生的想象力。

四、效果、创新点与反思

(一) 效果

1. 促进了学生的发展和学科核心素养的提升

通过活动情境的研发，引导学生在更为宽阔的实践空间里进行物理课程的学习，使学生获得了更为广泛的见识和体验，培养了学生的合作精神与创新意识，促进了学生学科核心素养的提升。

通过研发延伸的"项目研究""物理小制作活动""综合实践活动""科技创新活动"等形式，学生在生动、活泼的物理活动情境中学习，改变了学习方式，教学面貌焕然一新。学生喜欢物理，喜欢探究，喜欢创造发明。测评及问卷调查统计显示，学生亲自动手设计物理实验并参与的人数占学生总数的80%以上，每年基于物理课程学习完成的各种"物理小制作"作品上百件，多项获得了国家专利，在各类科技创新活动中取得了可喜的成绩，得到了专家及社会的赞誉和好评。

2. 研发和积累了大量的物理实验教学资源

立足活动情境研发与优化创新，研制适合衔接特点的物理活动校本教材《科学》及学生学习过程记录册。研发和积累了大量的实验教学资源，自制创新实验教具10多套，受邀参编了《中学理科实验教学指导——初中物理分册》，收录了实验案例60多例，积累了丰富多彩、生动有趣的教学情境设计案例视频及图片资源。汇编了学生系列项目研究报告，收集了学生活动互评记录，积累了丰富的研究资料，近年开发了微信公众号"物理微情境"等。

3. 形成了物理活动情境研发与实践的论文与专著

在研究过程中，注重将理论与实践相结合，凝练了较为完整的情境研发理论主张，形成了情境研发的策略，构建了具有推广应用价值的课堂教学范式。通过总结和提升，撰写了"衔接、进阶、融通"视域下的物理活动情境论文与著作，项目组成员累计发表相关研究论文40多篇，其中在核心期刊上发表了22篇，出版了《初中物理微实验情境设计》。

4. 建设了江苏省初中物理学科发展示范中心，引领教师专业发展

"衔接、进阶、融通"视域下的物理活动情境研发成果的推广，产生了一定范围的影响。建设江苏省初中物理学科发展示范中心，为促进教师专业发展搭建了更高的平台，发挥了良好的辐射示范与引领效应。

示范中心依托"国培""省培"、省"教学新时空·名师课堂"、市名师发展共同体、线上教育、微信公众号等，进行了各种专题的交流及课堂展示活动和宣传，实践成果得到了省内外一线教师、专家的高度肯定。项目团队所在学校被评为首批江苏省初中物理学科发展示范中心、江苏省物理教学研究基地学校，物理教研组被评为江苏省优秀教研组。

（二）创新点

1. 提出了立足学科育人和进阶发展的新视角与新主张

从学科育人和学生进阶发展视角出发，尊重学生学科核心素养发展的阶段性特征，主张通过"衔接、进阶、融通"视域下的物理活动情境研发与实践，关注活动情境的育人内涵，促进学生核心素养的发展，体现学科育人的价值。

2. 形成了以活动情境为本色的物理教学新特色与新范式

通过"衔接、进阶、融通"视域下的活动情境的实践应用，形成了"活动、体验、探究"的教学新特色，设计以"情境体验—问题驱动—活动探究—拓展应用"为课程实施的新范式，并提出相适应的教学策略。

3. 构建了物理课程教学实施的新路径与新资源

通过"衔接、进阶、融通"视域下的活动情境研发，构建了物理课程实施的新路径，即实现课程实施进阶的显性路径与学生学科核心素养发展的隐性内涵相融合与贯通，为学生的课程学习打下跨越式发展的基础。

建设了江苏省初中物理学科发展示范中心1个，创新了实验室及创客空间2个。研发了有影响力的创新教具10多个，获国家专利5项。收集了实验案例60多例，积累了典型课例30多例，情境研发案例视频及图片资源达100 GB。参与了实验指导用书的编写，出版了1本专著，开发了微信公众号2个，形成了具有学科特色的活动情境研发新资源。

（三）反思

"衔接、进阶、融通"物理活动情境的研发与实践是一个动态的行动研究过程。后续研究将更多关注以下3个方面。

（1）进一步完善物理活动情境研发与实践的目标，优化课程实施范式和策略，提高"衔接、进阶、融通"视域下的物理活动情境的研发的针对性与系统性，精心打造具有鲜明时代特色的物理活动情境研发精品范例。

（2）在活动情境研发与实践落实于课程实施层面实践成果的基础上，进行理论层面的梳理与提升，努力将经验转化为方法与行动方案，以形成更为广泛的成果辐射效应。

（3）在课程实施的过程中，重视活动情境研发与实践对学生产生的积极影响，从更高的境界去思考如何促进学生物理学科核心素养的形成。

（该成果2021年获江苏省基础教育教学成果奖一等奖）

全人理念下基于主题图谱的综合实践活动范式研究

苏州市吴江区程开甲小学

（成果主要完成人：周菊芳 沈丽萍 杨玲丽 山卫英 徐秋凤 仲芳芳）

一、问题的提出

2001年，国务院批准《基础教育课程改革纲要（试行）》，首次提出综合实践活动课程。综合实践活动课程有纲要，但无课程标准，有内容领域，但无课程载体，由此出现了对综合实践活动课程理解上的模糊和实践上的偏差，主要存在以下三个普遍问题。

1. 主题很随意，表现为想干什么就干什么

万事万物都是综合实践活动课程的内容范畴，这虽然是课程的优势，但在实践时又会带来一些问题，容易出现选择困难症或随意症，缺乏系统性的主题建构，难以实现形散而神不散。

2. 目标太空泛，表现为干到哪里算哪里

每个综合实践活动主题的目标都从价值体认、责任担当、问题解决、创意物化四个角度定位，虽正确但空泛，缺乏具体指向。

3. 体验不深刻，表现为上和不上一个样

综合实践活动与学科活动、学校特色活动、学生日常生活之间互相割裂，缺乏整合，导致活动过多，学生体验颇多，但犹似蜻蜓点水。缺乏深度的体验，无法给学生更多成长的空间。

二、解决问题的过程与方法

在全人教育理念下，以学生综合素养的培育为目标，在充分发挥学科教育的巨大优势的基础上，以综合性学习为主要学习方式，培育全面发展的人。在省级课题的引领下，以学科特色课程基地为平台，从学生的生活问题出发，

建构综合实践活动课程图谱，在项目化学习中促进学生将学科知识、方法等综合运用，同时加以融会贯通，实现深度学习。

1. 第一阶段：开发地域课程资源，探索综合实践活动课型

2003年到2008年，开发地方文化资源，以综合实践活动课程为先导，探索综合性学习的课堂教学范式。一是挖掘盛泽丝绸文化资源，加以筛选、拓展、重组与深加工，开设"吴文化""丝绸文化"课程，编撰《丝绸文化》校本教材；二是以教学范式为研究方向，在反复研讨、实践论证、思考总结的基础上，形成主题生成课、方案设计课、调查问卷指导课、资料整理课等课型。

2. 第二阶段：整合课程资源，设计长短线结合的主题活动

2009年到2014年，在不断整合课程资源的基础上，针对实施策略、实践机制重点展开研究，构建了"主题统整、长短线结合、纵横关联"的系列化课程推进策略，突破以往短线的思维模式，运用长短线结合的方式，张弛有度、疏密结合，确保自主研发的课程多维、灵动，并很好地体现研究的深度与广度。

3. 第三阶段：创设校本特色文化课程基地，建构课程图谱

2015年到2020年，在全人教育理念的指导下，创建校本特色文化课程基地，整体规划，建构课程图谱。以"开甲精神"为统领，以江苏省"小小科学家"课程基地为实践活动的平台，完善课程图谱，让活动有基地、目标有统领、主题有序列，逐步实现培养完整的人的目标。

三、成果主要内容

确立了培养完整的人这一课程核心理念，基于学校课程基地的育人资源，以全人教育理念为引领，建构综合实践活动课程图谱，让学生在丰富多彩的活动中整体提升自身的核心素养。

1. 确立了培养完整的人的课程核心理念

"培养完整的人"这一教育理念，是基于人本主义代表人物罗杰斯的全人教育理论。本论述中的"全人"，即完整之人、完全之人。

（1）价值目标：指向完整的人。

综合实践活动课程的价值在于培养完整的人，其完整性体现在身体、心理、精神三者的内在统一。三者互为依存，相互融通，缺失任何一方，都不能构成一个完整意义上的人。因此，学校提出"培养秀外慧中的阳光儿童"

这一目标，设置生活与健康、伙伴与交往、发现与探索三大课程体系，为孩子的未来奠定三大基石：健、真、慧。健，健康的身体，健全的人格；真，认真做事，真诚待人；慧，聪慧才智，智慧学习。

（2）整体建构：成为完整的人。

完整的人需要完整的课程建构。一是课程内容结构的完整性，涵盖人与自我、人与自然、人与社会三个实践领域；二是实现路径方式的多样性，提供科内综合、生活融通等实践路径，以及考察探究、设计制作、社会服务、职业体验四种活动方式，满足个体的多样化需求；三是活动过程的全息性，充分发挥活动的综合育人功能，让学生在主题活动中获得多方面的成长。

（3）活动演绎：实现人的价值。

综合实践活动是学生在真实生活情境中的活动，激发所想、激活所学及激励所能，最大限度地展现人的创造潜能，在活动中让学生获得自我认知与成长，积极地为实现自己的目标而努力，获得心智的和谐发展，最终形成正确的人生观与世界观，拥有开阔的视野与开放的心态，实现人的个体价值与社会价值的统一。

2. 形成了基于校本特色文化课程平台的开发路径

以学校特色文化课程基地为平台，将课程资源转化为活动主题，进而从学科向度开发项目任务，并选择相应的活动方式确定活动类型与实践路径（图1）。

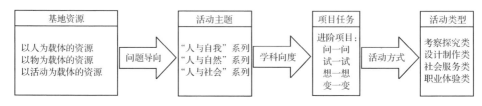

图1 基于校本特色文化课程平台的开发路径

（1）以基地资源来确定活动主题。

校本特色文化课程基地资源分为三大类型：以人为载体的资源、以物为载体的资源和以活动为载体的资源。综合实践活动以问题为导向，根据学生的最近发展区，将问题进行分类与筛选、提升与再生，转化为人与自我、人与自然、人与社会三大实践领域。聚焦人成长中的关键要素并组织活动，在活动中做学问、做人、做事。

(2) 以学科向度来确定项目任务。

在育人过程中,学科的主体地位不可撼动。因而,在开展综合性学习时,围绕活动主题,运用"学科+学科、学科+生活、学科+技术"等方式,打通学科壁垒,打开生活场域,让技术融入学习中,开发操作性强的"问一问、试一试、想一想、变一变"进阶项目,并根据学生的经验和水平划分为多个任务群,以此激发学生综合运用学科知识来挑战任务的热情。

(3) 以活动方式来确定活动类型和实践路径。

以解决问题为目标,在学校课程基地真实研究场域中,根据考察探究、设计制作、社会服务、职业体验四种活动类型,确定每个项目任务的功能,研制适宜的实践路径,实现问题的解决并将经验推广运用。

3. 探索了全人教育理念下的综合实践活动课程图谱

学生综合素养的发展,需要学校有完整的课程体系作支撑。以培养完整的人为目标,建构学校综合实践活动课程图谱(图2)。

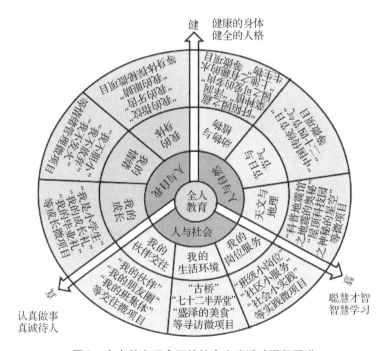

图2 全人教育理念下的综合实践活动课程图谱

(1) 以系统思维建构学校综合实践活动课程图谱。

着眼于学生的可持续发展,架构起有利于学生志趣聚焦、适应现代发展需要的学校课程体系。学校围绕"健、真、慧"这三大基石,统整人与自我、人与自然、人与社会三大领域,形成了"我的身体、我的情绪、我的成长;动物与植物、节日与节气、天文与地理;我的伙伴交往、我的生活环境、我的岗位服务"9 大主题,在此基础上目前已开展了 150 个微项目研究。

(2) 以跨界思维设计微项目主题图谱。

每个微项目的研究,同样注重整体建构,设计主题图谱,以保障活动有序进行、深度开展。主题图谱是动态的生成过程,主题图谱的形式也是灵活多样的。

一是围绕三大领域进行架构。综合实践活动内容的选择与组织以学生为核心,主要围绕三条线索进行:学生与自我的关系、学生与他人和社会的关系、学生与自然的关系。这三条线索成为综合实践活动内容设计的依据,如"春分"主题图谱的设计(图 3)。

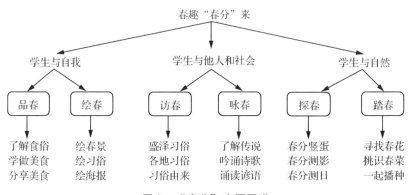

图 3 "春分"主题图谱

二是以学科统整进行架构。学科统整方式,反映在主题图谱中,包括跨学科跟进式、跨学科协同式、跨年级关联式等。跨学科跟进式,指采用关联思维的方式,围绕某一研究主题或项目,把涉及的各学科的素养点融合在一起,完整设计主题系列活动;跨学科协同式,指采用跨界思维,打破学科固有的界限,挖掘统整点,开展学科教师协同式指导,从而满足学生综合学习的需要;跨年级关联式,以学生 6 年的学校生活为背景,进行系列化、递进式的课程内容开发,以符合不同年级学生的认知水平和活动能力。

三是以多样的活动方式进行架构。综合实践活动的主要类型有考察探究、设计制作、社会服务、职业体验四种,另外还有党团队教育活动、博物馆参观等。在设计活动时可以有所侧重,以某种方式为主,兼顾其他方式;也可以整合方式，使不同活动要素彼此渗透、融会贯通。

4. 建构了以素养为导向的综合实践活动范式

（1）以素养为导向的主题统整。

根据学生的素养结构和个人发展需要，基于学生的心智特点和发展可能，积极挖掘与之相匹配的适合学生学习的特色课程基地资源，并通过整合和优化的方式，实现从资源到问题、从问题再到活动主题的转化。主题统整，兼顾活动的深度与广度，关注人的生命，尊重人的潜能，促进人的整体发展。

（2）以任务挑战为活动形式的深度学习。

任务挑战是以促进学生综合素养持续发展为目的，立足学生的发展现状，充分了解当下学生的已知与已能、未知与未能，进行深度学习的活动设计。以适宜的任务为导向，指导学生展开跨界学习，自觉解决现实中的问题，学会自主思辨与总结。

（3）团队教师的专业支持。

综合性学习，有别于分科学习，需要综合运用各学科、各领域的知识，因而在课程实施中需要多种专业与技术的支持。全校各科教师都要成为活动的指导教师，形成学科组、年级组、项目组等多维研究团队；每位教师还要融通各科知识与技能，往复合型发展，既能教自己本专业的学科，也能为学生的综合性学习提供指导。

（4）基于作品的表现评价。

综合性学习既要关注过程，也要关注结果。过程性评价既要关注学生在活动中的智力因素，也要关注学生在活动中的非智力因素。而结果性评价需要学生形成"产品"意识，将有形或无形的学习所得，通过一种可视化的形式展示出来，以此更完整地对学生的学习进行全面的了解与把握，并通过及时、合理的再指导，帮助学生获得更好的成长，以此形成校本化的"从已知走向未知、从验证走向发现、从学科走向跨界、从教师走向学生、从结果走向过程"的实践策略，建构表现性评价系统。

5. 取得了系列成果——发表了论文，出版了专著和教材

（1）发表了论文，出版了专著。

基于多年的实践，在《人民教育》《江苏教育》《江苏教育研究》《小学教学研究》等期刊上发表论文20多篇，2020年由江西教育出版社出版了专著《全人理念下的综合育人实践》。

（2）编写了综合实践活动教材。

2007年完成了《丝绸文化》校本综合实践活动教材的编写，该教材获江苏省校本教材评比二等奖；2013年参与了"鲈乡风"综合实践系列丛书的编写，该丛书获江苏省校本教材评比一等奖；2017年参与了由江苏省教研室组织的《小学综合实践活动成长手册》及配套的教师用书的编写；2019年参与了苏州市综合实践活动教材《综合实践活动学习手册》的编写。

（3）提炼了成果与成果获了奖。

一是2020年12月，周菊芳老师的"全人理念下的综合育人的实践研究"获苏州市教育教学成果奖一等奖。这是在10多年实践的基础上，在三个阶段的不断实践、总结、反思、提炼的过程中逐步完成的。二是2020年6月，周菊芳老师参与的"前瞻：未成年人社会教育优质化考量"获苏州市第十五次哲学社会科学优秀成果奖三等奖。从2017年开始，周菊芳老师受聘为苏州市政府实事工程"'家在苏州·e路成长'未成年人社会实践"指导中心的核心指导教师。以全人教育理念为基础，周菊芳老师先后指导"太湖雪蚕桑园""先蚕祠""苏州公民道德馆""生生园"等10多个场馆进行课程的开发。

四、成果与反思

1. 理念有创新

（1）主题建构路径创新：从基地建设到主题图谱。

以学校特色文化课程基地为平台，统筹分科教学，让学生在真实的场域进行探究活动，实现知识学习、经验积累、价值观形成的并进；建设全场域、立体式、互动型的物态课程，科学规划，整体建构，形成体系化、系列化的主题图谱，把学校建成一个综合育人的生态园。

（2）育人实践范式创新：从以学科为导向到以素养为导向。

以素养为导向，挖掘学校基地的育人资源，通过"资源+"的方式，整体设计主题实践活动；通过"项目+"的方式，设计符合学生水平的任务链，以任务挑战为方式，进行深度学习；通过"教师+"的方式，组建多元导师团队，并提高团队教师的专业水平；通过"成果+"的方式，关注学生实践的过程与结果，建构表现性评价系统。

（3）课程组织方式创新：从独自摸索到团队协作。

实施多种专业支持的综合性学习活动，应打破学科界限与专业界限，加强协同与配合，实现教师之间的优势互补，由独自摸索转化为团队协作：一是开展纵深式的团队内教研，包括教师的自主学习和思考，同一个项目团队之间的教研活动；二是开展横向式的团队间教研，包括校内不同团队之间的联合活动和校际的合作交流，主要以专题沙龙、论坛研讨、一课三磨、专家讲座等方式进行。

（4）成长评价机制创新：从单维评价到综合评价。

科学、合理的评价是外因促内因、他律到自律的有效路径。在综合育人的过程中，突破了知识导向评价、单一方式评价、单向主体评价的局限，以培育完整的人为旨归，将智力发展、情感态度、意志品质、思维能力、创新精神等统摄于评价之中，形成了综合性、多主体、进阶式评价机制。在评价主体上，将自我评价、同伴评价、家长评价、教师评价整合其中，为更科学、合理的评价起支撑作用。在评价方式上，采用了档案袋评价、作品展示、成果发布会等个性化的评价方式，有利于充分调动活动主体的积极性与创造性，充分发挥个体的创造潜能。

2. 实践有路径

（1）打通全学科，学科无界限。

在学科教学的基础上，打开育人的视野，让学生投入更真实的场景中，充分运用已有经验，破除知识、思维、模式的屏障，将各学科所学融会贯通，形成一种新的理解、新的经验，在这个过程中，新的知识被建构，新的学习力不断产生。全人理念下的综合育人实践，正努力打破常规的学科育人思维，以主题活动、项目学习为主要方式，掀起一股综合学习的热潮，学科与学科之间再无明显的界限，所有的学习都是为了促成人的成长。

（2）打通校内外，学习无围墙。

在综合育人的理念下，教室不再是学习的唯一场所，学校处处皆是学习的场所；不仅仅校园里有学问，生活处处有学问。教室之墙、校园之墙被拆除了，学生学习的心门也被打开了。在各项主题活动中，有生活性的、社会实践性的主题活动，有与家庭联动的活动，也有与社区联合开展的活动，学生在不同的团体中，学会了交往，学会了自主发现、主动思考……此外，各学校之间也常有互动往来，同学们一起经历，一起成长，真实的学习自然发生了。

（3）打通各领域，成长无边界。

育完整的人，需要发现每一次活动、每一门课程背后的育人价值和意义，科学家、院士来做报告了，星空社团组建起来了，科学种植实践基地建起来了……丰富多样的课程活动，增进了学生对不同行业、领域的了解，并从不同领域的先进人物身上学到了相关的科学知识。

3. 应用有效果

（1）学生综合实践与创新能力得到了显著提升。

学生各方面能力都有了很大的提升，尤其是发现和提出问题的能力、团队合作能力、组织规划能力、动手操作能力、沟通表达能力。自2008年以来，在吴江区综合实践活动成果集比赛、区学生成果展评中，我校连续12年获一等奖。我校开发了系列特色综合实践活动项目，其中以重走程开甲之路为目标的"开甲之旅"活动已连续举办了两年，社会反响良好，全镇5所小学一万多名学生均积极参与到活动中，该活动多次在区、市、省、国家级媒体上报道。

（2）教师综合育人能力与团队建设能力突出。

作为活动领衔人，周菊芳老师受邀成为苏州市未成年人社会实践指导教师，每学期指导3个以上场馆的人员进行课程设计，每学期带领吴江区综合实践协作组、吴江区教科协作组等有序开展研究活动。团队成员在区、市、省级综合实践培训活动中开展了40多次示范课、研讨课，听课教师人数达万人。每学期策划和组织寒暑假主题实践活动、基地微课程研究活动，通过微信等平台推广经验，得到了广泛好评。目前，本校已有苏州市学科带头人1人，区学科带头人4人，区教学能手、新秀5人。

（3）综合实践育人范式在区域内得到了广泛应用。

周菊芳老师主持的江苏省"十三五"规划课题"指向核心素养的小学综合实践活动主题统整研究"，由吴江区教研室组织全区40所小学进行课题研究，其中参与的核心学校有10所。每学期围绕课题开展课例研讨2次，学生成果比赛2次，方案与活动设计比赛1次，对全区综合实践活动课程的推进起到了重要作用。我校编写了系列教材，其中《丝绸文化》校本教材在盛泽镇5所学校推广使用；由江苏省教研室组织、共同编写的《小学综合实践活动成长手册》及配套的教师用书，从2018年9月起在江苏省各地推荐使用；由苏州市教育科学研究院组织、共同编写的初中3个年级共6册的《综合实践活动学习手册》，从 2019 年 9 月开始在苏州市各区域推荐使用。

（4）学校特色课程基地的影响力不断提高。

2017 年 9 月，我校围绕"开甲精神"整体布局，规划全场域、立体式、互动型的物态课程，建设"小小科学家"综合实践活动课程基地。2018 年 12 月我校获批为苏州市课程基地，2020 年 8 月获批为江苏省课程基地。在文化建设与课程建设并进的过程中，"小小科学家"综合实践活动课程基地的影响力也不断提高，2020 年，在苏州市课程基地现场视导中，我校获得了"示范"这一最高的评价等第。从 2018 年到 2021 年 6 月，全国共有 50 多个团队来我校参观课程基地，了解课程开发与实施的经验。

（该成果 2021 年获江苏省基础教育教学成果奖一等奖）

高中体验性艺术课程的实践创新

苏州市第六中学校

（成果主要完成人：朱文学 沈海泯 陶文东 朱勤 杨榕）

一、问题的提出

苏州市第六中学校（江苏省苏州艺术高级中学校）自 1992 年起探索城市综合特色高中办学模式，在艺术教育办学历程中为高校输送了数万名优秀的艺术人才，得到了上级领导和社会各界的充分肯定。为办好一所质量一流、富有特色的高品质艺术高中，学校在"十三五"工作开启之年（2016 年），回顾并总结了 20 多年艺术特色教育所取得的办学成果，反思长期以来存在的问题，即艺术课程整体建设存在零散化、水平低、不均衡的现象，艺术教育存在重技能、轻素养，重全面、轻个性，重活动、轻实效的现状，艺术教育凸显资源不足、挖掘不够、整合不力的问题，以及艺术高中师资不足、力量不够、专业不强的情况等，学校在原有艺术课程的基础上，不断实践和创新，着力开展新一轮校本课程改革，提出体验性艺术课程理念，大力推进体验性艺术课程与教学的深度融合，追求高品质的教育愿景，践行有心的教育、有追求的教育、有品质的教育、有情感的教育、有人的教育。体验性艺术课程以学生核心素养的培养与发展为导向，在以美立校、以美施教、以美育人办学思想的引领下，以大爱尚美、德艺双馨为育人目标，开展全方位、全要素的艺术创新教育，努力培养文化深厚、技能扎实、素养全面的艺术生。

二、解决问题的过程与方法

学校将已有的校本课程进行了梳理和整合，于 2016 年提出了体验性艺术课程理念，建构了体验性艺术课程框架，用 5 年时间分步落实、整体推进了学科类体验课程和拓展类体验课程的研发与实施，同时整合和利用了体验性艺术课程的资源体系，着力提升教师的课程研发与指导能力，促进学校艺术教育持续保持高质量发展。

1. 有效推进学科类体验性艺术课程

（1）形成适性的校本化体验性艺术学科群。

根据艺术高中的校本特点和学生专业发展的培养目标，探索了艺术学科的多元化建设，研发了美术、音乐、舞蹈等专业的体验性艺术学科，设立了美术专业的素描、色彩、速写、设计等科目，音乐专业的声乐、乐理、视唱、练耳等科目，表演与播音主持专业的台词、表演、嗓音训练、形体等科目，舞蹈专业的芭蕾基训、技巧、民舞、剧目等科目（图1）。

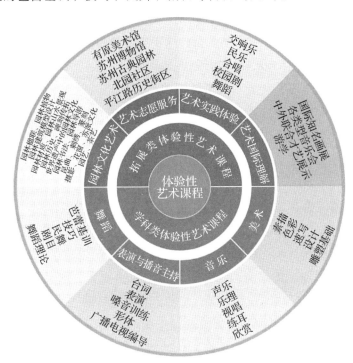

图1　体验性艺术课程架构图

（2）确立动态、调适的艺术学科教学方案。

根据各学科的专业特点，从2016年起制订并完善《苏州市第六中学艺术学科教学方案》，在教学计划、课时安排、教学评价等方面进行了全面、深入的研究和实践，形成艺术课程教学样态。在课程设置方案的实施过程中，根据艺术学科特点及艺术学生的个体差异，为达到教学效率的最大化，实施小班化差异教学，如音乐专业采取声乐小课与乐理、视唱、练耳大课交叉同时进行，表演班采取形体和台词交叉同时进行的方式，个性化和普遍化教学交替变换，使学生得到丰富、多元的艺术实践体验。

(3) 创设体验性课程教学活动的生动范式。

体验性艺术课程的教学实施，以学生为中心，根据学生艺术认知的特点及规律，让学生在亲身实践和演练过程中逐渐形成发现、感知、欣赏、评价艺术美的意识和能力，掌握好基础知识，发展专业能力，产生情感共鸣，提升艺术素养，为专业技能和素养打下扎实的基础。艺术课堂教学呈现出灵动性和生成性的特点，学生在演奏等的实践演练中，艺术潜能得到了极大激发，艺术感受力和表现力获得了增强。同时，教师带领学生聆听音乐会、参与大师课、参加歌剧表演、观摩画展、到校外写生等，在暑假组织中国美术学院研学之旅，在寒假开展交响乐冬令营，学生在耳濡目染中提升综合艺术素养。为了适应艺术高考的要求，学校开创性地举办高三美术大市联考，为大市高三美术学生提供学习、交流和共享资源的机会，开展省音乐统考现场录音考试，让学生提前体验贴近高考要求的仿真考试环境。

2. 自主创新拓展类体验性艺术课程

拓展类体验性艺术课程是学科类体验性艺术课程的补充，将素质课堂的拓展和创新作为目标，关注拓展类和学科类体验性艺术课程之间的融合和连接，发挥课程综合育人的功能，为学生多样化学习提供服务。

(1) 园林文化艺术课程。

作为省级课程基地，立足学校有400多年历史的古建筑群，充分挖掘园林文化的育人功能，运用与园林艺术相关的审美要素，联系周边的拙政园、狮子林等苏州古典园林，开设人文、艺术、实践及拓展四大类共20多门相应课程（图2）。创设园境课堂，将教学课堂搬到苏州园林或校内古建筑群中，让学生在真实情境中感受中华传统文化的博大精深，获得陶冶。多元、开放的学习方式，培育学生自主探究精神和美学综合素养。课程基地成为学生连接古今、沟通中外的窗口，成为学生多样化学习和多元发展的立体课堂，成为教师转变教学方式、实现专业成长的发展中心，也成为学校转型升级、优质特色发展的展示窗口。

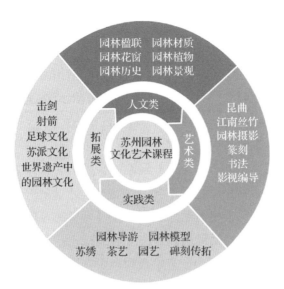

图 2　苏州园林文化艺术课程架构图

（2）艺术实践体验课程。

学校为学生艺术实践提供了广阔的舞台。学校成立了有原艺术团，该团下设交响乐团、民乐团、合唱团、校园剧团、舞蹈团等，学习方式由个体学习向团队合作学习转变，学生形成协作意识和集体主义观念。通过丰富的艺术实践活动，学生在协调和配合中体验融合互补的艺术之美、多元之美。2019年学生参加第六届中小学生艺术展演活动，合唱的《人面桃花》荣获江苏省特等奖、全国一等奖，学校荣获贡献突出集体奖，得到了苏州市政府和教育局的表彰；校园剧《你好学霸》参加省"六艺"展演，获一等奖；舞蹈《姑苏小娘鱼》参加市"六艺"展演，获一等奖；2021年学生参加苏州市中华经典诵读大赛，《信念永恒》获特等奖；学生参加省"我心向党"中华经典诵读大赛，《我的南方和北方》获特等奖；原创校园剧《年·味》及原创舞蹈《浣纱清水旁》均获得2021年第七届苏州市中小学生艺术展演一等奖。学校已经成功举办了第二十九届校园文化艺术节，艺术节成为检验艺术实践体验课程教学成效的重要依据。

（3）艺术志愿服务课程。

为了让更多的学生走出校园，接触社会，在更多的"第二课堂"中积累宝贵的社会实践经验，培养社会责任感、团队协作能力，提高自身的素养，践行社会主义核心价值观，2017年学校制定了《关于进一步开展学生志愿者服务的工作意见》，开设了艺术志愿服务课程，提供了与艺术相关的志愿者服务项目，如全国"六艺"展演志愿活动、苏州博物馆志愿项目、苏州古典园林志愿项目、北园社区志愿项目、e路成长有原美术馆志愿服务项目、平江路历史街区志愿服务项目、"家训家书家风"主题书画大赛志愿活动、艺术招生专业考试志愿服务项目等，得到了社会各界的赞扬。

（4）艺术国际理解课程。

通过观摩画展、举办音乐会、开展游学、展示联合才艺等各种形式的国际型审美艺术课程，帮助学生了解异域文化和艺术，提升艺术审美素养，开阔国际视野。多年来，学校与新加坡莱佛士音乐学院等国外高校进行教学合作，打开了与世界艺术对话的大门。澳大利亚昆士兰凯恩斯三一湾公立中学等来校开展了研学和交流活动，艺术教师全员开课，进行了深入而广泛的艺术交流。

3. 整合和利用体验性艺术课程资源

依托得天独厚的校外文化场馆（如平江路、拙政园、苏州博物馆），建设校本化物型资源环境。利用校内有原美术馆、古建德善书院、苏州图书馆青少年艺术教育分馆等自创艺术资源，助推传统文化与中小学教育的应用与发展，弘扬中华民族优秀的传统文化。

挖掘社会和高校的艺术师资资源，提升学校艺术师资的实力，从"爱·尚美"主题展到"与大师面对面""梅花香自苦寒来"书画艺术作品展、百年老校摄影作品展等，邀请了一批艺术大家（如靳尚谊等）走进校园，开讲座，办展览，进而提升了学校艺术教育综合软实力。

4. 着力提升教师课程研发与指导能力

一是开展高水平课题研究，促进艺术教育科研理论的创新。国家级课题"高中艺术类学生艺术差异教学研究"已结题，该成果获江苏省第四次教育科学研究优秀成果奖二等奖。两项江苏省"十三五"教育科学规划重点课题"艺术特色高中审美教育的课程样态与教学变革研究"和"人生教育理念下艺术高中学习自组织创设研究"顺利结题，苏州教育改革和发展战略性与政策性研究课题"高中审美教育有效推进实施的策略研究"及"苏州市中小学优秀传统文化物型课程开发研究"，均于2020年顺利结题。开展了江苏省第二批品格提升工程项目"行塑人文品格：园林文化德育课程群的建设"，该项目被教育部表彰为全国中小学德育工作典型案例。学校两次被评为苏州市教育科研先进集体，教师出版了著作 11 部，3 位体验性课程负责人在全国第六届艺术展演中表现突出。2016 年至今，教师发表的论文共计 182 篇（其中省级以上刊物上发表 131 篇），在市级以上评优课比赛中获奖 59 次，在市级以上基本功比赛中获奖 23 次，有 169 名教师辅导学生在市级以上各类比赛中获奖。

二是形成多专题且系列化的艺术校本读本。2020 年，学校成立了市级有原劳模工作室、学校教师发展书院，有原劳模工作室团队联同名特优教师共同体、骨干教师发展体、青年教师成长体等多层次教师发展梯队，举办了苏州市名师发展共同体艺术组研修会，承办了苏州市中小学音乐舞蹈专题研讨会，积极编撰论著，已正式出版了 11 本校本读本：《设计十六日——美术院校设计类专业校考攻略》《艺术差异教学论文案例集》《中国工艺美术鉴赏》；高中校本音乐课程系列丛书《乐理》《视唱》《练耳》《声乐》《欣赏》；美术课程系列丛书《美术专业实验教材——速写卷》《笔尖上的追寻——色彩卷》《笔尖上的追寻——速写卷》。同时，积极创编园林课程系列校本读本《园林楹联》《篆刻》《花窗》《园林模型》《园林植物》，艺术课程系列校本读本《舞蹈理论》《舞蹈基础训练》《高考辅导教材——播音主持卷》《语音发生》《艺术语言表达技巧》，六艺园林系列特刊《耕耘篇》《青蓝篇》《成长篇》《杏坛篇》，校园文化丛刊《清和》、《视觉》（影、像)、《声音》等。

三、成果的主要内容

1. 体验性艺术课程促进学生专业成长

合唱、舞蹈、校园剧数十项艺术节目在全国中小学生艺术展演等重要比赛中获奖，近 5 年艺术高考本科上线率持续保持高位，文化艺术本科双达线率连年保持在 95% 以上，半数以上的学生被国内知名艺术高校录取；体验性艺术课程推动学校艺术教育迈向新的高度。学校两次被教育部授予"全国学校艺术教育先进单位"，两次被省教育厅评为"江苏省艺术教育特色学校"。"苏州园林文化艺术课程基地"两次被省教育厅评为优秀课程基地，学校成为"苏州市艺术学科中心""苏州市中小学艺术教育研究中心"，多次被苏州市教育局授予"艺术教育突出贡献奖""特色教育一等奖"，学校是国内外 10 多所知名高校的优质生源基地，成为苏南地区普通高中艺术特色教育的领跑者。

2. 体验性艺术课程推动学校高品质发展

（1）确立体验性审美教育创新理念。

学校在普通高中教育目标的指导下，以文化科学为基础，根据学校自身特点，确立以美立校、以美施教、以美育人办学思想，明确以艺术学生审美发展为根本的教学目标。开展体验性艺术课程，以高中生艺术追求为导向，将审美体验贯穿于审美教育的全过程，突出艺术教育体验过程中审美能力、审美素养等的培养，引导学生完善人格。

（2）构建校本化体验性审美教育课程。

学校体验性审美教育课程经历了创设、增设、整合、融合的过程，学校将各门艺术课程进行有机融合，完善艺术特色高中审美教育课程建构，将美育贯穿在学校教育的各个方面，探索国家课程的校本化和校本课程的多元化，形成学科类体验性艺术课程和拓展类体验性艺术课程两大课程体系，关注两大课程体系之间的融合和连接，发挥课程综合育人的功能，形成多元融合、动态调适、创新的艺术高中体验性审美教育课程体系。

（3）教学创新充分促进学生适性发展。

根据校情、教情和学情，在文化与艺术学科课程教学中，创新课堂教学，实施适性教学。在体验性艺术审美课程的教学过程中，根据学生的艺术基础和潜能，运用灵动多样的教学方式，找准学生的契合点，进行分层递进、小组合作、个性指导的适性教学，将课内外、校内外、线上与线下的教学相结合，创设立体交互的融合式教学情境，让学生在丰富的体验活动中获得艺术审美能力。

（4）课程教学与科研创新同步推进。

学校教科研的主题突出艺术审美课程的发展和教学变革，集中开展国家级课题"高中艺术类学生艺术差异教学研究"，成效显著，该成果获江苏省第四次教育科学研究优秀成果奖二等奖。获批两项江苏省"十三五"教育科学规划重点课题"艺术特色高中审美教育的课程样态与教学变革研究"和"人生教育理念下艺术高中学习自组织创设研究"。江苏省第二批品格提升工程项目"行塑人文品格：园林文化德育课程群的建设"取得了重大实践性成果，被教育部表彰为全国中小学德育工作典型案例。积极推进省级立项课题"中学艺术教育传承苏州园林文化艺术的实践研究"、苏州市立项课题"艺术高中音乐校本课程的实践与研究"以及苏州市教育改革和发展战略性与政策性研究课题"高中审美教育有效推进实施的策略研究""苏州市中小学优秀传统文化物型课程开发研究"等，并顺利结题，形成了学校艺术审美教育特有的科研特色。

四、成果的社会影响与推广应用

1. 体验性艺术课程全面实施

形成体验性艺术课程整体框架，面向全体学生，在实践中全面推行，并达成师生的课程共识，被家长及社会认同。体验性艺术课程的教学目标、内容与方法均以学生为主体，强调学生在体验过程中的习得和感悟。学生在艺术方面获得市级以上奖项100多个，其中合唱获全国第六届中小学生艺术展演一等奖、江苏省特等奖，学校荣获贡献突出集体奖，得到了苏州市政府和教育局的表彰。近5年艺术高考本科上线率持续保持高位，文化艺术本科双达线率始终保持在95%以上，半数以上的学生考上了上海音乐学院、上海戏剧学院、南京艺术学院等名校，学校在艺术教学方面所取得的成绩印证了学校开展体验性艺术课程的显著成效。

2. 体验性校本读本广泛使用

学校已正式出版11本美术、音乐方面的校本读本，除了本校学生使用外，已被伊宁市第一中学、安庆市第二中学、太仓市沙溪实验中学、苏州市田家炳实验初级中学、苏州市金阊外国语实验学校等兄弟学校借鉴使用。读本使用成效明显，在"一师一优课，一课一名师"活动中，有5节课被评为部优课。多位教师在江苏省教研室主办的"杏坛杯"教学展示活动、苏州市区优质课评比、苏州市把握学科能力竞赛中获奖。

3. 区域内指导引领作用充分发挥

学校作为"江苏省艺术联盟学校""苏州基础教育课程中心校""苏州市中小学艺术教育研究中心""苏州市美术、合唱、舞蹈、戏剧艺术项目学校"，充分发挥艺术特色学校的示范辐射作用，提升苏州市艺术教育的广度和深度。学校作为中国陶行知研究会苏霍姆林斯基教育思想专委会苏州市实验区组织学校，带领苏州市田家炳实验初级中学、苏州市敬文实验小学校等10多所学校积极开展苏霍姆林斯基美育实践，2019年协助承办了全国苏霍姆林斯基教育思想研讨会。2018年，学校成功承办了省级课程基地联盟（艺术类）研讨活动，来自全省40多所联盟校参会，两位教师开设了公开研讨课并获好评。2019年，"苏州园林文化艺术课程"入选第五届中国教育创新成果公益博览会，成果在珠海市成功展出并获好评。通过网络，学校向苏州大市初中生推出了初高中衔接美育课程，在线辅导5 000多课时。学校承办了苏州市中学音乐、美术等课堂教学观摩研讨会，共同探讨了普通高中艺术特色教育的发展和艺术人才的科学培养，目前苏州共有18所初中学校成为本校的艺术生源基地。

4. 社会辐射功能持续显现

作为省内知名的艺术类高中，学校每年接待多批省内外学校来校考察和交流，每学期开展艺术教育观摩和交流活动，进行示范教学，邀请省内外教师来校研讨。学校面向苏州大市搭建美育共享平台，如有原交响乐团、有原美术馆、美术高考命题研发中心、教学联盟等，吸引了全市50多所中小学参与，有原美术馆举办了"尼泊尔文化遗产摄影展""吴师画境——2019苏州市美术教师作品邀请展"等向社会各界开放的画展，受到了广泛好评。学校先后与新加坡艺术学院等结成友好学校，每年安排师生互访，扩大中国学校艺术教育在国际上的影响。同时加强与国内艺术特色高中学校的联系，推进长三角艺术高中联盟建设，与上海戏剧学院附属高级中学、上海师范大学附属罗店中学等长三角艺术高中开展研讨。学校多次受邀赴安徽省艺体特色高中建设论坛、新疆友好学校，介绍艺术教育的办学经验。学校还积极将艺术教育向下拓展和延伸，与苏州市艺术特色初中校、苏州市少年宫等进行联动，开设艺术教育衔接课程。

5. 办学成果得到领导及社会各界的充分认同

2018年，时任省教育厅厅长葛道凯和时任省委常委、苏州市委书记周乃翔等领导分别来校考察，对学校办学成效给予了充分肯定。2019年，教育部全国"六艺"展演40多位专家及中国美术学院许江院长等来校指导，对学校艺术教育给予了高度赞赏。校合唱团师生赴日本池田市进行合唱展演，获得了赞誉，促进了中日两国在音乐方面的交流。学校艺术高考名校录取率和本科上线率持续保持高位，学校已成为北京电影学院、上海戏剧学院、俄罗斯莫斯科国立大学等国内外20多所知名艺术高校的优质生源基地及教学实践基地。华东师范大学出版社出版的《中国高中阶段教育发展报告2019》，对学校的教育及课程做了全面介绍。2020年第23期《人民教育》著文介绍我校，学校美育活动和成果被《中国教育报》《扬子晚报》《苏州日报》等多家报纸报道。

五、反思

一是在新的起点上进一步加强学校艺术课程架构与实施的科学性和有效性。在长期的探索和实践中，学校艺术特色教育课程经历了创设、增设、整合、融合的过程，具有个性化的教育追求、校本化的艺术课程体系、独特的教育教学管理制度等特点，全体教师应站在更高的起点上，与时俱进，深入研究新课程标准及高中育人方式的改革精神，了解国内外同领域研究和实践的现状，研读艺术审美教育、艺术课程、教学变革等方面的相关文献，把握高中审美教育的内涵和功能，基于学校体验性审美课程动态性和过程性的特点，重新梳理和审视学校艺术课程设置、课时安排、教学计划、教学方法、教学评价等，进一步保持原有优势，开拓课程类别，在课程的宽度和深度上下功夫。同时，继续打通不同学科间的壁垒，发挥课程综合育人的功能，进一步调整和优化体验性艺术课程架构，使课程更趋科学性，并呈现出有效性、精品化和融通性完美结合的样态。

二是以课程建设为依托，持续改变学校艺术教育的整体生态与教育文化。当前普通高中普遍存在的问题不是单纯的教育问题，其背后有深刻的社会原因，要想改变高中教育的生态环境和教育文化绝非易事。我校为普通高中艺术教育的特色发展之路进行了一次生动的实践，为学校内涵发展、特色发展、艺术教育教学主动改革提供了新的机遇和平台。以学生艺术核心素养发展为目标，以培育体验性艺术课堂样态和开展教学变革为路径，重塑学生、教师生活和学习方式，促进学生的个性化发展和教师的终身学习。教育文化的转变，师生教学方式的变革是一个复杂而又艰巨的过程。"大美育"视角下教学变革需要全学科、全员教师的参与，如何整体优化和转变学校的艺术教育发展模式，让艺术核心素养真正与学校、学生、教师的日常教学生活建立实质性的联系，使本校真正成为学校的课程教学改革中心、课程设施资源中心、知识拓展实践中心、拔尖人才培养中心、教师成长发展中心、学校品牌建设中心，还有一条很长的改革之路要走。

（该成果获 2021 年江苏省基础教育教学成果奖一等奖）

新书院：一所百年小学育人模式创新的"本道经验"

昆山市培本实验小学

（成果主要完成人：陈惠琴 张水平 王燕 洪艳 李静琴 杜陆伟）

学校贯彻落实立德树人根本任务，如何变革一所百年老校的育人方式？如何有效提高育人效果？我们重点围绕新书院育人模式的优化建设，提出了校本化和实践性小学育人方式变革的基本路径，在解决实际问题的过程中不断总结，逐步形成既有学校自身特色又能适合普遍推广的"本道经验"。

一、问题的提出

（一）主要问题和相关分析

问题1 忽视优势资源的发掘，多样化特色发展的育人方式变革难以实现。

分析： 文化生长力是需要有独特的环境支撑的，而当下传统环境育人功能弱化，大家很少去关注学习环境和育人之间的内在联系。教育实践需要关注学习场域对教育效能的影响。新书院作为学校教育文化的载体，应充分发掘优势资源，创建育人新场域，营造学习新空间，支持多样化特色发展的育人方式新变革。

问题2 缺乏学校课程的系统思考和顶层设计，导致课程个性特色不明。

分析： 学校课程主要包括国家课程、地方课程和校本课程三个层面。一段时期，国家课程的校本化相对弱化，学校课程缺少系统思考和顶层建构。为此，学校须将零散的、原生态的校本课程进行系统化建构，形成学校课程图谱，建构起符合本校实际的课程体系，努力凸显学校的"本真、整合、灵动、体悟、生成"的课程内在价值，如此方能实现国家课程、地方课程和校本课程的融合共生。

问题3 课程教学改革进入深水区，课堂教学方式变革难显校本作为。

分析： 教育现实中"重智育，轻德育；重知识，轻能力；重应试，轻素质"的弊端仍然存在，素质教育、课程改革推进受阻；学生学习缺乏积极性、自主性和动力源，主体学习能力差，学科核心素养落实略显困难。这就需要我们高度重视和直面课改问题，强调学生的主体地位，落实核心素养，优化教学方式，改变教师的教学形态和学生的学习状态，努力探索学校课程与教学的新路径、新方法，切实提高课堂教学的实效性。

问题 4 育人评价存在"重知识，轻能力""重应试，轻素质"的问题。

分析： 激励评价是育人评价的关键，教师虽然认同"促进学生全面而有个性的发展"的教育理念，但行动上还是更多关注学生的考试分数，家长对学生参加社会实践等素质教育活动也不太支持。探索新书院育人模式，旨在创建"五立"（立德、立慧、立健、立美、立创，对应"五育并举"）目标综合评价结构，强化场景中的表现性评价，通过"五彩奖章"等全景性、形成性、展示性、混合性等激励性、多元式的评价改进机制，在实践中发挥评价的实效性。

（二）研究定位

针对以上 4 个问题，学校秉承百年书院文脉，结合"立德树人"时代要求，创新和探索学生"五立"目标培养的新书院育人模式。整理和发掘书院文化内涵，创建新玉山书院，创新建设"本道教育"的"新教室、新书馆、新平台、新空间"等育人场域，解决学校育人场域开发不够、课程特色不明、教改推进不力等问题，坚持以学生的"五立"素养发展为导向，实现百年小学育人方式的深度变革，让新书院成为学生生活、实践、创造等的新空间。

二、问题的解决过程与方法

基于以上问题，新书院育人模式的研究经历了四个阶段：系统规划、实践探索、整体推进和辐射推广。

（一）第一阶段：系统规划（2011 年 8 月—2014 年 7 月）

1. 学校沿革与文化挖掘

学校前身是 300 多年前昆山著名理学家、教育家朱用纯（号柏庐）先生讲授课所在地"玉山书院"。清末书院东部改建为"顾亭林先生专祠"，供后人参拜和祭祀。之后，徐氏邑人又在祠内设震川先生、柏庐先生的"享堂"，震川先生、柏庐先生与亭林先生一道接受后人的祭祀，祠故又名"三贤堂"。

顾炎武先生"天下兴亡，匹夫有责"的警世名言，朱柏庐先生"以德为先，知行并进"的育人理念，归震川先生"修身、齐家、治国、平天下"的价值追求及书院厚重的人文积淀，值得学校在新时代中传承和发扬。

2. 文化传承的论证与确立

多年来，学校坚持"传承、创新、改革、发展"的思路，结合校本需求，将地域优势转化为教育资源优势，对传统的书院文化进行了深度研究，提炼了古代书院优秀传统文化的精髓，将玉山书院与新时代小学育人要求结合，提出了建设"新书院"的概念，旨在从古代书院教育中汲取智慧、创新发展。适逢2012年新校区建设，我校以此为契机，酝酿创建新玉山书院，对传统书院制在教育形式、管理方式、课程安排等方面的精髓进行创新性转化，让新书院成为新时代学校育人的新载体，努力打造集探究性、场景性和开放性于一体的全新"本道"育人场域。

3. "本道"文化设计与规划

学校坚持文化传承，明晰"立本生道"的特色教育思想，以"回归儿童本位，探寻发展之道"为宗旨，树立"君子务本，本立而道生"的理念，进行"本道"文化顶层设计。遵循"传承、生长、创新"的原则，规划了三类主题场馆，其中"传承类"设有玉山书院、昆曲馆、三贤堂、亭林剧场，"生长类"设有天下馆、童诗馆、童书馆、澄心馆、莎士比亚馆，"创新类"设有问号馆、圆周率馆、智谷少科院。"新玉山书院"基于儿童学习的需求，关注学生个性化学习空间的营造，让所有场域都成为儿童学习和实践的场所。

（二）第二阶段：实践探索（2014年8月—2016年6月）

1. 以教育教学理论引导新书院建设

学校坚持理论应用和新书院建设相融合，将杜威的"做中学"、陶行知的"生活教育"、陈鹤琴的"活教育"等理论，应用在"本道课程""本道课堂"的实践创生之中；遵循"立本生道"教育思想，确定学生素养发展目标："家国情怀、求真养智、健体澄心、循理尚美、务实创新"，这是对顾炎武"天下兴亡，匹夫有责"的思想、朱柏庐"以德为先，知行并进"的育人理念和徐梦鹰"求新尚美，遵循规律"的办学理念的传承和应用；系统构建"本道课程"特色体系，倡导新书院学习方式，引导学生聚焦生活，解决问题，健康成长。

2. 以项目和课题推进课程建设

课程是学生素养目标落地的最有效的途径。学校通过分析教师、学生、家长对课程学习需求的调查结果，重新聚焦课程统整。以教科研课题和项目研究为载体，坚持"文化导向、任务驱动、方案设计、实施跟进、评价检验"的行动路径，重点解决新书院场馆建设、"本道课程"系统开发、"本道课堂"实践范式、学生 PBL 综合实践等任务研究过程中的实际问题。2016 年年初，以省"十三五"立项课题"基于儿童立场的本道课程构建与实施"课题研究形式进行"本道课程"整体性建构。其间，学校创设了"立德、立慧、立健、立美、立创"五类课程群，每类课程群都包含了国家课程、地方课程、校本课程三类课程的融合共生，推进了新书院育人模式的课程实践和探索。

3. 以案例研究方式开展教学实践

新书院育人模式的创建必须落地"本道课堂"。我们以"本道课程"统领，坚守"本真乐道、循道慧导、悟道慧学"的课堂主张，以案例研究为主要形式开展教学实践，在行动中提炼"本道课堂"教学策略，边实践、边研究、边总结，让新玉山书院的课堂学习从以教为主不断走向以学为主，将行动过程中形成的经验向团队内辐射，并相继向全体老师、兄弟学校等进行辐射。

（三）第三阶段：整体推进（2016 年 7 月—2019 年 6 月）

1. 迭代升级新书院育人场域

为有效解决场馆资源整合利用不够的问题，学校于 2017 年在新书院建设的基础上，把原有的学校文化景观、专用教室装备等设施，按照"五育并举"要求重新进行功能定位，服务于学校的"本道课程"建设。"立德"课程以"传承书院德行，兼修精神"为目标，设有养正园、七星斋、三贤堂等；"立慧"课程以"传承书院的学术研究精神"为目标，设有生长吧、日知园等；"立健"课程以"传承书院文化中对身心两健的追求"为目标，设有体育馆、澄心花园、行健园等；"立美"课程以"传承书院文化，提升审美能力"为目标，设有亭林剧场、尚美园等，实现了新书院场域的迭代升级；"立创"课程以"传承书院创新精神"为目标，设有 STEM 科创中心、生态厕所科普空间等。

2. 打造特色文化课程基地

学校启动特色文化课程基地建设，将新书院育人实践纳入常态化视野。

2017年成功创建"苏州市小学特色文化课程基地",2018年成功获评苏州市课程基地"示范",2019年成功晋级为"江苏省中小学课程基地建设项目"。学校开展的"本道五立"PBL项目学习,以核心问题驱动学生自主学习,培养创新意识。其中"立德PBL"项目由70多位教师授课,1 000多名学生参与,取得了良好成效;"澄心关爱辅导"项目开展的效果也很好,被《光明日报》关注和报道。

3. 深化"本道课程"教学与评价

学校依托新书院物理空间,以课程为载体,着力深化"'本道课程'教学与评价"项目研究,建立了"研修制、学长制、会展制、会友制"等运行机制,在课程内容、组织形态、评价体系建设中形成新模式,让每一位学生都能朝着"五育融通、素养和谐"的方向发展。

(四)第四阶段:辐射推广(2019年7月至今)

1. 向师生传递"本道文化"

在新一轮高品质特色学校的创建中,学校依托华东师范大学专家团队指引,认真剖析校情,不断优化课程体系建设,在传承与发展、整合与借鉴、开拓与创新中,不断向师生传递"本道文化",探寻"本道课程"的特色体系建设,努力凸显"本真性、整合性、灵动性、体悟性、生成性"等校本课程特质,不断增强课程与育人目标匹配的指数。

2. 向社会传播"本道经验"

在丰富的课程实践中,学校课程建构更加科学,办学效益更加显著,已成为当地基础教育的窗口学校。我们按照"价值引领—逻辑论证—经验输出—展示交流"的新书院育人模式辐射路径,先后对校内、联盟学校、区域内、省市内外进行"本道经验"辐射。专著《本道课程的七向探索》《新书院育人实践系列》(12册)等已出版发行,成果的推广和应用显出"本道经验"的辐射力。

三、成果的主要内容

自2011年启动新书院育人模式创新实践研究以来,已走过十多年的探索之路,全校师生共同参与了实践,创新了新书院育人模式(图1),生成了五大"本道经验"。

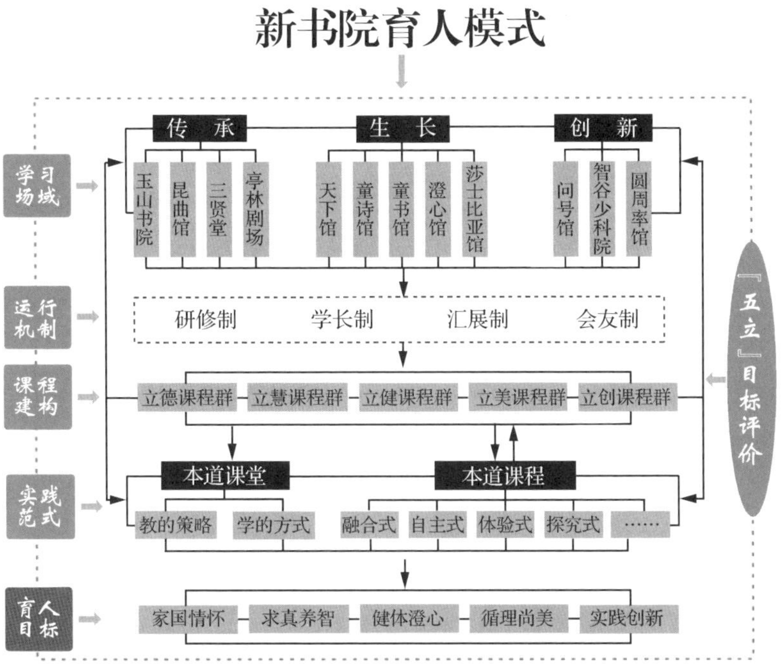

新书院育人模式

图1 新书院育人模式框架结构

1. 打造了玉山书院"本道"新场域

学校秉承百年书院文脉,结合"立德树人"时代要求,创建新玉山书院。遵循"传承、生长、创新"的原则,创建了三类主题场馆,其中"传承类"设有玉山书院、昆曲馆、三贤堂、亭林剧场,营造浸润式学习环境,关注学生人文素养的培养;"生长类"设有天下馆、童诗馆、童书馆、澄心馆、莎士比亚馆,关注个性化学习空间的营造和跨学科学习空间的营造,支持学生开展多样化的学习活动;"创新类"设有问号馆、圆周率馆、智谷少科院,主题是科学和科技,是学生自主合作的科创中心。

多年来,我们以"立于本,成于道"为行动方略,对传统的书院制文化进行深入研究,取其精华,并寻找其与现代学校教育的契合点,着力打造集探究性、场景性和开放性于一体的全新育人场域——新玉山书院,新书院有"四新",即新教室、新书馆、新平台、新空间。其间,我们把原有的学校文化景观、专用教室装备等设施,按照"五育并举"要求重新进行功能定位,对新书院育人场域迭代升级,为实现育人方式的变革奠定坚实的基础,努力引领学生在"读中学、玩中学、研中学、做中学",学生场域学习覆盖率100%。

2. 构建了"本道课程"育人新体系

"本道课程"是学校实施"培本育人"、落地"本道文化"的核心载体,也是新时代学校高质量发展的核心竞争力。基于学校"本道教育"特色文化定位,学校课程建设指向"回归儿童本位,探寻发展之道";坚守培本固基,倡导"生命生长";以"大家培小,立本生道"的校训为灵魂;致力倡导"本真乐道,涵培大家"的校风,"大爱树人,循道慧导"的教风,"立德为本,悟道慧学"的学风。在学校核心理念的引领下,构建了"本道课程"育人新体系。

在新一轮高品质特色学校的创建中,学校在传承与发展、整合与借鉴、开拓与创新思想的指导下,紧紧围绕"家国情怀、求真养智、健体澄心、循理尚美、务实创新"的学生素养发展目标,积极实行"本道课程"特色体系的整体建构,形成以"立德、立慧、立健、立美、立创"五大课程群为主体的"本道课程"体系(图2)。已形成了《"本道课程"校本实施方案》,并开发了各学段的《新书院育人实践系列读本》《本道"五立"课程群系列读本》等90多种学生用书,正式出版了专著《本道课程的"七向"探索》。

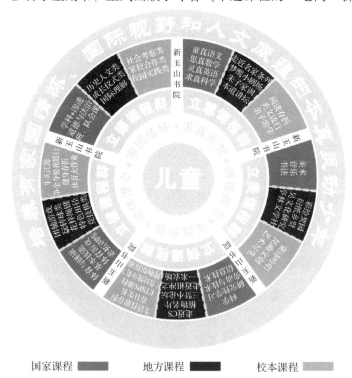

图2 新书院"本道课程"图谱

3. 构建了"本道课堂"学习新样态

新书院育人模式的创建必须落地"本道课堂"。我们坚持以"本道课程"统领，着力建设"本道课堂"书院式学习模式；坚守"本真乐道、循道慧导、悟道慧学"的课堂主张，通过重构场馆学习资源，开放场馆学习空间，系统组织场馆活动，已呈现"融合式、自主式、体验式、探究式、混合式"等学习样态50多种，引领学生在"读中学、玩中学、研中学、做中学"，为培养学生专注、严谨、创新的科学态度和自由、独立的学术精神奠基（图3）。

以探究式学习为例，校本课程"三贤讲堂"的课程有"我和三贤有约、我给三贤写封信、我为三贤代言、三贤佳句书画创作"四个板块。在每个板块学习中，以对话思辨为主。在"我和三贤有约"的研学中，学生以"顾炎武作为三贤的典范，其贤者风范体现在哪里？这样的风范对我们的学习、生活有哪些具体的帮助？"为题开展小组合作，并分享各自的独到见解……在这里，学习在真实情境中自然发生，小组合作学习变为"馆学"的常态；在这里，探究热情被点燃，知行合一、情智共生的生命活力被激发。围绕"本道课堂"建设，学校开展公开教学、主题探究活动有288次，评优课获奖704节，发表论文508篇。

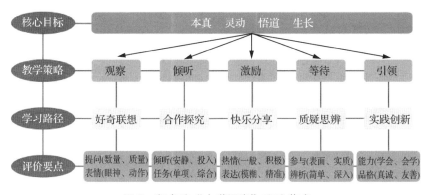

图3 新书院"本道课堂"实践范式

4. 创建了"五立"目标评价新结构

"五立"目标评价是指围绕"立德、立慧、立健、立美、立创"五大培养目标所进行的评价，这是衡量书院育人实施效度的关键导向。我们强调关怀每一个学生，遵循"过程数据积累，记录重要事件，培本榜样引领"等原则，注重构建多主体、多样化、个性化的综合评价结构（图4）。在学习评价实践中体现"量化评价、经历描述、榜样激励'全景式'"评价，形成了教师、家长、特聘导师、同伴及自我等多主体评价,通过创设"银行""超市""游园"等评价实体,多视角应用了卡片式、组团式、作品式、展演式、档案式等多元评价新方式10多万人次。

图4　新书院"五立"目标的综合评价结构

5. 形成了书院育人辐射新机制

在新书院育人方式创新实践的过程中,我们边探索、边总结、边提炼,从聚焦教育思想、提炼办学理念、明晰育人目标等方面综合构建学校文化体系,让新书院育人模式基于文化引领。同时,按照新书院育人模式"价值引领—逻辑论证—经验输出—展示交流"的辐射传播路径,先后对校内、联盟学校、区域内、省内外进行"本道经验"的辐射。学校主持专题研讨、现场示范、成果分享、主题报告等近千人次。

四、成果的效果与反思

(一) 成果取得的效果

1. 校内推广应用显优质

(1) 成果推广应用成就高品质教学。

学校建立了新书院育人方式变革实践经验的推广机制,将本成果应用于更多教师的课程教学之中。学校依据"本道课程"实施方案,先后开发了"童真语文、思真数学、灵真英语、求真科学"四类课程群,所开发的课程聚焦学科本质,实现学科内外融合,致力培育学科核心素养,提升课程教学品质。学校的课堂教学流程设计和课堂教学评价等成熟经验采取了团队形式进行组内辐射，并相继向全体教师进行推广和传播，学校先后开设了公开课、研究课、竞赛课等，得到了广大教师的认可，学校教学质量也在稳步提升，教师近年来在《人民教育》等期刊上发表了多篇论文（表1）。

表1 教师论文发表统计表（部分）

时间	主题	杂志	级别
2021年	书院精神与时代脉搏的碰撞：新教室、新书馆、新平台、新空间	《人民教育》	核心期刊
2011年	新课程背景下口语交际教学的三种策略	《上海教育科研》	核心期刊
2011年	学校体教结合中的难题及对策初探	《上海教育科研》	核心期刊
2013年	小学低年级的识字写字教学的问题与思考	《上海教育科研》	核心期刊
2015年	文化传承课程的构建与实施	《上海教育科研》	核心期刊
2014年	小学童话教学要把握"三个点"	《教育教学论坛》	省级刊物
2014年	《炎黄子孙》课前自主学习任务单	《中国信息技术教育》	省级刊物
2016年	老树春深更著花——记昆山市培本实验小学百年历程	《小学教学研究》	人大复印报刊资料重要转载
2016年	小学古诗词教学初探	《小学教学研究》	人大复印报刊资料重要转载
2017年	本道阅读，构建蓬勃向上的阅读生态	《教育界》	核心期刊数据库收录期刊
2017年	本真 灵动 精简 自主——小学语文"苏式课堂"之我见	《考试与评价》	省级刊物
2018年	做先贤文化的"朗读者"植聚力学校的"桂花树"	《中小学校长》	中国核心期刊数据库收录期刊
2018年	课程，让教育更美好——基于儿童立场的"本道课程"构建和实践探索	《江苏教育研究》	省级刊物
2018年	立本生道，积蓄学校蓬勃生长之力——昆山市培本实验小学"本道文化"建设的思考和实践	《江苏教育研究》	省级刊物

续表

时间	主题	杂志	级别
2018 年	基于学习力发展的微课程开发	《江苏教育研究》	省级刊物
2018 年	依托信息技术 助力校本课程有效实施	《江苏教育研究》	省级刊物
2019 年	凸显数学思维 构建"本道课堂"	《数学大世界》	省级刊物
2020 年	新时代家国情怀的校本探索	《教学与研究》	全国中文核心期刊 CSSCI 来源期刊

（2）成果推广应用造就高素养学生。

新书院育人方式的变革和实践，充分体现了学生积极探究、合作互助、追求美好的"培本"特质，充分体现了学生中心、创生变革、关注生命的生本思想。在新书院育人经验的目标导航下，学生更加积极主动地参与到场馆课堂学习和各项活动中，他们相互激励，相互帮助，共同见证成长与发展。有效减轻学生的学习负担，学生的学习成绩普遍提高，学习自信心普遍增强，学生近年来在各级各类学习活动比赛中屡获大奖（表2），充分彰显了学生"自主、悟道、慧学"的高素养。

表 2 学生获奖统计表（部分）

时间	主题	授奖单位	级别
2011—2012 年	张烨、杜玥在中国国际发明展第七届国际发明展览暨国际教学新一期展览获两项铜奖	中国发明协会	国家级
2018 年	王竹萱获 2018 年世界机器人大赛全国总决赛银奖	世界机器人大赛	国际赛事
2019 年	庄鸿铭、丁郭鋆获 2019 年世界机器人大赛一等奖	世界机器人大赛	国际赛事
2011—2018 年	张烨、王天霄、嵇星宇、李奕辰、唐钖瑀获全国少年科学院小院士称号并获一等奖	中国少年科学院	国家级
2016 年	费浚航在 2016 中国第 42 届"红双喜新星杯"全国少儿乒乓球比赛中获男单第一名	中国乒乓球协会	国家级
2018 年	曾茹雪等 16 位同学在 2018 年全国少儿体育田径运动会总决赛上获一、二等奖	全国少儿体育田径运动会组委会	国家级

续表

年度	主题	授奖单位	级别
2019 年	邱浩轩等 12 位同学在 2019 年全国少儿趣味田径总决赛上获一、二等奖	全国少儿体育田径运动会组委会	国家级
2019 年	蔡坤宏、林佳涛在全国航空体育竞赛暨"放飞梦想"全国青少年纸飞机通讯赛中获一等奖	全国航空体育竞赛	国家级
2011—2017 年	马沁宜、梁恩瑞、金蕾嘉获"江苏省优秀少先队员"称号，梁恩瑞代表江苏省参加全国少代会	江苏省少工委	省级
2020 年	张珺昱等 4 位同学在 2020 年江苏省"俊龙杯"模型邀请赛中获一等奖	江苏省航空运动会	省级
2015—2021 年	李昂等 24 名学生在百万少年争当"江苏好少年"展评活动中被表彰为"江苏好少年"	江苏省少工委	省级
2015—2021 年	耿泽一等 30 名同学在"苏州市好少年"展评活动中被表彰为"苏州市好少年"	苏州市少工委	省级
2011—2018 年	戴艺贝、梁恩瑞、马沁宜当选第二届、第三届、第六届苏州少先队形象大使；王书涵、牛子儒在第七届苏州市少先队员形象大使"苏苏""州州"展评活动中被确定为十佳提名人选	苏州市团市委	市级
2011—2021 年	学校向苏州体校累计输送 35 名运动优秀苗子，达到国家健将标准 3 名，其中输送的体育训练选手董子昂打破全国中学生田径跳高的纪录	苏州市少体校	市级

（3）成果推广应用成就高自觉家长。

在新书院育人方式的变革和实践过程中，不断地有家长加入。新书院打破教育壁垒的立体空间，家长们用两种身份参与到新书院的学习中：一种是学习者，参加有关家教理念与方法的教育主题讲座、沙龙、课程学习；另一种是组织者，根据自身特长，开设主题课程，让学生参与其中。这样，教与学，学生与教师、家长与教师、家长与学生实现了身份和角色的切换，让家长感受到教育的共生力和持久力，家长的教育与学习的自觉性在不断提高。

2. 区域内推广应用显品位

2018 年学校入选昆山市品质课程种子学校，学校在联动两所结盟校、牵头共同体学校活动中，积极引导区域内课程建设，通过开展区域主题教研、公开课研讨、基地现场、特色开放日等200多次活动，将教学和育人的"本道经验"向区域进行推广和传播。学校近几年所举办的"苏州市小学名师发展共同体活动""江浙沪冀教学研讨活动"等展示和交流活动，产生了良好的示范作用与引领效应。

新书院"本道经验"的核心就是以开放的视野，重构"五育融合"的课程空间，创新小学新时代育人方式的变革。为此，"本道经验"的区域推广立足"探索—整合—优化—推广"的实践辐射方式，以新书院为载体，整合学校师生及家长的力量，通过共同开发"家校共生课程"，指向学生"五立"目标培养，着力"亲子融合、家校共育、自我提升"，将课程育人与"本道经验"区域辐射有机融合。同时，还通过整合课程、课堂、课题的"三课"联动，将新书院创新育人模式的经验进行区域推广，仅学校的"家校合作，书香育人"活动，全校就有85个班级、170个家长、3 500户家庭在线参与。

3. 省内外推广应用显实力

学校通过一批先行试点的教师，有效传播课程开发的"本道经验"，还通过走出去、请进来的方式，向省内外、国内外进行推广。"本道课程"系列育人实践成果《新书院本道课程七向探索》《新书院家校共生课程》《新书院育人实践系列》等14本专著相继出版。在此基础上，学校组织了147个社团活动，全校学生积极参与，多次对省内外开放，受到了广泛好评。近年来，学校接待了上海、深圳、安徽、湖南、贵州等地的百余个参观团，陈惠琴校长的"'大家培小'本道课程特色文化建设实务研究""文化引领，落地有根"等报告，致力推广"本道"教育成果，得到了参与教师的普遍认同。学校还以课程基地项目建设为契机，大力推进课程建设，不断扩大基地研究成果的覆盖面，积极开展同城帮扶及贵州友好学校的帮扶，不断扩大"本道"教育成果在省内外的影响力。学校利用江浙沪冀联谊会平台，引领百所学校、万名教师持续探讨新书院创新小学育人方式的变革。学校主持专题研讨、现场示范、成果分享、主题报告等近千人次。新书院育人成果在《人民教育》专题刊发，《中国教育报》《新华日报》4次报道，《江苏教育研究》有系列文章介绍"本道经验"。（表3）

表3　新书院"本道经验"推广辐射成果统计

时间	主题	主办位	参观人数/人
2012—2021年	10次长三角地区江浙沪冀联谊活动（每年一届）	昆山市教育局	16 450
2014年	宁夏银川市实验小学代表团参观学校"本道文化"建设	银川市教育局、昆山市教育局	8
2015年	新疆阿图什7位教师参加"本道课堂"研讨活动；25位学生参加学生联谊活动	阿图什市教育局、昆山市教育局	32
2016年	青海玉树地区师生本道立德联谊活动	西部格桑花助学	42
2016年	江苏省住建厅专家参观新书院新场域"未来教室"	苏州市电教馆、苏州市教育局、昆山市教育局	6
2017年	南京师范大学牵手"培本育才"教育发展共同体专题活动	南京师范大学、昆山市教育局	270
2017年	云南省腾冲市教师代表团课程研讨和参观活动	腾冲市教育局、昆山市教育局	9
2017年	全国家校合作经验交流会（新书院家校共生课程进行交流）	中国教育学会家庭教育专业委员会	500
2017年	广州市花都区圆玄小学举行"本道课堂"研讨交流活动	中国教育学会班主任学术委员会	26
2018年	贵州省铜仁市第十一小学结成共建单位：课程课堂方面加强研讨	铜仁市教育局、昆山市教育局	6
2018年	华东师范大学教育教学部专家三次调研学校的"本道课程"建设	苏州市电教馆	5
2018年	昆山市"精品课程建设"专题研讨活动	昆山市教育局	120
2018年	教育部学校规划建设发展中心考察学校的新书院新场域工作	苏州市教育局	26
2018年	太仓市教育局考察学校的新书院"本道课程"建设	太仓市教育局、昆山市教育局	36
2020年	民盟常熟市委调研组调研"本道"立德课程专项德育工作	常熟市教育局	8
2020年	承办苏州市电化教育馆"智慧课堂"专家型教室能力提升培训班活动	苏州市电教馆	40
2021年	中华慈善总会莅临调研学校的新书院"本善"公益文化	中华慈善总会、苏州市慈善总会	10
2021年	昆山市培本实验小学教育集团成立暨本道研讨活动	昆山市教育局、四所集团校	390

（二）问题与反思

最好的教育是倡导自主开放、引领自由发展的教育。在新时代学校高品质发展使命的感召下，新书院的"合作探究的新教室、自主开放的新书馆、会展发布的新平台、社会交往的新空间"等建设是一项长期而艰巨的任务，仍然需要我们深度研究；新书院的"场馆式项目学习"研究还须"系统化"研发与"本生化"建设；新书院必须在"新"字上下功夫，要努力适应"互联网＋"泛在学习的新挑战；教师群体的课程创造力、领导力、践行力、评价力还须在实践中提升。"新书院"必须面向未来，要努力把学校建设成为师生读书成长取之不尽的资源库、同伴探究实践场景学习的好地方和家校生活现实问题解决的新场域。新书院要在新时代育人方式的变革中，努力追求立德树人的"培本"价值，全面实现"让每个生命蓬勃生长"的"本道"愿景！

（该成果获 2021 年江苏省基础教育教学成果奖一等奖）

跨界课堂：普通高中培育跨学科素养的十年探索

常熟市中学

（成果主要完成人：马宁 邵俊峰 肖敏 张玉荣 蒋少卿 陆文博）

常熟市历来以崇文重教蜚声大江南北，常熟市中学是一所有近百年历史的普通高中，为国家培养了数以万计的各类人才。10多年来，学校紧紧围绕立德树人的根本任务，以培育跨学科素养为目标导向，通过"跨界课堂"推动育人方式的改革，促进学校的特色发展、内涵发展。

一、问题的提出

长期以来，普通高中的课堂教学存在着多重边界，制约着综合育人目标的实现。

1. 分数至上的单科课堂边界

单纯追求升学率的评价机制，导致学生在学习过程中容易疲惫，学生的素养偏虚偏窄。

2. 难以逾越的学科课程边界

本来具有关联的高中各科课程之间形成边界，难以让学生形成整体的知识观和应对复杂、真实问题的整体性思维。

3. 脱离真实的学习场域边界

学习场域封闭，课堂教学走不出教室、学校的"围墙"，学生缺少走向真实世界和面对开放、复杂情境的机会。

4. 学教脱节的师生角色边界

过分强调教师的教，学生失去主动学习和深度学习的机会，表达与输出的机会欠缺。

5. 五育隔阂的育人目标边界

高中学校在德、智、体、美、劳五育培育中缺少整体观、融合观，"各行其事"进行培育。

二、解决的主要问题、过程和方法

（一）解决的主要问题

1. 突破了跨学科素养培育的边界问题

在共生、融合理念下突破了单科课堂边界、学科课程边界、学习场域边界、师生角色边界、育人目标边界。

2. 突破了跨学科素养培育的路径问题

形成了"跨学科素养理念—跨界课程构建—跨界课堂实践—实施成效评价"的实施路径，推动了普通高中育人方式的变革。

3. 突破跨界课堂实践的操作问题

从跨界课堂目标确定、资源整合、内容融合、设计策略等方面落实了具体的操作方法。

（二）解决的过程和方法

1. 解决的过程

（1）初步探索阶段（2011—2012年）。

2011年开始研究从学科借力到学科共力。

2012年开始"文化浸润课程促进学生综合发展"的研究。

（2）稳步推进阶段（2013—2014年）。

2013年开始实施"跨学科视域下的教师专业发展"研究，建立了3个跨学科名师工作室。

2014年建立省级跨学科课程基地，进行跨学科项目化学习。

（3）模式构建阶段（2015—2019年）。

2015年初步形成指向跨学科素养的跨界课堂，并探索学生参与式跨界学习。

2016年建设省级前瞻性实验项目"共生理念下高中生跨学科素养的培育"。

2019年开始实施跨学科素养分级评价。

（4）拓展和提升阶段（2020年至今）。

2020年创建省级跨学科研教团队。

2021年研究五育融合下的跨界课堂。

2. 解决的方法

理念先行。跨界课堂不是一种拼盘，其灵魂是共生与融合，是以整体的教育力量育整体的人。共生是各教育要素的互依互惠，融合是学科间及课堂与生活、社会间发生的化学反应。

实践跟进。以"目标指向—跨学科研教—课程编写—跨学科听评课—撰写反思—课堂展示—多元评价—辐射交流"等程序完善跨界课堂的实施路径。

科研深化。以省和国家级课题、项目为支撑，迭代研究了从学科借力到学科共力、从文化浸润到跨学科课程、从跨科研教到五育融合下的综合育人。

评价撬动。形成了跨界课堂评价机制，用建立的新评估指标体系明晰跨界课堂的最终样态，从而反向撬动教师实施跨界课堂的行为样态。

三、成果的主要内容

1. 构建了3种跨界课程（图1）

（1）学科合融课程。

普通高中开设的每一门国家课程在目标、内容和资源方面均有相通之处。我们挖掘了不同课程中"合融"之"点"，构建了新的课程资源，编写了诸如《能源与能量问题》《科学史》《千年诗情千年叹》《诗词中的科学与文化》等系列读本。

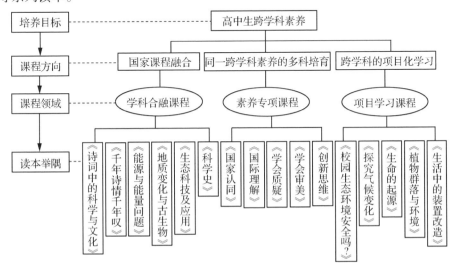

图1　3种跨界课程构架示意图

(2) 素养专项课程。

在跨学科素养视域下不同学科教师合作，就培育某一跨学科素养进行研究和设计。我们选取了高中生必备的素养，编写了诸如《学会审美》《学会质疑》《创新思维》《国家认同》《国际理解》等系列读本。

(3) 项目学习课程。

结合真实问题，从主题、目标、活动、评价等维度进行课程设计，编写了诸如《校园生态环境安全吗？》《生命的起源》《植物群落与环境》《探究气候变化》等系列读本，帮助学生开展相应的项目化学习。

3种跨界课程指向综合育人，构建了侧重于目标内容、素养主题、项目实践三大方面的课程融合框架。

构建了跨学科素养概念图谱

跨界课堂指向跨学科素养的培育。我们在基础教育领域首次提出了"跨学科素养"这一概念，并构建了跨学科素养概念图谱（图2）。

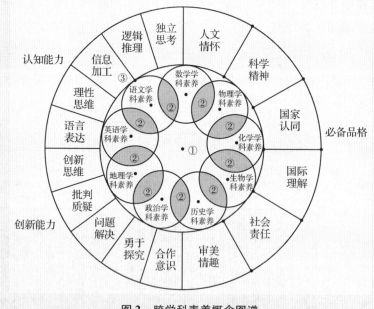

图2 跨学科素养概念图谱

图2中，①为学科素养之外的经验、体验及实践能力（图中最中间部分）；②为各学科素养中共有的素养（图中小圆重叠部分）；③为对各学科素养融通的能力。该图谱糅合了中国学生发展核心素养、《关于深化教育体制机制改革的意见》，结合高中生的年龄特点和未来发展的需求，在确立正确的价值观的前提下，整合形成了16项基本跨学科素养。

2. 打造了4种跨界课堂课型

（1）合融课堂。

对应于学科合融课程。以多学科统整（合科式教学）和单学科渗透（链接式教学）为主要样态。不同学科教师在合作中研究并确立多学科共通的内容、议题和思维方式，开展合作备课，形成融合型教学设计，组织跨界教学。合融课堂对其他课堂起着思想和行动上的引领作用，成为跨界课堂的常态课堂。

2011年重点关注通过向其他学科借力来提升本学科的教学成效，包括向其他学科借"学科内容""学科方法"。2014年开始以多科教师"异科同课"为基础进行合作。例如，物理、化学、生物和地理学科教师同上"能源与能量问题"这一相通的内容，给学生以完整的知识。

（2）主题课堂。

对应于素养专项课程，围绕某一跨学科素养主题（如批判质疑）开展多学科合作教学的课堂。

2012年开始，我们逐渐认识到学科背后的共同主题是文化，强调文化在课程中的浸润。2016年以某一跨学科素养作为主题，拓展主题课堂的内涵。例如，组织语文、数学、物理、地理等学科教师围绕"批判质疑"这一关键素养进行同一时段的集中授课，培养学生的创新能力。

（3）项目课堂。

对应于项目学习课程，在课堂中以项目化学习的方式组织学生开展活动，活动分为6个阶段：走入真实情境，提供复杂问题，超学科设计，学生分工合作，成果导向，评价跟进。在实践操作的过程中，呈现科际项目化、跨学科项目化和超学科项目化3种不同的层级。

2014年，为构建新型的跨界课堂实施环境，我们开启了省级跨学科"生态地理"课程基地的建设，确立六大项目化学习主题，以此为依托，项目课堂不断得到推动和发展。

(4) 学生课堂。

由学生主导并授课的课堂：在对学科合融课程、素养专项课程和项目学习课程学习和研究的基础上，学生在讲台上介绍自己的研究成果，并与台下的听众（其他学生）进行对话。

从2015年开始，我们尝试在学科课堂中让学生走上讲台，通过转换师生角色唤醒学生的主体意识。自2016年起，我们就鼓励对感兴趣的议题，通过学生合作、师生合作备课，在不同场域（开放性课堂），面对不同受众（学生、教师和该领域的专家）进行授课。

通过跨界课堂，实现了4个转变：从"学科教学"向"跨学科教育"转变（跨界的素养建构），从"单科思维"向"跨学科思维"转变（跨界的思维视角），从"教室"向"教场"转变（跨界的空间转换），从"单科作战"向"多科共力"转变（跨界的研究方法）。

跨界课堂亮点 1

揭示了跨界课堂的两大属性

1. 共生。

共生来自生物学概念，体现一种相互依存、和谐统一的命运关系。跨界课堂的本质是共生的，其与生物共生具有以下共同的特征。

① 多样性与灵活性。

多学科的参与使学生在面对复杂的现实问题时具有多角度的视野与灵活的思维，从而获得更强的发展能力。

② 交互性与互补性。

原来孤立的、各自为政的学科之间发生联系，从而弥补了单一学科在发展学生核心素养方面的局限性。

③ 整体性与系统性。

跨界课堂指向学生的整体发展，同时以真实问题为载体，糅合学生、教师、课程、环境、资源等各个要素，实现信息传递与交换，具有系统性。

④ 自发性与内生性。

以贴近学生生活、贴近时代的主题，布置挑战性的任务，激发学生的学习兴趣和探索热情，让学习自然发生，让素养自然养成。

在跨界课堂上，有两种共生关系：一种是学科之间的相互依存，不同学科之间互为解释，互为补充，为学生构建完整的知识，让学生获得真实、立体的体验。另一种是学生、教师、课程、环境、资源等课堂要素之间的相互依存、和谐、统一的关系，失去其中任何一个关键要素，就会制约甚至阻碍其他要素的发展。

2. 融合。

融合是一种有效的整合机制，是要素之间的"化学反应"。学生所面对的完整的生活世界要求我们关注学科之间，课堂与社会、生活之间，以及课程与学生之间的融合。

一是学科之间的融合。

在"融"方面，由于中学各学科之间存在着重复、交叉的目标和内容，通过对各科的课程目标、课程内容进行梳理，寻找出学科之间的关联点。在"合"方面，整合各科内容，形成新的教学主题。

二是课堂与社会、生活之间的融合。

跨界课堂之"跨"，除了跨越学科界限之外，也需要跨越知识与社会、生活的界限。将课堂与社会、生活融合，就是要让学生走出教室，走进社会，或将真实社会引入课堂，以真实情境、真实问题引导学生进行真实的研究活动。

三是课程与学生之间的融合。

跨界课堂是指向学生发展的学习生态系统，学生是课堂的主人。跨界课堂营造了适合学生学习的"双生环境"，促进课程与学生的融合。

跨·界·课·堂·亮·点·2

实现了跨界课堂的四个打通

1. 打通跨学科研教通道。

建立跨学科研教机制，打通不同学科之间合作研教的通道，实施的路径如下：成立跨学科教师发展共同体（从跨学科名师工作室到跨学科研教基地，再到跨学科研教团队）；突出课堂引领和项目推动，研究跨学科的内涵、价值和实施策略；立足学科借力和学科共力，研究跨学科的视角与方法、情感与文化。

2. 打通跨学科课程通道。

从宏观层面看，打通课程通道就是用整合的思维方式思考学校课程体系的问题。从操作层面看，打通课程通道是一种建设策略，是对各科课程的归并、精简、整理、加工与调整，把具有内在联系的不同学科内容、不同领域的内容或问题统整，最终形成新的跨学科课程体系。跨界课程须做到五个"统筹"，即统筹各学科的教学目标，统筹各学科的课程内容，统筹课程资源的开发，统筹跨界课程的实施，统筹课程实施的评价。

3. 打通跨学科教学通道。

基于培育跨学科素养的要求，各学科教学力求跨界，最大限度地回归和体现知识、能力和情感的整体面目，从四个方面打通教学通道：全人育人的教学理念、立体交叉的教学思维、开放融合的教学场域、交融共生的学科教学。

4. 打通整体性学习通道。

学生的整体性学习方式是培育跨学科素养的重要支撑力量。从三个方面打通学生整体性学习通道：创设自主学悟环境，跨学科知识网络化，大问题引领大情怀。

跨界课堂亮点 3

探究了跨界课堂的3条基本规律

规律1 跨学科学习目标的细化是培育跨学科素养的目标导向，起着锚定学习过程、学习成效的作用：形成了应用布鲁姆教育目标分类法细化目标的操作办法。

规律2 跨学科学习设计遵循"素养目标定位—跨界资源整合—多科协同教学—跨界课堂分级评价"这一模式：形成了应用"掌握性学习策略"开展深度学习的操作办法。

规律3 跨学科学习评价是撬动跨学科素养落地的一种逆向设计，把围绕跨学科素养学习行为的精确描述作为评价起点：形成了基于真实情境的分级评价、利用编码方案的个案测评等操作办法。

3. 建立了3种研评机制

（1）矩阵式教研机制（图3）。

建立跨学科教科研基地来推动跨界课堂的实践，以跨学科问题、项目横向联合的跨学科组织与以学科分化序列设置的教研组有机结合，实现矩阵式管理，形成了从平行式到整合式的跨学科教研范式、从群体式到团队式的工作方式、从推动包容式到网状服务式的组织关系。

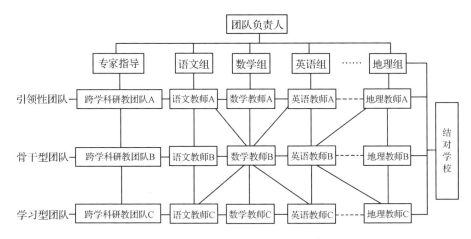

图3　跨界课堂矩阵式教研机制示意图

（2）轮值式科研机制（图4）。

建立跨学科教科研运行机制，以组长轮值制为特色，确定研讨方式和研讨主题，以保证跨界课堂的正常运行。

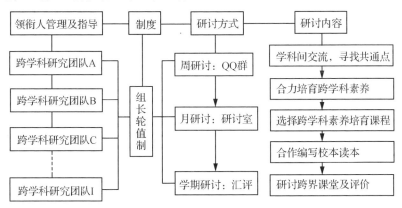

图4　跨界课堂轮值式科研机制示意图

（3）互补式评价机制（图5）。

第一，突出学习过程中的表现性评价。侧重于评价学生实际操作、作品性表现，关注全面性、完整性和真实性。

第二，基于真实情境的跨界课堂分级评价。围绕情境的复杂程度、跨学科程度和跨学科素养覆盖程度的三个指标，对真实情境、真实问题进行评级，设置权重，对学生表现进行测评。

第三，利用编码方案进行个案测评。通过结构化访谈、观察、分析等方法，收集和整理学生在解决问题过程中的认知、跨学科知识、推理过程的编码系统，揭示学生解决问题的认知过程及其加工特征。

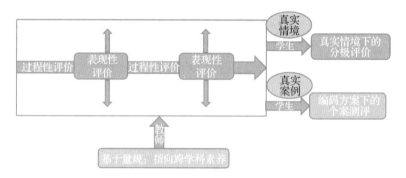

图5　跨界课堂互补式评价机制示意图

四、效果与反思

1. 效果

（1）跨界研教蔚然成风，跨学科素养形成共识。

2013年成立了3个跨学科名师工作室，在此基础上形成了9个跨学科研教共同体，设立了跨学科研教基地。2020年组建省级首批"四有"好教师团队——CS（跨学科）研教团队，推行矩阵式管理，实行三阶段、四维度的跨学科研究系统运行模式，定期开展活动，以问题为导向，以课例研究为抓手，推动学校跨学科研究与跨界课堂教学。广大教师对跨学科素养的理解更加深刻，跨学科意识和素养得到了提升。

CS（跨学科）研教团队成为省级首批"四有"好教师重点培育团队

团队成员完成省"十三五"规划重点资助课题"跨学科视域下教师专业发展模式的创新研究"。

多篇跨学科研教论文发表，其中的《共生理念下中学跨学科教研基地的创设》发表于《中小学教师培训》2016年第6期。

（2）跨界课堂全面推进，课程改革不断深入。

10年来，跨界课堂成为学校的常态课堂，教师跨学科听课超过15 000节，完成跨学科听课记录3 100多份。另外，编印了《跨学科素养理论学习资料汇报》《跨学科项目主题研讨与反思》《跨界课堂校本课授课案例及反思》等4套跨界课堂教学案例与反思。

10年来，学校教师开设了210期共3 300多节"跨界课堂"展示课，学校连续6年组织了以"跨界共融，素养提升"为主题的面向省内外的教学开放日活动，吸引了2 000多位省内外兄弟学校的领导和教师来校观摩，得到了好评。2017年9月开设的系列学生讲堂中，学校邀请了诺贝尔物理学奖获得者、荷兰"火星一号"项目大使杰拉德·胡夫特教授来校做讲座，学生与胡夫特教授就"火星移民科学吗？"展开对话，展现了跨界的思维与研究，得到了胡夫特教授的肯定。

完成一项国家级课题、一项省级课题，项目课堂成果获省
STEM大赛一等奖

完成的课题有：

全国教育科学规划课题"文化浸润课程，学生综合发展的创新研究"（2015年2月结题）；

省教育科学规划课题"学科借力促进普通高中教学成效提高的实践研究"（2016年12月结题）。

"校园水环境监测"获省第三届STEM教学优秀案例一等奖（2020年11月）。

(3) 推动学习方式的转变，综合育人成效显著。

指向跨学科素养培育的跨界课堂，促使教师积极探索跨学科主题整合、真实情境实践等模式，形成基于项目的主动学习、面向真实的深度学习、基于证据与推理的智慧学习。在跨界课堂的推动下，学生跨学科素养得到了明显提升，创新能力得到了加强。2019年至2022年学校学生3次参加了融合物理、地理、化学、生物等学科知识的全国中学生地球科学竞赛，学生获奖率超过了90%，有7人进入了省前20名。2017年10月在反映跨学科关键能力和必备品格的PISA测试，以及2018年10月进行的OECD"社会和情感能力"模拟性测试中，学生的科学素养、人文素养、学科融通素养给人留下了深刻的印象，学生的平均得分在B级以上。2019年，市人民政府、市教科院、市教育局实地调研了本校，对学校跨界课堂的成效表示了赞赏。

成功申报了一项教育部重点课题，入选了大市基础教育创新人才培养实验项目

2021年7月，全国教育科学规划"十四五"教育部重点课题"五育融合视域下普通高中综合育人的创新实践"立项。

2020年8月，"学科融合：培养普通高中创新人才的实践"入选了苏州市基础教育创新人才培养实验项目。

(4) 跨界课堂成为载体，内涵项目集群发展。

以跨学科素养培育为目标的跨界课堂有力推动了学校高品质内涵的发展，形成了省级以上项目集群式、系统化发展的良好局面。学校有省级跨学科课程基地、省级跨学科前瞻性项目、省级跨领域品格提升工程、省级跨学科研教团队等各类内涵项目，不仅是跨界课堂研究实践的沃土，也是跨界课堂推动下学校特色发展、内涵发展的助推器。

省基础教育前瞻性教学改革实验项目结项并获评优秀

学校有与此相关的国家级课题2个、省级课题6个。有省级跨学科课程基地、省级跨学科前瞻性项目、省级跨领域品格提升工程、省级跨学科研教团队各类项目4个。

2019年,通过跨界课堂培育学生跨学科素养的省基础教育前瞻性教学改革实验项目"共生理念下高中生跨学科素养培育"获评优秀。

2020年,"普通高中跨界课堂的校本实践"被苏州市人民政府评为基础教育成果奖特等奖。

2021年,"跨界课堂:普通高中跨学科素养培育的十年探索"获江苏省基础教育教学成果奖一等奖。

(5)跨界课堂成为样本,对外辐射亮点纷呈。

学校跨界课堂的影响不断扩大。2016年在《江苏教育》开设专栏"跨学科视域下的学科教学",与省内外的学者和教师共同探讨,引领、推动跨界课堂。2019年4月,省教育厅组织的赴美国加州理工大学的培训中,我校就"跨学科素养的评价测量"这一培训主题介绍了学校的经验,得到了中外专家的肯定。

经过学校多年的辐射推广,目前高中生跨学科素养的培育和跨界课堂已被省内外越来越多的学校接受,许多高中纷纷建立起跨学科的教师研教团队,构建跨界课堂。省内外10所高中成为首批成果推广学校,相关学校都取得了良好的成果。

《江苏教育》开设了专栏,省电视台播出了专题片

由于成果前瞻性和应用成效,《江苏教育》开设专栏,省电视台教育频道拍摄了专题片并辐射推广。2017年、2018年,《人民教育》《中国教育报》等相继来校进行了采访报道,影响广泛。2014年起学校牵手上海普教名师班开展"文化浸润与跨学科交融"沪苏同课异构观摩研讨系列活动。

（6）问题驱动重点突出，理论研究成果丰硕。

围绕"跨界课堂为什么？""跨界课堂是什么？""跨界课堂有什么？""跨界课堂凭什么？""跨界课堂怎么样？"一系列问题，撰写并发表了多篇论文，实施研究多个省级以上项目（图6）。

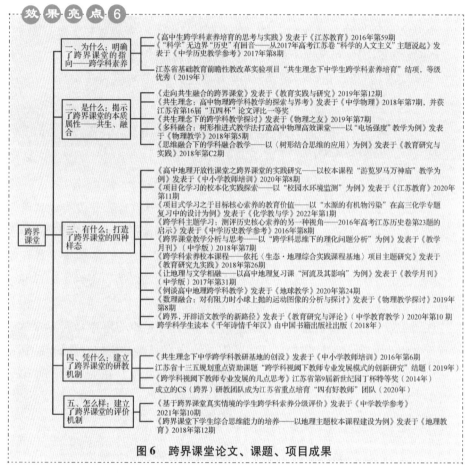

图6 跨界课堂论文、课题、项目成果

2. 反思

（1）理论有待进一步完善。

跨界课堂对教师而言是一种新的系统建构性理解。从丰富性看，增加了学科素养之外的关键能力和必备品格。从完善性看，通过跨界课堂，增强了跨界思维，实现了学科间的灵活转化，培养了学生灵活调用各学科素养的能力。因此，这两方面的理论还须进一步完善。

（2）方法有待进一步改进。

以跨学科为思维转向改进研究和教学，必然对以往的研究方法和教学方法提出挑战。因此，以往的研究和教学方法有待进一步改进。

（3）现实困难有待进一步破解。

一是心理障碍和社会评价。跨界课堂对教师而言，被他人仔细地审查自己专业上的表现是会让人产生畏惧感的，而且在传统环境下做出新尝试有不被社会认可的风险。二是由于学科差异和教师水平高低导致话语不平等，教师之间的合作可能会遇到障碍。三是由于缺少可以借鉴的经验，高中教学一教的教师普遍缺乏时间与耐心。

（该成果2021年获江苏省基础教育教学成果奖一等奖）

"活泼泼地"：普通高中育人方式变革的震泽探索

江苏省震泽中学

（成果主要完成人：姚敬华 王建荣 孙杰 胡汉玺）

一、问题的提出

（一）问题提出的背景

伴随新一轮基础教育改革不断走向深入，同质、僵化的育人模式亟待变革，学校转型任务紧迫。《中国教育现代化2035》《国务院办公厅关于新时代推进普通高中育人方式改革的指导意见》《江苏省教育厅关于高品质示范高中建设的意见》（苏教基〔2018〕12号）的颁布为育人方式变革搭建了宽广的政策平台，也对普通高中提出了更高的要求。美国著名哲学家、教育家、心理学家约翰·杜威的学生——我国现代教育家汪懋祖，为江苏省震泽中学初创题写的劝勉词"活泼泼地"，成了新时代引领学校育人方式变革的一面旗帜。

（二）提出的主要问题

（1）如何传承"活泼泼地"百年文脉，科学凝练符合时代要求和校本特色的育人理念？

（2）如何从一所苏南农村中学的办学实际出发，整体规划、协同推进校本育人方式的变革？

（3）如何秉承"诚朴育英"优良传统，完善治理体系，为校本育人方式变革提供制度支撑？

二、解决问题的总体思路与方法

（一）总体思路

从一所苏南农村中学的办学实际出发，基于"活泼泼地"文脉的批判性继承，按照"更新理念→变革方式→制度支撑"的逻辑进行学校转型，走出了一条传统与现代相交融、育人变革与学校转型相促进的普通高中"活泼泼地"发展新路径。

（二）解决问题的方法

1. 承创文脉，顶层设计，系统推进"三全育人"

基于我校主持的全国教育科学"十二五"规划2011年度教育部规划课题"基于文化承创的普通高中优质特色发展的校本研究"、江苏省教育科学"十三五"规划2016年度重点资助课题"普通高中'活泼泼地'教学文化的传承与整体建构的校本研究"，全面剖析"活泼泼地"历史文脉；同时，基于《江苏省教育厅关于高品质示范高中建设的意见》（苏教基〔2018〕12号）等有关文件精神，顺应了长三角一体化国家战略趋势，编制了《江苏省震泽中学高品质示范高中建设远景发展规划》，确立了"乐育英才，蔚为国器"的育人宗旨，赋予了新的时代内涵。基于上述顶层设计，依托省品格提升工程"育英生涯学院"，全面推进全员、全程、全方位育人，构建分年级、分阶段阶梯式育人体系。

2. 课程、教学、活动、环境四维并举，协同推进全方位育人

（1）创造性实施国家课程，依托"晓庵天文""育英太极"两大省级课程基地，开发《晓庵天文》等校本教材，建设"育英课程图谱"；同时，基于德育优先，进行分域学习，实施能力分层、专业分类、志趣分群的个性化学程。

（2）依托苏州市前瞻性教学改革实验项目，探索虚实结合教学、综合性教学、个性化教学、混龄教学等学习中心的"能动学堂"范式。

（3）依托基于向善、求真、弘志三维度，推进学科渗透、特色课程、主题活动三条路径，时雨心理工作坊、惠风志愿者协会、育英生涯学院三平台的育人活动，构建"三三三"（三维度、三路径、三平台）活动育人体系。

（4）系统化、结构化创设物型课程，建设生机蓬勃的地表生态情境、张弛有度的空间识见维度、做中学的智慧教学实践基地，打造适合学生认知的课程场、学习场，营造"诗意栖居"的苏式学府环境。

3. 育人治理体系改革，制度化推进全员育人、全程育人

以党建为引领，成立"丹心育人"教师书院等教师专业成长自组织，完善学生议事会、学生仲裁委员会等学生自治组织，建设扁平化的育人组织架构;推进"家长—战略合伙人"计划,完善家长学院,建设学校民主管理委员会,构建全员育人的治理生态圈。

三、成果的主要内容

(一)确立了"活泼泼地"育人方式变革的核心理念

"活泼泼地"是我国现代教育家汪懋祖先生1923年为江苏省震泽中学前身震泽镇私立初级中学校落成纪念题写的劝勉词,该劝勉词已成为学校独特的历史文化印记与宝贵的精神财富。"活泼泼地"语言虽平淡,但其意悠远。宋代大儒程颢、朱熹对《中庸》所引的《诗经·大雅·旱麓》中的"鸢飞鱼跃"阐释道:"活泼泼地者,乃道体之本,然无一毫亏欠,无一息间断,固浩浩然,广大流行而无穷尽者也。"在我国近现代著名教育家蒋梦麟看来,教育应以人性化、生活化和社会化的方式塑造活泼泼的个人。

"青春是美丽的",欢声笑语,生龙活虎,充满活力,是行为的"活泼泼";"青春是多样的",交流学识,碰撞思维,自由辩论,是智慧的"活泼泼";"青春是阳光的",天真烂漫,满怀理想,豪情万丈,是精神的"活泼泼"。一所"活泼泼"的学校,在其自然灵动的育人场域里,师生具有旺盛的生命力,实现了一种"诗意栖居":教师主动发展,尽情享受教学生活,唤醒"生命自觉";学生能动学习,做学习的主人,尽显"春天品质"。"活泼泼地"彰显了一种美丽、阳光且多样的青春模样。

十多年来,我校承创了"活泼泼地"文脉,进行了顶层设计,展开了育人方式变革的持续探索。新时代,基于国家育人目标,融入求真、向善、弘志三位一体全人教育理念,我校赋予了"活泼泼地"新的时代内涵,不断完善"活泼泼地"育人方式变革的核心理念。

以关注个性化的"这一个",以成就"活泼泼"的"每一个"为核心理念,通过人性化、生活化和社会化的方式,秉持顺乎天性、着眼个性、激活灵性等原则,营造自然灵动的教育文化场域,构建和谐乐群的教育和生活方式,打造朴素、生动的学校生活质态,努力造就健全的个人。

"活泼泼地"育人,首先在于文化的自觉与理念的鲜活。在礼敬文化传统、承续精神血脉的同时,又为其不断注入时代的新鲜血液,永远保持青春的活力和个性的魅力,并内化为每一个"震中人"的文化基因。

"活泼泼地"育人,主要体现在教师文化和学生文化中。教师尽情享受教学生活，学生在学习和生活中真正成为自己的主人。教师主动发展，学生自主管理；教师开发立体、多元的育英课程图谱，学生开展社团活动；教师灵活引导，学生主动探究，共同打造气氛活跃、手脑并用的能动学堂。

"活泼泼地"育人强调多元灵动，指向思维的丰富、广阔与深刻。一改当下学习的"标准化""同质化"，"活泼泼地"育人主张变革"定势"而"被动"的"教而后学"，更注重以课程样态的多元呈现与"教—学"实施的灵动选择，挖掘学生作为学习主体的潜能，进行有核心价值取向、有思维挑战高度、有个性学习深度的多元灵动和多维伸展的学习，从而促使学生在学习中有进步感，有收获感，最终促成学生核心素养的多元内生，以及学生思维的广阔性与深刻性发展。

"活泼泼地"育人强调学生自主，注重站在生命自主的立场思考和学习，关注生命的自我成长，焕发生命的潜能，唤醒生命的自觉、自信与自强。"活泼泼地"育人是一种充满生命关怀的、富有个性色彩的、激活创造活力的学习状态、学习过程，打破高中应试学习一味追求成绩，重塑学生生命的多维姿态。"活泼泼地"育人以"尊重的教育"的"大教育观"促成学生核心素养的自我养成，推动"教学"向"教育"的升华。

"活泼泼地"育人还直观地体现在充满生气的校园环境文化上。校园是可"诗意栖居"的美丽花园，是着眼于师生生活的温馨家园，更是溯源传统、浸润灵魂的精神家园。

（二）国家课程校本化，基于育英课程图谱，构建了一批能力分层、专业分类、志趣分群的高选择性的特色课程群

课程群横向分德、智、体、美、劳五大门类，其中校本课程包括育英德育课程、育英科学课程、育英人文课程、晓庵天文课程、育英太极课程、育英艺术课程、育英耕读课程等（表1），纵向分基础型、拓展型和研究型三部分。基础型着重培养学生的基本素质和基础学力；拓展型注重发展学生各种不同的特殊能力，培养为终身学习打基础的发展性学力；研究型着重在专题性与综合性的探究过程中培养学生的创造性学力，其根本目标是培养学生的创新意识、创新精神、创造能力和实践能力。

表1 育选课程图谱（校本课程）

类型	科目
育英德育	"知涯树人"系列课程、"江村"品格系列课程、"道德讲堂""青春励志格言""优秀学生成长启示录""心理健康教育""校史读本"等
育英科学	杨嘉墀创新实验课程（创新实验课程、学科拓展课程、科技创新课程等）、育英强基实验课程（校本化衔接课程、竞赛拓展性课程、自主活动性课程等）、大学先修课程（校友励志报告会、专家教授来校讲座等）、"觉园学者"创课课程（"觉园"AI创新行动、"觉园"未来实验室计划等）等
育英人文	育英人文综合课程（学习之道·文史哲、追寻华夏文明的DNA、语言之美、新思政等）、育英人文实践课程（"梦剧场"表演课程、"金话筒"演讲课程、"行走的'丝绸之路'"国际研学课程等）等
晓庵天文	"怀想诗意的天空""高中数学与基础天文""天文视窗""物理与天文""宇宙化学""宇宙与生命""史海天文""天人合一思想""谈天说地""晓庵天文微课程""'星空大会'观测课程""'天问'奥赛课程""'天象'模拟课程"等
育英太极	活动类课程（太极体验、太极技能、太极视听、三摇三摆太极功法、校园太极操、简编十式"育英太极"套路、精编十式"育英太极"推手等）、学科类课程（太极·国学、太极·哲学、太极·养生、太极·拳理、"育英太极"拳析解等）、学术类课程（太极相关研究性学习、项目式学习等）等
育英艺术	"同里宣卷""芦墟山歌""七都提线木偶"等
育英耕读	"校园+田园"耕读课程（春耕、夏耘、秋收、冬藏等江南农耕课程）、"认知+实践"耕读课程（水乡稻作课程、江南蚕桑课程、智慧农业科技课程等）、"能力+情趣"耕读课程（"时间之书"主题阅读、"田野采风"活动、"农耕运动会"）等

上述课程基于德育优先，进行分域学习，通过能力分层、专业分类、志趣分群的个性化课程来加以推进。能力分层课程尊重学生知识、能力水平差异，根据学生学习潜能，分为夯实基础、能力提升和创新发展三个水平层次；专业分类课程基于生涯规划，结合系列化的职业生涯体验，结合学生优势或兴趣，构建基础、拓展和实践等子课程；志趣分群课程基于学生兴趣特长和提升学生优势潜能，设置子课程。

（三）建设未来学习中心，打造由教走向学的"能动学堂"

以破解课程改革难题为建设导向，以"五育并举，综合育人"为探索重点，以课堂变革项目研究为建设载体，以教学研究整合融通为建设路径，以学科育人方法创新为建设手段，建设未来学习中心，通过对教与学及其范式进行整体改造、结构性的变革，变学生"他主"的被动接受者为"自能"的主动学习者，打造由教走向学的"能动学堂"。

立足真实情境，探索"生活化、重体验"的虚实结合的教学新方式。以真实生活情境微创新为切入点，依托未来学习中心，将课堂教学活动融入具体的现实生活场景，以虚实结合的体验式学习、游戏化学习、人网融合的翻转教学等新方式，促进学生学习。

基于学无边界，探索"跨学科、综合式"的综合性教学新方式。探索有效连接学校教育与家庭教育、社会教育的新渠道，突破时空限制，引导学生移动学习、泛在学习、整合学习等，构建开放、共享、无边界、全景式的综合性学习新方式。

着眼私人定制，探索"去同质、达精准"的个性化教学新方式。依托未来学习中心，参照成熟的技术心理、大数据分析，对学习内容进行精准甄选，对学情进行精准掌握，实现教与学、评与管的技术重构，通过人机交互的定制化学习路径，探索去同质、精准化的以学定教。个性化的教学新方式，让学生基于仿真实验室等认知工具进行深度学习，在更开放的氛围中实现对知识的个性化和创新性加工。

构建学习共同体，探索"自组织、内隐化"的混龄教学新方式。在跨界和融合成为教学变革的大背景下，课程与教学方式的重构更关注学生的自组织、自重构、自转化。依托未来学习中心，通过师生互为资源，构建师生学习共同体，探索师生共有、共建、共享的混龄学习新方式，构建跨时间、跨空间、跨文化的全方位、立体、多元的学习场域。

（四）融入求真、向善、弘志三位一体的"活泼泼地"育人理念新内涵，构建"三三三"活动育人体系

秉承"诚朴育英"优良传统，遵循知、情、意、行相统一的育人规律，建构"善、真、志"活动育人框架，形成"三维度、三路径、三平台"的"三三三"活动育人体系。

"三维度"：从"善、真、志"入手，开展向善教育、求真教育和弘志教育。根据不同阶段学生的生理、心理特点和认知规律，形成纵线（分起始年级、中间年级、毕业年级）、横线（全校各年级的每月）交错立体实施的活动育人内容。

"三路径"：从学科渗透、特色课程、主题活动三条路径，把活动育人工作落细落实，融入日常工作，形成一以贯之、久久为功的长效活动育人机制。

"三平台"：通过建设时雨心理工作坊、惠风志愿者协会、育英生涯学院三平台，实现育人工作的专业化、规范化和实效化，形成全员育人、全程育人、全方位育人的育人格局。

（五）建成以党建为引领、以基本制度为支撑、以实施细则为辅助的"金字塔式"师生共育组织架构和家校协同治理体系

一方面，孵化了"丹心育人"融入式党建这一首批省中小学校"一校一品"党建文化品牌项目成果，用党建整体引领了学校育人方式的变革，建成了"丹心育人"教师书院、"丹心育人"育人实践馆；同时，完善了学生议事会、学生仲裁委员会等学生自治组织，形成扁平化的育人组织架构，并完善相关制度和实施细则。

另一方面，健全了家长参与学校管理的协同治理机制，推进了"家长—战略合伙人"计划，建立了家长委员会、家长智囊团、家长志愿者3支队伍，创建了家长教师协会、家校共育协会、家长督学委员会3类组织；同时，建立了"学校—社区教育共同体"，搭建了学校民主管理委员会多元主体参与平台，完善了学校与社区的协作机制。

四、效果与反思

（一）实践应用及效果

1. 课程适切度提高

立项了"晓庵天文""育英太极"两大省级课程基地、"育英生涯学院"省品格提升工程，开设了育英德育、育英科学、育英人文、晓庵天文、育英太极、育英艺术、育英耕读等德、智、体、美、劳五大门类校本课程百余门，形成了高选择性的课程体系；同时，丰富了学生社团的种类，拓展了社团的覆盖面，极大提高了课程的适切度。

2. 学生自主意识增强

基于"一学生一爱好、一社团一特色"原则，实现社团管理"自能、自为、自主"，全程均由学生社团自主管理小组自主运作、自治管理；完善学生议事会、学生仲裁委员会等学生自治组织，最大限度地调动了学生参事议事、

建言献策的积极性，培养了学生的自主意识、社会责任感和公民素养。

3. 教育质量全面稳步上升

"活泼泼地"育人方式变革使同伴关系、师生关系、课程与教学、资源与支持、组织与领导、文化认同等均有一定程度的提高。一大批优秀学生从课程学习、自主管理中脱颖而出，斩获了李政道奖学金、学科奥赛金银牌、发明专利等各级各类殊荣，步入了成长的上升通道。

（二）成果的主要影响力

1. 新的育人模式先后在上海、浙江、山东等地推广应用，反响良好

"活泼泼地"育人模式先后被山东省宁阳县第一中学、贵州省印江中学、上海市青浦高级中学和浙江省嘉善高级中学等学校借鉴，效果显著。

2. 成果相继出版和公开发表

专著《"活泼泼地"教育》、"晓庵天文"系列校本教材分别由河海大学出版社、陕西师范大学出版社出版发行。《走向2035的普通高中"活泼泼地"教学文化的变革——以江苏省震泽中学为例》等多篇论文在期刊上发表。

3. 成果受到社会和媒体的广泛关注

"活泼泼地"育人方式的变革成果得到了省内外各级领导和专家的充分肯定；学校成立了江苏省震泽中学教育集团，形成了区内帮扶、区外共享的优质资源辐射模式；学校多次获评江苏省课程改革先进集体、江苏省教科研工作先进集体等。《新华日报》《江苏教育报》《苏州日报》等进行了大幅报道。

（三）成果的创新点

1. 新一轮基础教育改革背景下，探索出了育人方式变革的一种苏南农村中学新模式

育人方式变革是当前基础教育改革的焦点和重难点，其本质在于怎样培养人。《中国教育现代化2035》《国务院办公厅关于新时代推进普通高中育人方式改革的指导意见》《江苏省教育厅关于高品质示范高中建设的意见》（苏建基〔2018〕12号）的颁布，为育人方式变革搭建了广阔的政策平台，也提出了更高的要求。我校从苏南农村中学的实际出发，持续探索了学校转型之路，呈现了学校转型的思路和变革的策略，提供了具有可操作性和普适性的苏南农村中学育人方式的新模式。

2. 在新时代背景下，走出了一条传统与现代相交融、育人变革与学校转型相促进的普通高中"活泼泼地"发展新路径

"活泼泼地"思想渊源可追溯至夸美纽斯、斯宾塞，与杜威"教育即生活"、陶行知"生活即教育"、陈鹤琴"活教育"等一脉相承。我校通过对百年文脉的批判性继承，回归"乐育英才，蔚为国器"的教育初心，观照以新时代三全育人理念，促进学校育人方式的创造性转化、创新性发展，走出了一条传统与现代相交融、育人变革与学校转型相促进的普通高中"活泼泼地"发展新路径。

（四）挑战与展望

在育人方式变革的过程中，很多传统的东西被逐一打破，而新的举措及其效果还有待在更大范围进行更深入的检验。普通高中育人方式变革是一个深刻、持续、整体的渐进过程。

（该成果获 2021 年江苏省基础教育教学成果奖一等奖）

医教结合促进残障儿童综合康复的实践研究

常熟市特殊教育学校

(成果主要完成人：朱林娥 周瑞珍 孟春芳 徐胜彪 卢玉英)

一、成果的研究背景

(一) 满足特殊儿童身心发展需求

20世纪80年代我校招收的学生基本上都是轻度智障学生，到20世纪90年代，学校所招的学生中出现了中度、重度智障学生。到21世纪，教育训练对象组成结构发生了实质性的改变，学生个体表现出以认知缺陷为基本特征的多重障碍并存。"类型多、程度重"成为目前我校学生的总体特征，这些特殊学生伴有不同程度的运动、感知、认知、语言、智力、情绪行为等多重障碍，要教育和训练他们，首先应当研究他们的生理和心理特征，了解影响他们健康成长的因素。因此，遵循特殊儿童身心健康发展需求，医教结合是必经之路。

(二) 顺应特殊教育课程改革要求

教育部于2007年颁发了《培智学校义务教育课程设置实验方案》(以下简称《方案》)，该方案指出，将教育与康复相结合，针对学生智力残疾的成因及运动技能障碍、精细动作能力缺陷、言语和行为障碍、注意力缺陷和情绪障碍，课程应注意吸收现代医学和康复技术的新成果，融入物理治疗、言语治疗、心理咨询和辅导、职业康复和社会康复等相关专业知识，促进学生健康发展。《方案》传达给我们以下信息：一是教育与康复结合；二是打破封闭的教育，引入医学和康复手段；三是融入多种新的相关技术，几方面并举达到促进学生健康发展的目的。这就要求我们特殊教育工作者首先在观念上要充分认识医教结合对残障孩子成长的重要性，不应该再认为医疗、康复是社会、医院做的事，特殊学校是教育单位，应该以教育课程为主，而应该认识到医教结合会起到"1+1＞2"的效果。

（三）落实特殊教育提升计划目标

国务院办公厅于2014年1月正式发布由教育部、发展和改革委员会、民政部、财政部等七部委联合制订的《特殊教育提升计划（2014—2016年）》，明确指出要开展医教结合实验，提升残疾学生的康复水平和知识接受能力。

二、成果的研究历程

（一）前期准备阶段

（1）搜集、分析、筛选信息，制订研究方案。

（2）分批组织研究人员和全体教师深入学习，深刻领会方案的内涵。

（3）开展先期文献研究。

通过培训、科研杂志、网络等途径搜集有关医教结合的热点信息，了解脑瘫儿童、孤独症儿童及言语障碍儿童的病理学、教育学、康复学等知识信息，带领全体教师加强理论和相关学习，逐渐树立医教结合的新理念。

（二）中期研究阶段

1. **定期例会，调控进度**

研究组成员定期开展研讨活动，共计开展不同范围的研讨活动20多次。

2. **争取支持，组建团队**

2013年5月和苏州大学附属第二医院（以下简称"二院"）康复科签署了医教结合实践研究的协议书，将医生进驻学校制度作为探索医教结合教育模式的第一步。此后，又和苏州大学附属第三医院（以下简称"三院"）精神科签署了帮扶协议，逐渐形成了由专业医师、特教老师及家长共同参与的医教结合团队，为残障学生的康复和成长提供了有力支持。

3. **积极实践，加强研究**

（1）形成研究网络。

对研究内容进行微型化分解，充分发挥科研骨干和基层一线教师的实践力量，确保存在运动障碍、言语障碍、情绪和行为障碍的残障学生都能从此课题研究中受益。在此后的研究进程中，我们共有21个以医教结合为研究主题的微型课题顺利结题。

（2）确定研究重点。

个案是本课题的重点研究内容。前期在对全校残障儿童信息进行分析、筛选之后，3个子课题分别确定了部分学生作为个案研究的对象。例如，孟春芳教导负责的子课题"医教结合促进残障学生言语康复的实践研究"，重点选取了6位学生作为个案研究的对象，周瑞珍教导负责的子课题"医教结合促进残障学生情绪和行为康复的实践研究"，选取了14位学生作为个案研究的对象，徐胜彪主任负责的子课题"医教结合促进残障学生脑瘫儿童康复的实践研究"选取了10位学生为个案研究的对象。

（3）创立研究模式。

创立集体教育与个别训练相结合的研究模式。集体教育包括集体授课、集体训练与集体活动三个方面。2012年至今，多次举办了以"医教结合促进残障儿童综合康复的实践研究"为主题的课堂教学展示活动，先后提供了30多节以医教结合理念为支撑的展示课，供与会人员交流和研讨。而手操练习、大课间活动时候的肢体康复训练、"我有一双巧手"技能比赛等，就是集体训练和集体活动的组织形式。个别训练，首先是调整课程。康复医师每两周进驻课堂一次，其中周四安排二院康复医师进行脑瘫儿童的个别训练，周五安排三院康复医师进行情绪、行为、交往的个别训练，每周五下午安排小超市体验活动，聋弱一体的学前康复班、星星班的个别训练都在课程中有所安排。星星班更是针对孤独症孩子的特殊需求制定了个性化的课程表。其次是多种形式开展训练。例如，"医教结合促进脑瘫儿童综合康复的实践研究"这个子课题，主要体现医生进驻课堂这个环节。言语康复则利用言语矫治仪等进行科学、规范的训练。情绪行为障碍学生通过每周五的小超市体验活动训练学生的交往能力等。个别训练还注意发挥家庭的作用，我们会在医生来校训练学生时，让家长也接受培训，和家长共同制订个别化的教学计划，布置家庭康复训练作业。

（4）建设研究网站。

按照苏州市"十二五"规划课题的要求，我们及时建立了学校课题研究网站，设置了研究方案、学习资料、研讨活动、学期汇报、研究成果、成果鉴定等栏目，完整呈现课题资料，全校教师通过该网站及时了解课题的开展情况，关注课题的研究动态，实现资源的共享。

三、成果的创新点

1. 创立了残障学生综合康复的新模式

模式一：学校、家庭24小时训练不间断。首先，在学校课程设计上，将康复和课程整合；其次，在时空安排上，根据学生需要，采取不同的形式，在不同时间段进行康复训练。最后，在医生来校训练时，医生让家长也接受培训，布置家庭康复训练作业。

模式二：集体教育与个别训练相结合。集体教育包括集体授课、集体训练与集体活动三个方面。以运动康复为例，每天早上的手操练习、"运动与康复"课是集体教育的组织形式，而个别教育主要体现在医师进驻课堂环节。

模式三：引导训练与自主训练相结合。对康复训练过程中意志顽强的学生进行宣传和表扬，引导其他学生学习。自主训练强调脑瘫学生的主观意愿，包括培养自主康复意识、训练自主康复能力和养成自主康复习惯。

模式四：康复训练与学科知识相结合。例如，脑瘫儿童在下蹲和起立的训练中学数数、在行走训练中学唱歌等。

2. 拓展了特殊教育培养"双师型"教师的新路子

目前南京职业技术学院向我校输送的毕业生，大多是单纯的学科类型的师范生，没有实施医教结合之前，缺康复师的问题并不突出。但是医教结合研究启动之后，我们需要更多的康复师。而仅仅依靠医院的康复师显然难以满足医教结合实践开展的需要。为此我们依靠外出培训、聘请专家、自主培训、二级培训，三年内我校教师有60多人接受了各类康复师的培训。

三、成果主要内容

（一）提升了医教结合的理性认识

通过实践研究，我们进一步认识到特殊教育领域的医教结合，是一种特教理念、合作模式和教育途径。特殊教育与康复医学相互整合，可以实现学科互助、各施所长，充分调动教育与医学两方面的资源，遵循学生的身心发展规律，切实提升残障儿童康复服务水平，为教师针对学生的具体情况进行个别化教育、康复和保健提供科学依据。

研究的成效也使我们认识到，1个总课题、3个子课题、21个微型课题的网络构建，可以使研究氛围浓厚，使研究过程推进有序、扎实有效，同时也给我们以后开展课题研究提供了很好的启示。

（二）推进了医教结合的实践研究

1. 医教结合促进残障儿童言语康复的实践研究

特殊学生普遍存在不同程度的言语障碍，对全校学生进行言语障碍情况的调查表明，言语障碍学生占学生总数的62%，其中培智言语障碍学生占学生总数的31%。如何改善和提高特殊学生的语言表达能力，促进他们言语康复，使其更好地学习沟通、学会知识、适应社会，一直是我们思考的问题。基于以上思考，我们积极运用现代教学媒体，从语言学习生活化、教学情景模拟化、教学形式多样化等角度进行了很多有益的探索，并申报了多个常熟市级规划课题和微型课题进行研究。我们积极撰写了论文和个案，初步形成了以集体教学、个别训练、家庭巩固三结合为主的言语康复教学模式。具体方法，一是借助多媒体课件，在集体教学中渗透言语康复技巧，促进学生言语康复。二是借助言语康复仪，个别训练中巧用言语康复方法。通过个别训练加专业设备的形式开展教学，先后添置了两台言语康复仪。三是借助康复云平台，在家庭训练中巩固言语康复成果。依托康复云平台，通过家庭训练对学校教学进行有效延伸。

2. 医教结合促进智残儿童情绪、行为和社交康复的实践研究

近年来，针对智残儿童智力损伤程度越来越严重，并伴随严重的情绪行为和社交能力障碍的问题，我们首先进行前期调查、分析和评估，围绕医教结合，进行相关医学理论等知识的学习。我们请医学专家定期来校指导，医学专家运用蒙台梭利、感觉统合、沙盘游戏、音乐治疗等方法对智残儿童开展情绪行为康复训练。为训练智残学生的社交能力，校内开设小超市，校外带领学生开展各种社会实践活动。课题实验班由8个有严重情绪行为障碍的孤独症儿童组成，我们为此编写了校本教材《我爱生活》，进行以单元主题为形式的综合教学。组内成员还申报了多个常熟市级规划课题和微型课题，积极撰写了研究论文和研究个案，形成了集体训练、个别训练、家庭训练三结合的康复训练模式，康复效果明显。

3. 医教结合促进残障儿童运动技能康复的实践研究

我校有脑瘫儿童近20名，肢体障碍严重影响着他们的生活和学习。对此，我们首先在二院医学康复科沈玄霖主任的指导下，对脑瘫儿童进行评估，制订康复训练计划，在课程设置中安排每双周星期四下午1点至3点定期定时开展康复训练,从不间断。其间学校教师和学生家长作为学员,从开始旁听到在医师的指导下对脑瘫学生进行康复训练,最后学生能独立进行康复训练,从而组成了脑瘫学生的康复团队。我们开展了"感觉统合训练促进脑瘫儿童运动康复的研究"等微型课题的研究,编制了医教结合指导手册,邀请了康复医师和家长共同参与医教结合课堂教学展示活动,逐步形成了集体训练、个别训练、家庭训练相结合的康复训练模式,成效显著。

四、成果的学术价值或社会影响

本研究以《特殊教育提升计划(2014—2016年)》为政策指引,从20世纪末特殊教育学校生源发生的结构性变化及特殊教育课程改革所带来的需求出发,在2013年12月到2016年12月的3年间,始终致力于医教结合促进残障儿童综合康复的实践研究,使学校康复环境、教师专业成长、学生综合康复方面均得到了长足的发展。

（一）提升了学校的办学实力

1. 资源中心硬件设备日渐完善

实施医教结合研究以来,市财政局、市残联、市教育局等政府部门对特殊教育的关注度进一步增强。我校以康复教育技术的运用和创新为载体,不断完善相关设施设备,目前建成的各类康复训练室有感觉统合室、言语康复室、蒙台梭利教室等,共计24个。两年来新添置的康复设备有构音测量与训练仪、理疗床、沙狐球等,并筹建小超市,用于训练学生的情绪调节能力及培养学生的社交技能。学校近两年来也先后获得了常熟市文明单位、苏州市助残先进集体等荣誉称号,办学能力得到了长足的发展。

2. 培养了一批"双师型"教师

我们挑选有热情、肯吃苦、能钻研的年轻教师,分赴北京、上海、广州、南京、苏州等地接受各级各类的康复培训。没有康复方面的治疗师,我们就自己培养。先后接受言语康复培训24人次,运动康复培训8人次,孤独症培训20人次,蒙台梭利培训6人次;持有心理咨询师上岗证4人,苏州市随班就读专家库成员2人,为实施医教结合提供了良好的师资保障,积累了一笔宝贵的人力资源。

（二）发展了教师的科研能力

我国关于残障学生医教结合的研究尚在初步阶段,我们迎难而上,刻苦钻研，提高了一大批教师的科研能力。我校3位年轻教师，其中陆欢老师和周正豪老师是本课题组核心成员，还有一位上岗仅2年的叶倩琳老师，他们共同参与编写了星星班校本教材《我爱生活》。在编写教材的过程中，课题组的几位教师一起拟定教材的编写思路，针对学生的特殊需求，围绕教材内容，包括字号的大小是否适合学生、色彩的搭配学生是否喜欢、内容的深浅学生能否接受等，定期开展研讨活动，不断修正、补充和完善，付出了艰辛的劳动，现在这本凝聚了教师们心血的教材已经编印成册。诸如此类的研究活动极大地激发了年轻教师的科研热情。同样，在4次以医教结合为主题的课堂教学展示活动中，我校有30多位教师公开执教课题研究课，在反复磨炼中不断提升医教结合新理念，不断增强医教结合新技能。3个子课题、21个微型课题吸引了20多位教师参与研究，尤其是青年教师，通过骨干教师的引领，通过自己的实践，大部分已经具备独立承担市级微型课题的能力。卢玉英老师的"智力残疾儿童生活技能训练研究"、周瑞珍老师的"智力残疾儿童生活语文学习研究"于2014年1月结题。周瑞珍老师的"提高低年级智障学生生活自理能力的研究与实践"、王瑜欢老师的"提高低阶段聋生识字能力研究"、徐利玉老师的"高年级智障学生青春期自我保护能力研究与实践"、周晔老师的"聋校中年级词汇积累方法的研究与实践"于2014年8月顺利结题。朱林娥老师的"智障学生职业技能培养研究"、孟春芳老师的"有效实施参加学生言语康复研究"、徐胜彪老师的"脑瘫儿童教育康复训练方式探索"、陆欢老师的"自闭症儿童语文知识应用研究"等于2014年结题。陆芳老师的"医教结合，促进聋校低年级学生的言语康复"、周瑞珍老师的"医教结合，促进智残儿童社交能力康复"、陆欢老师的"医教结合，促进智残儿童情绪行为能力康复"、周正豪老师的"感觉统合训练促进脑瘫儿童运动康复的研究"于2015年10月结题。朱瑜老师的"行为改变技术纠正学前智障儿童问题行为的研究"于2016年10月结题。课题实施以来，有近20篇论文在核心期刊上发表，有17位教师在各级各类比赛中获奖，有15位教师获得各级各类荣誉，有4位教师晋升高一级骨干教师。

（三）编写了校本教材《我爱生活》

课题组将孤独症儿童比较集中的班级命名为"星星班"，开展了孤独症儿童情绪、行为和社交技能康复的研究，并以特殊教育法律法规、培智学校课程实施方案为指导，编写了校本教材《我爱生活》。教材显现个别化教育、生活化教育、单元主题教育等教学理念,在内容选择、体例编排、评价系统方面都做了有益的探索。首先,教材将情绪、行为、社交康复等内容融入生活语文、生活数学、生活适应等课程,根据学生现时和未来生活的需求,以学生身边熟知的生活为核心,结合常熟地区文化设计单元主题。其次,教材突出生活实践活动,每个单元都有学校、家庭、社区的实践内容,并通过"温馨提示""亲子活动""伙伴合作""评价表格"等栏目,将学校、家庭、社区三者统一起来,对学生进行学习和生活的指导,为学生积累生活经验、融入社会搭建平台。

(四)促进了学生的健康发展

3个子课题、21个微型课题的研究使重点个别受训学生人数达到了50多名,集体受训达100%。学生在以医教结合为新理念的教学环境中,得到了肢体、言语、情绪、交往、行为、心理、劳技等方面的综合康复,成效显著。例如,某脑瘫儿童,每天坚持康复训练,从刚来学校时走路经常摔倒,到现在已能很好地控制平衡,还学会了慢跑;从不会握笔、不会写字,到现在认识很多字,字也越写越好了。她虽然手脚不方便,但还经常做力所能及的事情,成了一位名副其实的康复小明星!研究开展近两年来,学生中有80人在各级各类比赛中获奖,20人获各级荣誉,他们的作品在《小荷报》《教育特刊》《苏州特教研究》等报纸杂志上发表,在苏州市残疾人文艺展演中屡获佳绩,荣获苏州市美德好少年、常熟市三好学生的好消息也不断传来。毕业的学生有的升入高等学府继续深造,有的自主创业,有的自立于社会,都不同程度获得了身心的有效康复。

四、成果的推广应用情况

1. 研讨活动中推广应用

围绕医教结合,学校共计开展不同范围研讨活动20多次,并在2012年、2013年、2014年、2015年及各级各类医教结合研讨活动中做医教结合主题报告、讲座,共计8次。研讨活动使广大教师、家长和专业团队成员充分认识到了医教结合的重要性,并自觉把理念转化成教学和康复行为,极大地促进了残障学生身心的综合康复。

2. 送教活动中推广应用

参加医教结合实践研究的教师,大多是我校的党员骨干教师。特殊教育提升计划颁布以后，他们是首批为重度残障儿童送教上门的爱心志愿者，同时也是我市特殊教育指导中心的巡回辅导专家。教师交流制度又把这批教师像火种一样撒播到了乡镇的资源教室和随班就读的课堂之中。他们将带着医教结合的新理念和新技能，在全市更多的残障学生中实践医教结合新模式。

3. **课程改革中推广应用**

我校在成功开设第一个实验班的基础上，继续引领其他教师组建以患有情绪行为障碍孩子为主的班级，将其作为课题研究实验班，持续进行课程改革。研究组成员编写的校本教材《我爱生活》也得以在实验班试行教学，并不断修订和完善，目前已经在全市乡镇义务教育学校特教班使用，得到了师生的高度认可。

（该成果2017年获江苏省基础教育教学成果奖一等奖）

童心语文：让语文学习更好玩
——游戏精神理念下儿童语文学习的实践与研究
常熟市石梅小学

（成果主要完成人：顾丽芳）

一、成果研究背景、所要解决的实际问题和实践的路径

（一）研究背景

1. 落实学科育人目标是课程改革对学科教学的应然要求

《义务教育语文课程标准（2011年版）》在"课程理念"中明确提出，"全面提高学生的语文素养""正确运用祖国语言文字""促进学生和谐发展""提高思想道德修养和审美情趣，逐步形成良好的个性和健全的人格"。落实学科育人是每一位教育工作者的神圣使命，是每一位学科教师都应该积极践行的教育义务。

2. 关注小学生语文学习状态和效能是提高语文教学品质的出发点和归宿

现代学习理论、教育理论都大力倡导教育要回归儿童立场，实现从教向学的转变。关注小学生语文学习的状态是"生本"理念在课堂落地的开始。基于学情，才能精准地把控学生的学习起点，才能更好地实现因材施教，每个学生才能通过语文学习获得多元、个性化发展。

（二）所要解决的实际问题

1. 学生语文学习的生态不尽如人意

本研究开始于2012年左右，当时总体学生语文学习的生态不尽如人意。主要表现在以下几个方面：在"教为本"理念的主导下，学生呈现出被动学习、机械学习、单一方式学习的状态，学生普遍缺乏学习的主动性和积极性。课堂缺乏应有的趣味性，作业形式单一。

2. 教师的教学体验峰值缺失

每天和学生徜徉于文质兼美的语言世界，按理语文教师应该是一个比较

富有诗意的职业，但实际上并不是，教师每天重复着一成不变的教学流程，按部就班地执行教案，语文课堂成了知识的单向输出。在效率越来越高、专业性越来越强的语文课堂上，愉悦感和审美感却逐渐缺失，教师更难体验到儿童生命的绽放姿态。

3. 语文学习成效呈现持续低效能

语文学习需要积累，需要持之以恒地去阅读与表达。效能低意味着学生的兴趣没有得到很好的激发，没有得到很好的引导，导致难以承载语文核心素养发展的重要任务。长此以往，不良循环愈发加剧语文学习成效的低下。

针对以上种种实际问题，需要语文教师思考成因，寻找改变的对策和实施的路径，致力于改变学生的语文学习生态，倒逼教师育人理念的根本性转变，从而提升学生语文学习的效能。

（三）实践的路径和过程

1. 明确方向，开启主题阅读（2012年1月—2012年12月）

基于以上学生语文学习存在的问题，明确了改变语文学习生态、促进学生语文学习效能提升的"童心语文"的研究方向，搜集了文献和相关理论书籍，进行了深入的主题阅读。

2. 制订计划，明晰研究内容（2013年1月—2013年2月）

制订研究计划，从改变儿童观、学生观、课堂观开始，通过研究改变课堂样态、改变阅读生态、改变写作生态等，实现全方位改变学生语文学习生态的目标。

3. 有序推进，实践研究内容（2013年3月—2016年4月）

通过建设让语文更好玩的童心语文课堂、搭建家校协同阅读的班级阅读"起跑线"网站、开发创意习作课程等，以及通过学生阅读成果交流和学生文学作品创意接力写作等方式，深度推进本项目研究。

4. 出版专著，提炼研究内容（2014年5月—2014年8月）

提炼了实践成果，出版了专著《请靠童心再近些——我的童心语文探微》。

5. 总结成果，推广研究经验（2016年5月—2017年8月）

在专著的基础上进一步提炼研究成果的核心要义、价值要旨与操作策略，在区域内进行交流，并与省内外同行分享本成果的主要经验。

二、成果的主要内容及创新之处

（一）成果的主要内容

本成果以指向儿童素养的全面提升为目标，遵循了语文学习的基本规律，提出了"童心语文：让语文学习更好玩"的学科教学核心主张，提炼了以游戏精神为理论依据的"好玩的语文课"课堂特质，探索了以儿童观为教育立场的"学为本，巧转化，探理趣"实施策略，形成了以改变学习方式、提升学习效能为目标的"以课文为范例，以阅读为抓手，以写作为突破"读写实施路径，整体构建了"以儿童成长的名义"为价值指向的从课内向课外、由"小语文"到"大语文"的童心语文实践框架（图1）。

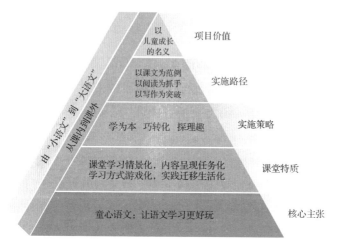

图1　"童心语文：让语文学习更好玩"实践框架

1. 提炼了"好玩的语文课"的课堂特质

课堂是学生语文学习重要的场域，课堂生态很大程度上决定着学生语文学习的品质和学生对语文学习的态度。"好玩的语文课"努力体现课堂学习情境化、内容呈现任务化、学习方式游戏化、实践迁移生活化的"四化"特质：课前创设与课堂相关联的情境，调动学生学习的兴趣和内驱；学习内容以任务的方式呈现，提升学生对课程学习的兴趣；学习过程以具身体验的活动方式展开，让学生有更多的课堂参与感；实践迁移注重与生活有机融通，让语文素养自然而然地达成。

2. 形成了"好玩的语文课"的实施策略

(1) "学为本"策略,以发现的乐趣吸引学生。

童心语文不是让学生去适应教师的教,而是让教师去顺应学生的学,从重教的成人本位转向重学的儿童本位。课前,引导学生预习所学内容,独立学习,或是借助工具书、网络资源,或是向家长、同伴请教,重在起疑引思。课堂上引导学生将自己的发现与同伴分享,在分享、碰撞的过程中不断发现语文内在的旨趣和学习本身的乐趣。

(2) "巧转化"策略,以活泼的形式贴近学生。

童心语文认为,趣味是语文学习的灵魂。教育的重要内涵在于"转化"——化难为易、化繁为简、化艰为趣,这也是游戏精神在课堂上体现的重要标志,是让语文"好玩"的关键所在。"转化"需要大智慧,童心语文的"巧转化"策略倡导把语文学习以一种活泼的形式进行。

(3) "探理趣"策略,以语文的视角引导学生。

语文的庄重在于它特有的理趣,童心语文的价值是以语文的视角引领学生,让学生在理趣中识语文,在对课文的学习中看到语文的大世界。

3. 探索了"好玩的语文课"的实施路径

(1) 以课文为范例。

引导学生通过课文学习学到语文学习的方法,体悟课文内容,沉潜玩味语言形式,反复诵读内化语感,运用迁移理论,从而实现举一反三,形成语文素养。

(2) 以阅读为抓手。

真正让学生得益的一定是大量的课外阅读。课外,用好晨诵、午读、暮省时间;形式上,借助班级"起跑线"网站,每天发布与阅读相关的话题和内容,生生共读、师生共读、亲子共读,通过网站交流和分享;过程上,可以每天阅读短小的文章,也可以读整本书;评价上,鼓励学生多阅读,定期评比阅读达人。

(3) 以写作为突破。

触发学生写作的冲动,激发学生表达的欲望;帮助学生发现写作的素材,提升学生对生活的敏锐度;搭建写作平台,让学生每天写一点;等等。

（二）成果的创新之处

1. 提升了儿童观的能见度

本成果把儿童立场物化成为每天的课堂样态和学科实践，提升了儿童观的能见度，实现了让理论落地。钱梦龙先生这样评价这项研究："在顾老师的教学中，学生本位不是一个空洞的概念或一句漂亮的口号，而是一种融化在血液中的鲜活的思想，是一个个落实在课堂上的生动活泼的教育方式，是思想的深刻性和教育过程的现实性的完美统一。在'学生为主体'已经沦为一句空洞口号的今天，顾老师的实践尤其给人以教益和启迪。"童心语文视野下，理论转化成了学生主动、生动、灵动的学习。

2. 重建了语文学习的新生态

通过研究和实践，重建了语文学习生态。课堂上，学生的能动性被充分激活，学习更加主动，思维更加活跃，体验更加深刻。教师教学基于学情，针对性强。过程板块推进，课堂多维互动。"教"成了"学"的辅助，"学"倒逼"教"的重构。学生学得愉悦，教师教得快乐，师生获得感都得到大幅度提高。师生共读、共写，学生接力写日记，读写创意本成为班级的特色读物。家校共读、共写，家长也经常在班级网站上进行阅读方面的交流，点评学生创作的小说，营造家校合力共育的新生态。

3. 呈现了叙事研究的独特价值

本成果以教育叙事的方式、以鲜活的案例和具体的师生生活来诠释童心语文的意蕴。透过这些鲜活的案例和师生对话，可以获得有益的思考，或理念的影响，或情怀的感染，或智慧的启迪。苏霍姆林斯基、阿莫纳什维利都是儿童研究者，他们的叙事给予教育者的思考是深远的。叙事研究对于小学教师尤其有着重要的价值。

三、成果的应用及其成效

本成果本着"做研合一""致力改变"的原则，在研究和实践的同时以点带面，推广辐射。

1. 提升学生语文学习品质，为学生素养的全面提高助力

童心语文是从儿童出发再回到儿童的语文，儿童是最大的受益者。最好的印证就是我的学生们，他们喜欢读书，喜欢写作，拥有真挚的语文情怀和扎实的语文素养。五、六年级的学生甚至能写小说、散文，有4位同学联合

创作了12万字的长篇小说《日本沉没》，得到了家长、教师和专家的充分肯定。我带领所在学校的教师们一起推广了"让语文更好玩"的核心主张，推行了"读写融合"的实践路径，实施了教向学转变的教学策略，有效优化了课堂生态，促进了学校和区域学生语文素养的提升。

2. 转变教师教育理念，为区域教师的专业发展助力

应省内外相关教育培训部门的邀请，项目研究期间，我先后赴贵州、浙江、湖南、安徽等省的教育部门，和省内连云港、无锡、苏州等地的学校做童心语文的专题讲座和课堂教学，分享我的教学主张和实践探索30多次。"只拣儿童多处行""学会合作"等课堂案例给教师们呈现了全新的"学本课堂"形态，均获得了较好评价。我还与张家港市实验小学等学校的骨干教师签订了师徒结对协议，组织开展了"童心语文"教学实践研讨。作为常熟理工学院（现拟改为"苏州工学院"）的签约导师，每年我都会给师范类学生上专业课，传播童心语文思想，给即将跨上工作岗位的教师以职业精神、专业思想的启蒙。经由童心语文实践，我和省内外很多学校的教师建立了共学共研的关系，同时领衔常熟市名师工作室，带动教师们致力语文叙事研究，提炼教学主张和实践成果，有效助推区域内外教师的专业发展。

3. 锤炼教师科研思维，为学校的内涵建设发展赋能

基于童心语文的研究成果，课题组成员申报了江苏省第十三批教研课题"具身认知理念下'学的课堂'的建构研究"，该课题是童心语文课堂的滚动式研究，从语文向全学科辐射。经过3年的研究，我建构了"学的课堂"完整的实践范式，并出版了专著《峰值体验：小学"学的课堂"的实践建构》。通过研究，教师们锤炼了科研思维，在课程基地项目申报、品格提升工程实践等方面，都表现出了专业者的核心素养，为学校内涵建设提质增效。

四、对成果的反思和展望

童心语文是一线教师以"草根"研究者的身份，以教育叙事的方式提炼的教学研究成果，研究的理论性和系统性方面仍有欠缺。今后要进一步完善研究内容的框架和体系，深化项目内涵，更理性、更科学地深入推进，同时积累更多实证性的数据。这是一项值得持续研究的课题，优化课堂生态，提升学生学科学习的体验感，提升教师教学的获得感，始终是重要的课题。

（该成果2017年获江苏省基础教育教学成果奖一等奖）

"科学取向"教学理论在小学语文教学中的本土化实践与探索

苏州市实验小学校　苏州科技大学

（成果主要完成人：林红　徐天中　皮连生　吴红耘　赵洪　彭坚）

一、教学问题的提出

实施基础教育课程改革以来，小学语文教学不断取得新的成绩，课堂面貌大为改观，但不可否认的是在小学语文教学实践中仍然存在着一些较为突出的问题，主要表现在以下几个方面：一是对语文教学目标的关注与研究不够。学生究竟要从课文中学什么，学到怎样的程度，这些不明确。教师在教学目标设置上存在着模糊、不具体甚至有偏差的情况。二是对学生语文学习心理过程的关注与研究不够。因为不了解学生语文学习的类型、学习过程及条件，所以对学生语文能力形成的路径、方式不清晰，教学效率难以提高。以上这些问题影响了语文教学质量的进一步提升。将"科学取向"教学理论与我国语文教学实践相结合，其目的就是为了解决上述问题。

二、解决教学问题的方法与过程

（一）解决教学问题的方法

为解决以上教学问题，我们主要采用了以下方法。

1. 理论借鉴

借鉴国际上先进的"科学取向"教学理论，如加涅的学习结果分类理论、修订的布卢姆教育目标分类学等，通过对理论的系统学习、思考及专家培训、指导等方式，较好地把握了理论的内涵，为实践运用打下了扎实的基础。

2. 转化创新

在分析语文教学现状的基础上，创建了小学语文教学目标分类系统和小学语文教学目标两维分类框架，梳理出了小学语文教学内容和其所属的学习类型及每一类型学习的心理过程和条件，运用了教学设计的四项基本技术，创建了小学语文单篇课文、单元整组课文教学设计的基本范式。同时，将"科学取向"教学理论与情感教学理论、传统教学经验相结合，唤起学生的学习兴趣，激发学生的学习动机，提高学生的学习热情。

3. **校本培训**

按照教学设计的基本模式，遵循"分析需求—设计课程—开发教材—探究性实施—检测评价"五步骤，建构了提升教师学科教学能力的校本培训模式。运用该模式先后进行了 2 000 多人次的教师培训，进行了 150 多次的研讨活动，全面提升了学校语文教师的教学设计能力。

4. **案例引领**

运用了"科学取向"教学理论，开发了语文专项技能、单篇课文、单元整组课文、综合教学四类课型的教学案例 100 多个，并通过 100 多节实验观摩课开展教学设计研究，用案例引领"科学取向"语文课堂的实践过程。

5. **合作研究**

华东师范大学皮连生教授、苏州科技大学吴红耘教授等教育心理学家与苏州市实验小学校的语文学科教学论专家、一线语文教师，组成了"三结合"项目工作团队，使"科学取向"教学理论能够更好地运用于教学实践，同时也让实践推动理论的本土化发展。

（二）解决教学问题的过程

自 2009 年以来，项目实践研究经历了现状调查与理论学习、顶层设计与分步实施、回顾梳理与反思改进、实践深化与总结推广四个阶段。

现状调查与理论学习阶段，是本项目的起步阶段，主要对小学语文教学存在的具体问题进行调查和分析，同时学习"科学取向"教学理论，寻找问题背后的原因所在。

顶层设计与分步实施阶段，主要针对小学语文教学存在的问题，确定研究与实践的目标、内容，以及开展各项工作所采用的方法、路线，对实践与研究过程进行总体设计。在此基础上，形成以教师为主体、专家与教师相结合的互补型团队，设计出与研究和实践主题相一致的各类操作性方案；对理论与实践进行研究与创新，设计经典案例，开展相应的教学活动。

回顾梳理与反思改进阶段，主要通过对研究与实践过程中收集的学生、教师反馈信息进行分析，对教学效果予以评估，寻找存在的问题，研究解决方案。

实践深化与总结推广阶段，主要是持续完善实践和研究的方法与策略，不断深化研究与实践过程，对取得的初步成果进行总结、提炼和推广。2013年以来，我们通过学校的示范引领和国内外的教育合作交流，实现了成果在较大范围的推广，产生了良好的教学效益。

三、成果的主要内容

本项目中的"科学取向"教学理论，主要指美国著名心理学家加涅的学习结果分类和教学设计理论、修订的布卢姆教育目标分类学等。我们将这些理论应用于小学语文教学实践，实现了本土、学科、可操作的转化，在彰显母语教学可贵经验和鲜明特色的同时，探索了一条小学语文教学的科学路径，主要有以下几个成果。

（一）创建了小学语文教学目标分类系统和小学语文教学目标两维分类框架

以加涅的学习结果分类理论和修订的布卢姆教育目标分类学为指导，我们创建了"小学语文教学目标分类系统"（图1）和"小学语文教学目标两维分类框架"（表1），使小学语文教学目标在教学内容和掌握水平上更为明确、具体。

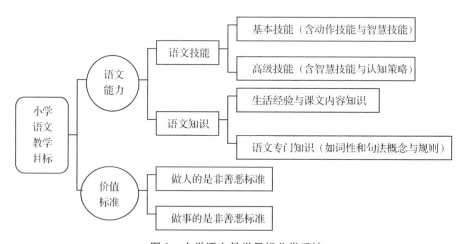

图1　小学语文教学目标分类系统

构建上述小学语文教学目标分类系统的一个重要贡献是把具有一般指导

意义的教学心理学理论与小学语文学科教学挂钩,但它还无法直接指导教师进行课堂教学目标的设置。为此,我们又应用修订的布卢姆教育目标分类学创建了小学语文教学目标两维分类框架。

表1 小学语文教学目标两维分类框架

教学内容 (知识维度)		掌握水平(认知过程维度)					
		记忆	理解	运用	分析	评价	创造
基本技能	字、词 (含拼音)						
	句子、标点						
	朗诵、背诵						
高级技能	课文结构						
	课文内容 (含价值观)						
	表达技巧						

学生的语文能力目标分为两个维度:基本技能(包括字、词、句子、标点和朗诵、背诵)和高级技能〔包括课文结构、课文内容(含价值观)、表达技巧〕属于知识维度;记忆、理解、运用、分析、评价和创造六级水平属于认知过程维度。通过这两个维度确定每一个小学语文教学目标在表格中所处的位置,教(学)什么、教(学)到什么程度就清晰了。

(二)梳理出小学语文每一类教学内容包含的学习类型,确定了每一个学习类型的学习过程和条件

在小学阶段,学生要掌握语文这一"工具",所学的语文知识最终要转化为能力。在加涅的学习结果分类理论的指导下,梳理出小学语文每一类教学内容包含的学习类型,确定每一个学习类型的学习过程和条件,能够帮助教师针对不同的学习任务,选择符合学生心理机制的教学策略。

表2最左边一栏呈现的是小学语文基本技能的教学内容,共5大类11小类。第二栏呈现学习类型,共5类。第三栏呈现了解释上述学习类型的相关理论。第四栏呈现了相关的学习过程和有效学习的条件。

表2 与小学语文基本技能教学内容对应的学习类型、学习过程和有效学习的条件

教学内容	学习类型	相关的理论	学习过程和有效学习的条件
1. 拼音：字母规则	1. 符号机械记忆（声音、文字、标点）	言语联想和配对联想理论	接近、重复、强化，因为机械学习极易遗忘，所以学生必须经常复习
2. 生字：音、形、义	2. 动作技能学习（发音、朗读、书写）	动作技能	教师示范、解释，学生模仿、重复练习，教师提供反馈。学生经历认知、联系形成和自动化三个阶段。学生动作技能熟练后就不易遗忘
3. 新词：音、形词义组词规则	3. 字、词意义学习	有意义言语学习理论	应区分学习意义与符号意义；在多数情形下，学生是在学符号意义，而不是在学意义本身；如果是意义学习，则应遵循奥苏伯尔的有意义言语学习理论；外界呈现两个以上例子，学生经历辨别、假设、抽象、概括等心理过程。
4. 标点：符号使用规则	4. 句子结构图式（句式）学习	康德的图式理论	归纳出句子结构特征；经历图式习得、增生、调整、自动化等阶段
5. 句子：句式成分	5. 概念、规则学习（词法、句法、标点）	加涅的智慧技能层次理论和康德的图式理论	按加涅的观点，概念学习以刺激、辨别为前提条件，规则学习以概念掌握为前提条件；从发展来看，学生先掌握句子结构的图式表征，然后掌握句子结构概念、规则的精确表征

需要说明的是，语文学习类型划分十分复杂，表中的5大类教学内容和5类学习类型不是一一对应的。表中教学内容1兼有学习类型1和5的性质，教学内容2和3同时具有学习类型1、2、3和5的性质，教学内容4具有学习类型1和5的性质，教学内容5具有学习类型4和5的性质。

小学语文高级技能是在基本技能学习的基础上发展起来的与篇章阅读和写作有关的技能，可归纳为4类教学内容，分属于3种学习类型。同表2，表3中的教学内容和学习类型也不是一一对应的。教学内容1和2既可能属于学习类型1，也可能属于学习类型2；教学内容3指学生理解课文的内容、情感与价值观，属于综合性运用语文基本技能和高级技能，进行阅读理解的学习；教学内容4属于学习类型3。

表3 与小学语文高级技能教学内容对应的学习类型、学习过程和有效学习的条件

教学内容	学习类型	相关的理论	学习过程和有效学习的条件
1. 文章标题与体裁	1. 文章类型和结构图式学习	康德的图式理论	与句子图式学习类似，只是例子成了整篇文章或文章的段落；图式形成需要更长时间
2. 段落与文章结构、层次	2. 概念与规则学习	加涅的智慧技能层次理论	读写规则学习必须符合加涅的智慧技能层次理论：从知觉辨别到概念，再到规则
3. 课文内容与价值标准	3. 读写策略性知识学习	认知策略、元认知理论和情境认知理论	受儿童自我意识发展的制约；需要学生意识到支配读写策略的启发式规则及其有效性；知道启发式规则运用的条件；学习不能一次性或短时间内完成
4. 组织与表达技巧			

（三）开发了小学语文教学设计技术

为了进一步实现"科学取向"教学理论的学科化与可操作化，我们依据该理论开发了小学语文教学设计技术，并形成了综合运用教学设计技术的语文教学案例，以此指导教师的教学实践。开发的小学语文教学设计技术主要有目标设置与陈述技术、任务分析技术、教学策略设计技术、学习结果测量与评价技术。

1. 确定并分解了小学语文教学设计中的任务

我们运用任务分析方法，对小学语文教学设计中所需要完成的任务加以分解（图2）。

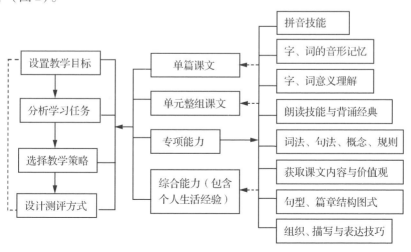

图2 语文教学设计任务分解

图 2 左侧的流程图表明教学设计的一般流程,即设置小学语文教学目标,运用任务分析技术进行小学语文学习任务的分析,并据此选择相应的语文教学策略,确定学习结果的测评方式。中间的四个方框表示语文教学的四种课型。每种课型都要按左侧四步流程设计。其中的专项能力又可以分解为图 2 右侧的 8 类不同的技能。而这 8 类技能又分别包含在单篇课文、单元整组课文和综合能力三种课型的教学中(用向左的虚线和箭头表示)。

2. 发展了任务分析技术

在运用小学语文教学目标分类系统设置和陈述教学目标的基础上,我们发展了任务分析技术,指导教师做好了以下三件事:

(1)将设定好的教学目标进行分类,并填写到两维目标分类框架表中。

(2)分析每一个目标的学习过程与条件(包括内部条件和外部条件)。

(3)确定学生的起点能力。

3. 研究并实践了小学语文"六步三段"教学模式及各基本课型的教学策略

(1)单篇课文教学。

单篇课文的教学目标一般都包括基本技能目标和高级技能目标。多数课文要分两课时教学。第一课时主要完成基本技能目标;第二课时转入指导学生精读和分析、鉴赏,并完成写作等方面的高级技能目标。经典案例有葛戴丹老师的"船长"等。

(2)单元整组课文教学。

研究与实践证明,根据高级技能学习规律,将具有相似高级技能目标的课文组成单元是比较合理的教学策略,因为高级技能又必须通过"举三反一"(这里的"三"是两篇以上的课文,"一"是一条规则或一个原理)和"举一反三"才能有效学习。

(3)专项能力教学。

主要运用"六步三段"教学模式。教学过程的六步:告知目标与引起学生注意;复习与新学习的内容相关的原有知识;呈现精心选择的材料(主要是例子);从例子中归纳出共同的概念、规则或得出结论;进行变式练习,使概念或规则向技能转化;在复杂情境中检测技能的运用与迁移。

第一步至第四步为第一阶段,即概念或规则的习得阶段;第五步中的变式练习是知识向技能的转化阶段,为第二阶段;第六步是技能迁移与运用阶段,为第三阶段。经典案例有顾婷老师的"承接结构段落教学"等。

（4）综合能力教学。

中、高年级的口语交际和写作都是综合能力的学习。研究与实践证明，这样的综合能力不能单独教，必须把它们置于单元教学中，与课文中所教的基本技能与高级技能联系起来，作为单元学习的最终结果来教才是有效的。

4. 研究并实践了目标参照的教学结果测量与评价

研究与实践表明，只要教学目标陈述具体化和行为化了，教师在备课时预先对照目标，编好检查教学效果的测验题，一般就能符合效度与信度的要求。通过及时的形成性测验，教师能较客观地分析教学设计与其实施的效果。如果教学目标不明确，教学过程和方法的针对性不强，教学后测成绩一般不好。反之，除了极个别学生之外，都能达到教学目标的要求。

（四）初步创建认知与情感交融的小学语文课堂

在学生情感、态度的培育上，我们承袭中国传统文化中的浸润式教育，让学生在情境中获得感悟和体验，激发学生学习的兴趣与热情，让学生快乐地学习语文。

在课堂教学的起始阶段，我们重视采用生动、形象的手段，调动学生学习的兴趣和积极性，让学习内容更贴近学生，使学生主动参与到学习中来。学习过程中，在积极推进认知活动的同时，教师注重发掘教学内容中蕴含的情感因素，通过优美的文字、真实的情境再现，让学生经历感悟、体验、浸润、想象等过程，培养学生高尚的情操和正确的价值观，让认知目标与情感、态度、价值观目标相互融合、相辅相成。教师还注重采用鼓励、肯定、赞赏等积极和正面的评价，不断增强学生学习的自信心，持续激发学生主动学习的动机，让学生获得成功的体验。情感与认知交融的课堂，不仅让学生获得良好的情绪体验，促进价值标准的内化，也提高学生的认知效率。

（五）促进学生从语文能力的习得走向语文核心素养的发展

在研究后期，我们借助语文教学目标分类和不同学习类型的教学设计，将语文核心素养的培养落到实处，促使学生从语文能力的习得走向语文核心素养的发展。

我们认为，由语文知识与语文技能构成的语文能力，是学生语文核心素养最重要的组成部分，也是最为基础的层面。我们试图用科学的教学理论来解释语文素养的构成，寻找语文核心素养的科学教学论基础。同时，我校小学语文教学也将学生在学习语文时人文素养的发展作为关注的重点，重视语文教学在文化传承、审美体验和思维发展方面的作用，让学生能够继承中华优秀的传统文化，体会中华文化的博大精深，培养文化自觉的意识和文化自信心，并通过阅读和鉴赏优秀作品、品味语言艺术而体验丰富的情感，形成审美意识和审美能力，促进思维的发展和思维品质的提升。这也是语文核心素养的重要组成部分。

四、成果推广应用情况、主要效果及反思

自2013年以来，该成果在国内外得到了较大范围的推广应用。

（一）成果推广应用情况

1. 国内推广应用

（1）通过教师培训、公开课等方式，将该成果在北京、上海、浙江、广东、山东等地的260多所学校推广运用。

（2）借助学校作为全国优秀校长、教师培训基地的有利条件，将该成果作为重要的培训项目，先后向50多批来校参加培训的校长、教师推广介绍。

（3）成果被迁移运用到苏州市实验小学教育集团及多所学校的数学、英语等学科教学中。

（4）该成果被苏州科技大学作为课程内容选入师范专业、应用心理学专业相关课程。

2. 国际推广应用

通过"课程、教法、教师培训体系以及专家浸润指导"相结合的整体打包输出模式，该成果被推广至新加坡多所学校，当地媒体给予了报道，该成果获得了好评。

3. 论文发表、被引用

与该成果相关的30多篇论文分别发表于《教育研究》《心理科学》《人民教育》等期刊上。主要论文被下载达1万多次，被引用200多次。

4. 社会影响

2011年5月，在安徽师范大学承办的长三角语文教育论坛上，本成果的主要内容得到了国内著名学者倪文锦教授（华东师范大学）、王荣生教授（上海师范大学）、黄伟教授（南京师范大学）等的一致认可和好评。

2011年12月，在教育部小学校长培训中心与苏州市实验小学校联合举办

的走科学取向学科教学之路高端学术论坛上,与会专家、教师对该成果给予了一致好评,认为学校将语文教学的研究往科学化、精致化方向推进,既有语文教学论的研究,又与认知心理学相结合,走出了一条小学语文教学的科学路径。《人民教育》《中国教育报》《中国教师报》《现代教育报》等均发文介绍了学校取得的教学成果。

(二) 成果推广应用主要成效

本成果主要在以下两方面取得了良好成效。

1. 学生素养发展

(1) 学生的语文能力得到了更好发展,学生的语文素养得到了培育。

① 苏州市实验小学校2008—2016年毕业班学生语文教学质量检测显示:语文平均分从2008年的78.8分提升到2016年的86.8分,优秀率也大幅度提升。各毕业班的平均分差距从5.98分缩小到1.31分,整体语文教学质量得到了提高。② 苏州市小学毕业学生的学业质量检测显示:苏州市实验小学校毕业学生的语文素养得到了初中学校的一致好评,他们普遍认为苏州市实验小学校的学生语文能力强、学习后劲足、综合素质高。③ 在每次实验课结束后,我们还对当次课教学目标的实现情况进行了测试。结果是凡属于语文基本技能的,目标达成度均在95%以上,凡属于语文高级技能的,目标达成度在90%左右。④ 学生在各类省市级语文比赛中获奖达800多人次。

(2) 学生的语文学习兴趣、学习自主性得到了增强。

对实验班学生调查后发现,学生对语文学习的兴趣较浓。从他们撰写的语文学习故事中发现,由于掌握了语文学习的方法,学生自主学习语文的能力和意识都得到了增强。

2. 教师专业成长

(1) 教师的教学理论素养得到了提升。

学校语文教师阅读了《学习、教学和评估的分类学》《教学设计原理》等"科学取向"教学理论著作,分享了学习体会,并参加了学校组织开展的理论培训课程,全面提升了自身的教学理论素养。

(2) 教师的"以学定教"的意识全面形成。

语文教师将研究学生作为教学设计的基础环节,通过分析学生起点能力、相关学习任务的学习类型、学生学习心理过程及条件,选择教学方法与策略,从而真正从学生出发,开展小学语文的教学设计。

（3）教师语文教学设计及实施的能力得到了提高。

教师主要获得了小学语文学科教学设计的三种能力。① 教学目标设置能力。包括目标转化技能（将教学目标转化为学生的学习结果），目标陈述技能（通过二维表，将目标变成"教什么和教到什么程度"），目标分析技能（分析不同学习内容的学习类型、学习过程及条件）。② 教学策略的开发、选择能力。包括内容排序、教学过程设计、具体的教学方法等。③ 教学结果的测量与评价能力。教师的作业与测评的设计紧紧围绕教学目标，通过科学的测量与评价检验目标的达成度。

学校语文教师在省市各类教学比赛中获奖达70多人次。

（三）反思

研究中我们发现，"科学取向"教学理论在小学语文教学中的本土化实践虽然解决了过去难以解决的一些问题，但仍然有不少问题需要进一步深化研究。一是本项目的研究与实践，主要聚焦的是学生的认知领域，对学生语文学习中情感、态度、价值观领域虽然给予了充分关注，在实践层面也形成了成功的操作办法，但对情感、态度、价值观形成的系统应用研究还不够。二是"科学取向"小学语文教学目前主要关注的是学生整体的发展状况，由于在针对每一位学生学习数据的全面收集和个性化分析方面存在着客观的制约因素，因而在如何促进学生的个性化发展方面还需要在引入大数据技术的基础上做进一步的深化研究。三是借助语文的学习分类及不同学习类型的教学设计，将语文核心素养的培养落到实处，我们初步进行了研究与实践，但仍有许多理论与技术上的问题有待深入探索。

（该成果获2017年江苏省基础教育教学成果奖一等奖）

小学语文互动场的范式建构与区域推进实践研究

太仓市城厢镇第一小学

(成果主要完成人:朱强 薛丽芬 周黎霞 金丽蓉 严豪)

一、小学语文互动场研究的背景和想解决的问题

1. 研究的背景

基于互动场构建的小学语文活动设计缺失是制约教学质量的重要因素。研究小学语文教学互动场是提高教育质量、新课程改革的发展需要;研究小学语文学习活动的设计是提高课堂教学质量的保障;研究师生的相遇与对话是开展高水平学习的前提。

2. 想解决的问题

新课程实施10多年以来,小学语文的课堂教学方式有所改变,但师生互动不够。有的课堂教师一讲到底,学生零提问,从头听到尾;有的课堂师生互动单一,教师与学生一对一问答,其他学生缺乏互动;有的课堂互动流于表面……导致教师教得辛苦,学生学得痛苦。小学语文学习活动的设计缺乏明确的目的性,环节过多、过杂、过乱,导致小学语文学习活动实施的低效。

二、核心概念界定与理论溯源

1. 核心概念界定

互动场、场理论来自自然科学,有磁场、电场、力场等。本课题把自然科学的场理论引入人文学科之中,指建立一种气场、磁场、心理场;本课题研究的互动场是指小学语文教学中师生互动、生生互动,形成和谐的磁场。

2. 理论溯源

（1）法国皮埃尔·布尔迪厄的场域理论。

他认为场域是结构的，但又不完全是客观的，其中包含主观的部分；惯习是个体的，但又不完全是主观的，其中又有客观的渗入。客观与主观共同存在于场域中，又共同存在于惯习中。这样，它们在场域中融合，又在惯习中被融合。

（2）德国库尔特·勒温的场理论。

库尔特·勒温的《拓扑心理学原理》提出著名的公式：（行为）$B = f$（生活空间 Ls）$= f$（人 P，环境 E）。所谓生活空间，是指在某一时间影响个体的所有人物、事件、观念、需求等，是人的行为发生的心理场。

（3）马斯洛的需要动机理论。

合理的学习需要是动态的，教师在满足学生现有的合理需要的同时，培养学生更高层次的需要，追求动态平衡，帮助学生具备较高的学习需要的自觉性。

（4）建构主义学习理论。

建构主义学习理论认为"情境""协作""会话""意义建构"是学习环境中的四大要素或四大属性。建构主义提倡在教师指导下的、以学习者为中心的学习，也就是说，既强调学习者的认知主体作用，又不忽视教师的指导作用，学生是信息加工的主体，是意义的主动建构者，教师是意义建构的帮助者、促进者，而不是知识的传授者与灌输者。

三、提出小学语文互动场的范式建构图

通过研究，我们初步形成了小学语文有效教学互动场的构建范式（图1）。简述如下：在小学语文教学中，以场理论等四大理论为支撑依据，在基本要素（教师、学生、文本和中介）的相互作用下，采取适切的机制（时机、策略、方式），能够指向并达成小学语文有效教学的目标体系。同时，目标体系的形成又能超越支撑理论，而支撑理论又贯穿着机制的甄别与选拔，同时影响着目标体系的构架与完善。它们是一个循环往复、螺旋上升的过程。

同时，我们就小学语文互动教学，分析了主要问题，提出了主要原则，阐述了基本特征，提出了互动形式，总结了教学策略，明确了价值追求，指出了基本出发点，确定了互动任务，归纳了主要规律，最终提炼了有效模式，

构建了小学语文有效教学互动场的范式图（图1）

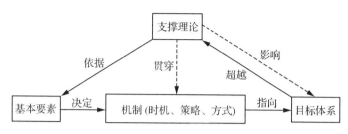

图1　小学语文有效教学互动场的构建范式（简略式）

（一）分析了小学语文互动教学存在的五个主要问题

有追求热闹的"假互动"、脱离文本的"空互动"、放任自流的"乱互动"、囿于问答的"浅互动"、稀里糊涂的"被互动"。

（二）提出了小学语文互动教学的四大原则

（1）主动性原则。

在教师的引领下，学生主动与文本展开真正的对话。

（2）实践性原则。

在语文实践中，学习语文，学会学习，丰富人生。

（3）生成性原则。

调控教学生成，体现对话主体间的融合、相遇、碰撞和交流。

（4）简约性原则。

一堂语文课，目标、内容、环节、方法、媒介、用语等统统采用简约的方式。

（三）阐述了小学语文互动教学的四大基本特征

（1）双重主客体性特征。

教师和学生都是主体，又都是客体。

（2）相互平等性特征。

体现师生自由、民主、平等的教学交往。

（3）情境变化性特征。

教师有目的地引入或者创设一定的生动、形象、具体的场景。

（4）活动游戏性特征。

设计活动，让学生在具备游戏性特征的活动中得到发展。

(5) 互补互惠性特征。

让师生在信息、情感、精神、智慧等方面共同获益。

(四) 提出了小学语文互动教学的六大互动形式

(1) 重视提领而顿的师本互动。

教师要把文本读薄、读厚、读深、读活，读出别样的景致。

(2) 关注先学后教的生本互动。

设计前置性学习，引发学生思考、体验、想象、拓展。

(3) 构建和谐、自然的师生互动。

学生率性而天真的回答转瞬即逝，教师要及时捕捉。

(4) 聚焦灵动、曼妙的生生互动。

课堂上要出现生教生、兵教兵的良好学习状态。

(5) 着力互补互助的小组互动。

让小组互动在学生交流、汇总、提升、总结中具备桥梁作用。

(6) 演绎精彩纷呈的组组互动。

让小组与小组之间的碰撞擦出智慧的火花。

(五) 总结了小学语文互动教学的九大教学策略

(1) 培养倾听策略。

培育教师与学生、学生与学生之间相互倾听的关系。

(2) 构成串联策略。

在教学中，教师把教材与儿童、知识、事件等串联起来。

(3) 反思和审议策略。

教师要反思和审议自己想教、所教以及学生所学与语文课程目标的关联。

(4) 激发情感策略。

教师要激发学生与文本之间产生情感互动。

(5) 把握规律策略。

教师要引导学生把握语文学习的规律，学会举一反三，自主学习。

(6) 陌生文本策略。

教师要在学生有疑问的地方设疑，容易忽略的地方设问。

(7) 突出实践策略。

教师注重语文实践的有效设计，对学生学情准确估量，把握学习的起点。

（8）适当示弱策略。

教师及时退让或避让，让学生充分言说，尽情发挥自己的聪明才智。

（9）凸显人性策略。

凸显人性，为学生幸福而有意义的一生打下良好的基础。

（六）明确了小学语文互动教学的五大价值追求

（1）基于互动场构建的生本语文应体现自主学习。
（2）基于互动场构建的生活语文应体现闲情逸趣。
（3）基于互动场构建的生态语文应体现自然规律。
（4）基于互动场构建的生长语文应体现学习过程。
（5）基于互动场构建的生命语文应体现回归原点。

（七）指出了小学语文学习活动设计的六个出发点

（1）设计的学习活动体现小学的语文本色。
（2）设计的学习活动体现不同的文体特征。
（3）设计的学习活动体现合宜的教学内容。
（4）设计的学习活动体现丰富的教学资源。
（5）设计的学习活动体现鲜活的现实生活。
（6）设计的学习活动体现厚重的文化内涵。

（八）确定了小学语文互动教学的三大互动任务

在互动中引发师生与文本产生共鸣，在互动中丰富师生的精神世界，在互动中激发师生创造的潜能。

（九）归纳了小学语文互动教学的四大规律

知识交叉律、生活相联律、内涵深究律、文化支撑律。

（十）提炼了小学语文教学的有效模式

"五模块"互动式课堂。"五模块"是指"自学静思—互动探究—展示交流—精彩点拨—拓展迁移"。"五模块"互动式课堂是指教师根据语文课程标准，对文本的把握、对学生学情的估量，制定简约的教学目标，选择合宜的教学内容，设计有弹性的教学环节，促进学生自主学习，实现对话交流、合作共享、动态生成、充满活力的师生共同成长的课堂。通过学习，引导学生积累丰富的语言，培养语感，发展思维，初步掌握学习语文的基本方法，养成良好的学习习惯，形成良好的个性和健全的人格。

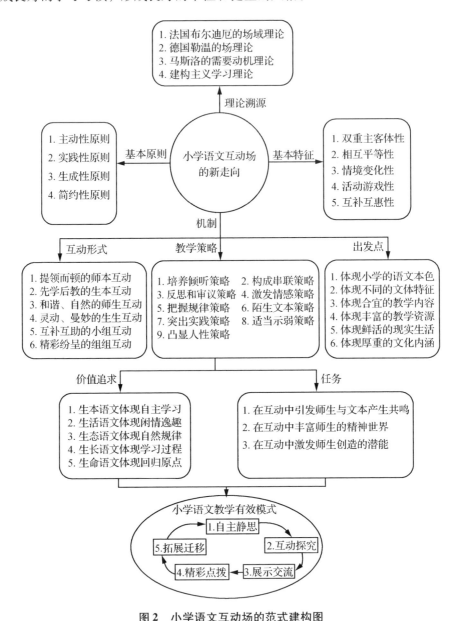

图2 小学语文互动场的范式建构图

四、实现了小学语文互动场研究的区域推进

2007年11月23日，我们申报的课题"小学语文有效互动场构建的研

究",被江苏省中小学教学研究室列为2007年度第七期立项课题。2010年11月30日,课题鉴定专家组审查与验收,认为我们的研究取得了预期的研究成果,给予了结题。

为了推广该课题的教学研究成果,挖掘课题研究的深度,我们决定在这个课题研究的基础上,寻找新的生长点,进一步深化研究。2011年12月30日,我们申报的课题"基于互动场构建的小学语文学习活动设计与实施的实践研究",被批准为江苏省教育科学"十二五"规划2011年度立项课题。该课题从2012年2月28日启动以来,采取了区域推进的策略(图3)。经过5年的实践研究,取得了一定的理论与实践成果,带动了太仓市语文教学的发展。2016年12月21日,课题鉴定专家组进行了现场结题鉴定。

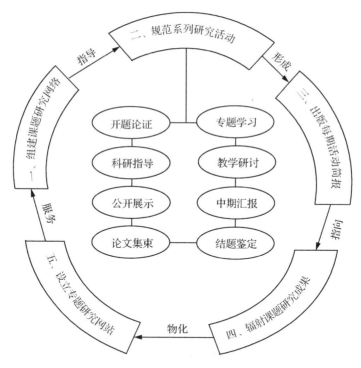

图3 小学语文互动场研究的区域推进

1. 组建课题研究网络

2012年年初,我们聘请了课题专家顾问组,成立了课题协作组。太仓市31所小学70多位教师共同参与了课题的研究。同时,课题组与太仓市小学语文学科工作组联袂开展活动。

2. 规范系列研究活动

我们每月开展一次活动，每次活动均有活动通知、活动主题。课题组活动共 50 次，形式多样，讲究实效。具体包括开题论证、专题学习、科研指导、教学研讨、公开展示、中期汇报、论文集束、结题鉴定等。

3. 出版每期活动简报

每次活动均由承办学校负责资料的收集，从活动通知、学习材料、研讨过程、签到表格、现场摄像、上课评课、横幅标语等，到最后出版简报，都单独整理成册，保存至今。50 次活动，形成了 50 份资料。

4. 辐射课题研究成果

在 2 轮 10 年课题的实践研究中，我们出版了 2 本专著。在各种课堂教学观摩活动中，执教了体现"互动场教学"思想的公开课、评优课和示范课，并做了"互动场教学"的专题讲座。

5. 设立专题研究网站

课题研究信息化，我们建立了一个专门的网站，把 5 年来开展的活动和课题研究的所有资料，都放在了上面。我们在网站上面设立了 6 个板块，即研究方案、学习资料、探讨活动、学期汇报、研究成果、成果鉴定。

五、成果推广应用效果

1. 学术成果

2010 年江苏人民出版社出版了薛丽芬老师的《小学语文互动场构建的实践研究》，2015 年东北师范大学出版了薛丽芬的《小学语文互动场的新走向研究》。两本专著，反响良好。特级教师薛法根、陈建先、魏星为专著作序，大力推崇。《构建小学语文教学互动场的有效策略》发表于《江苏教育研究》，被人大资料中心全文转载。《一痕山影淡若无——名师互动场创设艺术赏析》《小学语文教学互动存在的主要问题及成因》发表于《语文世界》（教师之窗）。课题组有 4 篇论文发表于《新教育》，有 5 篇论文发表于《小学教学参考》，有 6 篇论文发表于《小学教学参考》。2015 年，课题组编著了《太仓市小学语文学科工作与教学研究组资料汇编之精选集》。

2. 讲座、主持、课评辐射

薛丽芬老师在全国第二届海峡两岸暨香港"聚焦课堂，有效教学"研讨会上做了"小学语文有效教学互动场"的专题讲座，赢得了专家的好评。

2015年6月，薛丽芬老师主持江苏省"教学新时空，名师课堂"小学语文学科直播活动，渗透、传播小学语文互动场思想。2011年到2016年，薛丽芬老师多次在浙江大学举办的全国小学语文"千课万人"观摩活动中，担任书面评课专家，辐射教学成果，传递小学语文互动场的思想。

2014年5月，在江苏省送培下乡活动中，课题组成员进行了课题中期报告的介绍。2015年3月，在苏州相城区课题组成员进行了课题研究成果的介绍，2016年7月，课题组成员在苏州市进行了课题成果的介绍。

3. 公开课展示

2010年5月，薛丽芬老师在全国第三届海峡两岸暨香港小学语、数、英课堂教学研讨会上执教的"青海高原一株柳"，体现了互动场构建的思想，获得了全国一等奖。2011年、2012年、2015年在全国国学观摩与培训活动中，薛丽芬老师执教了体现互动场构建思想的"宽""为与不为""老子"，深受好评。薛丽芬老师在上海执教了体现互动场教学思想的示范课"孔子游春"，得到了上海市师资培训中心的一致好评。2013年3月，在全国苏教版教科书课堂教学大赛上，薛丽芬老师执教的"月字旁和周字旁"，获得了一等奖。2013年5月，在江苏省第十四届青年教师语文课堂观摩活动中，薛丽芬老师执教的"古诗二首"，获得了特等奖。2015年11月，薛丽芬老师在江苏省"教学新时空，名师课堂"上执教了"桥"，扩大了互动场教学的影响力。

4. 教师发展

我们带领了太仓市32所小学约76名教师共同研究，实现了小学全覆盖、区域推进模式。近年来，薛丽芬老师被评为江苏省中小学校创先争优先进个人、苏州市名教师、太仓市人民政府兼职督学、太仓市四星级教师、太仓市中小学学科建设领军人才。课题组副组长朱强被评为江苏省优秀青少年科技教育校长、苏州市学术带头人、太仓市三星级教师。课题组成员周黎霞、范胡萍获苏州市小学青年教师"双十佳"称号。课题组成员王蕴芬、顾丽芬、彭怡、沈美峰晋升为中小学高级教师。课题组成员曹丽萍、倪建斌被评为苏州市学科带头人。课题组5位教师被评为太仓市学科带头人。许多教师在江苏省、苏州市等评优课、素养大赛、教学比武中频获一等奖，硕果累累。课题组多位成员在"一师一优课，一课一名师"活动中所上的课，被评为国家级优课。

5. 质量提高

经过实践研究,课题实验班学生的课外阅读能力得到了大幅度提高,学生在自主学习、小组合作、师生互动、组组互动、全班展示等方面有了长足的进步与发展,听、说、读、写能力得到了提高,语文核心素养得到了提升。最近几年,太仓市小学生的语文核心素养不断提升,太仓市的小学语文质量得到了提高。

(该成果2017年获江苏省基础教育教学成果奖一等奖)

HPM 视域下小学数学教学实践研究及范式建构

张家港市崇真小学

（成果主要完成人：张平）

一、问题的提出

核心素养目标的提出，要求儿童的数学学习由数学知识的掌握转变为数学核心素养的培养。数学核心素养的目标是让儿童学会用数学的眼光观察世界，用数学的方法分析世界，用数学的语言表达世界。这就要求小学数学的教学内容、教学方式、教学目标等发生根本性的变化。但就当下小学数学教学而言，对照核心素养目标，还存在以下问题：小学数学教学中普遍存在知识的表面化和碎片化；儿童的数学学习缺乏深层次的理解；小学数学教师缺乏儿童观、知识观、教学观等。这些问题实质都是应试教育的产物，其后果是儿童很早就对数学学习兴趣尽无，创造力尽失。这种饱受诟病的教学为何能延续至今，主要是因为我们的数学教育中一直存在两个缺失：一是现代儿童观的缺失。在传统的数学教学观和教学实践中，儿童是游离于数学之外的，数学教学脱离了儿童的精神世界和经验世界。儿童所谓的数学学习实际上就是被动接受知识，成年人习惯于用自己的眼光和理解来进行数学教学，教师用自己的思维代替了儿童的思维，用自己的喜好代替了儿童的兴趣。二是现代数学教育观的缺失。从 20 世纪 90 年代起，随着国内课程改革发展的需要，理论界又掀起了一次介绍和研究国外相关理论的高潮，无论皮亚杰的认知主义理论，还是布鲁纳的结构主义教学理论等，现代教育理论都能从不同角度给我们的数学教学以指导和启发。

在众多的现代教育理论中，作为小学数学教师，一种基于数学教学本身的理论研究——"数学史与数学教育"的研究，没有引起普遍的重视，成立于 1972 年的 HPM（International Study Group on the Relations between the History and Pedagogy of Mathematics，数学史与数学教育关系的国际研究群）标志着数学史与数学教育的研究已经成为数学教育研究的重要组成部分，世界上很多数学大家都是 HPM 思想的倡导者。HPM 思想揭示的是数学发展的一般规律及学习者以何种适合的方式来学习。与中学和高校相比较，HPM 思想在小学的实践非常少，这是一个非常值得探索的领域，也是核心素养目标如何落地的有益尝试和探索。

二、HPM 视域下小学数学教学的理念建构

HPM 视域下小学数学教学，概括地说关注的是学什么和怎么学，关注儿童以怎样的方式走进数学世界。

1. 儿童情趣

儿童情趣的核心是顺应儿童？著名数学家陈省身教授说过：我们不应该用我们的方式让孩子们接近数学，而要让他们用自己的方式去接近数学。儿童天生就是一个创造者，要让儿童从自己的角度观察和提出问题；让儿童"再创造"出数学知识，并用自己的方式感悟和建构知识，这样才能给儿童的成长历程以启蒙和力量。

2. 基于结构

什么样的数学内容适合儿童。史宁中先生说过，一定要让学生从头想问题。每一个数学知识的形成都有其历史的过程，而这个过程是教学最好的指南。HPM 视域下的小学数学教学要让儿童看到知识从哪儿来、又到哪儿去。让儿童在结构中学习，在学习中建构知识结构。就小学数学而言，虽然还没有宏大的知识网络，但也必须重视知识间的联结。基于结构的内涵包括核心概念、知识本质和概念推广。核心概念指遴选小学数学核心知识组成网络；知识本质指从数学史的角度对核心知识结构的理解和把握；概念推广指依据历史是教学的指南，让学生经历知识的产生和发展的过程，在再创造和做数学中不断完善知识网络。

3. 以素养为重

核心素养目标的提出，为学科教学指明了育人方向，小学数学教学的基本目标也就明晰了，即提升儿童的数学素养。HPM 视域下小学数学教学提出以培养学生的数学核心素养为重点，非常契合核心素养的育人目标。素养为重是基于儿童情趣和知识结构的基础上发展数学思维，形成数学思想和感悟

数学文化。数学思维指用数学的方法分析和解决问题；数学思想指用数学的眼光看世界；数学文化指用数学的精神完善和丰富自我。

以儿童情趣为前提，以基于结构为方法和途径，以素养为重为根本，构成了 HPM 视域下小学数学教学的三维原则（图1）。

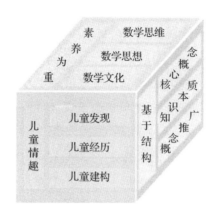

图1　HPM 视域下小学数学教学三维原则结构

三、HPM 视域下小学数学教学的实践范式

HPM 视域下小学数学教学是儿童真正走进数学的必经之路。在小学数学中引入数学史，绝非简单嫁接、拼凑和移植。与传统教学相比，真正渗透 HPM 思想的数学课堂，要做到三个重新审视，具有三个特征。三个重新审视即重新审视教材，重新审视过程，重新审视目标。三个特征即创新精神的永恒追求、数学思想的古今辉映、数学教育的文化关怀。

1. 重新审视教材

（1）原味解读。

HPM 视域下小学数学教学，要求从儿童的角度解读数学知识在人类发展历程中的原味，并在教师的帮助下"再创造"出这些知识。

（2）原态再现。

一个知识的形成往往经历了不同的历史阶段，还原知识产生和发展的过程，让儿童真实、动态地经历创造的过程，经历探索的艰难，这是 HPM 视域下数学教学的要义。

原味解读要点在于还原知识的本来面目，为儿童的学习寻找适合的载体；原态再现重在儿童经历必要的过程。原味解读、原态再现，核心在"原"，即让知识原味成为学生汲取智慧的源泉,知识历程成为学生创新的动力。

2. 重新审视过程

一堂有思想深度的数学课,会给学生留下长久的心灵激荡和对知识的深刻理解,以后即使忘记了具体的数学知识,但仍可以用数学的思维方式思考问题。让知识富有生命,让学习真正发生,让学生在学习的过程中体悟到数学的思想和方法。

3. 重新审视目标

传统的教学一直有类似的情况,把数学的定义、法则作为数学教学的全部,通过反复操练,达到准确记忆、精确运算的目标,然而,这种教学把数学核心的部分(数学文化)丢掉了。

(1)让数学课堂拥有文化的气息。

让史料融入教学,重视数学史的应用,并不是简单为了介绍数学史,而是把数学史背后蕴含的数学思想、方法及文化育人功能充分挖掘出来,使我们的数学课堂充满文化的气息。

(2)渗透多元文化。

教材中罗列了一小部分数学史,还有更多的内容需要我们去挖掘和整理,这也是一个数学教师必备的素养。在整理数学史料时,我们既关注本国的数学文化,也重视外国的数学文化。让多元的文化氛围涵养儿童的数学素养。

在三个重新审视、三个基本特征的基础上,形成HPM视域下小学数学教学的基本操作范式(图2)。即根据教学内容,首先,找出知识的现有联结;其次,依据知识的形成历史,找出知识的原有结构;再次,依据历史是教学的指南,将知识现有的形态转变为适合教育的形态,进行教学的重构;最后,在教学实践的基础上进行反思和改进,以此循环进行。

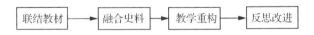

图2 HPM视域下小学数学教学的基本操作范式

四、研究成果

通过6年多时间的研究和实践,我们取得了显著的成果。

1. 围绕"让儿童走进数学——HPM 视域下小学数学研究与实践"课题进行了系统、深入的研究

（1）在经过大量调查的基础上，对目前儿童数学学习的状况做了细致、深入的分析，特别指出目前小学数学教师缺乏数学史的素养。

（2）系统介绍了国内外 HPM 思想，介绍了数学史融入数学教学的情况及数学史融入数学教学的一般途径与方法。

（3）依托小学数学教材，从"数与运算""代数""几何与图形""统计与概率"四个领域系统介绍相关数学知识产生及发展的历史。

（4）依据"历史是教学的指南"，在分析相关知识的历史背景后，系统开发了"数与运算""代数""几何与图形""统计与概率"四个领域的基于 HPM 思想的教学案例及思考。

（5）讨论了 HPM 思想与数学教师专业发展的关系，总结了在 HPM 思想实践中教师专业成长的途径和策略。

2. 教师实现了专业发展

（1）提升了教师的专业素养。

基于目前小学数学教师对数学史知识缺乏的现状，本成果有针对性地设计了相关的培训课程，即基于 HPM 的培训课程体系（图3）。

一是比较系统地介绍了国内外 HPM 思想发展的历程，尤其重点分析了弗赖登塔尔等数学家的 HPM 思想，便于广大数学教师提高对 HPM 思想的认识。

二是依据小学数学教材系统挖掘了相关的数学史料，为广大数学教师深入钻研教材、把握教材提供了丰富的资源。

三是依据教材，分"数与代数""几何与图形""统计与概率"三个领域系统开发了 HPM 案例。

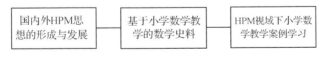

图 3　基于 HPM 的培训课程体系

（2）研究成果丰硕。

HPM 视域下小学数学实践研究团队成员相继成为各级各类骨干教师。例如，张平老师成长为苏州市学科带头人，陈一叶老师成长为苏州市名师，朱丽红老师成长为苏州市学科带头人，严卫星、蒋凤娟等10多位老师成长为张

家港市学科带头人。

团队成员出版专著2部，分别是张平老师于2015年出版的《让儿童走进数学》，陈一叶老师于2014年出版的《让儿童创造数学》，成员在省级以上刊物上发表论文95篇，其中在中文核心期刊上发表了2篇，人大复印资料全文转载4篇。团队成员在市级以上展示HPM课例45节，在大市级以上展示24节，省级展示5节。省级以上评优课获奖4人次。

张平老师在江苏省和苏州市青年教师评优课中展示的HPM视域下的课例"三角形的认识""认识比"获得了一等奖，应邀在新疆、安徽、江苏等地进行相关的学术报告和课堂展示10多次。张平老师2016年在江苏省教学新时空名师课堂展示的HPM视域下的课例"平均数"，获得了好评。张平老师在苏州市展示的HPM视域下的课例"解决问题的策略""混合运算"等，均获得了好评。2016年课题组成员陈一叶老师在江苏省"杏坛杯"青年教师评优课中展示的HPM视域下的课例"认识小数"，获得了一等奖。2016年课题组成员严卫星老师在江苏省"蓝天杯"青年教师评优课比赛中展示的相关课例"运算律"，获得了一等奖。陆文霞老师在"一师一优课"活动中展示的HPM视域下的课例，获得了部优。刘莉老师展示的相关课例"统计"，获得了张家港市青年教师评优课一等奖、苏州市青年教师评优课二等奖。黄亚娟老师展示的相关课例"长方形正方形的认识"，获得了苏州市评优课一等奖。

五、研究成果推广应用

2015年3月4日，张家港市教育局教学研究室在张家港市金港中心小学召开全市"让儿童走进数学——HPM视域下小学数学教学实践研究"成果推广会。

2016年4月16日，张平老师在南京师范大学举行的"全国第二届数学教育哲学暨数学教育高层论坛"大会上，做了题为"数学史与小学数学教学"的交流发言，得到了与会许多教授和学者的好评，反响热烈。

2016年7月，张平老师在南京师范大学组织的扬州市中小学教学培训会上，做了"基于结构的小学数学教学实践及思考"的专题讲座，引起了热烈的讨论。张平老师还应邀分别在昆山、吴江等地做HPM课例展示及专题讲座。

通过多次的专题研讨活动，HPM思想在一些地区和学校深入人心，实践广泛开展。基于 HPM 思想的系统开发的大量课例在苏州市及其他市展示，反响热烈，已在区域内起到了良好的示范和引领作用，有力地推动了教育教学的改革，取得了较好的成效。目前笔者带领张家港市张平名师工作室团队开展 HPM 思想的实践研究。通过团队成员的共同研究，进一步促进 HPM 思想在小学数学教学中的渗透。

（该成果 2017 年获江苏省基础教育教学成果奖一等奖）

基于高中生物学学具开发推动学习方式转变的实践研究

江苏省苏州第一中学校

（成果主要完成人：罗明 郭士安 顾莹 钱毅 张寒凤）

一、研究背景

20世纪以来，生命科学不断向微观和宏观方向发展，对学生的素养和能力要求也在不断提高，这些都对高中生物学课堂教学提出了新的要求。然而当前因设备器材的限制及传统教育思想的影响，学生学习方式单一，动手动脑、实践创新仍多流于口头，这种状况离培养有很强实践能力和创新精神的新时代建设者要求相距甚远。

课程改革即将进入新的历史阶段，新推出的《普通高中生物学课程标准（2017年版）》强调学习过程是学生主动参与的过程，其中既有让学生参与动手的活动，又有让学生积极动脑的环节。课标中还列举了细胞分裂模型等6种以上与高中生物学学习相关的模型。与此同时，《江苏省基础教育教学改革行动计划》指出，加强实践性、直观性教学改革，加强实验性教学、体验性教学改革，围绕教学内容的重点和难点问题，开展相应的学具、教具制作和比赛活动。

环顾世界教育发展的动态，我们关注到一些教育发达的国家一直重视学具、教具的开发和应用，但通过检索未找到成系列能为我们直接应用的学具和教具。我国的学具和教具开发和应用起步晚，范围小，目前较少有适用的学具（包括课标列举的教学模型）和教具。

基于上述背景，我们从2012年起，在学习、调研的基础上，边研发，边实践和探索，边总结和完善，边交流和推广，开展了通过高中生物学学具和教具的开发，推动学习方式转变的研究。

二、成果的主要内容

江苏省苏州第一中学校罗明、郭士安名师工作室的伙伴们,从 2012 年起开发了生物学学具和教具,并应用了学具和教具,推进了学生学习方式的转变。经过多年的努力,目前已取得了以下几方面的主要成果。

1. 发明和研制了生物学学具和教具,获国家专利局 5 项专利

我们已开发出了 7 项学具(3 项获国家实用新型专利、1 项获国家发明专利)和 1 项教具(获国家发明专利)(表 1),缓解了国内相关学具和教具的不足,并将继续研发,形成与高中课程配套的系列学具和教具。

表 1　发明和研制的学具和教具

学具或教具名称	目前应用	专利及获奖情况	专利权人（申报人）
核酸结构模型	在苏州、无锡等地的学校应用,多次开展研究课、公开课	2015 年 12 月获国家实用新型专利；获苏州市一等奖	罗明
氨基酸及多肽模型	开展研究课、公开课	2015 年 12 月获国家实用新型专利；获苏州市二等奖	罗明
一种细胞分裂教学模型	开展研究课、公开课	2016 年 11 月获国家实用新型专利	郭士安
一种细胞分裂教学模型或生物学柔性模拟百变绳	开展研究课、公开课	2020 年第 31 届江苏省青少年科技创新大赛科技辅导员科技创新成果竞赛科教制作一等奖	郭士安
心血管瓣膜及血液循环演示器（教具）	在教学中应用多年,多次面向公众展出	2015 年 9 月 9 日获国家发明专利；2000 年获教育部第五届自制教具一等奖；2012 年获全国青少年创新大赛科教制作一等奖	郭士安
生物膜流动镶嵌模型	开展研究课、公开课	已申报国家专利	郭士安
样方法、标志重捕法模型	开展研究课、公开课		罗明、郭晴岚等
染色体模型	开展研究课、公开课		何纪纲、张寒凤等

2. 应用学具建模推动学习方式变革，研究出现可喜突破

我们应用自主开发的学具，在普通教室、未来教室等教学环境中，以学生小组为单位开展模型建构，学生通过手、眼、大脑协调活动，将对学科知识的认知以模型方式表达和交流，大大改变了传统课堂学生被动接受、从理论到理论的教学模式，激发和调动了学生的主观能动性，对提高学生学习效能、促进学生生物学重要概念的建立及核心素养的提升起到了积极作用。4年多来我们已开设了100多节（次）研究课、公开课，获师生的普遍欢迎。工作室的老师在公开教学中屡获佳绩。

3. 注重理论与实践创新，多篇论文在核心期刊上发表

在实践创新基础上进行理论凝练与创新，我们的论文分别在《生物学通报》《中学生物教学》等核心期刊上发表（表2），其中有一些论文在教育行政部门等组织的评比活动中获奖。

表2 获奖论文及作者

论文名称	期刊	日期	作者
核酸学具模型开发与应用的研究及思考	《生物学通报》	2016年	罗明
基于"氨基酸及多肽学具"的蛋白质教学探究	《生物学通报》	2017年	李鹏、罗明
巧用学具进行"生物膜的流动镶嵌模型"一节的探究教学	《中学生物教学》	2015年	郭士安
开展STEAM融合生物学教学的尝试——以实践项目"尝试制作真核细胞三维结构模型"为例	《生物学通报》	2018年	郭士安
科学应用生物学具，提高生物教学效益——以"生物膜的流动镶嵌模型"一节课为例	《中学生物学》	2017年	郭士安
生物学学具开发及应用的实践与思考	人大复印报刊资料（转载）	2016年	罗明
让智慧在指尖流淌——基于生物学具应用的一节高中生物复习课	《中学生物学》	2016年	罗明
例谈磁性软白板在生物学模型建构教学中的应用	《中学生物学》	2016年	张寒凤
巧用学具进行"生物膜的流动镶嵌模型"一节的探究教学	《中学生物教学》	2015年	郭士安

三、成果的主要创新之处

通过学具开发及应用实践研究，有以下改进与创新。

1. 理论创新

我们提出了生物学学具开发的七项原则：科学性原则、教育性原则、直观性原则、趣味性原则、自主性原则、容错性原则、安全和环保性原则。

同时，我们还提出了生物学学具开发和应用的六大特性：学具教学的主体性、学具学习的体验性、学具教学的探究性、学具功能的拓展性、学具开发应用的多样性和学具价值的多元性。

2. 实践创新

我们开发并应用生物学学具改变了学生的学习方式，提高了教学效能，促进了学生生物学核心素养的提升，是对当前我国正在开展的高中生物学教学改革的实践创新。

3. 方法和手段创新

生物学学具开发和运用了创新思维方法、发明创造技法，运用了人体工程学、材料科学的原理和方法。我们开发的学具，不仅已应用于生物学教学，还获得了多项国家专利，每一项学具都具有新颖性，都是对生物学教学方法和手段的创新。

例如，我们开发的"核酸结构模型"可用于 DNA 的基本单位、平面结构、双螺旋结构、复制、转录、逆转录、RNA 结构、RNA 复制、基因工程相关内容、引物、基因探针等内容的学习；再如，"细胞分裂教学模型"可以用于演示有丝分裂、减数分裂过程中染色体、染色单体、DNA、基因行为关系，也可以演示减数分裂四分体时期的交叉互换、染色体数目及结构变异的动态过程等。

4. 物化创新

我们根据生物学知识、结构、原理、过程等自主研发生物学具，并应用于教学，能使教学中抽象的问题具体化、微观的问题宏观化、复杂的问题简单化，是对生物学现象、知识、原理、规律和生物学教学手段的物化创新。

四、成果的学术价值

在近 5 年的高中生物学学具开发及应用的探索中，从生物学学术研究与实践考量，具有以下价值。

1. 厘清了教具与学具关系，学具的开发填补了国内教学资源的部分空白

教学用具分为教具和学具。教具是使学生能直观、形象地理解教学内容所使用的各类器具及教师授课时使用的用具的总称；学具是由学生操作和使用，以帮助学生学习的模型、实物等的统称。教具主要立足于教师的教，供教师在教学中使用；学具主要立足于学生的学，供学生在学习中使用。因为学具的操作主体是学生，所以学具往往更能体现学生的动手动脑能力，特别是可以用于培养学生的实践能力和创造精神。因此，学具是落实以学生为中心，实现学生在学习中的主体作用的重要用具。

《普通高中生物学课程标准（2017年版）》在关于教学的基本理念中提出"教学过程重实践"，在课标具体内容中，同时列出了6种以上建模教学需要的模型。但目前我国普通高中除了有一些残缺不全的教具外，教学时缺乏适用的学具。我们开发的学具在一定程度上填补了这一空缺，使课标要求的模型建构等活动能正常、高效地开展。

2. 学具应用将抽象、生涩的知识转变为具象、易懂的内容，助力学生有效突破难点

当前高中生物学很多教学内容要求学生从微观或宏观层面深入理解生命本质，而学生在面对高度抽象的书本知识时，因缺乏背景知识感到抽象和生涩，难以真正理解，导致学习时只能死记硬背，而学具的正确应用可以有效解决这一问题。

例如，蛋白质和核酸是生命体的重要物质，高一学生尚未进行有机化学基础阶段相关结构和功能的学习，而应用学具可使高度抽象的书本知识生动地呈现在学生面前。学习中学生带着问题，使用学具，开展多维度的认知体验，使学习更为立体，降低知识理解的难度，提高学习兴趣，强化主动学习，进而达到促进理解、减少遗忘、学以致用的效果。

又如，"生物学柔性百变学具"可以解决生物学教学中遇到的多种教学难点。其一，可以在磁性白板或普通桌面上形象地演示有丝分裂和减数分裂过程中染色体自然动态变化及染色体、DNA、染色单体之间关系及数量变化；其二，可以演示减数分裂四分体时期交叉互换及减Ⅰ后期同源染色体分离，非同源染色体自由组合导致的基因重组现象；其三，可以演示减数分裂与基因分离定律、自由组合定律和连锁互换定律的关系；其四，可以演示染色体结构变异、数目变异；其五，可以演示胞吞、胞吐、分泌蛋白现象；其六，可以搭建 DNA 双螺旋结构模型等。让学生在玩中学习生物学，解决学习中的许多重难点问题，让学生感受到体验、探究、互动、动手动脑学习时的快乐。该学具制作简单，携带和使用方便，应用范围广，使用寿命长，除作为生物学具外，还可在初中、高中和大学生物学教学时作为教具使用。

3. 学具应用能解决学科发展与传统教学手段无法匹配的难题，并能有效促进学生生物学核心素养的提升

随着生命科学的高速发展，当新理论、新知识、新技术、新成果不断进入高中生物课程，并成为当今学生必须了解和掌握的内容时，传统的读读、讲讲、看看、背背、练练的教学手段已不能适应新时代的要求。课堂教学模式如果不做出调整和改变，会离培养具有现代科学意识和较为开阔国际视野、具有很强动手能力和实践创新能力的新时代人才的目标越来越远。

当我们应用学具指导学生主动开展氨基酸及多肽、DNA 分子模型及复制、转录、细胞有丝分裂及减数分裂等内容的模型建构活动时，对促进学生形成结构与功能观、进化与适应观等生命观念，进而用生命观念认识生命世界、解释生命现象有正向的推动作用。模型与建模本身就是理科学习的科学思维方法，通过课堂建模，可以培养学生理性的思维习惯，增强理性的思维能力。因此，课堂模型建构等学习活动的开展，是有效提升学生生物学核心素养的途径之一。

4. 学具应用使课堂教学中学生由被动接受者转变为主动参与者，更好地落实学生的主体地位

学具进入课堂，改变了传统课堂中学生作为单纯的听讲者，停留于对书面文字的接受和记忆的情况，使学习过程成为学生动手动脑、多感官协同的模型建构探索活动。课堂教学中以小组为单位，开展模型建构、合作探究学习，以真正落实课堂中学生的主体地位。

例如，我们将"核酸结构模型"用在"中心法则中关于 DNA 复制、转录等相关问题"的复习课中，学生带着问题边思考和讨论，边模拟建构，有不同意见时学生之间进行探讨，或与教师交流。教师在设计教学方案时，不过多地给学生展示、提示或暗示，而是让他们自主地探究，在错误中发现问题，在思考中讨论问题，获得结论；在探索中获得知识，加深理解；在动手动脑中学会对知识的应用，在观察和体验中增添智慧，体验成功的快乐。

5. 学具应用有效帮助学生生物学各层级和重要概念的形成，从而促进学习效能的提高

高中生物学教学的重要目的之一就是要让学生通过学习，逐渐形成生物学的重要概念。

例如，关于遗传及相关内容的学习，就是要让高中学生建立起"遗传信息控制生物性状，并代代相传"这一大概念。我们运用核酸结构模型、氨基酸及多肽模型、细胞分裂模型等学具，通过教师的适当点拨、学生的自主学习，建构DNA分子模型，让学生通过分析和比较，理解不同DNA分子中碱基对不同的排列顺序代表其中遗传信息的差异；通过DNA复制、转录的模型建构活动，理解DNA中的遗传信息传递给子代DNA，以及传递给信使RNA；进一步通过模拟翻译，建构有特定氨基酸排列顺序的多肽（蛋白质），理解DNA中的遗传信息决定了蛋白质中氨基酸的排列顺序，从而控制生物性状。通过运用细胞分裂学具，指导学生自主模拟减数分裂的过程，让学生归纳出减数分裂是遗传学基因的分离定律和自由组合定律的基础。一系列的学生为主体的模型建构活动，并辅以其他环节和手段的学习，使"遗传信息控制生物性状，并代代相传"这一大概念内化为学生对遗传问题和相关知识结构的核心认知。

五、成果的社会影响及推广应用情况

我们的学具开发及应用研究与实践，推动了高中生物学课堂教学的改革与转型，得到了省内外同行的关注与肯定，在国内产生了一定的积极影响。

1. 成功推出了一批课堂教学改革案例，获国家课标组负责人刘恩山等专家的高度评价

2015年6月，省教研员吴举宏、南京师范大学解凯彬教授，12月国家初中及高中生物课标组负责人刘恩山教授及多名全国、省内生物教学专家观摩了罗明老师、郭士安老师开发学具的研究课，听取了学具开发的成果汇报，他们一致认为学具的开发和应用在变革学生的学习方式及提高学生实践、创新能力等方面具有重要价值。近年来，郭士安老师多次应用学具开设示范课，受到了同行和专家的好评；钱毅老师在"一师一优课"评选活动中，获得部优；李鹏老师在中央电教馆"新媒体新技术教学应用研讨会暨全国中小学创新课堂教学实践观摩活动"教学课评比中获全国二等奖。

2. 实践成果突出，受省、市政府及教育行政部门多项表彰和奖励

罗明老师领衔开发的"核酸结构模型"和"氨基酸及多肽模型"在苏州市教育局 2015 年 12 月组织的苏州市中小学自制教具评比中分别获苏州市一等奖、二等奖，并成为中学组唯一获承诺资助和推广的教具。"生物学柔性模拟百变绳"荣获江苏省科学技术协会、教育厅、科技厅等组织的 2020 年第 31 届江苏省青少年科技创新大赛科技辅导员科技创新成果竞赛科教制作一等奖、苏州市中小学教具比赛一等奖和 2018 年苏州市中小学教具比赛二等奖；"生物膜流动镶嵌模型"荣获 2018 年苏州市中小学教具比赛二等奖。2016 年 9 月罗明老师因在研究中做出的贡献，获首届苏州市教育教学成果奖特等奖。

3. 研究跻身省教研室重大项目，示范和推广呈现广阔的前景

本研究 2015 年 12 月被批准为江苏省中小学教研室课程教学改革重大研究项目"生物学习室·学具开发及其教学研究"，由省教研员吴举宏教授牵头，罗明为核心成员之一，负责总课题的组织和实施，具体负责组织学具的开发与应用研究。郭士安为核心成员之一，负责子课题研究。项目已经拓展到江苏省徐州、连云港、淮安、常州、苏州 5 个大市多所学校，我们开发的学具除在本校应用外，还在苏州、无锡等地的多所学校应用，得到了教师、学生的普遍欢迎和好评。苏州电视台 2016 年 1 月对我们的研究进行了专题报道。本研究项目已经经评审组鉴定，获得了高度评价，顺利结题。

4. 通过发布成果、举办讲座和公开课等系列活动，研究成果在省内外产生了较广泛的影响

本项目的成果具有开拓性、创新性，对当前的基础教育，尤其是对普通高中生物学课堂教学改革有很强的实践价值，因此受到了专家和同行的关注。

2016 年 9 月 10 日，罗明老师作为代表，向苏州市委、市政府及教师代表做了专题汇报；2016 年 12 月 30 日，罗明老师在江苏省生物名师研讨会上做了研究成果的发布。此外，2015 年至 2020 年，我们将研究成果通过讲座的形式，在苏州、无锡、南通、淮安等地与专家和基础教育界同行进行了多次交流，并向来访的广东、山东等地区的教学骨干和专家进行了汇报，获得了广泛好评和关注。应用学具开展课堂教学转型的公开教学活动也获得了专家、同行的高度评价，对高中生物学课堂教学改革起到了积极的示范和引领作用。

（该成果 2017 年获江苏省基础教育教学成果奖一等奖）

优化高中生物实验教学的实践研究

苏州工业园区第二高级中学

(成果主要完成人：陈旗建 马建兴)

本研究成果是基于江苏省中小学教学研究第九期课题"优化高中生物实验教学策略的研究"（省立项课题编号 JK9-L074）研究获得。该课题在 2011 年 12 月正式开题，2014 年 11 月顺利结题，2015 年 12 月在江苏省中小学教学研究第九期课题评奖中荣获省二等奖，2016 年 6 月获得江苏省第四届教育科学优秀成果奖三等奖，2016 年 9 月获得苏州市教育教学成果奖一等奖。

一、成果的主要内容

(一) 形成、建构和优化高中生物实验教学的策略

1. 优化高中生物教师实验教学能力培养策略，整体提升生物教师的实验技能

新课改后，高中生物实验教学面临的主要问题是教师自身的实验教学水平不适应新的要求。课题组提出的高中生物教师"基础性实验"集训的培训模式，有着突出的、不同于一般实验培训的特点：① 培训教师本身就是一线教师。在系列培训活动中，根据各学校的师资力量、实验研究能力与成果、实验室硬件资源等，提前选择学校做好实验培训的分工。承担培训主讲任务的学校动员教研组的全部力量，从材料选择、试剂选择等多方面对实验进行了深入的研究，查阅了大量的相关文献，做足了功课，这才有了培训时精彩的展示和报告。在这一过程中，承办学校的教师投入了大量的时间和精力，也收获了很多，对教材中的实验有了更全面更透彻的理解，自身的专业素养有了显著的提高。② 在每个专题报告后，都安排互动讨论环节。许多教师以前也参加过不同级别的各种培训，但往往缺乏针对疑惑进行交流的环节，培训的效果大打折扣。而本课题组织的系列培训，在每个讲座之后都安排了互动环节，包括研讨更多实验操作的环节、对实验现象更深入的分析等。教师

们可以向主讲者提问，由于主讲者和听众都是一线教师，彼此没有隔阂，不受拘束，交流亲切自然，整个培训过程，双方始终处于一种积极、互动的状态，培训现场气氛活跃，大家讨论热烈，与会教师普遍觉得受益匪浅，收获颇丰，活动开展得非常成功。③ 参加培训的教师们亲身实践，亲自动手进行实验操作。为了能够在实验操作技能方面获得实实在在的提高，每位教师都亲自动手进行了实验操作。如，"观察根尖分生组织细胞的有丝分裂"实验，从开始，到漂洗、染色和最后的制片，每一步教师都认真地亲自操作。除了在普通光学显微镜下观察有丝分裂的细胞外，每位教师还可以拿着自己制作的装片在数码光学显微镜下观察，学习数码显微镜的使用方法。在交流装片制作效果的过程中，教师们对实验操作原理有了更深入的理解，提高了实验的操作技能和教学水平。又如，"DNA粗提取与鉴定"实验，对常见的来源广泛且易获取的实验材料，进行了实验和对比分析，找到了适合的选材。参加培训的教师们亲自实践了优化后的实验方案，纷纷发出了感叹，优化后的方法操作简单，效果又明显。

2. 生物学实验教学设计优化策略

生物学实验教学设计优化策略包括优化"实验前教师的预实验"，优化"图表式实验导学案"，优化"提出问题"，优化"实验设计""实验操作流程"，优化"交流评价"，等等。在此基础上，研究形成许多优化实验教学策略的案例，如闫计春、陈旗建的论文《"腐乳的制作"实验的改进》发表于《生物学通报》2015年第2期，马建兴、季忠云的论文《在高中生物学教学中显化科学探究技能教育的教学建议》被人大复印资料收录。

3. 优化高中生物实验课程资源的建设与应用策略

建立实验课程资源中的硬件资源建设与软件资源开发的协同发展的机制，建立传统实验教学资源与现代实验教学资源整合的机制。研究形成许多应用策略案例。

4. 利用现代教育技术优化高中生物实验教学策略

积极探索和利用现代教育技术创设实验情境，学习实验内容，再现经典实验，直观演示实验，全方位模拟实验，记录实验过程，评价实验教学，从而优化高中生物学实验教学，改进实验的教学方法和教学手段，提高学生的核心素质，培养学生的关键能力，为学生将来的发展奠定良好的基础。

（二）公开发表了系列研究论文

课题主持人马建兴老师、陈旗建老师及课题组成员在《生物学通报》《生物学教学》《中学生物教学》等国家级核心期刊上发表了15篇研究论文，积极推广了研究成果，为持续提升高中生物实验的教学质量、深入推进新课程改革做出了重要贡献。

（三）研究并完成了人教版普通高中生物选修1教材中的全部实验（16个）的《选修1实验改进及教材呈现方式完善的研究》项目表

课题组研究并完成了人教版普通高中生物选修1教材中的全部实验（16个）的《选修1实验改进及教材呈现方式完善的研究》项目表，并已经呈交给了人民教育出版社和课程教材研究所。该研究成果作为本次人教版普通高中生物教材修订的重要参考依据，对教材的进一步完善起到了十分重要的作用。课题组成员马建兴、陈旗建、石虹梅等老师参加了本次人教版普通高中生物教材实验部分内容的编写，还有部分设计与优化方案等在国内期刊上公开发表。

（四）完成了高中生物实验设计与优化方案

研究并完成了人教版普通高中生物必修1、2、3及选修1中列入江苏高考的共计21个实验的设计与优化方案，并提交省教研室。为本地区和兄弟省、市高中生物教学提供了借鉴和参考，并已被省内外的很多教师所引用，起到了一定的辐射作用。

（五）以"中学生物实验教学策略优化"为主题，开展了系列研究，形成了实验教学研究的课题群

课题组在"优化高中生物实验教学策略的研究"顺利结题的基础上，申报了"优化初中生物实验教学策略的实践研究"课题，获批江苏省教育科学"十二五"规划重点自筹课题（初中专项）；课题组申报了江苏省"基于学生核心素养提升的初高中生物学习进阶的实践研究"课题，该课题已被列入了省重点自筹课题。至此，已初步形成基于学生核心素养发展的"中学生物实验教学策略优化暨学习进阶"的课题群。

二、成果的主要创新点

1. 创新高中生物教师实验教学技能的培训方式

建立起"教研组校本培训—校际联合校本培训—实验基地校本培训"三级校本培训架构。具体内容如下：分期确立实验教学的研究主题，开展实验教学的校本化研究；搭建校际交流合作平台，开展校际联合实验教学研究活动；整合实验教学研究的资源与平台，开展主题式实验教学研训活动；搭建网络实验教学研究平台，变集中、被动培训为分散、主动培训。

2. 创新高中生物实验教学模式

通过本课题的研究，不仅提出高中生物实验教学模式，更结合高中生物教材中每一个实验的具体内容，提出每个实验教学优化的教学模式，形成完整的优化方案。

3. 形成中学生物实验教学课题群，创新中学课程教育的科研模式

以"中学生物实验教学策略优化"为主题，开展系列研究，已初步形成基于学生核心素养发展的"中学生物实验教学策略优化暨学习进阶"的课题群。

三、成果的价值及其推广与应用情况

1. 促进课程改革，优化课程内容

在普通高中课标正在修订、人民教育出版社开展高中教材重新编写前的准备工作之际，该项研究成果将作为人教版普通高中生物教材修订的重要参考依据，对教材的进一步完善起着十分重要的作用。马建兴老师受邀参加人民教育出版社主办的在福建举行的人教版普通高中生物必修教材审读暨教师用书修订工作会议。

2. 推进课堂教学方式的变革，有效提升生物学核心素养

课题组构建了"一条主线、三个层次"的实验教学目标新体系，提出了"优化高中生物实验教学设计"的策略，课题方案中提出的"以科学探究促进中学生物概念教学""强调学生实验设计的创新与实验操作的规范"等观念具有预见性，与本轮课改中生物学科核心素养"生命观念、科学探究、理性思维、社会责任"不谋而合。课题组完成了人教版普通高中生物教材中 27 个实验的设计与优化方案，并在苏州市积极运用于课堂教学实践。实践表明，科学运用这些优化策略，能够帮助学生有效树立生物学观念，发展学生理性思维，培养科学探究能力，培养学生的社会责任感，有效提升学生的生物学科的核心素养。在江苏省生物学科高考、会考中，我市学生的 A＋率、B 率、优秀率和合格率等指标稳居前 3 名。学生参加省生物学奥林匹克竞赛，获省一等奖 347 人，获省二等奖 1 065 人，获省三等奖 1 764 人，其中 5 人进入江苏省代表队（2 人银牌、1 人获铜牌），较好地展现了苏州学生的风采。而这与我们提高实验教学的开设率，注重实验教学的优化，注重提升学生的科学探究能力是分不开的。

3. 提升教师实验教学能力，促进教师专业发展

江苏省实行新课改已多年，但因种种原因，教师对于实验的教学还是不能得心应手。马建兴老师组织课题组成员深入研讨、分析、探索，形成了一套促进高中生物教师实验操作技能、实验教学能力持续提升的培训策略，即建立"教研组校本培训—校际联合校本培训—实验基地校本培训"三级校本培训架构的新型培训模式，有机整合了生物教师实验的通识培训、生物学科实验课程培训及实验技能培训，创造性地开展实验教学，利用了校际差异取长补短，提高了教师的实验教学技能，使培训目标更明确、主题更突出、活动更深入、效果最大化。

课题组通过实验材料的选择与处理优化（如在"DNA 的粗提取与分离"实验中，利用花菜、香蕉、鸡血、鱼白 4 种材料探索不同材料不同方法的提取和分离效果等），实验装置优化（如"色素的提取和分离"实验层析装置优化，"制备固定化酵母细胞"实验装置优化，"果酒和果醋的制作"实验装置优化，"绿色植物呼吸作用"实验装置优化等），实验操作流程优化，实验结果检测方法优化，实验结论得出与交流优化，实验课题的延伸与再探究等一系列培训，切实解决了教师在实验教学中遇到的多个现实问题；推进了实验课堂教学方式的变革，丰富了教学策略；优化了高中生物实验教学，优化了高中生物实验课程资源的建设与应用策略，提升了教师的课程建设与执行能力。近 5 年来，我市生物教师参加江苏省生物学科优质课评比、基本功竞赛、实验教学技能大赛等比赛，获全国一等奖 3 人，全国二等奖 1 人，省一等奖 10 人，省二等奖 7 人，省三等奖 5 人。获省团体一等奖 2 次。在 2014、2015 年度"一师一优课"评选活动中，马建兴、季忠云、范洁等 25 位老师的课获得部优，有 50 多节课获得省优。

4. 成果的可操作性与可复制性强，惠及全国高中生物实验教学

近5年以来课题组成员举办了60多场讲座，开设了多次实验教学示范课，推广和应用了研究成果，使苏州市高中生物教师的实验教学能力得到了显著提升。马建兴老师、陈旗建老师作为人民教育出版社新课程培训专家、中基教育专家讲师团成员，连续多年为广西、四川、甘肃、湖北等20多个省、自治区的高中生物骨干教师开设专题讲座，受到了广泛好评。马建兴老师还作为支教老师远赴贵州开设讲座、观摩课，受到了好评。课题组马建兴、陈旗建、石红梅等老师还与来自贵州贵阳与铜仁等地的生物名师工作室的教师在苏州中学、苏州第一中学等学校开展了教学交流。由于课题研究成果的可操作性与可复制性强，在省内外高中生物实验教学中得到了广泛应用，形成了有效的辐射作用。课题组积极推广科研成果，惠及全国高中生物实验教学。

（该成果获2017年江苏省基础教育教学成果奖一等奖）

与教师共同成长的教学研究方式探究

苏州工业园区星海实验中学

（成果主要完成人：陈小军 殷俊 顾建元 夏静怡 朱海蓉 仲广群）

本成果是2003年以"与教师共同成长的教学研究方式探究"为标题申报，被确定为省第五期教研课题研究成果，2007年在省教研课题成果评奖中被评为一等奖。2006年、2008年下半年，成果主要完成人陈小军、殷俊先后被苏州市工业园区作为优秀人才引进，继续进行"与教师共同成长的教学研究方式探究"。2013年，苏州市工业园区教师发展中心申报的"基于课例研究的区域推进教师专业成长实践研究"被立项为省教育科学规划课题，成果主要负责人将该课题与"与教师共同成长的教学研究方式探究"结合起来，继续在教研工作中进行研究。

一、成果的主要研究情况

在"与教师共同成长的教学研究方式探究"结题报告中有具体的描述，概括如下。

1. 找到了传统指令性课程范式下教研方式和思路的主要弊端

（1）教学研究中教研员角色的错位，未能确立起教学研究中教师的主体地位。

（2）教学研究方式的缺乏，导致教学研究中对教师情感的淡漠、人文关怀的缺失。

（3）教研员对自身发展的忽视，难以体会到与教师共同成长的幸福与快乐。

2. 建构了与教师共同成长的教研方式概念与理论体系

这种教研方式既不是教研员居高临下、教师被动接受，也不是教研员"燃烧自己，照亮别人"，而是教研员与教师平等参与、多样沟通下的共同成长方式。以情感、情境、认知、反思、建构主义等教学理论为指导,促进彼此成长为"研究型""学者型"教师,实现共同成长。

3. 探索与实践了形式多样的与教师共同成长的教研方式

通过对现代新课程范式中的教学研究进行探索与建构,确立起以教师为本、关注教师专业发展和教研员自身发展的新型教学研究方式。教学研究需要教研人员真正走进教师的生活,走进教师的心灵。为此,我们进行新型教学研究方式的尝试、总结与改进,主要探索了对话式研讨、参与式视导、菜单式服务、叙事性研究、课例型教研、在线式互动等有别于传统的教研方式。

4. 取得了一定的成效与产生了一定的影响

与教师共同成长的教研方式在海安、苏州、南京等几个地区 10 多年的研究与实践,不仅带动了这些地区教研方式的转变、教师和教研员的共同成长,其研究成果也被《人民教育》刊登并向全国推介,并被一些地区作为教研员的学习材料。

二、成果主要解决的教学问题及解决教学问题的方法

本课题侧重探讨教研员与教师之间角色关系和互动方式,利于教学研究的理念、方式和制度的建立,促进教师在专业上的进步和可持续发展。并在此基础上,进一步廓清教研工作的性质、任务及其特点,构建起一套新型的有利于教研员和教师共同成长的、有利于促进和推动新课程改革的教学研究方法。

第一,针对传统指令性课程范式下教研方式和思路,从理论和实践两个层面进行分析,一方面采取文献研究法,对教研工作多、局限于教学应用理论的现象进行研究,其关注对象多囿于教师现场教学行为。另一方面采取调查研究法,对教研员从事教学研究的现状(包括过程、方法、效果诸方面)进行调查,选择有关个案的分析,形成案例。

第二,基于课改之初,领导、专家指出教研职能与工作方式单一,相当多的教师出现了茫然与不适应,从理论和实践结合的层面对现代新课程范式下的教学研究方式进行探索、开发、建构、总结与改进,在研究中逐渐摸索出有别于传统的新型教研方式,如对话式研讨、参与式视导、菜单式服务、叙事性研究、课例型教研、在线式互动等形式,并在实践中不断摸索,掌握更多的技巧。一方面,尽可能做好预案,未雨绸缪,仔细规划。另一方面,尽

可能做到临场决断，随机应变，以此来彰显教研人员的研究、指导等能力，与教师一起行走在课改的道路上，一起接受并适应课改的新挑战。

第三，针对新、旧课程范式下教研员与教师的角色关系、互动方式及双方的认知、心理感受等进行比较和分析。主要采取比较研究法，从中提炼出新的教研方式的特点，注重情感、情境、认知、反思与建构理论指导下教研理念的更新，设法营造出适应于教师心灵需求和教育特点的各类情境，促进其内在的教育信念得以实现，外在的影响得以内化和吸收。

第四，针对教研工作中学段与学科不同的特殊性和各种教学问题的复杂性，研究中更多地采取个案分析法，积累出大量教研员与教师互动、对话的案例及各类新型教研活动（如沙龙、临床指导、课例分析等），探索其作用、方式及效果，其中作为主要成果的《讲述：在思考中成长——我们的教研故事》（江苏教育出版社出版）一书中就收录了33篇教研故事。

三、成果的创新点

1. 教研理念的更新

教研应是"播种机"，教研的实践性、专业性、研究性使得它在教师间架起桥梁，将最新的教育学、心理学成果广泛传播，从而在课改中发挥重要作用。

教研应是"竞技场"，教研员与教师得以相互发生影响，教研提供的是一个平台，一个让教师充分展示、研究的平台，让教师在研究中体验快乐，让教师的思想变得深刻。

教研应是"助力器"，促进教师不断反思，让教师努力摆脱"已成的我"，实现对旧有认知、信念的解构，得以打破原有的思维框架，获得视域的敞亮、理念的澄明。

2. 教研方式的创新

（1）对话式研讨。

促进教研员与教师的有效互动。教研员与教师展开平等、积极、自由的互动与沟通，寻求解决问题的对策，实现原有信念的解构与重建，促进彼此的专业发展。

（2）参与式视导。

把学校的问题视为自身工作中的问题。侧重于分析、研究、指导，为学校教学提供实质性的帮助，共同商讨解决问题的对策，与当事者实现共同成长。

(3) 菜单式服务。

让教学研究更贴近学校与教师的需求。教研员将服务项目和方式供学校选择，为学校和教师提供更多选择的空间，并根据学校需要提供帮助，或者通过网络实现信息和资源的共享，或者为他们牵线搭桥，增进校际联系，解决实质性问题。

(4) 叙事性研究。

为教师和教研员寻找反思切入口。叙事性研究是对经历过的教研活动的一种回忆、刻画、描述，加上对活动本身理性的、深刻的反思。

(5) 课例型教研。

在磨课中促进彼此课堂教学水平的提升。教研员、教师围绕主题，在课前、课中、课后进行各种研究活动，进行实证数据分析下的研磨，是集体观课、课后评论、改进教学的新型平台，也是深化教研的有效途径。

(6) 在线式互动。

以快捷、便捷的方式进行交流。借助网络教研，教研员对教师作业、研究日志认真批阅，按质定级，利用简报和QQ群辅导和交流，用耐心和热情化解学员紧张的情绪，使学员愉快学习。

3. 物化成果的创新

出版了有关教研故事的专著《讲述：在思考中成长——我们的教研故事》。

四、成果的推广和应用效果

本课题研究关注教师的专业命运，促进教师的专业成长，提升教研员教研工作的能力，也促进教研员的自身发展；本课题研究的许多方面对校本教研、校本培训具有迁移作用和引领作用，特别是指导者与教师间的角色关系、交往方式及如何在研究中凸显教师的主体意识，促进教师的反思、建构等，意义尤为重大；本课题研究也是对教育部即将出台的《关于改进和加强教学研究工作的指导意见》（征求意见稿）的可行性进行探索和验证，提供可借鉴的操作方式和依据，可以为同级教学研究部门的研究提供某些经验。

研究成果的主要影响表现在以下几个方面：① 得到省市主管部门高度肯

定与认可。省教研室副主任董洪亮在对"与教师共同成长的教学研究方式探究"课题结题鉴定时,给予了很高评价。该课题被定为精品课题,收入江苏省教研室《江苏省第五期教学研究课题优秀成果集》。② 经验得到了广泛推广。课题组负责人被省教研室邀请,作为专家在省第七期教研重点课题主持人培训活动中进行了优秀课题的经验交流,"与教师共同成长的教学研究方式探究"的结题报告与主要研究经验在省教研室网站上推介。③ 课题主要研究成果《改进教研方式 与教师共同成长》被《人民教育》刊登并向全国推介;又被黑龙江省伊春市与大庆市、合肥市蜀山区、湖北省利川市等地作为教研员的学习资料;文中一些观点被引用;从网上的关键词搜索来看,"与教师共同成长"正在被越来越多的教研员所接受,并成为他们教研工作新的理念。④ 主要研究成果《讲述:在思考中成长——我们的教研故事》因其具有情境性、反思性、改进性特征,可读性强,便于交流,颇受广大教研工作者的喜爱,讲故事的过程成了对教研生活内在意义的探寻、体验、理解与建构的过程。这种讲故事的形式逐渐被很多地区的教研员与教师所喜欢,成为引导教师和教研人员反思自身教研的极好方式,从一个方面来看,它也产生了传统的科研论文无法替代的价值。

(该成果获2017年江苏省基础教育教学成果奖一等奖)

为高质量教育而研

——苏州市基础教育教学研究成果选编

（下册）

主编 丁 杰

苏州大学出版社

图书在版编目(CIP)数据

为高质量教育而研:苏州市基础教育教学研究成果选编. 下册/丁杰主编. --苏州:苏州大学出版社,2023.4
ISBN 978-7-5672-4360-6

Ⅰ.①为… Ⅱ.①丁… Ⅲ.①基础教育-教学研究-苏州-文集 Ⅳ.①G632.0-53

中国国家版本馆 CIP 数据核字(2023)第 071537 号

书　　名:	为高质量教育而研
	——苏州市基础教育教学研究成果选编(下册)
	Wei Gaozhiliang Jiaoyu Er Yan
	——Suzhou Shi Jichu Jiaoyu Jiaoxue Yanjiu Chengguo Xuanbian(Xiace)
主　　编:	丁　杰
责任编辑:	李　娟
美术编辑:	刘　俊
出版发行:	苏州大学出版社(Soochow University Press)
出 版 人:	盛惠良
社　　址:	苏州市十梓街1号　邮编:215006
印　　装:	苏州工业园区美柯乐制版印务有限责任公司
网　　址:	www.sudapress.com
邮　　箱:	sdcbs@suda.edu.cn
邮购热线:	0512-67480030
开　　本:	700 mm×1 000 mm　1/16　印张:29.75(共三册)　字数:504 千
版　　次:	2023 年 4 月第 1 版
印　　次:	2023 年 4 月第 1 次印刷
书　　号:	ISBN 978-7-5672-4360-6
定　　价:	118.00 元(共三册)

凡购本社图书发现印装错误,请与本社联系调换。
服务热线:0512-67481020

本书编委会

主　　任　丁　杰
副主任　孙朝仁　徐　蕾
成　　员　(以姓氏笔画为序)
　　　　　水菊芳　杨建清　杨原明
　　　　　吴新建　陈　丹　金　鹏
　　　　　洪　越　秦春勇　殷容仪
　　　　　惠　兰

前言

苏州教育源远流长。三千多年前,泰伯奔吴,带来了中原先进的文化。孔子七十二贤弟子之一的言偃,明确了"经世致用"的教育宗旨,倡导"有教无类"的全民教育。到宋元明清,苏州教育更是名家辈出,提炼出诸多至今仍有生命力的教学法。在近现代,也涌现出一大批有影响力的教育名流。如叶圣陶倡导理论与实践结合,在教育目的、教育方法、教育途径等方面提出了诸多开创性的理论主张,其中,"教是为了达到不需要教"的教育主张,更是我国教育思想宝库中的一颗明珠。

苏州先贤的教育思想,在苏州这片土地上嫁接繁衍,进行本土化改造和时代性改良,不断向前发展,呈现出"厚重与灵动、精致与质朴、崇文与实用、乡土与世界、传承与创新"等"苏式"教育"双面绣"特征。苏州教育发展到现在,无论是在教育思想、教育主张,还是在教育环境、教育管理等方面,都呈现出时代特色和区域特征。特别是近年来,更是涌现出一大批"苏式"教育代表性人物和教育改革主张,同时,一批具有能复制、可推广、好应用等特征的教育教学及研究成果也不断形成。

近年来,苏州市教育科研在省级及以上的各类成果评审中,无论是获奖成果的质量还是数量,都排在全省前列。仅以"基础教育教学成果奖""教育研究成果奖""教育科研优秀成果奖"为例,共有204项成果获奖。其中,在2018年国家级基础教育教学成果奖评审中,获得1项一等奖、10项二等奖;在2017年江苏省基础教育教学成果奖评审中,获得8项特等奖、17项一等奖、26项二等奖;在2021年江苏省基础教育教学成果奖评审中,获得5项特等奖、20项一等奖、31项二等奖。在2016年江苏省教育研究成果奖评审中,获得1项一等奖、5项二等奖、4项三等奖;在2018年江苏省教育研究成果奖评审中,获得2项一等奖、5项二等奖、4项三等奖;在2021年江苏省教育研究成果奖评审中，获得1项一等奖、2项二等奖、3项三等奖。在2016年江苏省第四届教育科研优秀成果奖评审中，获得1项一等奖、10项二等奖、18项三等奖；在2020年江苏省第五届教育科研优秀成果奖评审中，获得3项特等奖、6项一等奖、21项二等奖。

费尔巴哈曾说："理论所不能解决的那些疑难，实践会给你解决。"为了呈现获奖成果的探索与实践历程，推广全市优秀教学与研究成果，激发广大教师从事教育科研的积极性、创造性，全面提升一线教师教育科研的素质，特精心选编了这套《为高质量教育而研——苏州市基础教育教学研究成果选编》（上、中、下共3册）。它体现了实践者的求真和向善、研究者的自信和睿智。实践是思想的体现，本成果选编的魅力在于使我们真切地感受到教育科研的规律源于实践探索，它集中体现了五大特点：

其一，鲜明的主张。理论是灰色的，但生命之树常青。鲜明的主张，鲜活的行动理念，才是科研的生命力所在。因此，该书所有的成果项目均呈现了研究者实践、反思、再实践、再反思的思维火花反复撞击的过程，形成鲜明而具有个性化的教育教学主张。

其二，严密的学理。一般来说，对实践性取向特别明显的一线教育工作者而言，其研究基本是从课堂教学的一般研究上升到理论的层面，并着力解决教育实践问题，体现一定的学理。因此，本套书所有的成果项目均体现现场意识、问题意识、谱系意识、方法意识、价值意识和理论意识，具有前瞻性的主题、系统性的内容、科学性的方法、规范性的管理等特点，值得广大教育工作者借鉴。

其三，破难的勇气。这些成果突破了一般研究的模式和羁绊，体现了研究者攻坚克难的勇气，回应了基础教育教学改革的一些问题，达到了高起点、深内涵、广辐射的基本标准。

其四，精准的提炼。杨九俊先生认为，研究成果的表达应"倡导一个基准，讲究两套功夫，把握三个角度，穿越四重境界"。诚如此，本套书的所有成果都具有独到性的深刻体验、结构化的表达意识、操作性的模型建构等特征，并从一般的经验性上升到科学性，进而个性化，直至形成"关键词"。这种精准的提炼，就是在"寻找属于自己的句子"。

其五，高远的境界。从某种意义上来说，这些成果也是一种浓缩的文化，其文化的结构、形式和互动模式，无论是对学生的素养发展还是对教师的专

业发展乃至对学校的内涵发展都起着重要作用。法国哲学家帕斯卡尔曾说："人是一根能思想的苇草。"说到底，本套书所有的成果项目都是研究者基于对教育教学的精心思考与实践探索而形成的，不仅有着丰富的内涵，而且不断以思想激活思想，以求得到高境界的共享。

品读它，可以感受到苏州市广大教师的教育教学理念和行为已发生巨大的变化，他们敢于质疑、勇于实践，发现教育教学的奥秘；品读它，可以凝望到苏州市一大批优秀的科研型校长和教师，挑灯夜读，深耕细研。"苔花如米小，也学牡丹开。"这是一种精神，更是一种令人肃然起敬的生存状态。

倚锄望，到处是青青一片。国内外许多教育家，如中国的叶圣陶、美国的桑代克等都是教师出身，他们在工作中研究，在研究中工作，探索出教育的真谛，成为教育大家，被后人敬仰。我们也有理由相信，只要我们能有"采他山之石，博众家之长"的信念、胸怀和气度，脚踏实地、坚持不懈地实践探索下去，就一定会出现具有苏州地域特色的"苏式"教育名家。

愿此成果选编能为苏州市教育科研的改革和发展鼓风聚气、凝心聚力，并以此献给各位同人，祈愿您用睿智充盈自己，用思想强大自己，用人格扮靓自己，用研究提升自己，为"苏式"教育高质量发展贡献自己的力量。

目录

- 激发儿童想象力的小学科幻主题教育八年探索
  太仓市科教新城实验小学 / 1

- 提升自闭症学生社会化发展水平的途径和方法研究
  苏州工业园区仁爱学校 / 9

- 小学语文体验教学的实践研究
  江苏省越溪实验小学 / 18

- 培智学校"走班制教学"的实践研究
  太仓市特殊教育学校 / 28

- 现象教学的理论基础
  吴江盛泽中学 / 37

- 体感游戏：智障儿童教育康复新论
  苏州工业园区仁爱学校 / 44

- 初中数学实验常态化实施的行动研究
  苏州市教育科学研究院 / 50

- 小学美术边际教学
  苏州市吴江区盛泽小学 / 58

- 小学数学核心素养教学实践的区域范式
  苏州市教育科学研究院 / 65

- 义务教育阶段学校课程统整的实践与探索

  苏州工业园区星湾学校　/ 74

- 语用型教学,回归语文教学的本质

  常熟市唐市中心小学　/ 83

- "诗性教育"系列论文

  江苏省苏州第十中学校　/ 92

- 让100%的学生热爱汉字、喜欢读写的实践研究

  昆山市玉峰实验学校　/ 101

- 文化融合与重构:城乡学校共同体建设的实践探索

  ——从"托管农村学校"到"名校+新校的一体化管理"

  太仓市实验小学　/ 108

激发儿童想象力的小学科幻主题教育八年探索

太仓市科教新城实验小学

（成果主要完成人：吴敏敏 孙路晨 朱莉妮 闫文佳 周劲婧）

一、成果的主要内容

以想象力作为核心竞争力，是学生参与现代生活、未来世界的重要素质基础。我校自 2013 年致力于推进激发儿童想象力的小学科幻主题教育，开启了一种全面的素质教育的实践探索。

"以儿童想象力为核心的科幻主题课程开发"获得 2018 年苏州市教育教学成果奖基础教育类一等奖，"让儿童插上想象的翅膀：小学科幻教育实践探索"获得 2020 年苏州市教育教学成果奖基础教育类一等奖。

《小学科幻主题课程研究》一书是学校承担的江苏省教育科学"十二五"规划重点资助课题"以儿童想象力为核心的科幻主题课程开发的实践研究"的研究成果之一。该书由东北师范大学出版社出版，共分 7 章，分别从科幻主题教育的历时追溯、科幻主题教育校本课程的开发、科幻主题教育校本实施的三条路径、多样化科幻主题教育资源的开发利用、科学小实验奇遇记、科幻主题教育班会万花筒、我的科幻主题教育故事等几个方面阐述了学校以小学科幻主题课程为抓手，激活学生想象力和创造力的追求与突破。该书中既有对科幻主题教育的历史追溯，又有具体的开发方案与实施路径，列举了大量基于全校师生教学实践的生动案例，全面展示了该课题的研究成果。成果的主要内容包含以下几个方面。

1. **深化了科幻主题及其课程开发的理论探究**

通过消化吸收科幻主题教育及相关课程开发的理论基础和重要观点，形成了"STS—STEM—STEAM"的教育演进路线，探索了从科学、技术和社会的相互关系及多领域交叉走向集科学、技术、工程、艺术、数学多领域融合的综合教育。课题研究成果创造性地应用于科幻主题课程的开发与实施，从课程开发思路、课程设计与实施经验及相关案例方面，丰富和深化了小学科幻课程开发的理论探究。这些理论方面的贡献体现在课题组成员公开发表的系列论文之中。例如，《聚焦"4C"能力的主题式整合教学实践研究——基于科幻主题活动系统建构的探索》等。

2. 开发了小学科幻主题教育的课程体系

如何将儿童想象力的培养融入以科学课程为特色的小学全学科教育中？2018年之前，学校已经形成了小学科幻主题教育课程体系，主要开展海洋、机器人、太空、军事、人类发明五大主题研究。在此基础上，学校对科幻课程进行优化。优化后的课程从单一的科幻主题转向科创、文创、艺创整合式的学科融通学习。在课程的顶层设计、目标定位等关键元素上进行研究与探索。学校形成了如图1所示的小学科幻主题教育课程图谱。

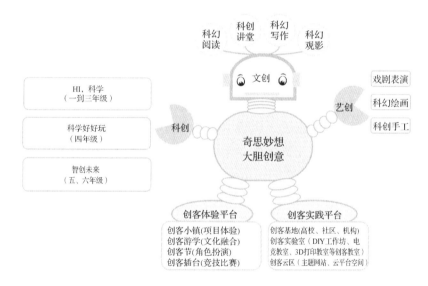

图1 小学科幻主题教育课程图谱

借助"机器人"的卡通外形，将指向学生想象力培养的小学科幻主题教育划分为三大板块：科创、文创、艺创。依托创客体验平台和创客实践平台两大支柱夯实推进学生想象力发展的根基。

科创课程：学校根据不同学段学生学习特点，开展分阶的创客学习活动。在一到三年级学生中，与太仓市科技活动中心合作开展"HI，科学"项目式学习；在四年级学生中，开展"科学好好玩"课程；在五、六年级学生中，与太仓大学科技园等合作开展"智创未来"创客学习活动。

文创课程：在科幻阅读、科创讲堂、科幻写作、科幻观影等主题式学习中，充分激发学生的想象力、创造力，把儿童天马行空的思维方式、天真烂漫的童心、开拓进取的精神、对科学的积极态度引入文创课程学习中，提升学生的科学素养与人文素养。

艺创课程：通过舞蹈、戏剧、绘画、建筑、手工等形式塑造艺术形象，开展创作艺术作品的创造性学习活动。学校开设戏剧社团、表演社团、科幻绘画社团、DIY小巧手社团等，让学生将自己的奇思妙想、无限创意演出来、画出来、做出来。

3. 形成了小学科幻主题课程的实施路径

习近平总书记在清华大学考察时指出：美术、艺术、科学、技术相辅相成、相互促进、相得益彰。要用好学科交叉融合的"催化剂"，打破学科专业壁垒，对现有学科专业体系进行调整升级，瞄准科技前沿和关键领域，推进新工科、新医科、新农科、新文科建设。围绕习近平总书记重要讲话，学校借鉴东西方关于学科关联、跨学科、超学科等课程理论及教学策略，开发了三条实施校本科幻主题课程的基本路径。

（1）"同心圆辐射——学科+"：对国家课程进行二度开发，在语文、科学、艺术、信息等单科教学中，围绕某一科幻主题，捕捉科幻元素，进行资源的开发、统整，开掘教学的深度，做嵌入式教学，有挂靠式开发和脱离式开发两种基本方式。

（2）"跨学科链接——综合+"：打破单一的学习方式之间的壁垒，围绕某一科幻主题进行自主、开放的综合性实践活动，使学生在不同内容和方法的相互交叉、渗透和整合中发展想象能力，提升创新思维。

（3）"科幻星期三——社团+"：每周三下午第6、7课，开设与科幻主题相关的绘画、短剧、阅读与写作、创客等社团课程，学生自由选择，自主参加。运用科幻活动题材，培养学生基于科学基础的合理想象，逐步形成发散思维、创新思维，养成联想创新的思维习惯。

4. 丰富了小学科幻主题教育的育人价值

（1）构建了学校育人目标和实践模式。

小学科幻主题教育研究是建设"弥漫着浓郁科创特色的现代化学校"过程中的一个阶段性成果，是学校教育科研道路上的一个路标。项目组用科研方法与实践智慧架构起了科幻主题教育的大厦，在大厦的顶端眺望科幻教育的诗和远方，放飞儿童想象的翅膀。

（2）形成了"家校政社"协同育人机制。

学校树立多元主体办学的理念，外引优质教育资源进校园，家长资源、科研机构、高校院所、科技企业、社区教育等成为学校科幻主题教育的有力支撑。

（3）开启了本土化的素质教育新探索。

在科技教育迅猛发展的今天，学校从区域资源及学生发展需求出发，提出小学科幻主题教育的校本研究，创新了素质教育的实践模式：以儿童生命为核心的追求自由精神的教育、以文化进步为核心的开放地面对未来的教育、以人的发展为核心的人格完善和智能发展的全面素质教育。

研究和实践表明：

（1）小学科幻主题教育是培养儿童想象力的好载体。

小学科幻主题教育是学校基于实际发展需要，依赖已有的资源自主独立开发而成的校本课程，是对国家课程的二度开发。同时，它融合了地方课程、其他校本课程中对科幻主题的开发，通过德育课程、社团活动、校园文化节等，形成小学六年系统化的、符合儿童兴趣需要的、主题化的课程体系。小学科幻主题教育丰富的课程预设使其成为培养学生想象力的好载体。

（2）小学科幻主题教育是展示儿童想象力的好平台。

在开展小学科幻主题教育的过程中，师生们用大胆神奇的想象创设了一个充满科幻氛围的校园环境。科幻模型进驻校园：擎天柱、大黄蜂、蜘蛛侠等深受学生喜爱的科幻人物相继落户校园；创客作品展现智慧：学生利用废旧水管、轮胎、水泥管等制作的创客作品水管机器人、轮胎机器人、火星基地等展示了学生丰富而神奇的想象力。此外，色彩鲜艳的科幻画、惟妙惟肖的建筑模型、精致小巧的科技创意制作让学校成为"想象的王国、创造的天地"。

（3）小学科幻主题教育是提升儿童想象力的好舞台。

科幻主题活动"嘉年华"以综合实践活动课程的形态呈现，基于学生的知识体系，结合学生日常生活实际，体现学生对学科知识的综合运用能力，具有实践性、开放性、自主性、生成性的特点；科学小实验100个，以学校卡通形象"牛宝""牛贝"为主角，在充满科幻情趣的"科学小实验奇遇记"中发展学生自主、合作、探究的精神；科幻主题教育班会课程渗透在各年级阶梯递进成长的德育课程中，多样化的科幻主题教育促进学生想象力和创造力的发展。

（4）小学科幻主题教育是丰富学校内涵的好举措。

学校从儿童的生命意义、文化意义、社会意义出发，以科幻教育为载体，给学生宽阔、自由的想象空间，使得学生想象力和创造力兼具，人文素养与科学素养齐飞。小学科幻主题教育与儿童的思维方式具有相通之处，能够吸引学生激发探究的兴趣，推动探究的行为，实现在打造科幻特色课程、追求学校教育梦想的道路上激活学生想象力的教育追求，实现学生文化内涵特色化的发展。

二、成果的创新点

创新点一：关注儿童想象力的发展为小学生核心素养落地找到了有效途径。

小学科幻主题教育的实践研究以科幻为载体，将学生想象力的发展置于科技迅猛发展的当下，显得尤为迫切。学生科学素养的养成是学生参与现代生活、融入未来世界的重要基础。科幻主题教育和儿童的思维方式有很多相通之处，天马行空的想象、天真烂漫的童心、创新开拓的精神，为培养学生的探究精神与创造能力找到了实践的平台，体现了学校素质教育的全新立意，其研究内容和呈现方式也具有独创性。

创新点二：跨学科整合的课程实施方式提升了课程整体性发展。

科幻教育，不应只有想象力。在后期的研究中，研究团队借鉴东西方关于学科关联、跨学科、超学科等课程理论及教学方式，研究目标已经由单一的想象力转向想象与直觉、发现与创造、合作与交流、专注与坚韧，课程开发已经从单个、零散的要素性发展升级到综合、全面的整体性发展，实现了一种全方位的整合。

创新点三：发挥区域产业的优势为培养儿童想象力提供了广阔空间。

学校地处太仓市科教新城，这是一个文化创意产业和人才的黄金集聚区，周边聚集着科技研发、文化创意、动漫设计等众多机构。学校立足所处太仓市科教新城浓厚的科技创意与创新产业优势，将小学科幻教育根植于丰富而多元的区域教育资源，充分发挥区域优势，推动社会资源与学校教育深度融合。

三、成果的学术价值及社会影响

1. 完成了儿童想象力培养的梯度化课题研究

顺利完成江苏省教育科学"十二五"规划重点资助课题"以儿童想象力为核心的科幻主题课程开发的实践研究",成功申报江苏省教育科学"十三五"规划2020年度重点自筹课题"指向儿童想象力的科创主题活动课程的实践研究"。省级科幻课题领衔,市级相关课题集约跟进,6个课题立项苏州市、太仓市教育科学"十三五"规划课题,且全部结题。

2. 出版了有关儿童想象力培养的专著,发表了相关论文

专著《小学科幻主题课程研究》2018年9月由东北师范大学出版社出版。2013—2021年,教师发表相关主题的论文35篇。

3. 获得了儿童想象力培养的系列化成果

研究成果"以儿童想象力为核心的科幻主题课程开发""让儿童插上想象的翅膀:小学科幻教育实践探索"分别获得2018年、2020年苏州市教育教学成果奖基础教育类一等奖。学生积极参加各级各类比赛,比赛平台高,获奖人数多,以"机器人""星际探险""时光旅行"等为主题的45篇科幻习作陆续发表。

4. 找到了研究儿童想象力培养的新的生长点

"小牛人创客教育"作为小学科幻课程的延续与深化,于2019年6月立项"2019年江苏省基础教育内涵建设小学特色文化建设工程"项目,并于2019年12月获得江苏省财政厅拨付的专项奖励经费30万元,地方政府与教育局按照1:1的比例继续拨付配套资金,共计获得拨款90万元。

学校先后获评"中国STEM教育2029行动计划"首批种子学校、全国青少年科普创新教育基地、全国科普日活动优秀组织单位、江苏省STEM教育先进集体等荣誉称号。学校利用这些有利条件普惠校外学生,开展"周末校园开放日"活动,累计服务太仓市其他学校学生达数千人。

四、成果的推广应用情况

1. 举办了多次大型思维想象力成果展示活动

经过多年的课程建设与实施,我们在课程体系、实施路径、推进机制、评价方式等方面取得了一定的成效,也运用研究成果在其他地区、学校取得了较好的推广效果。2016年9月27日，学校承办江苏省第二届"书香校园建设"小学校长论坛暨2015—2016学年度小学"书香人物"颁奖仪式。学校向与会代表展示了"科幻阅读，牛牛小镇"特色活动，吴敏敏校长做"以儿童想象力为核心的小学科幻主题阅读课程"的主题报告，秦玲、朱莉妮、陈波三位教师联合执教了科幻人文阅读课"海底两万里"。2018年5月7日至8日，学校承办"落实教学主张，打造思维课堂"江苏省小学课堂教学观摩研讨活动，陆艳秋老师执教了阅读课"小真的长头发"。2019年5月17日，学校承办"落实教学主张，打造思维课堂"全国小学课堂教学观摩研讨活动，吴敏敏校长做"思维课堂，我们的思考"的主题报告，曹丽萍老师执教了科幻人文阅读课"小飞侠彼得潘"，得到了与会人员的一致好评。

2. 自主研发可持续迭代的课程体系

指向儿童想象力发展的小学科幻主题课程能否有效开展，取决于是否拥有适合基于本校校情、持续迭代的课程体系。2018年之前，依托江苏省教育科学"十二五"规划重点资助课题"以儿童想象力为核心的科幻主题课程开发的实践研究"，初步形成了具有校本特色的科幻主题特色课程体系，开展了海洋、机器人、太空、军事、人类发明五大主题研究，完善了以"快乐星期三"学生社团为载体的科幻活动"六个一"，融合文学、艺术、科幻等多种表现形式的校本课程实践模式初具雏形。2018年之后，学校对原先的课程进行优化，优化后的课程从单一的科幻主题转向科创、文创、艺创整合式的学科融通学习，不仅在课程建设中，而且在环境营造、教学改进、活动设计、师生发展等方面均有实质性、可操作的路径和方法。

3. 课程内涵的整体发展与推广

学校在持续推进指向儿童想象力发展的小学科幻课程研究的过程中得到新的启发：聚焦"4C"能力（包括批判思维与问题解决能力、交流沟通能力、创新能力、合作能力）的主题式整合教学实践研究，通过关联性与序列化的主题课程的推进，探究课堂教学实践中的教学结构和程序；突出学科之间的相互渗透、交叉、综合与融通，探索、组建小组合作学习机制或建立多种类型的学习共同体；依循"4C"能力培养目标，开发研制一套分年级的"4C"能力评价指标体系，最终实现从知识到素养的课程变革。

多年来，我们始终致力于小学科幻课程的建设与实施，构建了学校育人目标和实践模式，探索了与学生想象力发展相适应的学校教育文化。我们期待以此典型样本为助推，推动本区域内科技创新文化内涵的持续发展。

（该成果2021年获江苏省教育研究成果奖一等奖）

提升自闭症学生社会化发展水平的途径和方法研究

苏州工业园区仁爱学校

（成果主要完成人：范里 汪辰 项海林 葛增国 唐妍）

一、成果的主要内容

本成果是江苏省教育科学"十二五"规划重点资助课题"提升自闭症学生社会化发展水平的途径和方法研究"的研究成果之一，该课题已于2017年5月结题。

成果内容主要涵盖以下五个方面。

（一）以个别化教育支持系统满足自闭症学生发展需求

个别化教育（Individualized Education Program，简称 IEP）支持系统突出"以生为本"的教育思想，关注学生之间的差异性和特殊性。该系统由苏州工业园区仁爱学校联合软件公司合作研发而成，根据国际先进的个别化教育教学实际操作模式，借助软件的智能评测、数据挖掘和统计分析功能，将学生评估、课程评量、综合评估、目标拟定、教育计划等个别化教育教学环节信息化、智能化、移动终端化，从教育诊断到拟订学生教育计划，提供个别化教育教学一站式支持，全程追踪教师教学、学生成长的详细情况，充分满足学校开展个别化教育教学的需要及自闭症学生发展的需求。

（二）以理念传播、实践指导满足自闭症学生家长自助需求

《因你而变——自闭谱系障碍儿童教育康复指导手册》是一本提供给自闭症学生家长、老师及热衷于关心帮助自闭症群体的社会人士的关于如何理解、如何支持自闭症学生的实用性参考手册。该手册为区域内自闭症学生的社会化发展提供了科学、适宜、生态化的支持和保障。

注：文中提及的"自闭症"现称"孤独症"。

《伴你同行——自闭症儿童家长访谈录》是学校22名自闭症学生家长的访谈录。我们通过追本溯源的双向访谈来了解学生的发展过程，了解家长的心路历程，期待家长能通过回忆孩子的成长有所发现，期待教育工作者能通过与家长的心灵交流有所收获，也期待全社会能对孩子的本真给予尊重、理解与帮助。

（三）以个别化、生态化理念指导自闭症学生课程建设

"非传统课程日"活动方案依托学校的"伙伴课程"理念，主要突出了活动内容课程化、社会实践适应化、融合教育伙伴化等特色，为自闭症学生社会化发展提供了环境、课程的支持。随着IEP支持系统的研发与应用，学校自闭症学生社会化课程建设也在支持系统的评估保障中稳步推进。从"自闭症星星屋"（中重度自闭症资源教室）、"一日生活皆课程"的大胆尝试，到"非传统课程日"伙伴课程活动的探索，课程不局限于课堂，教学不局限于学科，体现了课程之间的链接，为学生的社会化发展提供了无限可能。

在个别化、生态化课程背景下，课题精品课例集围绕自闭症学生课程实施过程中的教学设计与课堂反思，不仅记录了教师的教育教学动态过程，还将自闭症学生课堂教学中需要的支持、所发生的改变进行了提炼与分析，为学生的社会化发展提供了策略支持。

（四）以伙伴教育思想促进自闭症学生的社会融合

自闭症学生融合活动案例集从学校众多融合活动中选取了部分活动内容，重点突出活动的背景、意义，融合伙伴和环境的创设，包括活动方案的设计及对本次活动的思考等。活动内容分为"志愿者进校园"和"学生走出校园"两部分。在丰富多样的社会融合活动案例中，通过创设适宜环境、教师活动指导及观察记录反思等，促进自闭症学生的社会化能力进一步迁移发展。轻度自闭症学生与人沟通交往能力得到提升；中重度自闭症学生已能够基本生活自理，甚至能独自乘公交车上下学、独立购物等。

无论是校内的非传统课程日活动，还是校外的融合活动，市级以上的电视台、报纸等都对课题活动进行了宣传和报道，并引起了大众媒体的关注、理解与支持。

（五）以伙伴结对、教练共生转变自闭症学生教师的研修模式

伙伴教育的思想并非局限于教师与学生之间，教师与教师之间也存在着

伙伴的关系。在课题研究活动中，课题组教师通过多种形式，如"伙伴三人行"等结对进行课题研究、校本研修等活动。在教研过程中，课题组成员们打破了传统学校中学科界限的严格划分，通过跨学科、跨专业的研究进一步提升了对于自闭症教育生态化概念中课程完整性的认识。

需要指出的是，通过伙伴间的"跨界"，课题组成员们的思维碰撞出了精彩的火花。大家学思结合开展研究，将自闭症学生生活、学习中出现的有关社会性发展问题等总结梳理，形成一篇篇佳作，如《"仁爱 WEB 个别化教育"：助推学校内涵发展》《体感游戏在自闭症儿童教育康复中困境与化解之道》等。课题优秀论文集中共收录获奖论文 34 篇，在省级以上刊物上发表论文 14 篇。

二、成果的创新点

（一）理论创新

1. 生态化模式创新自闭症教育新思路

生态化模式不同于心理学模式和神经生物学模式，它让我们意识到自闭症是个体与环境之间的不协调作用产生的结果，而并非自闭症个体内部出现了问题。因此，在对自闭症儿童进行教育干预时，应该更多关注儿童的个体优势和资源，替代过分关注儿童的缺陷；应该强调人际关系和环境的双向改变，替代儿童个体的单一改变；应该提倡开放、生态的社会融合与生活适应，替代封闭、机械的训练。这为学校对自闭症学生进行教育干预提供了新思路和新经验。

2. "伙伴课程"理念链接自闭症生态化教育

自闭症生态化教育包含微观（个案管理）、中观（课程平台）和宏观（支持系统）三个层面。生态化个案管理提倡尊重每一位学生的成长，要求建立完整的评估、个别化方案及效果反馈的循环系统；生态化课程提出通过完整的活动培养具有自我意识和丰富情感的社会人；生态化支持系统认为对自闭症儿童的教育干预是多层面、多维度的大教育关联。而学校通过建立"以生为本，适性发展"的教育思想，积极营造"伙伴课程"理念，倡导人与人、人与物之间和谐伙伴关系的建立，从另一个侧面也印证了生态化教育的价值。

（二）实践创新

1. IEP 支持系统落实以生为本

教师不仅能在个别化教育平台上对自己班级学生的现有能力和课程实施情况进行评估、查看，还能在平台上完成备课，甚至教研，摆脱了纸质化办公的局限，提升了教师工作效能。教师不但能在平台上撰写自己的教学活动设计，而且能参考学习其他优秀教师的教学设计、学生发展报告等。教师们共享了评估与教学资源，充分发挥了教师间的伙伴意义，激发了教师相互学习的热情，为自闭症学生提供了真正的个别化教育支持。

2. "伙伴课程"重视生命、生存教育

为了充分体现适性发展的伙伴教育办学理念，学校一直潜心于课程教学的改革与创新，提出了"伙伴课程"的新思路，主要是将一般性课程与选择性课程按"医教结合，综合康复"的理念构建为"H"型课程。"H"中的两条竖线代表两条通道：一条通道为"主题月教学"课程，可为中重度自闭症学生养成自理等基础生存能力服务；另一条并行的通道为"学科教学"课程，可为轻度自闭症学生培养职业等自立能力服务。无论是"主题月教学"课程，还是"学科教学"课程，均以提升自闭症学生的生活品质（基本生存及独立生活）为方向，结合自闭症学生的生活开展。"H"中的一条横线代表两类学生的互通课程。具体体现在以下几个方面。

（1）生活即课程。通过对学生身心发展特点、学习认知特质的研究，我们将课程的重心转移到了学生的一日生活，转移到了学生的游戏活动中来，强调从学生的优势能力出发，创设适宜的学习生活环境，让有特殊需要的学生在活动中建构经验，获得成长。例如，"自闭症星星屋"将"一日生活皆课程"的思想进行了实践，教师们把午餐管理、午间洗漱等课外活动作为开发课程的资源，形成了一套适合中重度自闭症学生的"仁爱星星屋课程"。

（2）学校即社会。课程建设还需要关注学生的社会化发展。很多有特殊需要的学生存在对已经掌握的知识和技能迁移困难的问题，我们通过开展学校"非传统课程日"伙伴融合活动，让学生体验"走出去"，如乘坐地铁、集体看电影、超市购物等，将学校学习的技能在不同的场合中进行锻炼；也让学生体验"请进来"，如让普通学校的学生、社会爱心人士等走进学校，来到学生身边，陪伴他们一起活动，一起游戏，用伙伴之情促进更多融合的可能。学校进行的"非传统课程日"活动还一举打破了传统的"课堂—教室"

"老师—学生"的界限，教室可以变成超市、餐厅、手工坊、游戏室、动物园等，而教师可以成为售货员、驾驶员、厨师等。

（3）每月的常规主题月教学活动也紧密结合生活、社会开展。例如，"衣食住行"主题月教学中，学科教学整合过马路、乘坐公交、超市购物等情况进行教学：在生活语文课堂中，教师带领孩子们认识斑马线、公交车，认读相关字词；在生活数学课堂中，教师带领孩子们认识公交车，认识钱币，学习付款与找零；在生活适应课堂中，教师带领孩子们模拟过马路、投币乘坐公交、超市选购物品的场景；在唱游律动课堂中，教师带领孩子们说唱、表演儿歌《红绿灯》《公交车》等。

（4）通过实施多元化伙伴课程，教师对学生的评价方式、内容也发生了转变，从原本的布置作业或期末测试评价转变为过程性评价。例如，将学生在校生活的闪光点、进步之处以照片、视频和文字等形式记录下来，成为学生的成长档案；从原本关注的个体缺陷评价转变为个体优势能力评价，让学生获得了自信与成长。

（三）方法、手段创新

1. "伙伴三人行"研修共同体点燃教师研究热情

三人行必有我师。课题组创新采用"伙伴三人行"的结对方式来开展小组形式的课题研究、校本研修活动。"伙伴三人行"小组由一名专业骨干教师引领，另外搭配两名青年教师，形成一支伙伴团队。在小团体教研过程中，课题组成员们通过跨学科、跨专业的研究来攻克自闭症教育难题。这也从另一方面提升了教师对于课程完整性的认识，促进了教师对于自闭症教育生态化的学习领会。

2. 学分制主题研究激发教师研究动力

学校科研处根据学校课题的发展趋势，结合教师现有的发展状况，提出了学分制研究的课题管理策略，将大学中常见的"挣学分"的概念应用到工作实践中来，通过"选择学习"的形式让教师的教科研工作充满自主性。这一举措成为教师个人教育教学能力提高甚至职业素养提升的重要保障。例如，教师参与了教育科研活动，在个别化教育平台完成了一次简单的交流跟帖，就能拿到"基础学分"；教师根据课题组需要自主进行研究，积极写作、投稿，完成一篇短小的教学随笔就能获得"进阶学分"；教师的文章、课例等能够获奖或发表就可以获得"附加学分"。每一学期结束时，学校就可以统计教师获得的学分，并给予相应的奖励。

三、成果的学术价值及社会影响

经过三年多的研究、实践、探索，我们得出结论：IEP 支持系统的建立、社会性课程的实施、融合环境的创设等三条路径的综合协调运用能有效地保障学校自闭症学生的社会化发展，并为他们在沟通交往、情绪行为、社会参与等方面带来积极的推动作用，也为未来我国自闭症学生融合教育的开展提供了更丰富的实证性支持依据。

（一）互联网技术有助于开拓学生的评估新渠道

一方面，IEP 支持系统改变了以往纸笔记录的方式，通过线上操作，直接记录学生的情况，为学生进行评估分析，减少了纸张的使用，大大降低了成本，提高了工作效率。另一方面，IEP 支持系统实现了统计的智能化，只要轻轻一点，系统就会出现直观的数据统计图，教师通过数据统计图能够直观地看到学生在评估中的各项表现。同时，由于信息已经被系统保存，教师可以直接搜索学生以往的评估结果，对比学生不同时期的发展情况，对其进行有针对性的训练。

（二）IEP 支持系统有助于实现学生的个性化发展

在自闭症儿童的教育康复中，信息的共享是十分重要的，这关系到各个部门（家庭、学校、机构）对儿童各方面情况的详细了解，从而为其制订有针对性的康复计划。IEP 支持系统中不仅有基于课程标准的课程评量，也融合了针对儿童多元发展的不同评估内容。评估师将评估结果上传平台后，其他领域的康复教师也可以查看了解。这就实现了信息的共享，不管是教师还是家长，只要检索儿童的信息，就可以了解目前儿童所处的发展阶段，知道不同的康复教师目前所开展的康复内容、儿童的表现。这种分享和借鉴，最终有利于儿童的康复教育，推动儿童各方面的发展。

（三）以"伙伴课程"建设为核心有助于实现个别化优质教育

个别化教育根据学生发展需要建构"伙伴课程"体系，"伙伴课程"建设的核心理念是仁爱伙伴教育——以人为本，适性发展，为每一位特殊儿童提供适合其发展的个别化优质教育与服务。"伙伴课程"认同特殊学生在课程发展中的主体地位，提出以"生活教育"为主线进行课程设计，以生存、独立生活和提升生活品质为能力发展阶梯。"伙伴课程"主要由一般性课程和选择性课程组成,一般性课程体现了对学生素质的最基本的要求,着眼于学生适应生活、适应社会的基本需求,约占课程比例的55%～75%;选择性课程着眼于学生个别化发展需求,注重学生潜能开发、缺陷补偿,强调给学生提供高质量的服务,体现学生发展差异的弹性要求,约占课程比例的25%～45%。

(四)"非传统课程日"的开展有助于自闭症学生社交技能的迁移

与校内融合不同的是,"非传统课程日"涉及的不仅是校内其他班级的教师和学生,更涉及很多社会人士;课程也不是以往的课堂教学,而是活动课程。也就是说,对于自闭症学生来说,"非传统课程日"的融合活动更接近于社会环境。在对"非传统课程日"中学生的活动情况进行分析后,我们发现,虽然学校的大环境没有发生变化,但是活动人员、形式、内容都出现了较大的不同,所以在"非传统课程日"的时候,"自闭症星星屋"的学生出现问题行为的次数明显增多,程度明显增大。另外,由于该课程每月一次,每次内容不同,所以对于学生来说,每次上课都像是参加一个新的活动。我们发现很多学生因为参加"非传统课程日"活动,社会交往能力得到明显的提高。

(五)认知发展、物理与人文环境对自闭症学生社会融合的影响

通过对融合活动的观察,我们发现融合环境的创设与自闭症学生的认知程度有着密切的关系。对于认知发展在1岁左右的自闭症学生来说,为他们所创设的融合环境更需要以感知觉刺激的活动为主;对于认知发展大于2岁的自闭症学生来说,志愿者(普通学校学生、社会爱心人士)的服务经验相对比较重要,志愿者简单、清晰的指令和示范可以让自闭症学生通过模仿参与融合活动;对于认知发展大于4岁的自闭症学生来说,像"非传统课程日"这样的活动正是他们把日常所学泛化到社会生活中的一个重要契机。

在创设自闭症学生社会融合的环境时需要根据参加活动的学生适应能力情况提供不同的材料,进行不同的环境布置。一个全新的大型活动,应尽可能以学生熟悉的素材和场景为主来进行环境布置,以便能够帮助学生快速、无障碍地适应新的环境。在此基础上,也需要了解不同自闭症学生对不同刺激物的反应,尽可能地避免对学生情绪的过度刺激。

但是,可以发现无论学生的认知程度高低,刻板行为越严重的学生对新

环境的适应能力越低，相较陌生环境，他更需要一个安心且受保护的环境；相较与不熟悉的志愿者开展互动，他更需要熟悉的教师在一旁给予支持。此外，活动前对志愿者的培训也很重要，其中包括理解自闭症学生的行为，预估可能出现的问题，了解活动内容，等等。这一系列的前期准备都有助于志愿者加入与自闭症学生的融合活动中。

四、成果的推广应用情况

（一）指导培训扩大服务范围

由于经验的持续累积与推广，苏州工业园区仁爱学校在中重度自闭症儿童教育康复中已处于国内领先位置。学校分别为厦门、邳州、徐州等地特殊教育学校提供教师培训等帮助。此外，学校心理咨询师团队两位成员成功入选苏州市未成年人健康成长中心"苏老师"团队。

（二）网络媒体增强服务即时性

苏州工业园区第一所特殊教育指导中心在学校成立，中心将承担为区内有特殊需要的学生（包括自闭症学生）提供指导、服务的责任和义务。学校的自闭症微信互助平台、自闭症资源网等一系列网络媒体服务支持体系也纷纷建立起来，为教师、家长及关注自闭症群体的人们提供自闭症教育康复领域的最新资讯、答疑解惑等。学校在每年4月2日"世界自闭症日"都会为自闭症儿童提供专业的支援和服务。

（三）伙伴携手实现合作共赢

自闭症学生能够通过建立适宜的伙伴支持来提升其社会性发展。同样地，课题组在研究过程中也提出通过合作交流来提升课题研究的意义，辐射课题研究的成果。自开始课题研究以来，课题组教师多人次在国内外各级各类论坛中交流。

此外，学校还多次与日本、英国、新加坡、荷兰等地特殊教育学校开展教研活动，着重探讨了自闭症学生集体课堂教学、课程设置等问题，以及自闭症学生沟通交往技巧、行为干预策略、多感官策略学习等。

（四）IEP支持系统引领国内特教新发展

基于云服务的有特殊需要的学生IEP支持系统，已于2014年取得国家计算机版权专利。它的研发与应用使得学生的评估过程程序化、数据分析智能化、教学目标选择便捷化、档案跟踪数字化，从而优化了教师的教学方式，使家校联动的渠道更加畅通，提升了特殊教育学校对教学质量的管理与监控能力。在2016年7月于我校举办的江苏省特殊儿童个别化教育省级信息系统建设研讨会上，该系统得到了江苏省教育厅基础教育处领导和省内外同行的肯定和赞赏，并在全国范围内持续推广使用。

（该成果2018年获江苏省教育研究成果奖一等奖）

小学语文体验教学的实践研究

江苏省越溪实验小学

（成果主要完成人：夏静）

一、成果的主要内容

1. 建构体验教学的范式

在前期的体验教学实践中，逐步形成了课堂教学的范式（图1）。

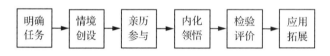

图1 体验教学范式

（1）明确任务。

这是体验教学的第一步。教学中教师要给予学生课文的完整性和感悟的整体性，避免形而上和碎片化。起始环节学生有明确的学习任务（主题），体验才能有目标。值得注意的是，由于语文课程的综合性特质，学习任务往往以任务群的方式出现。

（2）情境创设。

根据体验主题创设真实的学习情境，使学生以"参与者"的身份投入学习活动中。在实际操作中，至少要注意两个方面：一是教师创设的情境要契合文本内容和体验任务，要根据文本实际运用多种方式创设真实的情境，避免为创设情境而创设情境的庸俗化倾向；二是教师创设的情境要符合学生的年龄层次，应将体验活动设置得更贴近学生的最近发展区，形成梯度教学层次，使学生能充分发挥主体性，使体验活动在真实性中实现高效能。

（3）亲历参与。

这是体验教学的关键环节。教师要根据文本、知识的各种特殊性或独特性，选择适合学生体验的方式，让学生在真实情境中有针对地主动参与体验，津津有味地投入听、说、读、写、思（想）、悟等各种语文体验中。值得注意的是，在这个环节的教学中，要处理好知识的呈现特点和体验方式选择的问题。不同的教学内容有不同的情境创设要求和体验要求，即使是同一类教学，如阅读教学，不同的课文也会因文本体裁的不同或学习内容呈现方式的不同（如位置、轻重、主次、强弱、显隐等）呈现特殊性。在非连续性文本的教学中，对于情境创设的要求则更高。体验教学必须把握这些"特殊性"，教学才能更具针对性和有效性。

（4）内化领悟。

指导学生在参与语文学习实践的过程中，对知识进行梳理、归纳和整合，将亲历学习过程所获得的认识、理解和实践操作技能主动地和自身原有的知识形成对应和联结，发展能力，建构意义，生成情感。

（5）检验评价。

通过自评、互评、引评、展评等多种方式，学生从参与者的角度对学习任务的完成效果及体验活动的参与度和有效度进行评价。

（6）应用拓展。

这个环节旨在打通课内与课外、间接知识与直接经验、知识获得与知识应用。具体操作时可以依托教学大情境分为不同的类型，包括迁移型、拓展型、辐射型等。在实施过程中，教师要把握好教学主题和体验发展之间的双向融通，把语文学习和大自然、社会及日常生活结合。

此教学范式中，情境创设、亲历参与、内化领悟是最重要的教与学环节。在教学中引导学生进行体验的基本途径有：创设情境营造体验氛围、指导朗读增加体验获得、碰撞思维形成体验互动、角色替代强化体验感受、巩固练习夯实体验效果、拓展应用对接体验外延等。

此项目的实践，以前期探索为基础，将进一步以"立德树人"为遵循，以"体验学习圈"理论为基础，从教与学的关系，教—学—环境、教—学—体验、教—学—评价等多元关系和多维角度不断优化并形成体验教学新范式构想。在具体的操作中注意以下原则。

(1) 坚持体验教学的基本价值取向。

围绕教育"立德树人"的宗旨，体现语文课程教学的基本特点，在小学语文体验教学的实施中突出课程实施的规范性、整体性和完整性。在进行体验教学的过程中，始终根据育人目标，始终从人发展的角度考量，始终从学生核心素养的培养出发，让活动真正发生，让体验真正发生，让学习真正发生，让学生语文素养的培养和发展真正发生，通过体验教学的整体实施，把育人目标真正落到实处。

(2) 关注真实教学情境创设。

真实情境的创设是体验教学的重要基础，其"真实"与教学内容匹配，主要包含了场景的真实、情感的真实和体验（活动）的真实。在小学语文体验教学中，还有一种真实情境存在于语言本身，这与语言所具有的描述性和形象性相关，这样的情境来自学生与文本的超自然互动，源自个体生命经验的共鸣。从这个意义上来说，体验教学的情境是无处不在的。教师如果能够关注并适时利用好学生与语言之间天然的亲近感，其创设的教学情境就更能激发学生学习的主动性和体验的积极性。

(3) 体现真实任务的驱动。

真实任务就是有挑战性的学习任务，在体验教学中包含了三方面的要求。一是基于学生的已知，即学生的前认知或前经验。二是基于学生的应知，即教学目标。三是基于学生的须知，即个人认知需求和期望。适度、适时、适合的挑战性任务能够激发学生的学习欲望，更能促进学生高阶思维的参与，形成深度学习，促进学习建构。

(4) 促进知识结构的形成。

知识结构化是指把所学的知识划分为不同的部分或归入某种更大的范畴，在头脑中组织起来，形成知识组块，进而形成良好的知识结构。这是深度学习的过程，是超情境的体验过程，也是小学语文体验教学有效性的重要指标。在小学语文体验教学中，教师应引导学生充分进行语言实践，逐步建构与充实类概念，进行指向结构的梳理与反思，帮助学生建构语文学习的学科谱系。

2. 按照知识呈现特点创造匹配的变式

语文课程内容丰富，小学语文教学的类别也比较多样，识字教学、阅读教学、习作教学、语文综合性学习，不同类别的教学决定了知识呈现方式的不同。在进行体验教学时，教师要根据知识呈现的不同方式活用教学范式，特别是在情境创设、亲历参与、内化领悟这三个环节体现体验教学的适切性、针对性、开放性和灵活性。

（1）识字教学。

在识字教学中（包括拼音教学），教师将字与词结合放入整体（画面、课文语汇等）情境中，使学生对于汉字的演化、字形的认识和记忆、字义的理解与生活的对接、书写的规范等都能够有更多的感官认识和操作性感受。一般来说，识字教学可以由三种路径达成（图2）。

图2　识字教学的三种路径

（2）阅读教学。

在阅读教学中，教师根据阅读内容和阅读主题，创设和带领学生进入体验情境，使学生在参与活动中理解、感悟、思考、想象、应用，提升阅读能力，培养语文素养（图3）。

图3　阅读教学的路径

（3）口语交际教学。

口语交际是语文教学中的重要内容。口语交际的教学有利于培养学生有意义地表达的能力，有利于帮助学生树立交流自信，有利于增强学生的人际交往能力，具有非常重要的现实意义。小学语文体验教学中，口语交际教学的基本模型如下：

创设情境—展现任务—交际尝试—反思领悟—情景再现。

（4）习作教学。

在习作教学中，教师根据习作要求，创设写作和体验的情境，使学生在参与、感悟中表达。根据小学阶段习作的教学内容及教学要求，习作教学大致可分为以下四种类别：

生活场景类——唤醒——体味——描述；
专项活动类——经历——感悟——表达；
热点话题类——讨论——评点——抒发；
具象引发类——观察——联想——交流。

(5) 综合性学习教学。

在综合性学习教学中，教师要扩展体验时空，引导学生借助团队策划、小组合作进行探究活动，放手让学生到生活中去调查、分析、总结、交流。综合性学习教学的主要路径为：

主题—讨论—策划（团队）—活动（小组合作）—交流—评价。

3. 探索体验与建构相互作用、相互转化的基本路径

语文学习是体验与建构不断互动、彼此转换、螺旋上升的过程。第一，建构从体验起步。教学中要避免模糊体验、平面体验，应在体验的指向性、丰富性和层次性上多思考与探求。通过明确体验的目标，帮助教师进行教学活动的"逆向设计"；通过打开体验的路径，帮助学生在系统、丰富的言语实践活动中获得丰盈多元的体验；通过呈现体验的坡度，满足学生对不同体验层次的需求。第二，建构在体验中发生。教师要基于语文学科知识结构，引导学生进行指向结构关联的体验活动，帮助学生逐渐建立关于语文学科理解、认识的"图式体系"。通过梳理与归纳推动体验的转承，帮助学生"将外在的东西纳入自己的心理及认知结构中"，建立相关学习谱系；通过类比与迁移促进体验的转换，实现体验的升维，使学习达到更高层次的建构；通过联想与想象联结体验的转化，帮助学生联系已有的认知，不断丰富自身的认知结构，进而产生领悟、生成意义、获得启迪和升华。第三，体验本身就是一种建构。教师应引导学生通过"以身体之""以情感之""以心验之"形成对事物独特的、具有个体意义的经历、情感和体会。另外，建构始终伴随着体验，从实践中来，再回到现实复杂的情境中检验，建构才具有作用于现实生活情境的结构化、生长化意义。

4. 根据教材研制体验教学的全套方案

统编版语文教材以"单元主题+选文"方式进行编写，具有整体性、系统性、开放性和生长性等鲜明特点。根据体验教学的实践理念，依据统编版教材，按照大单元教学思路，初步设计每个单元、每篇课文的体验学习方案，并引导教师在教学实践的基础上深刻反思，总结经验，不断完善方案。

5. 建设沉浸式学习的体验情境

情境是体验的基础，没有情境就没有体验，体验式情境为教学营建体验场。建设沉浸式学习的体验情境，从以下几个方面着手：① 对校内外有利于沉浸式学习的资源进行开发。通过创新设计、改造等方式，建设有利于体验教学实践的空间，从教室扩展到校园，从校内延伸至校外，挖掘和开辟一切可以用来在语文学习中营造真实生活情境的场所，使学生在有意义的真实情境中不断实践和体验。② 形成回到语词源头，回到知识源头的情境构建。系统梳理小学语文学习任务，尽可能引导学生在真实场景或场景再现中学习。③ 将校园建成泛课程基地，有利于学生进行非正式学习、无意识学习。教学时注意激活学生的经验，把非正式学习、无意识学习与正式学习、有意识学习勾连起来。④ 购置相关软件、音响、直观教具等，通过网络建设混合学习环境，学生在学习中能够更多地参与观看、操作等活动，以真实的体验推进语文学习与建构。⑤ 引导学生加强知识具体化应用。有意识地组织主题综合式语文学习活动，组织学生参与社会实践，促进学生在真实的生活中学习运用。⑥ 在教学中注意营建教师与学生"你和我"的对话关系，以课堂中温暖的师生情感互动，激发并维持学生的体验学习。

6. 做出新的理论探索

着眼于理论的提炼、丰富，对体验教学在内在学理上进行解释。基于哲学、心理学、现象学等理论，对体验教学进行阐述和创造，为体验教学做出理论贡献。

二、成果的主要观点或创新点

1. 明确了完整是小学语文体验教学的价值追求

小学语文体验教学基于人的完整性，倡导进行"身心合一"的学习，因此，突破教学的片面性，培育完整的人是体验教学的根本指向和最终旨趣。在教学时，教师要充分关注学生的体验与认知、体验与思维、体验与情感三个维度的综合发展。

2. 揭示了参与是小学语文体验教学的基本特征

小学语文体验教学着眼于参与者的知识观，是学习主体带着已有经验，在具体的情境中接近新知，使个体学习经验和新知之间生成联系和沟通的过程。没有参与就没有体验。在具体的学习中，深度参与性学习有三个基本样态；行动型参与——可见活动过程的学习；思维型参与——获得内力生长的学习；体悟型参与——深层内化豁然的学习。

3. 构建了小学语文体验教学的基本范式和多种变式

小学语文体验教学的基本范式分六步走：明确任务—情境创设—亲历参与—内化领悟—检验评价—应用拓展。在这个范式中，"情境创设""亲历参与""内化领悟"呈现了体验教学具身学习的特点，关注了语文教学中默会知识的学习。这个基本范式的建构，使教师更容易理解体验教学，使体验教学更具操作性。根据语文教学中识字教学、阅读教学、口语交际教学、习作教学、综合性学习教学等不同知识的呈现方式，形成了多样化的教学变式，使体验教学的实践更加灵动与鲜活。

4. 提出了小学语文体验教学实践的改进策略

基于小学语文体验教学的前期实践，以建构主义理论为指导，进一步提出了教学实践的改进策略：创设真实的情境、设置挑战性任务、形成情感的呼应、形成知识的结构。

三、成果的学术价值

"体验"一词最早出现在德国文献中，19世纪70年代成为与"经历"相区别的惯用词。狄泰尔将体验提升到人生本体论的高度，认为生命非他，是有限个体从生到死的体验的总和。从这个意义上讲，体验指的是通过实践来认识周围事物，以亲身经历进行认知的一种方式，是在亲历中认识世界、感悟人生的过程。因此，体验的过程使主体与物境相融相忘，进而使认识得到升华、产生超越，体验者的主体地位也获得确立和保证。

体验教学的思想可追溯到古希腊时期的教学思想、夸美纽斯的教学思想、卢梭自然主义教学思想及杜威经验主义教学思想。国外体验教学思想源远流长，美国早就成立了体验教育协会，英国教育界倡导课堂教学的自主体验，日本中小学广泛开展体验活动。研究者们主要把注意力集中于体验式学习的探讨上，尤其是体验式学习模式的研究，这可能与国外教育研究的重心从教学方法转移到学习者有一定的关系。就这些先行探索和研究看，对体验教学的概念理解与表述主要为：教师在体验哲学、心理学等理论指导下，充分重视教学中各种体验因素，有意设计体验环境，通过激发学生潜意识、情感等内在的心理、生理能量和积极主动的学习行为，促使学生在学习中自主转化和建构的教育活动。我们通过初步的实践，对体验教学形成了自己的理解：体验教学是根据学生的认知特点和规律，通过创造实际的或重复经历的情境和机会，呈现或再现、还原教学内容，使学生在亲历的过程中理解并建构知识、发展能力、产生情感、生成意义的教学观和教学形式。体验教学以人的生命发展为依归，尊重生命、关怀生命、拓展生命、提升生命，蕴含着高度的生命价值与意义。它所关心的不仅是人可以经由学习获得多少知识、认识多少事物，还关心人的生命意义如何经由学习获得彰显和扩展。

国内对体验教学的研究相对较多，但也处于起步阶段。我们主要着眼于小学语文学科，基于小学语文学科课程特质和小学生年龄特征，通过教学实践，探索体验教学的途径、方法、规律；探讨新型师生关系，探索人与知识、学习与环境（情境）的关系；解析学生学习密码，构建教学范式，从而提高小学生语文素养，丰富、充实体验学习理论的实践研究。

我们的研究以学生为根本，以学生学习为原点，以育人为导向，以"立德树人"为教学大背景，以任务驱动为基本方式，呈现出以下鲜明特性。

1. 培育完整的人是体验教学的价值追求

人性的完整规定了学习的完整性，即通过学习实现"完整人"的培养。培育完整的人是体验教学的根本指向和最终旨趣。我们主张在教学时要充分体现以下方面：一是认知与情感的统一。注重在教学中以重回现场、人文互动等方式，使学生获得完整体悟，认知体验与精神体验同步。二是感性与理性的统一。学习本身是一个由外而内又由内而外的过程，是体验与建构相互激荡的过程。体验教学注重创设真实学习情境，以挑战性任务驱动，使学生在学习层次攀升中经历完整的思维体验，建立学科知识结构。三是共性与个性（个性化的体验）的统一。体验教学面向的是全体学生，而体验学习却是每个学生的个体行为，具有鲜明的个性化特征。因此，在体验教学实践中，应在共性目标达成的过程中关注学生个体的差异和个性的需求，形成共性与个性的统一和互动。

2. 主动参与是体验教学的基本特点

人的学习是主动参与的过程，从体验教学的定义来看，体验教学建立在学生主动参与的基础之上。在体验教学中，言语的实践是基本方式，学习主体亲历教学实践，建构语言知识，形成言语智能，培养学科素养。建构基于参与，参与性是体验教学的本质特征。教学中可以根据主体性原则、对话性原则、实践性原则和获得性原则对学生的学习参与度进行判断。参与性学习一般通过做、思、悟三种方式实现。"做"作为有效的参与性学习方式,可以从做的主动性、做的有机性、做的丰富性等方面进行考量。"思"的展现和培养,特别要关注学生高阶思维的发展,可以从思维的独立性、思维的共享性、思维的挑战性、思维的形成性等方面培育。"悟"更关注默会知识的学习体现,重点关注悟情、悟理、悟味。作为参与学习的基本途径,做、思、悟三者是相辅相成、相互促进的关系。

3. 具身性是体验教学的重要表征

语文学科既有外显的技能,又有内隐的情感信念,还有难以言传的缄默知识。以"立德树人"为根本出发点,语言活动、语文学习活动及学习任务群的设置与否是语文核心素养能否落地的关键。通过对语文具身性的考量,语文活动与语言活动能够有效区别;通过彰显语文性的语言活动,语文核心素养才不会仅仅成为机械、功利训练的"借口",四个方面的核心素养才能相互融合,彼此形成逻辑。由此,基于具身性考量的语文核心素养培育势必以其整体性的追求成为语文课程内容选择与语文活动的准则。

4. 体验与建构的相互转化形成了体验教学的内在机制

学习是探求未知的过程。真实的学习缓慢而复杂,是在具体的活动中"自我"与"社会"不断交互、融合、平衡并持续重建的过程。这个过程即是从感性体验走向理性建构的过程。语文学习则是以语言为媒介构建有意义的语言实践活动,是在问题解决过程中不断反思与探究,在具体的言语活动中实现有意义的社会化交往的过程。从学习的本质来看,语文课程应引导学生在真实的语言运用情境中,通过自主的语言实践活动,进行以问题解决或任务完成为导向的复杂的思维互动。语文学习是体验与建构不断互动、彼此转换、螺旋上升的过程。语文教学中的体验与建构正是以相伴相生的螺旋交互型逻辑结构串联学习中的细小行为,促进学生内在学习系统的形成与集成。

四、成果的推广应用情况

小学语文体验教学的实践研究成果在我校的语文教学中进行了三年多的实践应用。"明确任务—情境创设—亲历参与—内化领悟—检验评价—应用拓展"的体验课堂教学范式已成为学校语文教学的基本范式。在语文教学课堂中,教师设计真实的驱动性任务,创设真实的学习情境,重视真实的情感呼应，最终形成了知识的结构化。

经过三年多对小学语文体验教学的持续实践和思考，学校语文教学效果提升显著，主要表现在以下四个方面：

第一，小学语文体验教学的实践有效助推了学生的成长。学生的学习兴趣和学习主动性不断增强，学业水平稳定，在各类评测中始终保持位于全区第一板块的水平，在各项语文学习中也表现出较大的潜力和较好的能力。苏州市教育监测中心数据显示，2018—2020年，以六年级学生为例，我校学生的阅读兴趣、阅读时间指数均列全区第一，学生学习习惯和学习品质指数不断提高。学校教育教学质量显著提升。

第二，小学语文体验教学的实践研究有效推动了教师的成长。2018—2021年，学校语文教师参加区级评优课获奖12人次，其中一等奖10人次；1人被评为苏州市姑苏教育领军人才、东吴教育名家；2人被评为市学科带头人，3人被评为区学科带头人；1人被评为江苏省教育科研先进个人，1人被评为苏州市教育科研先进个人；上区级、市级公开课、课题研究示范课近80人次，为省名师空中课堂提供线上教学优质资源6人次。学校语文教师队伍的整体水平不断提升。

第三，小学语文体验教学的实践研究的不断深化有效发展了课题本身的研究。"'体验-发生'课堂教学生态的实践研究——学科教学研究成果在学校课程建设的推广运用"于2017年12月被立项为江苏省教研室第十二期课题，并于2020年9月顺利结题；"'体验-建构'小学语文学习模式的实践研究"成为姑苏人才研究项目；"小学语文学习图式构建的研究"于2020年1月被立项为江苏省教育科学"十三五"规划课题；等等。这些标志着学校对体验教学的研究走向纵深。

第四，围绕小学语文体验教学的实践研究的成果质量较高。2018—2021年，学校多位教师在《人民教育》《上海教育科研》《江苏教育》《江苏教育研究》等刊物上发表了近20篇研究论文，在省内外产生了一定的影响。小学语文体验教学的研究成果获评苏州市基础教育成果奖特等奖、江苏省教育研究成果奖二等奖。

（该成果2018年获江苏省教育研究成果奖二等奖）

培智学校"走班制教学"的实践研究

太仓市特殊教育学校

（成果主要完成人：陈玉红）

本成果始于太仓市特殊教育学校 2011 年的"走班制教学"的研究，依托江苏省教育科学"十二五"规划重点课题"培智学校'走班制教学'的校本实践研究"，历时五年完成。结合实践探索，该课题形成了论文集、个案集、校本教材共 72 本，《培智学校"走班制教学"的实践研究》专著一本，以及相关系列研究论文。

本成果 2016 年获江苏省教育研究成果奖二等奖、苏州市教育教学成果奖二等奖，核心参与人员有陈玉红、王燕、蒋萌、黄薛君、陆向萍。

本成果具有时间的持续性、研究主题的多样性、一定的理论创新和实践成果的可操作性，成果推广成效显著。

一、成果的主要内容

1. 形成了以生活适应为核心的"走班制教学"主题式课程体系

（1）按照"总目标—学科目标—领域—次领域—教学目标"的层次设计，形成了以生活适应为导向的"走班制教学"的课程目标体系（图1）。

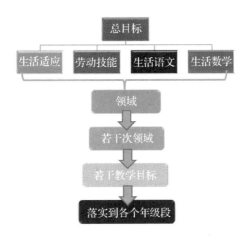

图1 课程目标体系

（2）依据季节、节日和应知应会等内容，确定了八大主题，按主题开发了以生活适应为核心的主题式课程内容体系（表1），并编写了生活适应、劳动技能、生活语文、生活数学等相关校本教材。

表1 八大主题及其教学内容和涉及的领域

主题名称	教学内容和涉及的领域
我长大了	自我认识
我爱大自然	认识自然，了解动物、植物和人的关系
我爱我家	亲情，人际关系，家庭观念
欢乐的节日	节日庆祝，假日安排，仪式
健康伴我行	保健，疾病预防和处理，锻炼
课余生活我做主	娱乐休闲，理财，购物
我爱家乡	认识家乡，了解家乡（如家乡生产、生活习惯）
我进步了	自我价值，自我肯定

2. 构建了"走班制教学"的三大策略和实践模式

（1）教学策略：通过研究，形成了课堂教学生活化、游戏化、信息化三大策略。

（2）实践模式：走班分为按能力走班和按兴趣特长走班两种，其主要目的是通过常识性认知和兴趣性认知，培养特殊教育学校学生的社会认知力，促进其学习更多知识、学会生活自理。其模式如图2所示。

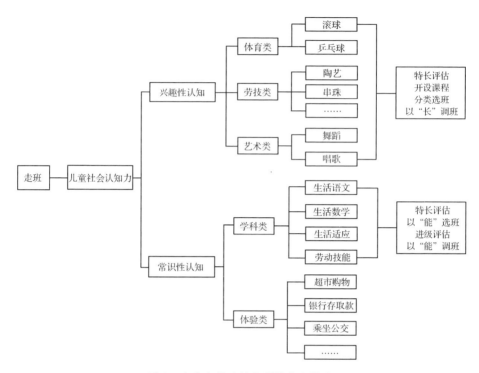

图 2　太仓市特殊教育学校走班模式

（3）走班流程：① 按能力分层走班以发展性课程和学校"尊重差异，满足需要，让每个孩子获得最优发展"的办学理念为理论支撑，以"自立生活，适应社会，回归主流"为课程目标，在生活适应、劳动技能、生活语文、生活数学四门学科中实施。它通过"明确目标—编写量表—能力评估—以'能'选班—安排课务—编写教材—有序走班—进阶评估—以'能'调班"的操作流程，有效促进了智力与发展性障碍学生的最优发展，具有目标明确、以人为本、能力为先、教材配套、管理细致、评价多元的鲜明特点。其流程如图 3 所示。

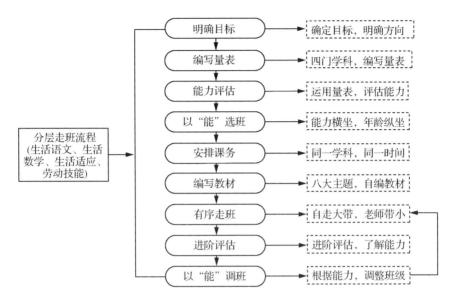

图 3 太仓市特殊教育学校分层走班流程

② 按兴趣特长分类走班是以学生的兴趣特长为依据开展的走班。分类走班课程由社团课程和体验课程组成，内容丰富，学生自主选择。如果说社团课程培养了学生的兴趣与特长，发展了学生的精细动作能力，那么体验课程则培养了学生的生活能力，为其日后适应社会打下了坚实的基础。其流程如图 4 所示。

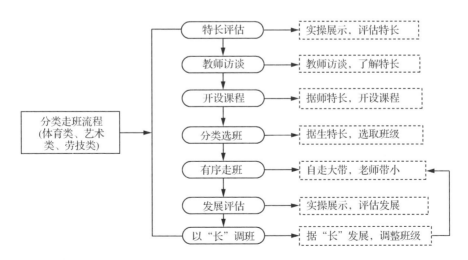

图 4 太仓市特殊教育学校分类走班流程

3. 构建了适合学生特点的"走班制教学"的评价体系

以重情感和兴趣培养、重生活和生存能力习得、重知识和技能进步为主要内容，采用个案跟踪评价法、活动展示评价法、学科比较评价法、社会实践评价法等评价方式，构建了适合特殊教育学校学生特点的"走班制教学"的评价体系。

4. 形成了适合学生特点的"走班制教学"的管理形式

采用同学科同一时间上课，学生"自己走""大带小""师带生"三种形式走班，一人一课表，让义工参与走班管理等手段，架构了"走班制教学"的管理模式。

5. 形成了"走班制教学"的物化成果

2016年，专著《培智学校"走班制教学"的实践研究》由天津教育出版社公开出版发行，此书从"走班制教学"的内涵、原则、流程、目标、内容、方法、评价等方面做了全面、详细而系统的阐述，总结、提炼出了培智学校"走班制教学"的实践范式和课程体系。

二、成果的主要观点和创新之处

1. 主要观点

（1）"走班制教学"是在科学理念指导下的一种有效的特教教学形式。

"走班制教学"以学生能力水平为依据开展走班教学，为学生提供了适切的教育，凸显了以生为本的思想，贯彻了因材施教的原则，践行了最近发展区的理念，体现了世界三大特教理念：从隔离走向融合，从补偿走向适应，从医疗模式走向教育模式。对于特殊儿童，最适合的教育就是最好的教育。

（2）"走班制教学"是促进学生发展、提高教学质量的有效的特教教学形式。

"走班制教学"承认差异，尊重差异，善待差异，促进了学生最大限度地发展，解决了教学低效的问题，促进了教学质量的提升。

2. 创新之处

（1）课程理论的创新。

本成果系统地总结了"走班制教学"的理论与实践。"走班制教学"理念先进，操作性强，在国内较早提出，具有强大的推广价值和生命活力。

（2）课程体系的创新。

本成果按照"总目标—学科目标—领域—次领域—教学目标"的层次设计，形成了以生活适应为导向的课程目标体系。依据季节、节日和应知应会等内容，确定了八大主题，按主题开发了以生活适应为核心的主题式课程内容体系，并编写了生活适应、劳动技能、生活语文、生活数学等相关校本教材，为教师开展教学提供了方便。

（3）教学范式的创新。

① 形式创新。面对学生类别多样化、能力差异大、障碍程度日趋严重的现状，本成果以独特的教育视野选择"走班制教学"，挑战传统的特殊教育办学模式，打破原有的固定式班级，经家长同意后由教师根据学生的能力差异对学生进行重新编班，把同一层次的学生组成新班进行授课，再根据学生能力层次选择不同的教学内容进行教学。实行每个学期调整一次的流动式分层次走班，并且从课程设置、教学内容、教学策略、教学评价、班级管理等方面进行整体构架的动态管理。该教学范式由学校统领推进，四门学科整体运行，与单一学科单一年级的走班教学相比，该范式难度大，但更具现实意义。它既让学生得到了适合的教育，又解决了教学低效问题。从这个角度上讲，"走班制教学"为学生个性化成长获得更大空间提供了有效措施，为学校教学质量的提升提供了一个成功案例，为学校特色办学提供了一条有效的实践路径，供兄弟学校研究和借鉴。

② 策略创新。本成果形成了课堂教学生活化、游戏化、信息化三大策略，有效提高了课堂教学效率。

③ 流程创新。本成果通过"明确目标—安排课程—编写量表—能力测评—合理分班—编写教材—组织教学—分层评估—调整分班"的流程，构建了"走班制教学"实践模式，有效促进了学生的发展。

④ 方法创新。本成果采用实证研究，定性和定量相结合，研制了生活语文、生活数学、劳动技能和生活适应四门学科评量表，用来对学生能力发展情况进行跟踪，根据跟踪情况及时调整分班，保证每个学生都能到适合自己能力水平的班级学习。通过对比施行"走班制教学"前后测量的数据，科学评价"走班制教学"的实效，随机抽取8名学生进行个案研究，来检验"走班制教学"的实效。

三、成果的学术价值

"培智学校'走班制教学'的实践研究"是太仓市特殊教育学校陈玉红校长主持的江苏省教育科学"十二五"规划重点课题。该课题经过多年研究，形成了研究报告、工作报告，汇编了论文集、个案集，出版了专著。

1. 出版专著

专著《培智学校"走班制教学"的实践研究》从"走班制教学"的内涵、原则、流程、目标、内容、方法、评价等方面做了全面、详细而系统的阐述，总结、提炼出了培智学校"走班制教学"的实践范式和课程体系，理念先进，操作性强，具有强大的推广价值和生命活力。

2. 发表论文

课题组成员整理出在实施"走班制教学"过程中的课堂实录、教学设计、活动总结、教学反思、精彩案例、个案研究等，撰写了33篇课题论文，已发表10篇，其中在省级刊物《现代特殊教育》上发表9篇。

四、教育成果的推广应用情况

1. 区域内外推广情况

本成果2015年6月在苏州市特殊教育学校"学生社会适应能力"主题观摩活动上交流，2016年11月在江苏省特殊教育年会上交流推广。2016年6月，苏州市吴中区特殊教育学校邀请陈玉红校长就本成果做专题讲座。

本成果先后在苏州市特教学科带头人展评活动、太仓市随班就读研讨活动、太仓市特殊教育课堂教学研讨活动、苏州市沧浪区培智学校"同课异构"等活动上展示推广十多次，多次被新闻媒体报道。

2. 推广应用效果

本成果自2011年推广应用至今，效果显著，先后荣获2016年江苏省教育研究成果奖二等奖和2016年苏州市教育教学成果奖二等奖。课题鉴定组专家给予本成果高度评价，学生、教师、学校均得到了很好的发展。

（1）满足了学生对课程的选择需求。

在"走班制教学"中，学校打破学生的年龄界限，根据学生能力水平进行重新编班，每个学生都能到适合自己能力水平的班级学习，满足了学生对课程的选择需求，让每个学生在最近发展区学到更多的知识和技能，获得最大限度的发展。从这个角度来说,"走班制教学"为学生个性化成长获得更大空间提供了有效的措施。

(2) 提高了教师对课程的建设能力。

开展"走班制教学"以来,学校邀请专家来校做讲座,组织教师研制课程目标,开发教学内容,编写系列教材,设计能力评量表,举办主题沙龙,开展教学评比等。通过一系列的活动,教师提升了课程开发能力、教材驾驭能力和综合分析能力。同时,对于课题研究,从课题方案的撰写到开题、结题活动的组织,从教材的编写到课堂教学的研讨,从理论学习到学生管理,每一项内容、每一次活动,我们都精心组织,力求完美。经过这样的研究过程,课题得以有效推进,课题组成员养成了观察、思考的习惯,能将平时课堂当作研究对象,认真思考教师的教和学生的学,科研能力得到很大提升。

(3) 践行了学校的办学理念。

作为一所年轻的培智学校,学校坚持走"质量立校,特色强校"之路,除学校的艺术特色之外,"走班制教学"也是一种创新实践。学校根据学生能力水平分班进行教学,这样每个班级的学生能力水平基本接近,课上教师可以安排更合适的内容,提供更多学习、实践的机会,学生在课上可以学得更多、更好,从而真正践行了学校"尊重差异,满足需要,让全校每个学生都能获得最大发展"的办学理念,学校的教学质量稳步提升。

五、成果的社会影响

学校坚持走科研强校道路,社会影响力不断扩大,得到了领导、专家、同行的一致好评,在全国享有一定的知名度和影响力。

1. 办学经验在全国推广

陈玉红校长多次在全国、省、市级范围做专题讲座,将学校"走班制教学"经验在全国推广。这些讲座包括《为梦想前行——从"分层走班"到"多向融合"》《培智学校"走班制教学"的实践研究》《培智学校"走班制教学"的策略实践研究》《建立多维立体支持体系,推进融合教育创新发展》《人本化、生活化课程的实践与思考》《特殊教育学校办学的新途径》《新时期培智学校"走班制教学"的实践研究》等。

2. 多批人员来校学习取经

2011年以来,全国各地有50多批次近2 000人慕名来校学习取经,其中既有特殊教育学校的领导、教师，也有教育科研机构的专业人员；既有特殊教育学校一线的教师，也有特殊教育师范学院的教授学者。

3. 多个活动在校举行

2011年以来，学校承办各级各类活动20多次，其中2019年5月和12月，学校先后承办了两次全国性活动。学校还牵头组建了60多所学校参与的全国首个"走班制教学联盟"，提升了学校的影响力。

4. 多个调研组来校调研

学校先后接受了教育部第二期提升计划落实情况的调研、江苏省义务教育优质均衡的调研、苏州市残疾人保障条例修改的调研等。学校的"走班制教学"教学模式、"校企合作、定向培养"的职业教育模式、校园文化建设、精致化的管理、师资团队建设等经验均给调研组专家留下了深刻的印象，得到了他们的高度肯定。

科研兴校，科研强校。在课题引领下，太仓市特殊教育学校实现了相关课题研究从无到有、从有到优的发展，"走班制教学"不仅为学校教学质量的提升提供了一个成功案例，而且为学校特色办学提供了一条实践路径，"走班制教学"已经成为学校的一张名片。

（该成果2016年获江苏省教育研究成果奖二等奖）

现象教学的理论基础

吴江盛泽中学

（成果主要完成人：孙四周）

一、背景及主要内容

一方面，进入 21 世纪以来，芬兰的现象教学作为一种实效突出的改革成果受到国际教育界的广泛关注。另一方面，我国的新课程改革启动，国家颁布了各学科的课程标准取代此前的教学大纲。课程标准在教育目的、手段、评价等各方面提出了新理念。但是，到目前为止，本次新课改还没有具体的实施方略。那么，是不是可以把芬兰的现象教育的成功经验照搬到中国来呢？

芬兰的现象教学又叫跨学科综合教学，是一种大项目、长周期、多资源的教学活动，特别强调学生的社会实践。这与我国教育的实际情况不同，因此，在中国照搬芬兰的做法是行不通的。

我们的设想是：把基础知识处理成现象教学的素材，在每节课的常规课堂上进行现象教学，也就是实现现象教学的常态化。为此我们重新思考了"什么是现象"和"什么是知识"，建立了如下的理论和实践逻辑。

现象是对信息的感知，而知识是对现象的解释。于是，教学要么从"解释"出发，要么从"现象"出发，中间状态是问题教学、情境教学等。

从解释出发，就是把别人的解释（知识）拿过来，让学生了解、理解、接受，这是传统的知识教学；从现象出发，就是让学生面对现象去形成自己的解释，也就是生成知识，这是现象教学。

知识教学重在理解和记忆。在学生眼里，知识是人类文明的优秀成果，是人类对真理的深刻认识，而自己的任务就是要继承这些知识，以认识世界和改造世界。在教学评价上，学到知识（理解和记忆）越多的人就越优秀，"博闻强记""博古通今"是对学生很高的评价。

现象教学则让学生直接面对真实的世界，面对自然和社会中的现象，通过自己的感受和思考形成解释，也就是生成知识。学生"自己的解释"可能多种多样，也可能错得离谱，但这没关系，因为有老师在场、有同伴协作，那些"错误"可以通过论证而得到纠正，那些"多样性"则开阔了他们的胸襟和视野。在现象教学中，学生收获知识仅仅是学习的"副产品"，而"主产品"是他们学会了面对世界、体验世界、解释世界。

人类已经进入信息社会，与以往的农业社会及工业社会不同的是，在信息社会里，人类积累的所有知识随时都可以查到，不需要专门去记忆它。但这也带来了世界的极大不确定性，信息时代的社会瞬息万变，很难预料学生将来所要面对的是怎样的世界，这与农业时代和工业时代对未来的稳定预期完全不同。因此，学生必须掌握面对新问题的态度和方法，这正是现象教学所要实现的。

现象教学特别强调"问题意识"，强调发现问题、提出问题、解决问题，这与中国的核心素养教育完全吻合。关键的一点是，从哪里"发现问题"？不是从现成的知识里，而是从真实的世界里，是学生通过学习而获得的，不是已有的标准答案，而是自己的创新成果。通过这个过程，学生更应该成为研究的人和创造的人，而不是理解的人和记忆的人。

以下是《南京条约》的现象教学的案例。

> 中英《南京条约》被认为是中国近代史上第一个丧权辱国的条约，中国人在小学、初中、高中、大学和研究生阶段多次学习它。但是，很多人一辈子都没看过《南京条约》，根本不知道里面写的是什么内容。
>
> 在现象教学里，这种情况绝对不被允许。要学习《南京条约》，首先就要面对《南京条约》，要知道它的内容，了解其签订的背景和后续的影响，然后据此判断为什么它是"丧权辱国"的。
>
> 《南京条约》一共只有13款，打印在A4纸上只有两页，看一遍仅需几分钟的时间。学习《南京条约》却不去读它，那就只能听别人讲，讲什么呢？讲现成的观点和看法。那其实不是学习《南京条约》，而是学习别人的观点。很多学生学到的连知识都算不上，只是情绪，而且是单一的屈辱和仇恨情绪。
>
> 历史教学应当让学生通过史实去辨析、求证、解读，得出自己的判

断。有了真知灼见，才能形成稳定的情感，养成美好情操及形成识贤愚、辨正误的能力。这就可能形成"必备品格"和"关键能力"。

有了对《南京条约》的真实思考和解释，自然就形成了关于它的知识，还了解了那时的中国历史。不仅如此，学生一般还会有下面的问题：

① 在中国近代史上，我国和外国签订的条约中，有没有平等条约？

② 如果有①中所提的平等条约，是哪一个条约？条约有什么内容？

③ 与中国的鸦片战争同时期，世界上其他国家相互签订的条约是怎样的？

④ 不平等条约的签订是因为外交官的能力与人格问题，还是其他问题？

……

学习《南京条约》就该去面对《南京条约》，这几乎不需要任何理论的指导，只需要基本的常识就够了。在这里，现象教学所给予我们的不是理论和技术，而只是一个观念，是一种面对世界的态度。一个人可以不懂现象教学的任何一项技术，但应当有这个观念。《南京条约》对近代中国的影响是全面而深刻的，绝不是一种情绪、几个口号所能代表的。只有真正地去面对它、研究它，才能知道我们要接受哪些教训、获得哪些启示、消除哪些影响。这样我们也可以对另外那些平等条约的签订者心怀更多的崇敬。

二、主要创新点

（一）学习不仅需要思维，还要情感

思维和情感同属于头脑，在生理上归于一处。思维先有情绪的萌发并被情绪所推动，思维又反作用于情绪，二者同源同流。这对教育教学的启示是，学习者要身体和心智全面参与，并与他人、环境互动，这与国际上近年发展起来的具身认知理论结合得很好。具身认知理论是认知主义心理学最新发展出的一种理论，它在很多方面改变了人们对自己的看法，改变了人们的世界观和方法论。

我们相信思维先有情感的萌动，如果没有情感的参与，思维连开始都不可能，更谈不上持续和推进。具身认知理论是现象教学的心理学基础。

（二）最成功的学习是改造潜意识

成功的教育改变潜意识，也利用潜意识，我们提出从现象出发进行教学，即进行现象教学，"潜教育"是其最鲜明的特色。

（三）把知识当作现象

知识也是现象，现象教学利用知识，也追求知识。我们开发出了"还原"和"浸入"两个技术，还有一个辅助技术，那就是"重构"。有了这三个技术，就可以针对每个知识点实施现象教学，现象教学由此进入常规课堂。

（四）学习的达成路径是生成

学习依赖于生成，知识并不天然地存在于客观事物之中，也不预先存在于体验过程之中，它是在体验过程中临时生成的。在现象教学中，学生生成的知识是智慧的知识，是直观化了的知识，是自然可以进入应用的知识。

三、主要的学术价值

（一）建构了一个教学论体系

在这个体系中，教学从生理出发到达新的生理状态，接着进入下一个循环（图1），实现的是"身心共育，立德树人"。

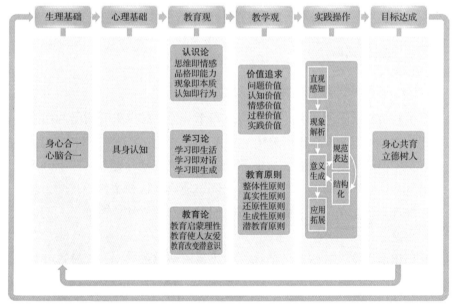

图1　现象教学论体系

根据上述体系,我们建构了常规课堂中的现象教学形态。

现象教学打通了学校、家庭、社会的壁垒,整合了教育资源,"学校即社会"成为现实,终身学习成为必然。"回到问题本身"则把学习变成认识世界的活动而不是接受观点的活动。人在世界面前是独立的探索者,而不是被动的接受者,人的主体地位凸显,好奇心被尊重,创造力被激发。

信息社会与工业社会的不同点之一是知识条文可以随时查到。必须让学生面对真实的世界,学会运用知识,发现问题、提出问题和解决问题。

进入了常规课堂以后,现象教学的兼容性更大了,它可以吸收一切教学法的优点。比如,吸收情境教学法的优点,但主张情境的真实性,避免过强暗示性和诱导性;吸收项目化学习的优点,主张由学生自己提出项目主题及规划学习活动,教师只起辅助作用。

(二) 对思维与情感生理基础有了新认识

古人(以亚里士多德和孟子为代表)认为思维和情感同属于心脏,近代以来又认为二者分属于头脑和心脏,我们则认为二者同属于头脑。而"头脑"不仅指颅内的髓质部分,还包括脊髓及遍布全身的神经网络。身脑合一是具身认知理论的核心观点,已被科学实验所证实。

思维是身体活动在头脑中的运演,"做中学"是思维培养的"必由之路",而不仅是"可选之路"。讲授法之所以能够实施,是以学生的"理解"为前提的,"理解"即"意义赋予",本质上是学生把名词还原为"可视之物",把动词还原为"身体动作"。比如,"小明捡起地上的铅笔",我们"听懂"了这句话实则是我们"看见了"一个人和一个动作。

(三) 提出潜教育的概念并做了初步探索

如果只靠显意识,人就不会有流畅的思考和行为,不会有精神的愉快和动作的舒展。只有当显意识和潜意识一致时,人才是自由的,身心才能健康。教育必须让道德进入潜意识,必须让知识和技能达到直觉状态,即本能的状态。在知识和技能中,能被言说的只有很少一部分,大部分都是缄默的知识。缄默的知识无法通过讲授进行教学,由此可知潜教育必不可少。

爱因斯坦曾说:"所谓教育,就是把学校里所学的都忘掉以后还剩下的部分。"那个"剩下的部分"其实是潜意识。潜意识不会被忘记,它时时都在发挥作用。格式塔学派的核心观点是"整体大于部分之和",那"大出来"的部分也在潜意识里生成，我们觉察不到它是如何生成的。

（四）重新认识"什么是现象"

现象不是世界本身，而是通向世界最近的窗口。在现象面前人可以最大限度地动用理性，由此发现世界，也创造世界。学习就是创造，不能等所有知识都学完了再去创造，而应该在创造中学会创造。学习就是生活，不是为将来的生活做准备，学习本身就包括学会生活。

（五）对"立德树人"的新理解

道德是实践的知识，不是记忆的知识。"学会"了一种道德不是指"知道了它"，而是指"依它而行事"。由此看来，核心素养中的"必备品格"和"关键能力"是融合在一起的。比如，爱是一种能力，善良也是一种能力。以前的教学目标分为情感目标和认知目标，而前者往往被虚化，这在现象教学中可以得到改善。

学习是实际发生了的事情，而不是计划要发生的事情。学习是对整体意识的重塑，而不是对碎片化知识的记忆。现象教学强调过程价值，生长即过程。

四、学术影响或社会效益

我们是发源于一所乡村中学的"草根"教研团队，在核心成果发表近一年时遇到了芬兰的教改大潮。二者理念惊人一致，名词完全重合。但它们出自不同的地域，代表不同的国情民意，形式上差别很大。而在同一学理之下，它们又是互补和互通的。这种差异性与同一性的共存，引起了理论界和实践界的兴趣，得到了友好的评价和积极的回应，发展态势良好。现象教学研究取得的成果、研究前景等如图2所示。

师生发展	● 学生学习状态改善，课堂效率提高，在各项测评（含高考）中取得较好成绩，受到家长的欢迎、社会的好评 ● 教师发展良好，初始团队中青年教师有3名被评为学科带头人，5名被评为教学能手，3名被评为教学新秀
学术成果	● 出版专著两本，撰写论文228篇（发表60篇，人大复印报刊资料转载4篇），编辑《现象教学案例选》3册、《学生习作》1册 ● 在国际学术会议上做成果交流 ● 在国家级学术会议上做大会报告
社会影响	● 《人民日报》官网报道 ● 《中国教育报》报道 ● 江苏电视台教育频道跟踪报道
研究前景	● 被立项为江苏省教育科学"十三五"重点规划课题，结题后继续研究 ● 建立苏州市现象教学课程基地，并在中期评估中获"示范"档次（最高档），目前已经与苏州大学达成联办协议 ● 建立研究联盟，目前有15所学校加入实践研究，涉及学生近3万人

图2　现象教学研究取得的成果、研究前景等

五、结语

当今的世界充满了变化和不确定性，学生要面对新事物、处理新问题，很多时候没有现成的知识教他们怎么做。因此，教育必须让他们学会独立思考，让他们有创新探索的能力，这就不能限于知识的传递。就"理解"而言，人们需要理解的是世界，而不是知识。或者说，知识仅仅是理解世界的工具。我们必须让学生面对真实的世界，学会认识世界。

现象教学是社会发展的需要，也是教育科学自身演进的结果。知识教学—问题教学—情境教学—现象教学，学生一步一步地走进大自然、走进真实的世界，体现了"教育即生活""教育即生长""做中学"的传统理念，这也是把"核心素养教育"落到实处的一条可选路径。

（该成果2020年获江苏省教育科研优秀成果奖特等奖）

体感游戏：智障儿童教育康复新论

苏州工业园区仁爱学校

（成果主要完成人：范里 郑权 汪辰 葛增国 吴晨一 顾义寒）

一、成果的主要内容

本成果是全国教育科学"十二五"规划教育部重点课题"体感游戏改善智障儿童智能发展的实证研究"的研究成果，课题已于2019年7月结题。

专著《体感游戏：智障儿童教育康复新论》是课题的研究成果之一，包含信息科技与体感游戏的发展、体感游戏教学的理论基础、体感游戏与智障儿童的发展、智障儿童体感游戏的课程开发与建设、智障儿童体感游戏教学的实证研究及智障儿童体感游戏绩效的评估等内容。

课题的相关研究论文在《电化教育研究》《中国教育学刊》《中国远程教育》《中国教育信息化》《现代特殊教育》等杂志上发表，其中在权威期刊上发表2篇，在CSSCI期刊上发表3篇、在核心期刊上发表3篇。此外，课题组还协作开发体感游戏校本课程资源。在成果宣传上，课题组成员多次在国际会议和国际交流活动中进行了推广。

本成果的主要内容体现在以下三个方面：首先，本成果自始至终采用实证研究的方法，通过个案研究，分别考察了体感游戏对提升智障学生课堂专注力的效果，对提升智障儿童、脑瘫儿童上肢动作能力的效果。其次，本成果拓宽了智障儿童教育康复评估的原理与方法，并根据多元评估的原理编制了智力障碍儿童（ICF-CY）自理项量表，从多方面提供了个体与群体水平上身心健康的状况。最后，本成果是在2016年公布的特殊学校义务教育阶段课程标准的指引下，确定了智障儿童游戏康复课程的教学目标的基本模式，创编了智障儿童体感游戏的系列课程。

二、成果的主要观点和创新点

（一）主要观点

基于体感游戏的研究与实践，是新一代信息技术在特殊教育中的创新应用，成为特殊教育课程与教学改革的"时代场域"。体感游戏是在全人教育理念下，实现智障儿童跨学科的综合教育与康复，促进了信息技术从服务教育教学拓展到服务育人。体感游戏为智障儿童发展提供了媒体支持与内容支持，经由主体参与所构成的这一全新学习系统，为儿童学习及发展创造出了与信息时代发展相契合的学习场。经过持续九年的研究与实践，课题组形成了以下主要观点：

（1）基于虚拟情境进行的课程设计、教学实施、干预评鉴具有一定的学理依据，本研究拓展了这些教与学的理论。

（2）兼顾潜能开发与缺陷补偿是体感游戏课程设计的基本立足点。进行有针对性的设计开发，才能较好地满足智障儿童的需要。

（3）体感游戏对改造传统的教育康复模式具有重要推进作用，提升教育康复干预效果良好。

（4）基于体感游戏的智障儿童评估遵循多元化的原则，应通过数据采集、分析资料等加以描述及价值判断。

（二）创新点

1. 学术创新

本成果丰富了特殊教育课程理论，拓展了智障儿童游戏教学与康复的模式。最显著的一个方面是将教育信息技术学科中的体感游戏与特殊教育学科中两个最具前瞻性的技术与理念跨学科融合研究，改变了单一学科研究的局限性，拓宽了智障儿童教育康复与评估研究的空间，创新了智障儿童教育康复模式与评估方式。

2. 应用创新

本成果提升了我国智障儿童教育康复与评估的科学性、全面性与国际通用性。体感游戏在智障儿童教育康复中的应用，实现了从单一教学向综合教育康复的转变，实现了从人工或器械辅助向体感游戏支持的教育康复方式的转变。体感游戏不需要智障儿童跨越时间与空间，就可对世界上已经发生或尚未发生的事件产生认知体验，节省了人力、物力、时间等成本。

三、成果的学术价值及社会影响

（一）学术价值

课程游戏化建设是江苏省教育厅近年来着力推进的教学改革项目，对低幼儿童特别是特殊教育中智障儿童的教学改革具有重要的时代价值。苏州工业园区仁爱学校自办学以来，对信息技术支撑的课程游戏化建设进行了九年持续的深化研究与实践，取得了标志性成果，成为苏派特殊教育高质量发展的亮丽名片，其主要成果体现在以下几个方面：

一是成功完成了全国教育科学"十二五"规划教育部重点课题"体感游戏改善智障儿童智能发展的实证研究"的研究工作，课题于2015年12月立项，2019年7月结题，研究成果受到教育部专家的高度肯定。

二是专著《体感游戏：智障儿童教育康复新论》由江苏教育出版社出版，获2020年第五届江苏省教育科研优秀成果奖特等奖，成为近五届评选中唯一由特殊教育学校一线教师呈现的课程与教学研究的优秀作品。该书对智能时代课程游戏建设的理论基础、课程开发、教学实施、质量评价进行了深入研究，提出了良好的实践范式。

三是教师在课程游戏化建设中创作出了系列高质量的学术论文，相继在《电化教育研究》《中国教育学刊》《中国远程教育》《中国教育信息化》《现代特殊教育》等杂志上发表。其中权威期刊2篇，CSSCI期刊3篇，核心期刊3篇，国家级学术论文8篇，省级学术论文5篇。

四是立足课程实施，形成了基于信息化环境的课程游戏化教学特色。"任务—情境—活动—应用"的游戏化教学模式对提高培智学校的教学质量具有很好的促进作用，形成了100多节优秀的游戏化教学实录及各类教学音（视）频等，获得了30多项省市级以上的奖项，获2020年苏州市教学成果奖一等奖。

（二）社会影响

1. 国际影响

（1）参加第二届欧亚虚拟与仿真教育游戏合作论坛。

2014年10月1日至10月3日，课题组葛增国、汪辰两位老师应邀前往荷兰温德斯海姆应用科技大学参加了第二届欧亚虚拟与仿真教育游戏合作论坛的学术交流活动。在本次活动中，两位老师不仅参加了论坛交流，还做了分享汇报发言。通过参加活动，我们了解了国外先进的教育教学理念，也让外界对我们苏州工业园区仁爱学校、对我国的特殊教育有了崭新的认识及更多的关注。

（2）参加第三届欧亚虚拟与仿真教育游戏合作论坛。

2016年12月3日，课题组郑权和吴晨一两位老师参加了第三届欧亚虚拟与仿真教育游戏合作论坛，并做大会交流。我校也是国内唯一一所参与此次论坛并做大会交流的特殊教育学校。

（3）与亚洲妇女福利协会附属特殊教育学校共同参与课题成果报告会。

成果报告会由课堂展示和研讨沙龙两个活动组成。在上午的体感游戏课堂教学展示中，来自新加坡的国家杰出教师钟宝玲老师和我校吴晨一老师共同承担了两节体感游戏公开课的展示。丰富的视觉学习图片、先进的辅助沟通电子设备及充满趣味的体感游戏情境为两国的特殊教育学校学生带来了新的学习体验和发展机遇。在以游戏为媒介的互动中，学生们加深了彼此间的伙伴联系，提升了动作技能、情绪情感、注意力、社交沟通等能力。

我校特级教师郑权博士在活动中分享了我校相关课题研究工作的历程和取得的成果。例如，课题专著的撰写出版、论文的写作、体感游戏课程资源的建设应用等。钟宝玲老师带来了信息通信技术在中重度特殊学生中的应用分享。当今信息技术高速发展，虚拟技术、混合现实技术等已经在我校学生的教育康复中得到了普遍应用，并显现出一定的成果价值。这些技术革新的终极目标都是为了满足每一位特殊学生的个性化发展需求。

2. **国内影响**

（1）促进了信息化环境下智障儿童教育方式的改善。

在进行课题研究的同时，我校教师不忘总结提炼经验，结合自身的教育教学工作，将理论知识与实践工作相结合，形成了多篇优秀教育教学论文，并发表于国内外核心期刊上。

基于课题研究，我校探索信息化环境下的课程支持平台。比如，我校构建的"仁爱 WEB IEP 系统"根据国际先进的个别化教育实际操作模式，借助软件的智能评测、数据挖掘、统计分析功能，将学生评估、课程评量、综合评估、目标拟定、教育计划等环节信息化、智能化、移动终端化，从教育诊断到学生教育计划的拟订，从教育过程到教育评估，提供一站式支持，全程追踪教师教育教学、学生成长的详细数据，充分满足特殊教育学校开展个别化教育教学的需要，为我校开展相关课题研究提供信息化的环境支持。

在个别化教育平台的支持下，课题组认真探索体感游戏在智障儿童智能发展领域的理论与实践支持。经过研究，课题组认为，通过康复训练能有效改善智障儿童的智能发展。但是由于我国智障儿童的障碍程度不断加重，运动障碍、社交障碍及多重障碍不断增多，传统的以手法操作或简单康复训练器械辅助的康复训练模式单调乏味，效率低下，难以满足智障儿童的发展需要，改革势在必行。课题组与多个研究机构协同开展了体感游戏在智障儿童康复训练中的应用研究与实践。与传统的康复训练相比，体感游戏在智障儿童康复训练中的应用，实现了训练目标从单一康复向综合康复的转变，训练环境从现实情境向虚拟情境的转变，训练手段从人工或器械辅助向体感游戏支持的转变，对提升智障儿童康复训练质量具有较好的研究与实践价值。

（2）提升了课题组成员的科研水平。

本课题的研究提升了多名青年骨干教师的课题研究水平，锻炼、培养了一支教育教学理念先进、信息操作能力强、教学水平高的教师队伍，获得了较高社会评价。

课题组核心成员关于智障学生的个别化教育、体感游戏的多篇文章在《电化教育研究》《中国教育学刊》《中国远程教育》《中国教育信息化》《现代特殊教育》等期刊上发表。与此同时，课题组核心成员还被邀请参加国内高质量的研究论坛活动并分享经验。例如，课题组范里校长被邀请至陕西师范大学、济南大学、华东师范大学国培班及新疆特殊教育专委会年会上进行课题研究学术交流，获得与会专家、同行的一致高度评价。参与课题研究的青年教师在论文撰写、实验开展、教学实践等方面也取得了可喜的成果。

随着课题研究的不断深入及课题成果的陆续产出，课题组还将研究成果辐射到全国。在2018年9月至11月，课题组已经将成果推广至陕西省宝鸡市陈仓区特殊教育学校、贵州省松桃县特殊教育学校等，让更多的特殊教育学校参与到课题研究中来。

四、成果的推广应用情况

课题组成员将研究成果进行了广域的推广，课题研究成果示范价值凸显。

在成果宣传上，学校教师参加国际论坛，与外界同行进行交流探讨。近几年，研究成果也陆续在贵州、陕西、西藏、云南等地特殊教育学校进行了推广，并利用合作教研共同探讨、挖掘成果的内涵价值。2017年，江苏省教育厅在我校召开有全省80多所特殊教育学校参加的现场推进会，推广我校课程游戏建设的成果。

（该成果2020年获江苏省教育科研优秀成果奖特等奖）

初中数学实验常态化实施的行动研究

苏州市教育科学研究院

（成果主要完成人：孙朝仁　董林伟　朱桂凤　王磊　殷容仪　丁银杰）

一、主要内容

本成果依托江苏省教育科学"十三五"规划重点资助课题"初中数学实验常态化实施的行动研究"，历时 5 年的实践与探索而形成。主要包括以下三个方面的内容。

1. 理论探究层面

对初中数学实验的课程形态进行了顶层设计，提炼了初中数学实验"做"的基本特征及提出了设计初中数学实验的基本建议，建构了初中数学实验的测量框架和初中数学实验教学的三因素互动框架，并就初中数学实验对合情素养、抽象素养等核心素养的发展进行了剖析。

主要成果包括：《初中数学实验的课程设计》（《课程·教材·教法》2016 年第 8 期）、《初中"数学实验观念"的测量框架建构与策略分析》（《课程·教材·教法》2016 年第 7 期）、《ARCS 模型对初中段数学实验设计的启示》（《数学通报》2016 年第 10 期，被人大复印报刊资料全文转载）、《基于 ECD 理论的数学实验合情素养研究》（《教学与管理》2018 年第 34 期）、《数学实验：数学抽象素养形成的有效路径》（《数学通报》2019 年第 2 期，被人大复印报刊资料全文转载）、《基于"不教之教"的数学实验学习三因素互动框架——以"探索直线平行的条件"为例》[《教育研究与评论》（中学教育教学）2018 年第 12 期，被人大复印报刊资料全文转载]、《基于数学核心素养发展的应用型数学实验》（《中国数学教育》2015 年第 11 期，被人大复印报刊资料全文转载）、《关于"数学应用意识"的若干思考——基于初中数学实验的视角》（《中学数学杂志》2016 年第 8 期）、《初中生数学实验观的现状分析与教学建议》(《江苏教育研究》2016年第28期)、《基于范式视角看数学实验教学中"做"的基本特征》(《中学数学杂志》2017年第4期),共10篇。

2. **实践指导层面**

在对影响初中数学实验常态化的因素调查的基础上,给出了实施初中数学实验常态化的价值及理路、教学策略、教学路径与方法;在对情境素养的取析原则、可逆思维培养研究的基础上,给出了通过数学实验培养抽象素养等核心素养的基本路径,总结形成了初中数学实验常态化实施的江苏经验。

主要成果包括:《影响初中数学实验常态化实施的主要因素调查研究》[《江苏教育》(中学教学)2019年第11期]、《数学实验常态化实施的价值及理路——基于认识论的视角》[《江苏教育》(中学教学)2019年第11期]、《基于"示以思维"的数学实验常态教学策略》[《江苏教育》(中学教学)2019年第11期]、《常态化实施数学实验教学的路径和方法》[《江苏教育》(中学教学)2019年第11期]、《数学实验常态化实施的江苏经验》[《江苏教育》(中学教学)2019年第11期]、《"好玩"的数学——初中数学实验教学的实践探索》[《江苏教育》(中学教学)2016年第3期]、《江苏省初中数学实验教学现状调查及深化推进建议》[《教育研究与评论》(中学教育教学)2019年第9期]、《认知系统的逻辑秩序:让学习真正发生的"道"——基于数学实验的视角》[《江苏教育》(中学教学)2016年第7—8期]、《数学实验情境教育素养的取析原则》[《中国数学教育》(初中版)2018年第10期]、《利用数学实验培养"可逆思维"的研究》(《江苏教育研究》2019年第16期)、《数学实验教学是培养数学核心素养的有效路径》[《中国数学教育》2017年第10期]、《数学实验:积累数学活动经验的有效途径》[《中学数学》(初中版)2018年第2期]、《在直观操作中发展学生的数学抽象素养——以"从拼长方形到二次三项式的因式分解"为例》(《数学通报》2019年第5期)、《基于"VR"的数学实验——"三个视图"的教材理解、教学困惑及变革尝试》[《中小学数学》(初中版)2017年第7期]、《实验巧设计,经验自生成——数学实验常态化实施的案例探索与反思》[《中学数学》(初中版)2017年第3期]、《再谈打印纸背后的数学秘密》[《中小学数学》(初中版)2016年第9期],共16篇。

3. 资源开发层面

数学实验离不开工具资源的开发与利用，一方面给出初中数学实物类实验工具的设计思想、制作和使用方法；另一方面探究了利用软件 GeoGebra 设计数学实验的基本策略与方法。在此基础上，提出了学具意识与教师专业发展之间的关系。

主要成果包括：《初中数学实验工具的开发与利用》（《数学通报》2018年第11期）、《开发利用实验工具：促进数学教师专业发展的新路径》（《数学通报》2018年第11期）、《数学实验工具：助力初中生数学学习的应然选择》（《数学通报》2018年第11期）、《数学实验教学中的学具意识及其功能》（《中学数学月刊》2019年第9期）、《实物类实验工具的设计思想、制作及使用方法》（《中国数学教育》2016年第7—8期）、《思想立意 发展素养——基于GeoGebra的实验探究》（《中学数学月刊》2019年第12期）、《用Geogebra设计实验探究圆周率的近似值》（《中学数学月刊》2016年第3期），共7篇。

二、主要观点

1. 初中数学实验课程具有独特的课程目标

通过初中数学实验的实施，学生能在发现、体悟、监控、探究等方面获得应有的发展，具体表现在三个层面、四个维度。（表1）

表1 初中数学实验课程设计的总体目标

现象解释	• 亲历实验现象的抽象、建模和解释过程，发现实验现象背后隐藏的数学思想 • 亲历实验经验的积累过程，体悟概念现象的本源样态，把握概念的因果渊源 • 亲历实验思想的解释过程，建立空间观念和几何直观，形成良好的实验态度
原理探究	• 在具体探究活动中，有意识地运用"做"的经验去发现、探究新的原理等 • 在"做"数学的活动中，体悟基本原理的探究过程，发展模型思想 • 在监控评价活动中，形成元认知反思与反问调节的实验态度
方法发现	• 在"做"数学过程中，将生活问题抽象成数学问题，发现新的数学方法 • 在"用"数学过程中，体悟积极参与实验活动的理趣和发现方法的信念 • 建立实验方法体系，积累实验图式经验，形成反复实验的科学态度
问题解决	• 体悟从动手"做"数学的角度发现和提出问题，增强"做""用"数学的实践能力 • 体悟问题解决的基本原理、思想及差异性水平层次，发展创新意识和交往意识 • 形成科学评价和立体反思的实验态度

2. 初中数学实验观念测量需要测量框架

测量框架应划分为意识水平、方法水平和能力水平三个维度，每个维度包含单式结构、复式结构、水平结构、立体结构等四个层次（表2—表4）。意识水平维度显性变式实验观念反映子系统的独立性，方法水平维度外源建构实验观念反映子系统的相容性，能力水平维度内源突变实验观念反映子母系统的统一性。

表2　意识水平维度显性变式实验观念建构测量

意识水平	测量描述
单式结构	为任务而实验的实验观，"照单全收式"实验，关注数量的变化
复式结构	为理解而实验的实验观，"横向数学化"实验，关注信息的位移
水平结构	为需要而实验的实验观，"垂直数学化"实验，关注思维的通达
立体结构	为认识而实验的实验观，"二级元认知"实验，关注产生式系统

表3　方法水平维度外源建构实验观念建构测量

方法水平	测量描述
单式结构	实验方法单一，流于纯粹"做"数学的层面，满足于找到任务驱动型问题答案
复式结构	实验方法多样，流于技艺"做"数学的层面，产生优化问题解决方案初始念头
水平结构	实验方法多元，基于"工具性理解"层面，将知识形态的陈述性转化为程序性
立体结构	实验方法多向，基于"关系性理解"层面，将知识形态的陈述性转化为程序性

表4　能力水平维度内源突变实验观念建构测量

能力水平	测量描述
单式结构	知觉能力单一，习惯于以静态问题观研究实验组件，突出直观理解结构化表征
复式结构	经验能力聚合，习惯于以动态问题观研究实验组块，突出变化理解结构化表征
水平结构	组织能力突变，着力于以逻辑问题观研究实验序列，反映运演理解结构化特征
立体结构	概括能力跃迁，着力于以全息问题观研究实验概念系，反映认知系统结构化特征

3. 影响初中数学实验常态化实施的主要因素

（1）教师教学观念和职业追求影响数学实验常态化实施，教研氛围对实施影响很大。

（2）学生对数学学习的兴趣影响数学实验常态化实施，学生的学业成绩对实施也有影响。

（3）课程标准对数学实验常态化实施有一定影响，与是否有系列文本关系不大。

（4）实验工具对数学实验常态化实施影响较大，但专用实验室不是实施的必要条件。

（5）多数教师认为开展常态化数学实验需要课时保证，需要有中考的引领和助推。

（6）常态化实施数学实验需要家长配合，学校主要负责人的重视程度对实施影响很大。

（7）题海战术影响数学实验的常态化开展，专题式的数学实验更容易被教师接受。

4. 常态化开展初中数学实验教学需要具备的理路

（1）知行合一。这是数学实验常态化实施的常规实践，让"学会学习"成为"认知现实"。

（2）融合发展。这是数学实验常态化实施的常识思维，让"学会合作"成为"思维事实"。

（3）共建共享。这是数学实验常态化实施的常人追求，让"面向人人"成为"发展时势"。

5. 常态化开展初中数学实验教学的基本要求

（1）从提升教师的职业幸福感入手转变教师教学观念。

（2）从数学实验教学设计入手培养学生的数学学习兴趣。

（3）从数学实验室的建设入手开发系列实验工具。

（4）从数学实验教学的评价激励入手影响家长和领导。

三、创新举措

1. 构建了初中数学实验常态化实施的四大系统

（1）构建初中数学实验课程框架，形成常态化实施数学实验的理论系统。

（2）构建初中数学实验教学范式，形成常态化实施数学实验的实践系统。

（3）开发初中数学实验系列学具，形成常态化实施数学实验的工具系统。

（4）发掘初中数学实验教育功能，形成常态化实施数学实验的育人系统。

2. 给出了初中数学实验常态化实施的途径与方法

（1）使用数学教材中的实验素材，让数学实验走进常态化课堂。

（2）整合实验手册与数学教材，将实验教学常态化融入日常教学。

（3）信息技术与课堂教学深度融合，为常态化实验教学插上技术翅膀。

（4）课内教学与课外拓展有机结合，为常态化实验教学拓展空间。

3. 形成了常态化实施初中数学实验教学的基本策略

（1）积极利用数学实验室、智慧教室等专用场所，进行模式化的数学实验教学。

（2）在常态化的教学中，尤其是在学生较难理解的环节开展数学实验，有效地帮助学生理解数学知识。

（3）与信息技术有效结合，提升实验过程的科技感与时代感，激发学生学习兴趣。

（4）灵活运用《数学实验手册》的案例，通过培养学生的书面表达能力促进数学实验的开展。

（5）改变数学教学的评价方式，将数学实验的学习成效纳入评价体系中，重视过程性评价。

4. 研制了三类数学实验室的建设标准

（1）动手操作类数学实验室建设标准。

（2）信息类数学实验室建设标准。

（3）模拟探究类数学实验室建设标准。

以上标准从指导思想、实验室构成（含装修、氛围营造、物品摆放等）、使用守则到实验室管理等，都详细地列出了清单，供学校、教师参考使用。

四、实践成果

1. 汇编了《初中数学实验案例集》

在课题研究过程中，我们多次开设研讨课，以课为载体进行数学实验研究，汇编了《初中数学实验案例集》。该书收集了"数格点，算面积""平面图形的镶嵌""三角形纸板拼图""三角形内角和""有理数的加法法则""利用几何画板探索函数的图像与性质""证明""用 VR 观察物体的三视图""用智慧机器人探索平面直角坐标系"等 25 个数学实验案例。

2. 建设了三类数学实验室

依据动手操作类、信息类、模拟探究类实验室的建设标准，我们分别在连云港市海州区朐山中学、连云港市灌云县同兴中学、连云港市海州实验中学建设了动手操作类实验室、模拟探究类实验室和信息类实验室。实验室的使用排入学校课表,并研制了《分组实验通知单》《演示实验通知单》《分组实验登记表》《演示实验登记表》《实验报告单》等。

3. 开发了系列数学实验学具

研制了一批数学实验工具(共分 7 大类,24 种教学具,本项目组核心成员参与),破解了教师制作实验工具的难题,方便师生使用。

4. 编制了数学实验教学用书

按照义务教育课程标准的理念和要求编著的义务教育教科书《数学实验手册》(简称《手册》),作为免费教材供全省初中学生使用。本项目组的人员作为《手册》编写组的核心人员参与了主要专题的设计与撰写工作。《手册》共设计了 82 个实验专题,2019 年进行了重新修订,满足了初中师生进行数学实验的需要,弥补了开展数学实验教学无可用素材的不足。

五、社会影响

1. 学术期刊专题推介项目研究成果

《江苏教育》(中学教学)2019 年第 11 期以"常态化实施:初中数学实验教学的应然选择"为专题刊发课题组系列研究文章 5 篇。这 5 篇文章从不同视角呈现数学实验常态化实施研究的全貌,有来自区域的"调查",主要厘清影响数学实验常态化实施的主要因素并提出建议与对策;有来自科研工作者的"研究",主要深度思考数学实验常态化实施的价值及其实施的理路;有来自一线特级教师的"实践",主要揭示数学实验常态化实施的教学策略;有来自教研工作者的"指导",主要探索常态化实施数学实验的有效路径并给予实施方法的指导;有来自专家的"视点",主要回到数学实验本身,全面剖析数学实验教学常态化实施的支持系统,使常态实施回归实施常态。

2. 专业期刊广泛认同项目研究观点

研究成果丰硕,在全国产生广泛的影响。近五年,本项目组在《课程·教材·教法》《数学通报》《教学与管理》《中学数学教学参考》《中学数学月刊》《中学数学杂志》《江苏教育研究》《江苏教育》等国内数学主流期刊及教育期刊发表关于数学实验的研究成果 30 多篇。其中,发表于核心期刊或被人大复印报刊资料全文转载或观点摘编的有 11 篇。此外,有多篇文章被收录在中国知网、中国基础教育文献总库、维普资讯等网站,并被多篇相关论文引用为参考文献,在全国产生比较大的影响。项目组主要成员在省内外做数学实验培训、讲座及报告30多场次,影响辐射深远。

3. 一线师生十分喜爱数学实验

实践表明,数学实验越来越受到广大一线师生的喜爱,数学实验已经在省内进入常态化实施阶段。特别是《手册》得到了实验学校教师、学生的喜爱和认可。大家认为《手册》内容丰富,生动活泼,紧扣教学进度,实验的设计能有效促进学生主动参与活动,积累基本经验。根据调研,85%以上的教师认为《手册》的素材选择"很好",对实验设计的操作性和实践性"满意",学生掌握相关知识点的牢固程度"增强"。超80%的学生认为《手册》"好玩""好用""好学",在实验中更喜欢上数学课了。

(该成果2020年获江苏省教育科研优秀成果奖一等奖)

小学美术边际教学

苏州市吴江区盛泽小学

（成果主要完成人：姜小明　徐小惠）

一、成果的主要内容

边际教学创造性地运用了经济学边际理论，致力于美术课堂教学的最优化实践。它针对美术教学的特点，提出边际教学理论。统筹目标边界，重组内容序列，递增运用方法，应用数值化评价获取最佳效果，全面提高学生审美素养和美术能力。

经济学中的边际，是指当某一经济函数中的自变量发生一个微小单位的数量变化时，因变量因此而发生的相应的数量变化值。当边际收益大于边际成本时，投资者会增加产量。在教学中也存在着这样的边际现象。

教学中的边际现象更加复杂，长期目标和短期目标、知识和能力、方法和效果、个体和群体等方面都存在着边际，如何综合应用边际，达到学生学习的最佳效果，需要形成边际教学理论体系。

在20年的探索中，我们逐步完善了边际教学的整体建构。

1. 核心理念

美术教育存在着"美术不需要教"的观点和"越教越不会画"的现实，究其原因，是美术教学在目标、内容、方法、评价等方面存在边界"模糊"的现象。因此，需要让课堂清晰起来，开放起来，有效起来。边际教学就是解决美术课堂看不清、做不到、评不了的三大顽疾，让学生获得当前相对最优的进步。该理念突出强调"边际"是育人目标——通过塑造最美的艺术意象达到"以美育人"的目标，也是育人标准——通过发现最美的艺术表象形成科学的审美标准。这对于美术教育理论和实践具有指导意义，为成果之"核"。

2. 实践要义

一是表象学原理。表象是认知世界的方法，美术学科属于视觉造型领域，表象是学科教学的核心要素，美术教学旨在培养学生的表象智慧。表象学原理在于化理成象、以象说理、象理生智。

二是边际教学方法。教学唯有实践才有意义，实践的度量要靠边际，边际的实践形成智慧。

三是系统性实施。课堂是通过一个系统作用于另一个系统产生作用的。知识系统作用于认知系统，人际系统作用于社会系统，课堂系统作用于生活系统……智慧课堂是系统间的最优关联。此为成果之"质"。

3. 操作策略

表象设计（课堂通过表象设计而呈现）、边际推进（每一个阶段做最合适的事情）、系统实施（系统是边际的完整表现）、数值评价（数值是评价的共鸣）、课程建构（课程和素质同质共生）、环境影响（环境是教学的源头活水）等，通过意象共生，促进学生提升审美智慧。此为成果之"机制"。

4. 教学标准

描绘了学生、教师和课堂 15 种表象，归纳了 15 种课例，作为理论之现实依据。此为成果之"规"。

5. 教学范式

提炼了教学原理：教学目标 = 斜率 + 原有知识（能力），即 $m = d/f + y$（m：教学目标；d：教学所得；f：教学付出；y：原有水平）。归纳了教学流程：区域定标—行动设计—唤起需要—边际推进—表现评价—智慧建构。衍生出造型、设计、欣赏、探究四种子模式。此为成果之"用"。

区域定标：如在教学"学画抽象画"一课中，根据教材位置、学生能力确定教学目标为初步了解抽象画知识，运用相关技巧表达思想感情。

行动设计：为什么要学（感知）—学什么（理解）—有什么用（表达）。

唤起需要：通过猜测抽象画表达的思想感情，明确抽象画可以表现。通过学习知识技巧，明确抽象画可以交流思想感情。通过评价，验证抽象画是一种表达形式。

边际推进：直觉感知—教师讲解—自主探索。

表现评价：猜一猜同学的作品中表达的思想感情，明确抽象画可以表达、交流思想感情。

智慧建构：通过知识拓展，了解抽象是一种文化表达方式。

二、成果的主要观点或创新点

（一）主要观点

1. 边际教学采用表象研究方法，对美术课堂教学具有独特意义

美术课堂有边际吗？有。在哪里？在美术课堂教学的每一个环节里。为什么我们看不清？因为它有多种时空形式，从空间上来看，它可以表现为图像、语言、数字等；从时间上来看，它可能未到边、已到边、越过边。怎样才算达到美术课堂教学边际？需要我们进行形象判断：学生的学习情绪高涨了吗？知识掌握了吗？能够创造性运用了吗？这样的边际就是最好的吗？知识的掌握有一个结构，先要喜爱，然后要认知，最后要运用。如果喜欢但记不住，那么学生还愿意去学。如果记住了但不喜欢，那么会妨碍学生的运用……总而言之，它有三大特点：一是不盲从理论，能够从现象中发现教学规律；二是能够拓宽教学视野，发现形象之间的联系，重建课堂系统；三是创造美术课堂的"美丽"形象。

2. 实施教学最优化理论需要明确教学边际

20世纪下半叶，苏联教育家巴班斯基提出了教学过程最优化理论。然而，该理论还需要不同学科教师深化研究，使之更加具体化和经验化。边际教学是落实教学最优化的一种教学方式。什么样的教学目标最优化？需要让全体学生获得尽可能的发展。什么样的教学需要最优化？需要让学生取得进步。什么样的教学内容最优化？需要建立课堂内容的逻辑结构。什么样的评价最优化？需要让学生明白他们达到的数值标准。什么样的教学节奏最优化？需要在斜率（教学付出和教学所得之比）的指导下。……这就是边际教学，它是教学最优化的一种有效的实践方式。

3. 边际教学解决了美术课堂如何看得清、做得到、做得好三个实践问题

经过20年的研究，我们整理了学生绘画阶段发展水平、学生欣赏能力边际、学生造型能力边际、学生创造能力边际、教师提问边际现象等40个主题的边际现象，对好课堂、好教师、好学生的形象进行了整理，对儿童美术教学有了一个比较清晰的了解。同时，我们整理了深度教学目标设计、边际教学模式和子模式、四类课型、三种训练方式的设计，搜集了200多个教学案例，教师们掌握了边际教学的基本方式和方法。另外，梳理了实施边际教学的六种实践策略、系统教学目标的设计、边际超越的六种策略、乘数效应法、表现性评价等,助力学生在课堂取得最大的进步。

(二) 创新点

1. 初提边际教学理论

边际教学的规律是:教学目标 = 斜率 + 原有知识(能力),即 $m = d/f + y$(理论认为,边际教学的特征是进步,所以斜率为正,斜率是教学所得和教学付出之比)。如图1所示,阴影部分是学生原有水平 y,B 点是教学长期目标(教师教和学生学的交会点),A 点是教学短期目标,是教师之教和学生之学的最佳量比(教师之教在学生之学中发挥最佳效益)。从学生原有水平区域穿过 A 点的粗线是教学最佳路径。

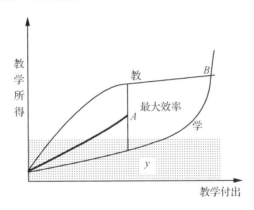

图1 边际教学的规律

2. 初建边际教学模式

初建教学模式:区域定标—行动设计—唤起需要—边际推进—表现评价—智慧建构。设计了边际教学设计模式:深度目标定位—主题任务推进—三维知识建构。衍生了造型、设计、欣赏、探究四种子模式。提供了课型教学案例、教学方法案例、单项训练案例三类课例,共计200多个。

3. 整理边际现象资料库

采用图像、数据、表格、文字等研究方法,较系统地研究了美术课堂的边际现象,用900多个案例分主题对儿童、教师、课堂的边际现象进行了研究,较全面地总结了美术课堂的边际规律。

4. 倡导数值化评价法

针对"什么才是学生最优发展"这一问题,通过数据整理,分主题建立了较为系统的评价标准，用数值化的形式进行归类，为教学评价提供借鉴。其中包括小学生欣赏趣味标准归类、儿童绘画形象要素及其特征、儿童造型能力边际分析、儿童形象记忆能力边际分析、小学生欣赏能力统计等，为边际评价提供数值，也为艺术素质测评提供有效范例。

5. 建构边际课程

针对"不同年龄段的学生需要怎样的课程"这一问题，分析了美术课程和其他学科课程，国家课程和地方、校本课程，显性课程和隐性课程的边际。协同20多位教师建立了两类校本课程："乐陶""鲈乡风"。整理了"蓝印花布""走路的美术""中国山水画""吴江古建写生""一百名艺术家一百个故事"等20多门课程，丰富了学生的课程。

6. 丰富了美术教研方式

形成了美术教研评价模式和标准，设计了边际教学观察量表，明确了边际教学评价标准，更新了教学评价理念，形成了"观察—分析—反思—再设计"的新机制。

三、成果的学术价值或社会影响

（一）学术价值

1. 提出了一种教学思想，建构了一种美术教学体系

边际不仅是一种经济学理论，也是一种哲学思想。建构主义、实用主义、理性主义中都涉及边际要素。边际理论丰富了教学思想，学科综合、师生关系、核心素养、多元评价等都存在边际关系。边际理论打破了教学理论单一化、绝对化、静态化的现象，提出了多元、中庸、适切的理论观，对现代教学改革具有一定的指导意义。美术学科不仅是一门科学，也是一门艺术；不仅涉及理性，也涉及情感；不仅具有经验性，也具有超验性。美术边际教学建构了一种新的体系，符合新时代学校美育要求。

2. 初创了一种美术教学模式，彰显了一种教学风格

边际教学法创建了表象教学理论，构建了边际教学模式，形成了边际管理方式，彰显了美术教学明快、有力的风格。

（二）社会影响

1. 学生美术能力获得整体提升

苏州市吴江区于2003年推广边际教学。实践证明，边际教学视域广、目标远、教得准、学得实，提高了教学的效率，提升了学生的审美素养。近五年，在区域调研和美术中考中，我校学生的美术核心素养水平在同类学校中名列前茅。

2. 教师专业能力获得普遍提高

边际教学建立了一种适宜教师研究的模式，提高了教师的教学智慧。研究室成员中有20余位教师成为区级骨干教师，15位教师在全国、省、市讲课比赛中获奖，8位教师讲授省、市级示范课，1位教师被评为省特级教师，1位教师被评为市学术带头人。

3. 研究成果相继出版或发表

学校教师应用边际教学原理进行教学，积累了100多个经典教学案例，编成了6本课例专辑。在《人民教育》《教学与管理》《现代中小学教学》等刊物上发表论文200多篇，其中28篇被人大复印报刊资料转载。研究成果获江苏省教育科研成果奖一等奖。参与"组块教学"研究，研究成果获江苏省教学成果奖特等奖。出版《边际上的行走》《边际教学之"美"》《边际教学的十五个表征》等专著，参与编撰《课堂观察》《智慧教育故事》《教育的名字叫智慧》等10多本著作。

4. 推广区域日益扩大

学校2013年成立吴江区名师工作室，2016年成立苏州市乡村骨干教师培训站，和广西象山区、安徽合肥经济技术开发区结成研究联盟，经过多年联合研究，取得了一定的成果。《江苏教育》《江苏教育研究》《苏州商报》等媒体做了专题介绍。

四、成果的推广应用情况

1. 理论影响

边际教学不仅仅成为一种教学模式，还成为一种教学思想、教研方式、教学管理方式进入研究者的视界，甚至成为一种哲学思潮。

2. 实践影响

边际教学法在南京、苏州等地区得到了教育主管部门的有力支持。课题组成员通过专题研究的方式，对美术教学中边际现象进行了系统观察，对边际教学法进行了深入研究，取得了良好的效果。近年来，课题组成员在全国教育成果推广会、全国校长培训班等重大活动中开课30多节，在外省市开展讲座40多次，在省内外取得了一定的影响。

边际教学法改变了教研方式，拓宽了课程体系，改变了课堂教学方式，更新了学习环境，对师生的教学生活产生了积极的影响。

相关媒体对边际教学法进行了报道和推介，《江苏教育》"呼唤名家"栏目推出了"呼唤那一片纯净的美"的报道，《江苏教育研究》"课改十年"栏目推出了教学课例，《苏州商报》《吴江日报》等介绍了教学特色，吴江电视台拍摄了专题片。

（该成果2020年获江苏省教育科研优秀成果奖一等奖）

小学数学核心素养教学实践的区域范式

苏州市教育科学研究院

(成果主要完成人：刘晓萍 仲秋月 陈六一)

本成果依托于江苏省教育科学"十三五"规划重点自筹课题"基于学科关键能力发展的数学核心内容教学设计研究"和苏州市教育科学"十三五"规划重点课题"基于区域的小学生数学素养评价体系的实践研究"，经过近五年的实践探索而逐步形成。

一、成果的主要内容

本成果通过问卷调查与理论分析，全面了解本区域教师对小学数学核心素养的认识与困惑，厘清了小学数学核心素养的构成要素及其二级指标，实现了内涵特征清晰化；基于数学学科关键能力发展，开展小学数学核心内容研究与教学实践，实现了理念创新实践化；提炼小学数学核心素养评价量规，构建评价框架和操作流程，实现了素养评价体系化。从而，从根本上回答了小学数学的核心素养是什么、怎么提升、如何评价等问题。

1. 厘清了小学数学核心素养的构成要素及其二级指标，实现内涵特征清晰化

依据"在教学中研究，为教学而研究，在研究中教学"的理念，项目组通过大量的课堂教学研讨，结合对小学数学核心素养的相关知识的问卷分析，确定构成小学数学核心素养的三要素为：数学人文、数学意识、数学思想。

数学人文：指对数学的持久兴趣与好奇，对数学美有追求，会用数学交流。其关注点是动机、审美、表达。具体地说就是学生愿意学数学，喜欢阅读数学，会用数学语言交流与写作。

数学意识：包含数学运算、空间观念、符号意识、解决问题的策略。其关注点是学会、基础、方法。

数学思想：涵盖抽象、推理、建模三种数学思想。其关注点是会学、理性、智慧。具体地说就是学生在愿意学的基础上，在数学思想的引领下，提升思维品质，提高数学学习的效能，成为会学数学的学生。

小学数学核心素养二级指标如表1所示。

表1 小学数学核心素养二级指标

一级指标	二级指标	……	终极指向
数学人文	对数学的持久兴趣与好奇		
	对数学美有追求		
	会用数学的语言进行交流		
数学意识	运算意识	……	会用数学的眼光观察世界 会用数学的思维分析世界 会用数学的语言表达世界
	空间观念		
	符号意识		
	解决问题的策略		
数学思想	数学抽象思想		
	数学推理思想		
	数学建模思想		

2. 分析了小学数学关键能力的构成要素及小学数学的核心内容，实现核心素养具体化

项目组从学科性、基础性、独立性、目标性和可操作性等方面对核心素养所对应的数学能力予以考量，经过分析认为，相较于观察能力、实验与操作能力、数学阅读能力、数学表达能力、交流与合作能力这些与"信息输入""信息输出"相关的数学能力，以及抽象能力、推理能力、运算能力、数学建模能力、空间想象能力、解决问题能力、数据分析能力等与"信息加工"相关的数学能力，数学学科核心素养体现了数学学科独特的思想和思维方法，是学生需要着力培养的。

通过问卷调查与分析，我们认为数学核心内容即数学学科体系中的主要内容和关键内容，可以从两个角度加以界定：其一，从数学知识形成和发展的逻辑结构来看，核心内容是基础知识和处于关键地位的内容。与其他内容相比，核心内容能关联一个或数个领域的内容，具有引子价值或桥梁作用，因此更具有发展性和奠基作用。其二，从数学思想和思维方式的角度来看，核心内容往往是概括的相关数学内容的共性，所反映出的是一般思想和思维方式。数的认识、数的运算、数量关系、图形的认识、图形的测量、图形的运动与位置、数据的收集与整理、可能性、综合与实践这九个方面是小学数学的核心内容。

3. 探寻了小学数学核心素养的教学实践策略，实现理念创新实践化

基于学科关键能力发展的小学数学核心知识教学设计可以从以下几方面考虑：一是核心内容教学价值的准确引领；二是数学问题情境的创设；三是以儿童的方式组织学科学习活动；四是适时回顾反思，架构核心内容的结构网络。我们选取小学数学四大领域中的核心内容进行教学设计与改进，编著的《作为教育任务的小学数学核心内容》一书已经由南京师范大学出版社出版。

我们提炼了以下教学策略：

（1）教学设计从"知识立足"走向"育人为本"——体现立德树人的育人理念，开发和丰富教学资源，善于捕捉自身资源，实现设计视野的拓展。

（2）教学流程从"按部就班"走向"适度放养"——提倡自主学习，鼓励适度"放养"，注重实践创新，实现流程实施的适切。

（3）学习评价从"技能形成"走向"素养发展"——评价学生的学习状态，评价学生的课堂提问，评价学生的素养发展。

数学关键能力的培养应遵循主从原则，关注能力发展的整体性；遵循学科原则，追求核心知识的深刻性；遵循启发原则，激发数学思考的主动性；遵循主体原则，提升深度学习的再生性；遵循循序渐进原则，注意关键能力的阶段性。

4. 构建了小学数学核心素养的评价量规和框架，实现素养发展整体化

我们研制了《小学数学课堂教学评价量规》（表2），从学生表现和教师表现两个方面同时进行评价，突出了对学习过程的评价。例如，对学生从学习状态、问题提出与解决、活动参与、练习质量等角度进行评价；对教师从课前准备、问题设计、情境创设、素材选取、活动组织等角度进行评价。这样的课堂评价，改变了传统意义上浅层的关于知识层面的教学评价，注重学生数学素养的积淀与提升。

表 2 小学数学课堂教学评价量规

评价指标	具体评价内容	评价形式	评价主体
学习的兴趣	（1）喜欢学习数学，对数学学习拥有好奇心 （2）喜欢探求新问题，对学习内容高度关注，并投入情感 （3）能用数学的眼光关注生活，从生活世界中捕捉数学问题	问卷、课堂观察	师生生生
数学应用能力	（1）能灵活掌握所学知识，对相关知识能够理解和熟记 （2）能结合具体的情境，有依据地进行合情的推理和判断 （3）能应用所学知识灵活解决实际问题	观察、纸笔测试	教师
运算能力	（1）能掌握基本的运算方法，会用多种方法进行计算，注意运算的灵活性、简捷性 （2）能灵活运用公式、性质、法则和运算定律进行简便计算 （3）遇到复杂的运算，能自觉转化为简单的运算	纸笔测试	教师
数据处理能力	（1）对数学信息保持敏感度 （2）能根据具体问题收集有效信息，能利用简单的统计图表进行数据的整理，并对简单数据进行分析和解释，解决简单的实际问题 （3）能根据信息多角度地进行思考和表达，提高分析问题和解决问题的能力，提高数据处理能力，培养数据分析观念	纸笔测试	教师
问题解决能力	（1）学生能了解图文、表格或文字表述中的已知条件和所求问题 （2）能从现实情境或实际生活中发现并提出简单的数学问题 （3）能辨别和判断问题的类型，采取适当的策略，有条理地分析问题，列出算式并求出计算结果，检验结果的准确性和合理性 （4）能从已解决的问题中生成新问题，或提出延伸性、拓展性问题	纸笔测试	教师
交流与沟通能力	（1）能学会思考，在课堂上能大胆地、清晰地、合乎逻辑地表达自己的观点 （2）能运用数学语言与同伴进行交流与沟通，大胆发表自己的想法与创见，能分享自己对数学知识的理解与感受	访谈、课堂观察	师生生生

我们以《义务教育数学课程标准》（2011 年版）为依据，借鉴 PISA（国际学生评估项目）测试进行了指向核心素养的小学数学命题探索。试题内容与小学数学四大学习领域相匹配，测试不局限于了解学生已学会了什么，还要测评学生在多大程度上将自己掌握的数学知识和技能迁移到新环境。基于数学人文、数学意识、数学思想三大要素，制定了小学数学素养测评框架

(表3),划分了相应的小学数学素养试题水平等级(表4)。

表3　小学数学素养测评框架

类别	维度	核心素养	内容
试题	知识技能 数学思考 问题解决 情感态度	数学抽象 数学推理 提出数学模型,解决数学问题 联系实际解释应用	数与代数 图形与几何 统计与概率 综合与实践
问卷	学生对数学的学习信念,学习策略		

表4　小学数学素养试题水平等级

水平等级	所占百分比	素养等级表现
1	20%	能回答熟悉的情境给出的明确问题;能在情境中,根据直接指标完成常规步骤;能运用基本算法、公式或者惯例,进行直接推理
2	20%	能解答描述清晰的问题,选择和运用简单策略予以解决;能对问题解决的结果进行直接推理;能简短地阐述结果及推理过程
3	30%	能借助情境,娴熟地运用数学基本技能进行灵活运算;具有一定的洞察力,能将生活情境与数学相联,能选择数学符号表示生活实际;能理解和使用不同的信息来源,能在可能包含限定条件或要求提出假设的复杂情境下,有效运用常规的数学模型;能基于自己的数学理解提出一定的论证方法,形成并交流自己的观点
4	20%	能运用合情推理解决相关的复杂问题,解决问题的过程中能评估和选择适当的策略,反思自己的做法;能识别限定条件、列出假设,在复杂的情境下建立并使用模型;能明确地表达并与人交流自己的解释、方法和推理
5	10%	能对复杂的问题情境进行逻辑推理和建模;能将不同的信息源和数学表示法联系起来;能对所获得的情境信息、非连续文本信息先进行数学化再加以运用,并在问题情境中自由地转换;能利用所掌握的符号和形式化的运算,提出属于自己的解决问题的方法和策略,破解陌生情境问题;能适应性地交流、反思、阐释自己的做法、发现、策略

以教学内容的整合、重组、优化及提升教学实效为研究核心,整体构建学期课程实施计划,优化、重组教学内容,改进教学策略,实现评价转型,以此促进学生数学素养的发展。构建了小学数学素养评价框架,明确了评价指标体系,从对数学学习持久的兴趣、数学应用能力、运算能力、数据处理能力、问题解决能力、数学交流与沟通能力等六个方面进行评价,并给出了

评价的操作流程。

二、成果的主要观点或创新点

（1）国内外对什么是数学素养没有一个统一的界定，但都强调数学素养的重要性。我们对苏州市1 300多名小学数学教师，就小学数学核心素养的相关知识进行了问卷调查。经过分析，最终推断出小学数学核心素养的构成要素为数学人文、数学意识、数学思想。

（2）数学学科关键能力是培育学生学科核心素养的重要组成部分。抽象能力、推理能力、运算能力、数学建模能力、空间想象能力、解决问题能力、数据分析能力是数学学科关键能力。

（3）数学核心内容即数学学科体系中的主要内容和关键内容，数的认识、数的运算、数量关系、图形的认识、图形的测量、图形的运动与位置、数据的收集与整理、可能性、综合与实践这九个方面是小学数学的核心内容。

（4）基于发展关键能力的小学数学核心内容教学设计研究能优化小学数学教师的"教"；指向学生数学关键能力的小学数学核心内容教学设计研究能促进小学生数学学科的"学"。基于学科关键能力发展的小学数学核心知识教学设计可以从以下几方面考虑：一是核心内容教学价值的准确引领；二是数学问题情境的创设；三是以儿童的方式组织学科学习活动；四是适时回顾反思，架构核心知识的结构网络。

（5）改革课堂教学评价方式，聚焦学生表现和教师表现这两个方面，实现核心素养理念下的教学实践转型，形成小学数学核心素养教学实践的区域范式；构建小学数学核心素养评价体系，综合评价学生对数学学习持久的兴趣、应用能力、运算能力、数据处理能力、问题解决能力、数学交流与沟通能力，以课堂观察、访谈、纸笔测试等多元评价方式促进学生数学核心素养的发展。

三、成果的学术价值或社会影响

1. 成果的学术价值

（1）将核心素养赋予学科特质，聚焦学生学科素养，具有实践性。

坚持"儿童视野，学科本位"的教学新理念，将学生发展核心素养赋予数学人文、数学意识、数学思想等学科特质。聚焦学生的学科关键能力，不仅关注课堂上学生学什么，更关注学生怎么学。倡导从"学会"走向"会学"，让学生掌握对其一生有用的东西，拥有带得走的能力和智慧，提高他们的学习力，实践价值高。

（2）将素养形成融入课堂教学，以关键能力导向的小学数学核心内容教学设计为抓手，优化教与学的方式，具有操作性。

核心素养的发展，最终落脚点在学生的数学关键能力上，实施的主阵地在课堂。为此，我们倡导"以学定教，先学后教"的教学方式，鼓励学生独立思考，开展小组合作探究，提高自学能力和合作探究能力。

（3）将素养评价兼容区域特色，创新区域课改路径，具有推广性。

苏州市的课改一直走在江苏省的前列，通过本项目的研究，调动苏州市各地教科研人员共同发力。通过特级名师的示范和辐射，引领广大一线教师关注课堂，关注学生，积极探索区域课改新走向，追寻区域课改的新方法、新经验，提升课堂教学品质，对区域的数学课程改革具有强大的推动和促进作用。

2. 成果的社会影响

本项目在江苏省教研室王林、郭庆松，南京师范大学徐文彬，上海市静安区教育学院曹培英，台北市立大学李源顺等专家的指导帮助下，在苏州市教育科学研究院小学数学教研员刘晓萍老师的精心策划和组织下，在苏州市100多所学校开展了相关的问卷调查和27次专题研讨活动。我们坚持从问题出发，用数据说话，用优秀的课堂案例引领全市小学数学教师开展教学研究，研究成果已经在全市范围内得到了推广和运用。有关专家一致认为：苏州市自开展小学数学核心素养教学实践的区域范式研究以来，教师的教育理念、教学方式及学生的学习方式发生了静悄悄的"改变"。教师更为关注的是如何帮助学生学会观察、思考和表达，如何发展学生的实践应用与创新能力。全市学生在省学业水平监测中，整体合格率高，学业成绩标准达成指数高，优秀率继续保持较高水平。

（1）权威媒体转载，在全国小学数学教育界产生影响。

项目组成员围绕课题研究撰写的100多篇论文、调查报告在省级以上核心期刊或权威媒体上发表，其中11篇论文被人大复印报刊资料全文转载。关于数学核心素养、数学关键能力的研究成果在全国范围内影响力较大。

(2)省级平台宣传,在全省获得广泛赞誉。

"数学内容的教学价值及其实现""注重活动体验 提升学科素养""经历画图表征过程 凸显解决问题策略""数学内容的教学价值及其实现""数学实验:促进学生数学运算素养发展的教学策略"等五次专题教学研讨活动先后在江苏省中小学教学研究室"名师课堂"专栏中向全省教师直播。其中,刘晓萍老师就运算律内容的育人价值及其实现等内容进行了两次专题交流,陈六一老师执教"加法交换律和结合律"示范课,省特级教师李新执教"两位数乘整十数的口算和估算"一课。

在全省小学数学课堂教学改革成果交流研讨活动中,开展吴金根、徐斌、张苾菁等特级教师的教育思想研讨会6次;在2018年全省小学数学教学峰会暨小学数学专业委员会学术年会上,特级教师王文英做题为"问题结构:核心问题统领教学的关键"的专题报告,特级教师吴金根做题为"小学数学核心素养"的专题报告;在2019年全省小学数学课堂教学改革成果交流研讨活动中,省特级教师张苾菁就"小学数学的通与联"在大会进行专题成果分享;在2019年全省小学数学教学峰会暨小学数学专业委员会学术年会上,特级教师吴金根做题为"问题驱动 深度学习"的主题讲话,特级教师金一民做题为"全息视阈下小学数学结构化教学的实践"报告,特级教师刘玮就核心素养下的小学数学教育做大会综述。我市的小学数学核心素养教学实践的区域范式研究引起了省内外小学数学教育界的极大关注,也促进了全市小学数学教师全面提高师德水平、聚焦课堂教学、提高专业素养。

刘晓萍老师2017年赴台湾,在两岸小学数学专家学者交流研讨会上,做题为"聚焦核心素养 改造数学课堂"的专题讲座;陈六一老师在两岸素养导向的小学课堂教学与研究交流活动上执教"运算律"一课,获得好评;刘晓萍老师多次在面向贵州、西藏、山西等地区骨干教师的培训中,宣传、推广研究成果,并两次赴贵州进行示范教学,开设专题讲座;陈六一老师在中澳数学教育比较教学论坛上进行主题演讲。项目组核心成员共开设省市级数学公开课19节,专题讲座30多场,辅导的20多位青年教师在全国、省市级各类教学比赛中获得最高荣誉。

(3)区域联动交流,在全市推广研究成果。

刘晓萍老师以"聚焦学科素养 落地数学课堂"为理念导向,推进区域课改。项目组先后在苏州工业园区独墅湖学校、南京师范大学苏州实验学校、张家港市白鹿小学等22个课题基地学校开展课堂教学研讨活动。项目组组长亲自上研究课，每次活动有主题、有课例、有课题研究沙龙、有特级教师点评。针对小学数学四大领域中的核心内容，课题组进行了多次专项研讨，开展教学设计与改进研究，经过多次打磨的优秀课例在省级评比中获得一等奖，编著《作为教育任务的小学数学核心内容》一书，由南京师范大学出版社出版。

（4）课题协作研讨，实现成果的及时提炼与共享。

项目组对苏州市开展了"小学数学核心素养""小学数学关键能力""小学数学核心内容"等相关问卷调查，了解一线教师对相关问题的认识情况，以此引领基层学校创新校本教研形式，提升理念认识，优化数学课堂教学。同时，利用区域教研联动的优势，项目组在苏州市开展了课题申报工作，对参与研究的19个课题集中进行开题论证，利用苏州市每年的课改成果展示、课题组专题研讨活动等契机，扎实推进研究，积累典型案例，共享课题研究成果。

四、成果的推广应用情况

项目组围绕"小学数学核心素养教学实践的区域范式"的研究主题，以小学数学核心素养、核心内容、关键能力、学科育人价值等方面为着眼点开展了系统化、持续性的综合研究，撰写论文100多篇。

本成果于2018年获得苏州市教育教学成果奖特等奖，2020年获得江苏省教育科研优秀成果奖一等奖。研究成果在苏州大市范围内推广、展示，5次在省级研究活动中做主题汇报，5次在江苏省"教学新时空·名师空中课堂"中做线上展示交流，核心成员开设专题讲座26次，成果推广范围涉及贵州、甘肃、江西、安徽、山西等地。核心成员成为《教师博览》《数学大世界》等知名期刊的封面人物。项目组引领区域教师共同成长，参与项目研究的青年教师专业能力飞速提升，他们参加省教研室组织的优质课比赛、青年教师基本功大赛、论文评比、微课大赛等活动，成绩位列全省前茅，均获得最高奖次，其中仲秋月、张敏两位老师代表江苏省参加华东六省一市讲课比赛，均斩获一等奖。

（该成果2020年获江苏省教育科研优秀成果奖一等奖）

义务教育阶段学校课程统整的实践与探索

苏州工业园区星湾学校

(成果主要完成人：曲虹 王新奇 茅茸 朱兢 赵兆兵)

本成果依托江苏省教育科学"十二五"规划重点资助课题"九年一贯制学校课程统整与学习效能提升的研究"（2013年10月—2018年6月）、江苏省基础教育首批前瞻性教学改革实验项目"义务教育阶段学校课程统整的实践与探索"（2015年10月—2018年7月），具有时间的持续性、一定的理论创新性和实践上的可操作性，推广成效显著。

一、成果的主要内容

自2012年以来，苏州工业园区星湾学校在课程建设方面探索出一条以学生综合能力为基石的课程统整思路，通过开展实验性的教学，探索课程统整的理论化的概念、系统化的体系、规范化的方法，以期自下而上地形成一套课程统整的经验。

（一）课程统整的校本化表达

针对目前学校普遍存在庞大且复杂的课程体系，缺少实施课程统整的基础和空间的现状，课题组在国内较早地创生了课程统整的校本化表达。课程统整是学校本位的课程发展，其内在关系如图1所示。教师的教学工作主要由五个方面的因素决定：国家的课程改革方案与课程标准、学校的培养目标、学生状况、各类课程与教材，以及其他教学资源。首先，教师进行系统设计，把各个教学要素进行统筹整理，形成一个指导性文件——学科课程统整指南。其次，依据统整指南设计教学方案并展开教学实施。最后，通过评价与反馈不断调整改进，最终促进学生综合素养的提高。其中，研制学科课程统整指南是激活文本课程，使之成为生命活性课程的一个重要环节。

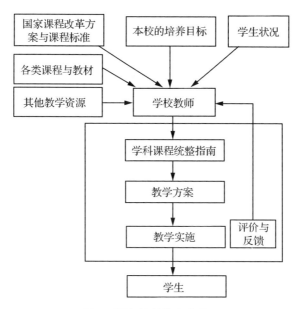

图1 课程统整的内在关系

(二) 学校基石课程体系

基石课程体系由四个层级组成（图2）。第一层级，以基石（MILESTONE）课程图谱为统领；第二层级，以学科课程图谱为支撑；第三层级，以学科课程统整指南为主线；第四层级，以教师课程统整实践为基础。基石是课程的隐喻：一是喻指义务教育的所有课程是基础性课程，犹如基石、磐石，这是学生终身发展的奠基工程。二是喻指基石课程的多棱角，即多侧面，亦即不同的领域。领域本身就意味着学科的整合，而且每个侧面都有自己独特的光彩。

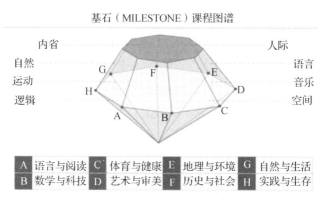

图2 基石课程体系

（三）学校课程统整的三维范型

1. 以学科内统整为基础

学科内统整是指以课程标准为基准，依据学生的认知特点和发展需求，在学科内部对学科体系、学科内容和教学方法进行整合与重建的课程统整方式（图3）。学科内统整主要是对教材体系进行结构性调整和整合，把相近和相关的内容进行整合与重构，形成新的课程结构和学习内容，解决教什么（学什么）的问题。把学习方法、学习习惯、探究性学习能力等的培养统整，让学生学会学习、学会探究，解决怎么教（怎么学）的问题。

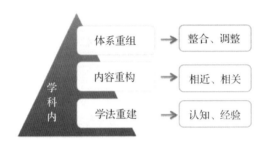

图3　学科内统整

2. 以学科间统整为重点

学科间统整是指以学生综合素质的发展为价值取向，通过各种类型课程的有机联系和相互渗透，最终促进学生综合能力提升的课程统整方式（图4）。学科间统整重点是结合学校基石课程板块、学生发展核心素养和知识经验，跨学科进行主题式统整。

图4　学科间统整

3. 以学段间统整为突破

学段间统整是指从深度、广度和高度上构建完备的知识框架，启发学生进行知识的探索，实现最优化发展目标的课程统整方式（图5）。学段间统整重点是课程的九年融通设计，循序渐进，彰显九年一贯制学校办学的整体优势。以学段统整推进中小学衔接教学，进而带动知识统整、经验统整和社会统整，减缓教学中因各学段之间要求不同而产生的学习跨度困难，为培养学生后续学习能力提供较好的可持续发展动力。

图 5　学段间统整

（四）课程统整下的教师研修与教学管理

1. 教师研修的基本框架

如图 6 所示，以问题解决与智慧共生为主线，聚焦统整实践中的关键问题，横向嵌入相关统整理论的学习与内化，以及基于统整的课例研究跟进分析。引导教师通过对课堂教学细节的深入分析，将课程统整的关键问题予以细化处理，选择典型案例展开循环跟进分析，使学科课程统整指南愈加完善，使教师课程理解与执行能力得到提升。

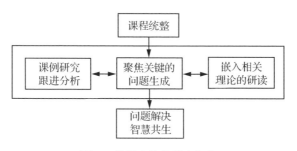

图 6　教师研修的基本框架

2. 教学管理与运行方式

通过课程统整把管理层级延伸到教研组一级，赋予教研组组长一定的教学管理权，教研组成为学校教学管理的一个重要层级。充分发挥教研组组长的学科权威及其在教学第一线的监督、管理和引领作用，发现问题及时反馈调整，把管理与研究结合起来。

二、成果的主要观点

（一）多元性的课程设置

为探索义务教育阶段学校课程统整的实践改革，学校着眼于学生创新素养与创新能力的培养，以基石课程体系作为探索义务教育阶段学校课程统整的理论基石，以期通过多元化的课程体系满足学生多元发展的需求。学校提出的基石课程体系以美国心理学家霍华德·加德纳所提出的多元智力理论为基石，倡导学生的和谐发展，展现学生发展的潜能。该理论认为，智力并不是单独存在的，而是以整合的方式存在。学校实施的基石课程体系建立在国家课程标准的前提之下，将国家规定的课程资源进行统筹规划与系统整理，形成具有学校特色的课程体系。根据这一理论基石，学校将不同性质的课程相联系，构建特色基石课程体系，促进学生潜能开发，发掘学生潜力。学校将课程统整为八个板块：语言与阅读、数学与科技、艺术与审美、历史与社会、地理与环境、体育与健康、自然与生活、实践与生存，并形成基石课程图谱，在人际、内省、语言、运动、逻辑、音乐、空间等各方面进行多元培养，对学生进行全面教育。

在过去的几年中，学校根据培养目标，将分立的学科相互串联，进行集约化设计，构成整体课程体系。具体表现为：创新语文与英语课程的开课方式，让学生畅游书海，促进学生语言能力的提高；拓展历史与思品课程的讲课内容，让学生在社会实践中探求真理，在科学方法论指导下形成历史观，进行自我内省；有机结合劳技与班队课程，让学生在做中学，助力学生成人成才；扩大音乐与美术课程的辐射范围，让学生学会美化生活，提升学生的审美鉴赏力；发挥体育与心理课程的调节作用，让学生学会解压，关注身心健康，带领学生发现自然的奥秘；整合数学与信息的特点，在生活中领会世界的奇妙。

（二）灵活性的统整目标

学段要求不同，统整目标应有所区别。例如，在语文学科的课程统整中，同一篇文章六年级和七年级都上，小学教师更注重培养学生的基础能力，如字词、朗读方面，而中学教师可能更注重学生对文字的品味及对语言的一些感受。虽然两个学段的教师对表述的流畅性、文字的优美性、文章的主题性有着相似的看法，但是中学教师会多加一些内容进去，如人文性、主旨深刻性、思辨性等。学科特点不同，统整目标应有所区别。语文、英语这类语言类的学科较易与其他学科进行整合，而数学、物理、化学等应用性较强的学科较难与其他学科进行整合。还有美术、体育、音乐等文体类的学科会因教学环境的限制而较难与其他学科形成深层次的整合。例如，在小学阶段，理科方面主要是数学学科，所以小学数学与其他学科间的整合是碎片化的，重点是学科内的统整与学段间的衔接统整。另外，教师在课程统整过程中，采取灵活性的统整方式，保持原学科的特征或者突出和放大学科育人的功能。避免因课程统整干扰原教学内容，导致学生不能完全静下心来去关注原有的教学目标。

（三）以问题为导向的教学方式

课程统整以解决问题为导向，可以帮助学生加深对原有知识的理解，提升学生解决问题的能力。基于经验的课程统整以学生的原有知识为出发点，以具体的事件或故事为背景，这种方式可以使学生的学习能力从课堂学习向生活经验转化。这完善了学生的知识结构，使学生能更容易接受与吸纳新的知识，更加深刻地理解之前所掌握的知识，在潜移默化中激发孩子的潜能，继而进一步提升学生的学习能力，形成一种良性的循环过程。现有研究表明，将学生的生活经验、认知经验与学科知识、教材知识相结合可以有效提升学生的学习感受与学习效果。课程统整对学生的学习有正向的促进作用，当学生遇到较难的知识点、之前没有学习过的知识点时，通过统整就能很好地激发其潜力。课程统整的教学特点具体体现在教学设计、教学活动方面。首先，在教学设计上，课程统整的教学内容具有适切性。教师会依据学生的发展特点和认知需求调整教学目标、教学策略，筛选教学内容，以保障每位学生在学习中有所收获。其次，在教学活动上，课程统整的教学活动不仅建立和加强了各学科之间的关联，而且使学生的学习与实际生活产生关联，让学生参与更多真实问题的学习，促进学生探索精神和实践创新能力的发展。

三、成果的现实价值

（一）破解课程结构杂乱和低效现象

在当下的基础教育中，课程结构存在着杂乱和低效的现象，这体现在以下四个方面。一是国内不同地区对国家课程、地方课程、校本课程的落实程度各有不同,各学校在兼顾国家课程、地方课程的同时,开发了各具特色的校本课程,形成了庞大且复杂的课程体系。二是受教育客观现实的限制,基础教育课程设计的灵活性不强,课程教学的目标普遍以知识传授、解题答题为主。三是激烈的教育竞争窄化了课程实施的空间,中小学段的课程衔接不充分,导致入学适应问题成为义务教育的重要问题之一。四是不同年级、不同学科的教学内容存在重叠、断裂的情况,这既耗损了学生与教师的教育投入,也忽视了学生主体在学习活动中的完整性。对已有的课程内容、课程结构进行有序而高效的整合,显然是解决以上问题的可能路径之一。

(二)减缓学段要求的不同与学习连续性之间的矛盾

义务教育阶段的初中和小学两个学段的课程设置差异较大,学段间的课程衔接不充分,容易造成部分学生从小学到初中转换不适应的问题。例如,小学课堂教学的容量比较小,课堂学习氛围比较宽松,教师授课内容局限于教材,教学内容拓展较少;初中课堂教学的容量大,教学速度明显加快,由于教师不了解学生小学阶段学习的内容,常常会过高估计学生已有的知识经验,导致拓展教学的内容难度大,学生接受不了。开展学段间的课程统整,跨越学段间的界限,加强中小学教师间的研讨与交流,能促进教师教学的有效性,加强学生对不同学段学习方法的适应能力。

(三)关注义务教育阶段学生九年的整体性发展

"一贯"强调一年级到九年级的连续性、整体性,即育人的"一以贯之"。"课程统整"强调对九年课程内容的整体统整,适度调整知识体系,更好地发挥育人效果。在非九年一贯制学校,小学注重学生的全面发展,初中注重学生的学业成绩,组织目标的不统一,教学方法上的不一贯,使育人过程难以形成合力,整体性育人的效能明显降低。九年一贯制学校可以进行课程统整,深度融合"一贯"与"统整"的特质,着眼于人的终身发展,在促进学生发展的过程中又坚守成长的客观规律。

(四)助推教师专业成长

受传统分科教学模式的影响,很多教师在常态教学中习惯使用传统的教育理念、教学手段和教学方法,很少关注学生学习与创造的积极性、主动性。实施课程统整则要求师生共同参与课程主题的选择、课程教学的设计及课堂教学的评价。在开展学科间统整时，需要打破学科界限，对各科相关知识进行有效整合，需要各学科教师通力合作，共同制订计划，从而扩大教师之间合作的范围，加大合作的力度，使团队之间良性互动更加频繁。另外，学校定期开设课程统整相关讲座，开展校内培训和组织教师调研等，加深教师对课程统整意义及目标的了解，以此转变教师所拥有的学科本位的传统教育观念，为课程统整的有效实施打下坚实的基础。实施课程统整，让教师成为课程调整中的调控者与创生者，有力地助推教师的专业成长。

四、成果的推广应用

（一）研究成果扎实创新，获众多专家学者认可

课程统整推动了学校各个领域的改革，统整成为学校文化的核心理念。在课程统整理念的引领下，学校课程结构整体优化，课程结构门类与课程目标内在的一致性不断增强，课程内容的丰富性和选择性不断提升。围绕课程统整，我校教师积极参加各级各类论文评比，获奖论文（教学设计）近300篇，成果先后在《中国教育学刊》《基础教育课程》《教学与管理》等核心期刊上发表，多篇论文被人大复印报刊资料全文转载。彭钢主任认为："星湾学校关于课程统整的研究理论扎实、方法得当、成果丰厚，属于精品课题，可以为全省做好示范。"成尚荣先生认为："星湾学校的课程统整真正体现了项目研究的前瞻性，真正落到了实处。"

（二）社会辐射效益明显，在各省市区推广运用

2018年11月，在第四届中国教育创新成果公益博览会上，苏州工业园区星湾学校携手《江苏教育研究》、重庆市巴蜀小学、上海市第二初级中学、珠海市第三实验小学举办"名校名师话统整"主题论坛。曲虹校长做题为"义务教育阶段学校课程统整的实践范型构建"的专题报告，课题研究团队做研究成果推介。《中国教育报》《中国德育报》《江苏教育》《江苏教育研究》、人民网、新华网等多家媒体多次进行深度报道。我校先后与苏州工业园区景城学校、莲花学校、星洋学校等10多所学校开展合作研究，进行课程统整的经验推广。同时，我校与新疆、青海、贵州等地学校合作进行线上教学，开展课程统整实践研究。

（三）师生综合素养大幅度提升，各项评价表现卓越

伴随着课程统整的实践和研究，涌现出一批教授级高级教师、省特级教

师、市青年拔尖人才、市学科带头人等。学生的综合素养不断攀升，在市、区各类质量监测中表现卓越，在各类综合素养展示活动中绽放光彩。我校与苏州大学教育学院合作进行课程统整效能比析，结果表明：实验学校学生对学习效能的追踪评价高于非实验学校；实验学校学生对课程统整与学习效能的评价显著提升，实验学校学生在学习能力、综合素养、学习效能上的提升幅度比非实验学校学生大。

（该成果2020年获江苏省教育科研优秀成果奖一等奖）

语用型教学，回归语文教学的本质

常熟市唐市中心小学

（成果主要完成人：曹卫星）

一、成果的主要内容

本文系江苏省中小学教学研究第十二期课题"小学语文阅读教学构建语用型课堂的实践研究"的重要研究成果。课题前后历经5年多的实践研究，在理论层面上，明晰了"语用""语用型教学"等核心概念，论证了小学语文阅读教学构建语用型教学的必要性、可行性，对语用型教学进行了整体的理性思考；在实践层面上，着重研究了小学语文语用型教学的特点、目标、内容、课型、范式、策略等，有效推动了本区域语文教学和课改研究。该研究成果主要包括以下几部分内容。

（一）明晰概念，提炼观点

对小学语文阅读教学中"语用""语用型教学"等概念，以及小学语文阅读教学的构成要素、影响因素等进行了界定、明晰，研习、借鉴他人研究经验，结合自身研究，深入理解与把握小学语文阅读教学的内涵与特征，提炼小学语文阅读语用型教学的基本观点。我们提出：语文教学本质上是语用教学。语文阅读教学中的"语用"特指在语文阅读教学中学生学习语言文字的运用及运用语言文字的实践活动。这里有两个关键词：一个是"学习"，另一个是"运用"。"学习"意味着学习个体内部言语的生成及对语言阅读、语言表达规律方法等的积淀和把握；"运用"意味着学习个体根据当下的语境，凭借已有的言语活动经验开展相应的阅读和表达。语用型教学是以"语言"为中介，以"言语"为对象，引导学生结合具体语境，探讨言和意的内在关系及生成、转换的过程和规律，并通过具体语境中丰富的言语实践活动，促进学生言语智慧发展的教学。在明确概念的基础上，我们进一步提炼了语用型教学的三个基本观点：第一是学科本质观——为学生言语智慧发展而教；第二是言语本体观——依据言语的内在秩序而教；第三是生本主体观——遵循言语生成的规律而教。

（二）形成策略，建构模型

结合丰富的课例研究，围绕目标、特征、内容、课型、范式、策略等教学要素形成了语用型教学的"123456"组织框架，建构了较为完整的教学模型（图1）。

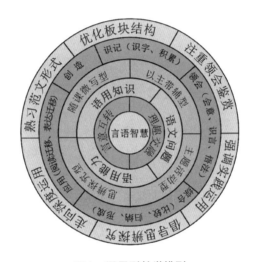

图1 语用型教学模型

"1"即聚焦一个核心目标：以培养学生的言语智慧为目标取向，以语用学理论为核心理念，以学生语用能力发展的基本规律为基础，初步构建了学生语用能力发展的年段序列，初步形成能级递进的体系。

"2"即突出两个课堂特征：以言意内在秩序为基本逻辑，提出了语用型教学言意互转、理趣交融的课堂特质，彰显了语用型教学的独特标识。所谓言意互转，即阅读教学中，强调"言→意→言"的多次循环生成，做到输入与输出的双向有效互转；所谓理趣交融，即语用型教学不仅要有课堂的乐趣、情趣，还要在此基础上注重理趣，即尊重文体的表达价值、尊重学生的认知规律、尊重文字的审美取向等。

"3"即围绕三个内容要素：以课标、教材、编者、学生为教学内容研制的基本立场，形成以语用知识、语用能力、语文问题为内核的教学内容研制方法，并通过整体性、序列性、融合性的设计安排，实施精准教学，促进学生语文核心素养的形成和发展。

"4"即建构四种基本课型：以丰富性、有效性为思路原则，开发了以主带辅型、随课微写型、思辨探究型、主题活动型等四种课型，丰富了语用型教学的呈现样貌。以主带辅型即以教材文本为主，以其他文本为辅，组成一个群文阅读课型；随课微写型是基于每一课的写作特点，选取有价值的练写点，设置相应的教学情境即时练写；思辨探究型的语文课堂旨在架构一种新的读书姿态——思辨，着眼于学生学习过程中批判性思维的培育，通过提出观点、质疑反思、分析批判等，提升学生的思维品质，从而建构具有独立人格和自己思维的积极语用能力；主题活动型就是在语用型课堂中设计一个合适的主题，引导学生围绕主题进行阅读、表达等语用实践活动，从而获得言语能力的生长。

"5"即实施五步教学范式：遵循言意互转的言语发展心理机制，构建语用型教学"识记（识字、积累）—领会（会意、识言、悟法）—综合（比较、归纳、形成）—应用（阅读迁移、表达迁移）—创造"的基本教学范式，促进学生原有心理图式的改变和建构。

"6"即落实六条实施策略：以语感心理机制为学理依据，实施熟习范文形式（朗读积累、把握言语形式），优化板块结构（横向走宽、纵向走深、类比联结、系统整合），注重领会鉴赏（解释主旨意义、品鉴意义效果、品鉴言语特色、品鉴谋篇智慧、品鉴表达方法），强调实践运用（建构阅读策略、应用表达方法、强化词句运用、重组言语材料、模仿言语形式、内化文本结构、拓展创编表达），倡导思辨探究（立意想象、辩驳批判、多元思维、质疑探究、预测猜想），走向深度运用（综合性学习、主题单元读写课程）六条实践路径，强调对知识本质的理解和对学习内容的批判性利用，追求有效的学习迁移和真实问题的解决。

（三）基于文体，聚焦语用

语文阅读教学当因文体而异。我们按照小说、说理文、说明文、散文、童话、诗歌、寓言、神话、非连续性文本等不同文体，立足语用视角，建构了小学语文阅读教学中不同文体的阅读教学策略。例如：

小说的教学策略主要有：第一，默读——把握故事情节，做到胸怀全局；第二，精读——抓住人物细节，感受人物形象；第三，研读——体会表现手法，促进深入领悟。

散文的教学策略主要有：第一，寻绎文本脉络，厘清课文线索；第二，聚焦客观现实，体会所寄之情；第三，品味个性表达，体悟语用之用；第四，尊重个性体验，实现多元解读。

童话教学的主要策略有：第一，创设情境，进入童话角色；第二，朗读指导，体会童话语言；第三，感受形象，领悟童话内涵；第四，创编讲述，学习语言表达。

神话教学的主要策略有：第一，抓整体，把握神奇的情节；第二，抓角色，感受大神的形象；第三，抓语言，学习神话的表达；第四，抓想象，再现故事的神奇。

寓言的教学策略有：第一，抓住文中角色，品味丰满形象；第二，注重前后联系，感悟蕴藏道理；第三，紧密生活联系，展开联想类比；第四，发展故事情节，内化故事寓意。

诗词教学的策略有：第一，图文结合，理解诗意；第二，创设情境，感悟诗境；第三，语境还原，体会诗情；第四，吟哦诵读，品悟诗味。

说理性课文的教学策略有：第一，聚焦文本结构，感受严密的结构特征；第二，聚焦论述过程，领悟透彻的说理方法；第三，聚焦文本语言，体会独特的言语特点。

说明文的教学策略有：第一，厘清说明顺序，把握结构布局；第二，抓住说明要点，了解事物特征；第三，学习说明方法，体会表达效果；第四，感受语言特点，学习表达方法。

二、成果的主要观点和创新举措

（一）主要观点

1. 学科本质观

为学生言语智慧发展而教。哲学告诉我们，人类的实践活动分为三种：一是工具实践，二是德性实践，三是符号实践。语文课程是一门应用型课程，其活动对象是言语，活动方式是符号实践，语文课程就是在符号实践中实现人的现实生成，而这种符号实践鲜明地表现为言语智慧。语用型教学把提高学生的言语智慧作为自己的价值取向，把握住了语文课程的价值本质，是具有哲学基础的，也体现了语文课程应有的社会价值担当。

2. 言语本体观

依据言语的内在秩序而教。语用型教学必须尊重言语的内在秩序。首先要尊重文体的表达取向，文体是根据表达需要形成的一种内在规范和秩序，尊重文体的表达取向就要识体而读、适体而教、得体而写；其次要尊重文字的审美取向，要着眼于从一个个标点、一个个词语、一个个句子、一篇篇文章中建构和更新学生的言语世界和精神世界。

3. 生本主体观

遵循言语生成的规律而教。言语智能发展的实质是主体内部言语图式的不断形成和发展，从而促使自身内部言语的不断补充、优化、调整、重构及创造。同时，皮亚杰的发展阶段论告诉我们，儿童的言语发展是具有阶段性的，学生处于不同的阶段，认知结构、思维能力都是不同的。实践性、阶段性体现了学生语用能力发展的规律性。语用型教学要以学生为本，遵循学生言语生成的规律而开展教学。

（二）创新举措

1. 语用型教学以言语为研究对象是认识上的根本突破

一直以来，我们认为语文教学是以语言为研究对象的。语言是一个由音、形、义组成的静止的符号系统。在这种观念影响下，教师往往把课文看作是一个静态的物化存在，语文教学就是对这一物化存在做语言学角度上的分析，特别钟情于对文本语言的语义阐释、语法分析、语理感悟等，主要着眼于总结出一套语义系统和语法规则。事实证明，这是有悖于语文教学本质的。言语是人们运用语言这种工具进行交际的过程和结果，运用语言是其行为方式，达成交际是其基本功能，语言和文字是其行为媒介。以言语为研究对象，就是研究人们在言语交际过程中怎样运用语言从而达到交际目的的。这启示我们语文教学要引导学生走近作为言语交际主体的作者或课文编者，深入文中人物的场合、情境、心理、情感之中，从言语交际的角度去探讨和学习语言运用的方式、语言运用的意图、语言运用的效果等。显然，这是认识上的一个突破，有利于教师更好地理解语文教学的本质，更科学地建构自己的教学行为。

2. 语用型教学基于不同文体开掘不同教学价值是实践上的显著进步

长期以来，广大教师普遍缺乏文体意识，忽视文体特点，不能充分开掘不同类文体独有的语文教学价值，在教什么、怎么教上意识模糊，从而导致课堂形态呈现出千课一面的简单化、模式化倾向。语用型教学提出要遵循言语的内在秩序，识体而读、适体而教、得体而写，并围绕现行教材体系中的小说、散文、诗歌、说理文、童话等文体开掘不同的教学价值，采取不同的教学策略，促进学生在大量的阅读和写作实践中感受不同文体在话语体式和结构形式上的独特个性，从而在头脑中逐步形成关于不同文体的图式。这是语文教学实践过程中的一个显著进步。

3. 语用型教学以语用知识、语用能力、语文问题为内核研制教学内容是教学上的华丽转身

语文教学要着重解决学什么的基本问题，因为教学内容确定的随意性、模糊性已经成为当下语文教学的重要病诟。语用型教学站在语用本质角度，站在学情基础上，基于教材语用现象和课标的语用目标体系，以语用知识、语用能力、语文问题为内核研制教学内容，并能进行整体性、序列性、融合性的设计编排，改变了以往语文教学简单地将教材内容等同于教学内容的做法，能够更好地引领学生在课堂上学习阅读和表达，探讨言和意的内在关系，并通过语用知识的迁移应用，促进言语智慧的发展，实现语用型教学的目标。

4. 语用型教学的丰富课型是课堂形式上的实践创新

语用型课堂遵循言意互转的言语发展心理机制，开发四种基本课型：以主带辅型、随课微写型、思辨探究型、主题活动型。以主带辅型基于认知科学中迁移、类化的学习规律而设计，通过阅读领悟、迁移类化、实践运用等途径，促进学生更好地学习读写策略，领悟其作用，掌握其方法，实现理解本位向表达本位的转型；随课微写型将写作技能训练融入日常的阅读教学过程中，针对性更强，指向性更强，目的性也更强；思辨探究型基于独立思考发表独立的观点，走出了共性表达的窠臼，走向心智释放的积极的语用表达，培育了独立思维和批判思维；主题活动型围绕读写能力的发展，设计合适的主题任务进行阅读、表达等语用实践活动。这些课型的开发丰富了语文教学的课堂组织形式，具有一定的创新性。

三、成果的学术价值和社会影响

（一）成果的学术价值

本研究成果继承和发展了语用学理论，形成了校本化、科学化的理性解释，具有一定的理论价值。语用并非是一个崭新的名词，就国内研究而言，这一概念的提出可以追溯到1981年胡裕树主编的《现代汉语》和其撰写的论文《论语法研究的三个平面》，他强调在语法研究中要区分句法、语义和语用三个平面。这里的"语用"从属于语法研究，成为语法研究的一个平面，是为语法研究而服务的。邢福义教授在其主编的《现代汉语》一书中对"语用"概念也做了界定：语用是指人们在一定的语境中对于语言的实际运用活动，特别是话语表达和话语理解等活动。这一概念强调了"语境"这一关键词，突出了语言的运用是在一定的语境中进行的，也蕴含了语用的研究是不能脱离具体的语境的。语用学作为一门独立的学科，认为语用是具体语境赋予的，是语言使用者现时参与的，不但要考虑说话者，而且要考虑听话者。受到语法研究平面、现代汉语和语用学中的语用概念的启示，结合当下语文课程改革这一背景，我们对语文教学中的语用做出这样的界定：语文教学中的语用特指在语文阅读教学中学生学习语言文字及运用语言文字的实践活动。语用型教学就是在语文教学中，师生双方以语言为中介，以言语为对象，引导学生结合具体语境，探讨言和意的内在关系及生成、转换的过程和规律，并通过具体语境中丰富的言语实践活动，促进学生言语智慧发展的教学。这样的理解与语文教学更为密切，科学地阐述了语用学理论下语文教学的开展和实践路径，告诉我们语文教学中要围绕"语言文字运用"这一核心，既要注重学习语言运用的规律、方法、规则等，探讨和发现言和意的内在关系及生成、转换的过程和规律，又要注重运用，在具体的语境中为学生搭建实践平台，在大量的言语实践中发展语文核心素养。

（二）成果的实践价值（社会影响）

成果在区域内得到应用，产生了辐射示范作用，取得了较好的社会影响和实践效果，也彰显了成果的实践价值。

1. 凸显生本理念，指向核心素养，课堂教学效能显著，学生素养整体提升

语用型教学凸显了生本理念，把语用体验作为基本的实践策略，注重挖掘文本的言语学习价值，遵循语感心理机制，将学生"放牧"在语言的原野上，为学生创设多样的实践平台。在教学中，读写目标体系化，学习推进结构化，强调在实践应用中自主建构和有效迁移知识，同时积极倡导思辨探究，充分延展学生的思维过程，并在广阔的生活领域中走向深度运用。这样的教学方式是对"儿童言语能力发展规律"的尊重和顺应。学生通过积极的主动实践，高效的深度思维，实现了能力的持续建构和思维的发展提升。通过成效对比及检测，学生在学习效率、阅读总量、语言积累、读写能力等方面有显著提高。近三年我校3—6年级学生阅读考级平均优秀率、合格率均有较大提升，有300多篇习作在省市级刊物上发表或在各级各类评比中获奖。

2. 架构实践模型，形成丰富课例，课堂教学积极转型，教师专业有效发展

课题研究的相关专著和系列论文将语用研究的理性认识转化为操作模型的建构，以广泛的课堂实践作为样本课例，体现出研究来源于课堂、立足于课堂、服务于课堂的鲜明特点，给一线教师鲜活而直观的指导，对教学实践具有很强的应用价值和指导作用。通过研究，形成了一批优秀的典型课例，并在多个场合公开展示。"开国大典""麻雀""记金华的双龙洞""桥"等代表性课例生动演绎了语用型教学理念，其中"开国大典"一课的教学获五省区优质课评比特等奖。通过课题研究成果的推广，语用型教学在教师心中扎根，课堂教学呈现出积极转型的局面，语用型教学的痕迹明显。教师们能基于语用视角合理研制阅读教学内容，建构语用型课堂的实施要点，基于不同文体的语用型教学采取不同的教学策略，提高了专业素养。多名教师通过研究和实践，成长为市级骨干教师。

3. 坚守课程本质，响应课改方向，教学主张旗帜鲜明，语文教改深入推进

《义务教育语文课程标准（2011版）》旗帜鲜明地指出：语文课程是一门学习语言文字运用的综合性、实践性课程。这告诉我们，语文学科是一门关涉语言文字运用的学科，学习语言文字的运用应是语文学科的首要任务，提高以语言文字运用能力为核心的语文素养应是语文学科的本质目标。语用型教学是师生双方共同探讨和学习如何运用语言文字的教学，它的提出是以语文课程标准的课程观作为背景基础的，是对当下语文课程观的坚守和响应。它让语文教学回到了自身的起点，从源头出发，实现语文教育的本原意义。语用型教学鲜明的教学主张、科学的教学模式、体系化的实践思考推进了语文教学改革，促进了学校和区域语文教学质量的提高。

四、成果的推广应用情况

（一）研究成果相继发表

语用型教学研究的成果被学术界和教育界所关注，《语用型课堂的课型建构》《基于"言意互转"的语用型课堂范式建构》《语用型课堂教学内容的研制和编排》等20多篇论文相继发表，其中在核心期刊上发表5篇，人大复印报刊资料转载1篇，索引多篇。

（二）区域推广逐步扩大

研究成果不仅在全校得到推广，还作为常熟市教育局乡村小学语文骨干教师培育站培训项目进行推广，在全市小学语文教学中产生了较大的影响。课题组成员先后在不同场合做语用型教学专题讲座，公开教学40余场（次），得到了很好的社会评价，其中"开国大典"一课获五省区优质课评比特等奖，"大江保卫战"一课获苏州市优课评比一等奖。

（三）主流媒体专题推介

《教育研究与评论》《教育视界》等主流媒体为语用型教学主张做了推介。特别是《教育视界》杂志更是用了11页版面从理论、实践、评论等不同角度做了介绍，对曹卫星老师作为封面人物也进行了介绍，在教育界产生了一定的影响。江苏省著名特级教师、苏州市教育科学研究院的小学语文教研员许红琴老师在《教育视界》上专门撰文评价这一研究成果是"有生命力的，有学理基础的，有实践价值的"。

（该成果2020年获江苏省教育科研优秀成果奖一等奖）

"诗性教育" 系列论文

江苏省苏州第十中学校

（成果主要完成人：柳袁照）

诗性教育是本真、唯美、超然的教育，它是以诗歌教育、诗歌课程为突破口与载体的改革实践。诗性教育是对学校百年办学文化的自然升华，是对当下学校教学，乃至整个教育现实的理性反思，更是对教育理想的执着追求。在功利教育、机械教学大行其道的当下，它旨在以诗歌教育和诗歌课程激发师生的诗性，关注学生的生命成长，消解应试教育的负面影响，实现"传承优秀文化，培养创新人才"的教育使命。构建诗性的课程与课堂着眼于追求回归教育的本质，回归教学的本源，回归和传承中国优秀的传统文化，通过日常的课程实施与课堂教学，把当下的学校教育教学从机械的制造层面引向自由的创造层面。它着眼于还原教育的精神底气和文化根基，通过教育教学的返璞归真和对教育价值体系的再构，促进办学质量的全面提升。

诗性教育立足于学校的小天地，以大境界、大胸怀办学，实现"以学校的每一天成就每一个师生的本色人生"的育人目标。其价值体现在以下两方面：一是对教育教学的返璞归真。诗性教育旨在回归诗意的校园、诗意的课堂、诗意的课程、诗意的师生日常生活，旨在追求春风化雨、润物无声、直抵心灵的教育境界。二是对教育价值体系的再构。以"本真、唯美与超然"的价值追求、全面的学习体验、和谐的思维发展、完整的生命成长，构筑起诗意的育人目标。

一、成果的内容与观点

（一）主要内容

推行素质教育是把目前学校教育教学从机械的制造层面引向自由的创造层面、回归教育本源、培养学生核心素养的主要途径与手段。但是，每一个学校都有其独特的文化历史和教育教学特点,只有与学校文化优势和办学特色相结合,素质教育才能最大限度地发挥其功用。为此,我们提出诗性教育的理念。诗性教育是指对受教育者所进行的旨在帮助他们树立崇高理想和远大志向,促进其人性境界提升、理想人格塑造及个人与社会价值实现的教育,其核心涵养是具有人文意识的创造、创新精神。这种精神的养成一般通过多种途径,包括广博的文化知识滋养、高雅的文化氛围陶冶、优秀的文化传统熏染和深刻的人生实践体验等。

诗性教育着眼于还原教育的精神底气和文化根基,旨在回归诗意的校园、诗意的课堂、诗意的课程、诗意的师生日常生活,旨在追求春风化雨、润物无声、直抵心灵的教育境界。诗性教育以"本真、唯美与超然"的价值追求、全面的学习体验、和谐的思维发展、完整的生命成长,构筑起诗意的育人目标。通过教育教学的返璞归真和对教育价值体系的再构,促进办学质量的全面提升。诗性教育具有人性伦理、文化和审美三个层面的内涵,具有本真、唯美与超然三种最基本的特征。本真是指教育应遵循真实自然的生命本意;唯美是指通过美好的校园学习生活培养具有高尚情操、审美情趣和富有创造力的学生;超然是指超越功利,担当真正的教育使命。

诗性教育是学校实践素质教育的指导理论,涉及学校发展各领域,主张建设良好的教育生态、诗性的课程与审美的课堂、直抵心灵的学校教育、文化管理与制度管理相结合的管理模式,以学校的每一天成就每一个师生的本色人生。

(二) 主要观点

1. 关于教育

诗性教育理念下的教育是以浸润和体验为特征,以学生、教师的健康、快乐、自由发展为第一位,以学生、教师都必须有继承和创造优秀文明的文化自觉的态度、情感、行动为前提,以学生、教师都学会了解、敬畏、欣赏和创造"美"为使命。教育应追求全面的学习体验,让学生获得认知体验的同时,还能获得审美体验和人文体验;教育应追求和谐的思维发展,让学生冷静的理性思维和丰盈的感性思维得到和谐发展;教育应追求完整的生命成长,认为学习过程应该是自由、快乐、创造的,学生应在主动发展、快乐学习、健康成长中走向未来的幸福生活,实现自身的生命价值。

2. 关于学校教育生态环境建设

学校教育生态环境建设集中体现在校园建设。我们认为校园是学校之美的物质载体，是物化的学校办学精神和历史，也是师生共同的精神家园。校园是实施教育的重要场所，校园本身也应该成为一部鲜活的教育读本。校园建设更应成为学校文化建设的重要组成部分，突出人文、感恩、创造、生命、智慧、审美六大主题。

3. 关于校本课程

在诗性教育的理念下，我们追求诗性的课程。我们认为首先要确立校本课程文化观：以促进学生人格完善和个性全面和谐发展为目标，强调人的全面发展的价值取向，建设一种自在、自主、自觉的校本课程文化，形成均衡化与民主化的课程设计观，以及科学与人文相结合的课程文化观。我们还认为课程规划的制定首先应考虑学生的需求，体现学生的个体差异性，遵循时代性、基础性和选择性的原则，追求课程内容与社会进步、科技发展、学生经验的紧密联系，关注学生的生活体验，满足学生理智、情感、审美、道德生活的需要，以促进学生良好心理品质的形成、健康审美情趣和生活方式的养成。在课程的开发和实践中，我们认为应该遵循以下几个原则：依据新课程理念，结合学校特点，发挥教师专长，符合学生需求；课程以中、微型化为主，综合实践与拓展引申兼顾，学校开发与社会开发兼顾，保证课程的自主选择空间。

4. 关于课堂

诗性教育理念下的课堂是一种审美的课堂。课堂应该是一种闪烁道德光彩的审美课堂，这种课堂应该具有其独特的评价标准。审美课堂应该包括两个层面：一者它是基于当前考试制度下的有效课堂；二者它是基于理想的、有利于人的终身发展的有效课堂。这一课堂是道德的、审美的，是直抵人心的，是有思维品质的，是本真又充满理想的，是愉悦的，又是深刻的。审美课堂不仅要把学科的美的内容展现于课堂教学中，更应把美的特征应用于教学活动中，挖掘教学过程的审美因素，把美、美育、审美与课堂教学有机地结合起来，以美的法则来优化教学目标、教学内容、教学方法、教学结构和教学手段，按照审美心理活动的规则组织和实施课堂教学，将学习活动转变为审美和创美活动，从而让学生获得愉快的感受，产生自觉的学习行为，使学生的人性得到全面发展，素质得到全面提高。在这种课堂中，每门学科和每个教师都可以有自己的课堂标准,但是课堂应该具有自由、平等、严谨、快乐、活跃、个性张扬等共同特性。

5. 关于学校德育

诗性教育理念下的学校德育应该是以学校每一天成就每一个学生的本色人生的直抵心灵的教育。所谓本色人生,指的是诚实、率真、善良、富有同情心与责任感,充满智慧与理性的人生,能够个性飞扬地、顺乎自然地学习、工作与生活,是平实的人生,每天都会有一点点进步,达到至真、至善、至美、至爱的人生境界。因此,我们强调本真的育人过程,即教育尊重学生的天性,关注每一个生命个体,让学生在教育中获得真实的感知与体验;强调"唯美"的育人目标和教育历程,即培养完美的人,有一个完整的教育历程,实现知识、技能、方法与情感、态度、价值观的融合;强调"超然"的教育愿景,即宽广的视野、豁达的(人生)态度,勇于超越自我的目标定位。

6. 关于学校管理模式

诗性教育理念下的学校管理模式将文化管理与制度管理相结合。我们认为学校管理的境界与学校的文化、管理传统有关,也与社会的发展和要求有关,但其最根本的是学校成员之间形成的某种共识:确立符合自己学校的组织结构,即学校管理机构及人员的权利范畴、工作规范,以及学校各成员之间的沟通方式、相互关系。学校管理的最高境界应为文化管理,但是如果离开了完善的制度及执行,文化管理将会成为一句空话。所以应该将制度管理和文化管理相结合,以文化管理为主、制度管理为辅,采用网络环境的信息管理系统和目标导向的过程管理手段,实现学校精致自觉的管理文化。

7. 关于教师发展

我们认为教师的发展是学校发展的前提条件。发展教师应以培养教师有人格魅力和学识魅力为目标,而提升教师的魅力主要是培养教师的气质,其中最重要的是对教师进行文化的熏陶。所以我们坚持学校的发展传统,自觉学习先进知识技能与方法,崇尚师生为本和师生平等,努力构建一种教师与学生之间、学生与学生之间、教师与教师之间、领导与教师之间的平等、信任、尊重、亲近的关系。我们主张教师应关注每一位学生的发展,把发展学生作为自己日常的工作,将自身的发展与学生的发展紧密地结合在一起,追求在学生发展中实现自身的发展。

二、主要创新举措

1. 教育生态环境建设以校园建设为中心

我们秉承修旧如旧的原则,既保存传统又注入现代元素,美化环境,并把校园从物质(校园传统遗存和建筑景观)和非物质(学校传统文化、传统办学精神、校友等)两大层面系统开发成独特的教育资源,让我们校园里的每一幢建筑都承载着历史,每一块石头都蕴含着文化,每一面墙壁都诉说着教育。通过发掘、使用、兼容,古典与现代、科学与人文在校园中得到了和谐而完美的表达。

2. 努力构建审美课堂

我们着眼于汲取优秀传统文化的养料,激发师生的教育智慧,打破过于精细化、模式化课堂所带来的定势与僵化。各教研组根据自身学科的特点着力改变由单向的知识传授来完成课堂教学的状况,融入愉悦的情感体验与审美体验,使课堂教学过程成为自主、开放、灵动的探究、建构、交往、对话与反思的过程,回归求实、求真、求美的教育价值取向。

3. 依托"诗歌课程基地"和"科学创新课程基地",转化校园为校本课程,探索国家课程、地方课程、校本课程的整合与诗性化实施

我们通过与北京大学、国防科技大学、华东师范大学、苏州大学等高校密切合作,在专家学者的悉心指导下,学校教科研部门与教学管理、学生管理部门通力合作,发挥教师、家长和学生的智慧与才识,沿着"探究—反思—实践"的循环路径,创新我们的课程文化观,形成了一整套比较成熟的课程实施策略,构建了诗性的校本课程体系。

4. 努力追求让学校教育直抵学生心灵

我们发挥学生才智和学校主体意识,将学生引入学校管理、教育活动的策划与实施。将常态化的学校各年级经典教育活动、班级活动和社团活动融合为一体,结合社会公益和社会实践活动,实施走出校园围墙、引入专家学者与家长共同参与的"泛教育",以诗心化育学生心灵。

5. 成立教师发展中心

信任教师,给予教师最大的自主空间。倡导师生平等,让学生推动教师发展,教学相长。真诚对待教师,为教师的发展提供所需的支持。通过系列教师发展计划的推行和教科研活动,提升教师人文、科学素养的发展和身心的健康。

6. 在学校管理中关注所做的一切是否营造了催人向上的文化气息

为了营造催人向上的文化气息，我们实施"扁平化"管理，将管理权限下放至各年级部和各职能部门，形成网络化管理模式，激活每一个工作节点和每一位教师的积极性、创造性和责任意识。

三、成果的主要价值

（一）内涵价值

诗性教育是本真、唯美、超然的教育，它是以诗歌教育、诗歌课程为突破口与载体的改革实践。它追求回归教育的本质，回归教学的本源，回归和传承中华优秀传统文化。诗性教育的基础是情感，张扬情感的价值，尊重生命及生命体验，激发生命活力，涵养人的想象力和创造力，注重传统与现代、知性与感性、科学与审美的融合。诗性教育的特征和价值追求为本真、唯美与超然。本真是指教育应遵循真实自然的生命本意；唯美是指通过美好的校园学习生活培养具有高尚情操、审美情趣和富有创造力的学生；超然是指文化自觉的教育，需要超越功利，敢于担当神圣的教育使命。诗性教育追求全面的学习体验，让学生获得认知体验的同时，还能获得审美体验和人文体验；诗性教育追求和谐的思维发展，让学生冷静的理性思维和丰盈的感性思维得到和谐发展；诗性教育追求完整的生命成长，认为学习过程应该是自由、快乐、创造的，学生应在主动发展、快乐学习、健康成长中走向未来的幸福生活，实现自身的生命价值。

（二）实施价值

整合国家课程与校本课程，以省诗歌教育课程基地为依托，呈现了诸多成果。诗歌教育教学推动了课程与课堂的整体变革，在全学科的日常课堂上呈现了有疑问、有深思、有猜想、有想象、有联想、有争议、有惊讶、有笑声、有审美的九大诗性特征。诗性教育又推动了课程改革，主要表现在以下几个方面：一是国家课程的诗性（融理性与感性于一体）实施；二是把本土文化精髓纳入课程体系；三是诗歌课程的个性化实施，即读古典诗写现代诗、读外国诗写中国诗、读别人的诗写自己的诗。回归中华文化的"诗教"传统，师生呈现了可以不做诗人，但要拥有诗人情怀的精神面貌。

四、主要实践成果及社会影响

（一）主要实践成果

1. 改造校园，建设教育生态环境

学校将传统与现代相结合，被誉为"最中国"的学校。同时，我们发掘校园教育资源，出版了校本教材《诗意校园》，并以此为依托形成人文、感恩、创造、生命、智慧、审美六大主题的系列校本课程。

2. 学校各教研组根据各自的学科特点探索审美课堂教学，形成了各学科的课堂教学特色

例如，语文组形成"讨论式课堂教学"和"沉浸式语文教学模式"；数学组形成数学的"活力课堂"；地理组提出了创造美丽地理课堂的原则、条件和策略；物理组通过展示物理学科的探索之美和应用之美，使学生乐学、愿学、会学；等等。在各学科研究的基础上，学校归纳美之课堂的共识和评价标准，认为每门学科和每位教师都可以有自己的课堂标准，但是课堂应该具有自由、平等、严谨、快乐、活跃、个性张扬等共同特性。

3. 开发了数十种校本教材或课程

经过各方共同努力，我们开发并开设了包含学科拓展、兴趣开发及诗歌课程等领域的环境、人文、感恩、智慧、生命、创造共六个系列的数十种校本教材或课程，能满足学生完善知识结构、能力结构，以及发展兴趣、爱好、个性、特长的要求。修订并完善了《江苏省苏州第十中学高中学生学业评价管理办法》《研究性学习课程管理办法及评价方案》等课程管理及评价规章。

4. 形成了以《学校管理手册》为核心的法治化、科学化、民主化的学校管理制度体系

组织师生参与学校各项活动和学校管理，提升学校文化自觉的管理效能。实现师生由"他律"向"自律"的转变。建立学校管理"OA"系统，以信息化带动管理现代化，跃升学校的管理层次。

5. 根据时代发展和学生全面发展的需求，立足学生的切身利益问需于学生，降低教育的重心

组织30公里阳光行走活动、翻越苏州最高峰、挑战极限、迎新会演、诗会、"沈骊英班"评选、"何泽慧班"评选、"李政道班"评选、"大学之道——印象十中系列励志报告会"等经典德育活动，使教育直抵学生的心灵。

以学生社团活动为载体，通过自主管理、自主活动、自我发展打造个性化教育，学生能不断正确认识自我，培养能力，健全人格，培养独立精神、集体观念和合作意识。

6. 完善青蓝工程、"一三五七"工程及建立名师工作室

建设发展共同体，推动教师奋发向上、精益求精；定期举办特级教师教学思想和教学实践研讨会、骨干教师示范课、青年教师汇报课，开展"教学能手竞技""同题异构"等教学竞赛活动，组织青年教师论坛、骨干教师沙龙等，为教师搭建成长平台，鼓励教师展示自我风采；鼓励教师在职学习和参加各级各类进修等，提升教师竞争力和持续发展力；开展"读书·体会·交流"活动强化学习意识，提升教师的思想和理论水平。教师们在职称晋级、基本功比赛、课题研究和教科研论文发表等方面成绩斐然，表1为教师的部分论文汇总。

表1 部分论文汇总

序号	作者	成果名称	刊物
1	柳袁照	《我对诗性教育的理解与追求》	《人民教育》
2	柳袁照	《建构"皱、漏、瘦、透"的语文审美课堂——从张扬老师〈雷雨〉的课堂教学说起》	《中学语文教学参考》
3	柳袁照	《诗性教育背景下的审美课堂：诗性教育背景下审美课堂的美学价值》	《江苏教育》
4	王岳	《数学课堂的"诗意"元素初探》	《江苏教育》
5	张惠钰	《回归物理文化体验诗意的物理世界》	《江苏教育》
6	唐岚	《志于道，游于艺：以园林的审美哲学看高中诗歌教学的课堂审美》	《江苏教育》
7	罗强	《数学教学：呼唤"诗性"的回归》	《教育研究与评论》（中学教育教学）
8	吴锷	《诗意课堂：数学与诗性的圆融统一》	《教育研究与评论》（中学教育教学）
9	陈蕾	《让文化之花绽放：诗性教育下的数学课堂》	《教育研究与评论》（中学教育教学）

续表

序号	作者	成果名称	刊物
10	陆峥	《数列综合问题的诗意之旅》	《教育研究与评论》（中学教育教学）
11	朱云艳	《感悟数学美：诗性教育的真谛》	《教育研究与评论》（中学教育教学）
12	唐岚	《开一扇典雅的花窗——整合地域文化，回归诗性课堂》	《中学语文教学参考》（高中版）
13	孙丽君	《涵泳——一种诗性的阅读》	《中学语文教学参考》（高中版）
14	庄颖	《以"浸润"和"体验"为特征的诗性语文课堂》	《中学语文教学参考》（高中版）
15	张晓红	《用诗性的智慧营造灵动：找回学习的快乐》	《中学生物教学》
16	徐蕾	《引领文化发展的航向》	《中学政治教学参考》
17	廖书庆	《让学生感悟地理之美》	《地理教学》
18	李莉	《语文的回归》	《中学语文教学参考》（高中版）

（二）社会影响

诗性教育理论与实践在中国基础教育领域产生了重大影响。诗性教育包含的一些理念，如"以学校的每一天成就每一个师生的本色人生""教育是一股清泉在流淌"等，在一定程度上成为教育流行语。《人民教育》《中国教育报》等权威媒体和学术刊物也对诗性教育做了多次深度挖掘和充分展示，得到了全国教育媒体和众多教育同行的广泛赞誉。在《人民教育》杂志办刊60周年时，杂志社评出了创刊60年来报道过的"60个最有影响力的事件和人物"，其中，有关我校"'最中国'的学校"的报道榜上有名。2013年11月，学校接受苏州市人民政府的教育综合督导检查。我们从诗性教育的办学理念、诗化课程与审美课堂实践、日常管理、实际绩效等方面进行全面反思、改进与完善，赢得了专家的高度评价。专家们一致认为，诗性教育是苏州乃至江苏教育的一面值得树立与保护的旗帜。

（该成果2016年获江苏省教育科研优秀成果奖二等奖）

让100%的学生热爱汉字、喜欢读写的实践研究

昆山市玉峰实验学校

（成果主要完成人：高子阳）

一、成果的主要内容

"让100%的学生热爱汉字、喜欢读写的实践研究"是高子阳老师在江苏省凤凰母语研究所申报的课题，也是他一直在研究的课题。2011—2016年课题研究取得的成果有：参与编著4本书（《写给讨厌写作的学生：好玩的童书》《写给讨厌写作的学生：好玩的写作》《写给讨厌写作的学生：好玩的表达》《写给讨厌写作的学生：好玩的童书》）；出版专著4本（《儿童写作教学新论》《跳出语文教语文》《我的课胜过你的》《儿童创意写作公开课》），在重要期刊上发表150多篇课题研究论文。

《儿童写作教学新论》一书从责任与目标、认知与理想、检讨与寻觅、课堂与效率、阅读与写作、养育与生长、激发与唤醒、家庭与环境、视野与胸襟、呵斥与引领等十个方面，以全新的视角，从切实可行的实践角度论述了如何让100%的学生喜欢写作，这里有许多理论与实践是我国儿童写作教学还没有真正重视的。

《跳出语文教语文》一书是从跳出标准用标准、跳出教材创教材、跳出教材读教材、跳出识字教识字、跳出课文教课文、跳出整本书阅读教阅读、跳出习作教写作等七个方面，从理论与实践相结合的角度阐述如何做到跳出语文教语文，真正地改变当下语文之教学。

《我的课胜过你的》《儿童创意写作公开课》两本书是作者对自己满意的12节课、19节儿童创意写作公开课进行的深度剖析。

二、成果的主要观点或创新点

（一）活性识字：让每个孩子真懂每个字的思想与智慧

当下汉字教学，简单读一读字以正音，说一说结构记字形，讲一讲字说意思，抄一抄默一默字以记住……教学方式单一，孩子们普遍感受不到每个汉字中蕴藏的大智慧。0—12 岁识字教学之道是：

（1）父母尽早让孩子听词、故事，让孩子知字音。

（2）从 3 岁关键期开始要让孩子找玩 3 000 个字（只识不写巧妙玩字）。

（3）努力让小学生用毛笔写大字，培养学生的精细素养。

（二）"1525 + n 本"童书阅读课程研究：让每个孩子真正地多读、爱读

"1 + n"指第一学段学生读完 1 000 本图画书 + n 本自由选择的桥梁书（这一阶段课程用书由已经出版的 10 000 多本图画书组成）。

"第一个 5 + n"指第二学段学生读完 500 本桥梁书 + n 本自由选择的 100～200 页纯文字（含插图）的经典童书（这一阶段课程用书由我国翻译与自创的 5 000 多本桥梁书组成）。

"2 + n"指第三学段学生读完 200 本 100～200 页纯文字（含插图）的经典童书 + n 本自由选择的书（这一阶段的课程用书由我国百部儿童文学经典、数千本世界经典纯文字童书组成）。

"第二个 5 + n"指第四学段起此后的人生，努力做到每年读 50 本以上的书（大概每周读一本书），自由选择读什么书。

这样，小学六年的阅读量肯定超过课程标准的规定。每天 20～40 分钟就可以达成，不会增加师生负担。

小学阶段要读 1 700 本书，有没有普适性？通过研究对比，有了一个重大发现：2012 年，美国全国性的教育大纲开始实施，大纲规定了美国小学毕业生至少需要阅读 1 404 本课外读物，阅读量占到全部 K12 年级阅读量的 77.6%。我国 12 年基础教育三个学段的课外阅读量是递增的，美国 K12 年级的阅读量是小学最多。如此，课题组得出结论，我们六年让学生读完 1 700 本书是可行的，与美国的小学阅读量是相似的。另外，英国小学一、二年级不用教材了，每周让学生读 11 本图画书，也就是一年大约读 500 本图画书。因此，我们设置的小学一、二年级读 1 000 本图画书是可行的。

（三）"课文"与"一文一书"课程：让课文教学充满创意

1. 发现语文课本中的"课文创意教学"新策略

什么是课文？从《现代汉语词典》知道课文就是教科书的正文，进一步考证知道：

"课文"最早记录在南朝时期刘勰的《文心雕龙·指瑕》中，"《雅》《颂》未闻，汉魏莫用，悬领似如可辩，课文了不成义，斯实情讹之所变，文浇之致弊。"西北师范学院教授郭晋稀（1916—1998）在其专著《文心雕龙释注十八篇》（1963年出版）中注："课，责也。引申有推求之义。课文，即推敲文字。"

在明朝儒学大师、军事家、散文家、抗倭英雄唐顺之（1507—1560）的《章孺人传》中有这么一段文字："两弟夜读书，课文夜过半，孺人即又虑其劳以病也。"这个课文是何意呢？是督促读书做文章的意思。

中国桦湖文派创始人吴敏树（1805—1873）在《业师两先生传》中写道："先生怪其课文有异，召诘之曰：'汝年少，文字当令生嫩秀发，奈何作如许老成状？'"这里的课文却是"窗课"的意思。窗课，旧称私塾中学生习作的诗文、范文。

"课文"的上述解释，其实告诉我们课文教学要做好三件事：

一是课文中的字词句段等需要推敲。这一点我们一直在做，一篇课文教1~3课时，大多数教师教的就是这些内容。

二是不要把课文教成终点，要教成起点，要有课程意识，要引导学生去读整本书。一篇课文学习过程的中间或结束，应该让学生跑进图书馆寻找相关的整本书去读。这一点，我们做得不好。统编版教材以"快乐读书吧"关注整本书阅读，但这还不是课文对应的整本书阅读。

三是每篇课文如果能算作写作的范文，就应该把课文中的写作、创作智慧一一寻找到，如此才能促进学生做真正的文章。这些年来，我们只是部分课文教学重视了片段式、小练笔读写结合式训练，这其实不是真正意义上的课文给予学生写作、创作的智慧型训练。

而对于我国中小学语文课本中的每一篇课文，能够把以上三件事都做了的几乎没有！为何？主要是我们一个学期的课文量太大了，没有办法进行真正意义的课文教学。

我们在全国率先提出每一篇课文教学都要扎实做好三件事：一是推敲字

词句段；二是读相关的整本书；三是把课文藏着的创作智慧教给学生。

2. "一册三四本书"需要往"一文一书"上靠近

按照课文之要旨，学习一篇课文，最起码要读一本书。事实上，我们学习了一个单元的课文，也没有做到让学生读一本书，甚至一个学期也没让学生读三五本书。

怎么办？多年来，我们反复研究全套教材，找到每篇课文对应的整本书，如此，我们的起步研究、实践就可以开始了。我们有信心能把"一文一书"这件事做到让师生都满意，并让学生能真正地阅读起来。课文对应的书只有300多本，我们把这些书也放进了六年读1 700本书的"大盘子"里，开展真正意义上的多读实验。

（四）创意写作课程的研究：让100%的学生热爱写作，逐渐逼近目标

1. 课文里的写作智慧教学创意

（1）降低写作恐惧感。这是一、二年级的重要任务，也是过去没有做的。比如，教"天地人你我他"（一年级入学的第一篇识字课文）时，根本不教学生写作。不教学生写作，学生当然不知道学"天地人你我他"对写作有什么帮助。哪个学生抬起头看不到天啊，不知道天上有什么呀？哪个学生不知道自己的每一天都走在大地上？哪个学生不知道自己是人，家里有哪些人？哪些人与自己熟悉，哪些人不熟悉？哪个学生不会说"你是……"？哪个学生不知道"我是……"？哪个学生不会用手指着"他（她、它）说……"？把这些回答录音下来，整理整理，不就是一篇文章吗？不要以为一年级刚刚入学的学生太小，这些做不到。学生所说，家长用手机录音立即转化成文字、文章就行了。这样教了，这样做了，就是降低写作恐惧感的教与学。一、二年级的每一篇课文都这样教了，三年级开始习作，还会有那么难吗？

（2）对话句教学，必须在课文中加强训练。统编版教材与以前的各版本教材一样，60%以上在文中出现直接"对话句"。比如，统编版小学语文教材二年级上册的24篇课文中就有14篇课文中有直接对话句。但多年来，我们并没有全程重视对话句教学，因为不教，教得不到位，那么多课文有了对话句，我们的学生还是不会写对话句。读过美国詹姆斯·斯科特·贝尔的著作《如何创作炫人耳目的对话》，才知道作家的每一句对话都是有想法的，是独特的。贝尔认为对话有五种具体的功能：呈现故事信息、展示人物、奠定基调、设计场景和传达主题。但是，它不应该作为一种向读者提供信息的偷懒

方式来使用，也不应该用来宣扬作者的世界观。只有以恰当的方式使用对话，才能在这些具体功能中发挥对话的价值。贝尔还认为好的对话都是有冲突的、有张力的。作家创作对话，都有精彩的技术秘方。在美国当代文学史中占有非常重要地位的著名女作家尤多拉·韦尔蒂，其作品经常出现在各种美国文学的作品集和美国学校英文课的课本里。她说："一开始，如果你耳朵敏锐，对话是世界上最容易写的，我感觉自己还行。但是如果要继续写下去，它却是最难写的部分，因为对话承载着很多任务。有时候我需要让一段话同时做到三件、四件甚至五件事情——不仅要揭示人物所说的话，还要能表达他对自己所说的话的看法，以及他所隐藏的、别人对他所说的话的理解等，这些都要包含在他那一席话里。这些话必须保持这个人物的本质和特点，而且要简明扼要。这并不是说我做到了，但是我想这就是对话能在写作中给我带来最大乐趣的所在。"尤多拉·韦尔蒂通过这段话告诉我们，对话句的学习不是重视几篇课文就可以做到的。从一年级开始，只要有对话句的课文，我们就该重视对话句的教学，要把其作为此类课文中的重要的、必须教的内容来认识。

（3）把课文藏着的写作风格教给学生。小学课文折射出来的写作风格有五类：一是清晰、易懂的语言；二是简洁的表达；三是细节；四是用词的对与错；五是标点符号的精准使用。而大量实践证明，写作风格不是通过写作养成的，而是通过大量的阅读学到的。课文藏着的写作风格是需要教的，是可以教的。如果阅读教学不教写作风格，学生也难以从写作风格的角度去写好一篇又一篇文章。

（4）写作思想、知识、技巧要巧妙教。有人说，三流教师教知识，二流教师教方法，一流教师教思想。我们坚信真正的好教师应该是知识、方法、技巧、思想一起教。没有写作思想、知识、技巧的文章（特别是课文）是不存在的。思想的力量是强大的，如果学生能从一篇篇文章中寻找到写作思想，那么这样的学生不可能讨厌写作。

（5）给课文中的人物写信。这样做的好处：一是学生会对课文印象深刻，这是将课文化为学生素养的好方法。二是信是最好写的文章之一，从写信入手，能够让学生感觉到写作其实很简单。三是学生写作常常说没有内容可写，学课文，用课文来写信，写什么内容的问题就解决了。四是这是引领学生与人物深度对话的教学，课文中的人物都是精选的，都是有特点的，都是有思想的,与他们进行深度对话,能引发学生产生很多新东西。

2. 课内习作课程的"合格式创意教学"让师生喜欢

我们认为,扎扎实实把三至六年级60余次课内习作教合格,是了不起的创意工作。我们首先给"课习习作"做了界定(必须在课堂内完成一切习作教学任务),创造性解读好教材,以先写后教的思维进行整体设计,精准地做实课内习作教学。"一次课内写作五课时赏评式教学模式""十有作文本""七星级作品确认表""透明式写作"在昆山市玉峰实验学校实验8年,也得到省内外师生的喜爱。

3. 12个主题课外作文课程让学生真正爱上写作

小学12个学期的12个创意写作母题是我们最新的实操性研究成果,真正让学生不再讨厌写作:① 一年级千本绘本千段对话;② 二年级每天一组童诗;③ 感恩万事万物是起步写作的最佳主题(三上);④ "我有……"或"我没有……"是永远写不完的(三下);⑤ 造句成书,集体创作百本书(四上);⑥ 写信(四下);⑦ 预习作文(四下);⑧ "PK"式日记写作(五上);⑨ 班史创作(五下);⑩ 大读后感(五下);⑪ 脑洞大开的故事创造器(六上);⑫ 创作我的自传(六下)。

4. "儿童创意写作公开课"课程及"七步教学法"(玩、写、读、说、改、讲、书)

对于这一教学法,刚刚毕业的教师都能自如使用。课题研究团队成员在国内外做了百余场次教学展示。吴立岗教授这样评价该教学法:读读写写,高潮迭起,写写评评,笑声不断。

三、成果的学术价值或社会影响

经过多年的实践研究,这一阶段的研究成果让我们真正逼近全体学生热爱汉字、热爱读写的目标,并且给学校管理也带来了新智慧。方法简单,操作便捷,策略适切。如果能在省内外推广使用,我们相信一定能提高学生语文学科素养,也能让语文老师的教育教学素养得以提升。

课题组高子阳老师应邀在全国做专题讲座、讲授公开示范课近300场次,受商丘师范学院、淮北师范大学、商洛师院学院、新疆石河子大学、苏州大学、江苏第二师范学院、连云港师范专科学院、北京师范大学等8所大学的国培班、省培班邀请讲述过这些研究成果。中国教育学会在宁波、杭州、苏州以"儿童创意读写"为高子阳老师举办过个人专场教学研讨会。

因为这些研究成果，2014年，高子阳老师被评为苏州市首批姑苏教育领军人才，并且得到江苏省"333"人才项目资助。2016年，高子阳老师被评为2016年度全国十大阅读推广人物。

（该成果2016年获江苏省教育科研优秀成果奖二等奖）

文化融合与重构：城乡学校共同体建设的实践探索
——从"托管农村学校"到"名校+新校的一体化管理"

太仓市实验小学

（成果主要完成人：钱澜）

一、成果的主要内容

太仓市实验小学从"托管"农村学校建设学校发展共同体，到与太仓市科教新城实验小学的"一体化"管理，文化融合与重构一直是促进学校变革的管理核心。本成果体现了上述核心思想，并在制度创新、课程创生、教学改进、组织建构、教师发展等方面，均有实质性、可操作的路径和方法，成为促进太仓市乃至苏州地区区域义务教育均衡发展的示范样本。具体可分为以下两个阶段。

（一）太仓市实验小学"托管"农村学校（太仓市浮桥镇九曲小学、太仓市沙溪镇直塘小学）期间

这段时期主要以教育部"十一五"规划课题"文化融合视野中学校共同体建设的个案研究"为基础，形成了以下成果：

（1）奠定了"文化融合"作为托管时期城乡学校共同体建设的核心理念，把优质学校对相对薄弱学校的文化尊重作为一切改变的基础。

（2）形成了"验血""输血""造血"的托管三部曲，明确了从全面诊断到强势推进，并逐步过渡到文化融合的实践路径。

（3）构建了城乡学校共同体"三校协作"的跨校协同管理机制，三校管理层相互介入、相互交流、相互融合，逐步形成共同的价值与信念，并进一步促进学校的共同发展。

（4）创生了"跨校主题研修"这一研修范式，让城乡学校教师在同一平台上开展研究，平等交流。

（5）开发了"跨校一日体验活动课程"，充分利用城乡学校间的资源互补性，开发不同的校本课程供城乡学校学生共同实践，并逐步建构出相对系统的校际游学课程体系。

（二）太仓市实验小学与太仓市科教新城实验小学"名校＋新校"一体化管理期间

"名校＋新校"一体化管理是"后托管"时期苏州市义务教育改革项目集团化办学模式的创新举措，并逐渐成为苏州市义务教育阶段集团化办学的一面旗帜，相关研究成果获苏州市义务教育改革项目优秀成果评选一等奖。此阶段的研究成果可概括为以下几点：

（1）架构了两校一体化管理的五大决策中心："名校＋新校"的两校一体化管理，在两校间建立了管理决策中心、教师发展中心、课程研发中心、质量监控中心和资源配置中心，以此规范和协调两校内涵建设的一体化发展。

（2）形成了一体化办学中跨校研修的基本策略：跨校研修强调平等前提下的互动与协作，重视资源共享与成果分享，明确了两校间的协作研究必须确立共同主题，在整合学习资源、优化教学设计、协同观课议课、整体评价与改进的基础上，逐步形成共同的研修文化。

（3）共同开发并实施了"游学"系列课程：从托管前期的"跨校一日体验活动课程"出发，在后托管时期，两校合作共同架构的"游学"系列课程显得更系统、更完整、更科学。其中的四个课程板块分别为："跨校体验，城乡浸润学习""扎根本土，娄东文化寻根""家在长三角，做文明小使者""放眼世界，国际理解教育"。

二、成果的主要观点

无论是托管太仓市浮桥镇九曲小学、太仓市沙溪镇直塘小学两所农村学校"文化融合视野中的城乡学校共同体"建设，还是与太仓市科教新城实验小学"名校＋新校"的一体化管理模式，均从激活学校办学活力开始，逐步形成各自和而不同的学校文化，协同探究共创课程、合作研究的基本途径，促进城乡不同教师群体的同步发展。深度开发与共享城乡校际优质教育（学习）资源，让分享与创新成为学校先进文化。最终逐步形成区域内城乡学校共同发展、多元发展的实践样式。

(一)从城区优质小学"托管"两所农村薄弱小学的办学实践出发

充分遵循文化尊重、文化理解、文化互补、文化融合、文化发展的基本规律，逐步建立了多元化、多层次的城乡学校发展共同体。共同体充分发挥了以文化融合为核心的校际深度交流优势，充分体现了城乡学校异质互补的特质，同时积极倡导校际资源的信息分享理念，使城区优质学校在带动乡镇学校发展的同时也促进了自身的快速发展。

(二)文化融合视野中的学校发展共同体建设

"名校＋新校"的一体化管理这一创新形式得以进一步深化，其价值在于通过名校优质文化来促进优质教育资源的再生，用优质文化的力量去唤醒更多教师对素质教育的使命感与责任感，从而激活更多人的智慧与创造力。其核心理念和主要观点包含了以下三个方面的内容。

一是跨校学习共同体具有异质互补的天然优势。首先，优质学校必有优质团队，好的研究方式和学习氛围可以带动教师快速成长；其次，新校传承老校文脉，可以大大缩短新校办学适应期；最后，名校的软件与新校的硬件优势互补能整合产生更多优质资源。

二是跨校学习共同体强调不同文化的深度融合。这是对优质学校文化包容性与再生性的考验，也是基于教育均衡大背景下校际（城乡）教师大流动所导致的学校文化多元并存下的相互尊重和包容，更是一种相互影响、相互促进的名校优质文化的主动融合。

三是跨校学习共同体的最终目标是文化重构。这种重构包含了两层意思：① 基于国家教育发展的总体取向发生了从"重效益"向"重公平"的关键性转变，学校需要重构适应时代的新价值观；② 基于不同学校在生源、师资和区域文化等方面的不同需要，创生"和而不同""各具特色"的学校文化。融合是重构的基础，重构是融合的升华，可以是先融合后重构，也可以是边融合边重构。

三、成果的创新之处

(一)明确了学校共同体发展的核心思想：文化融合视野中的协同创新

文化融合视野中的学校共同体，强调文化尊重、文化自觉、文化融合、和而不同。通过创新组织结构加强文化融合，形成学校之间、教师之间、师生之间、生生之间的和谐同生、共生共荣、共同成长的和谐状态；通过学校文化重构逐步走向文化自强，充分凝聚两校教师的力量，整合多向资源，在原有学校优质文化不断反思与重建基础上共同走向文化自强。

（二）形成了学校共同体建设的基本路径："验血""输血""造血"

"验血"就是分析现状科学诊断。通过观察课堂、问卷调查、个别访谈、小组座谈、测试调研等方式深度分析，为跨校协同管理提供决策依据。"输血"就是强势推进，防止排异。老校派出骨干团队融入新校的每一个关键部门，名校的宝贵经验毫无保留地提供给新校相对应的部门，实现无缝对接。"造血"就是树立典型，形成机制。从借鉴式管理到自主式发展，主要强调了以下重点工作：行政管理团队建设、本土骨干教师培养、学校的现代制度重构和校园文化提升。

（三）设计了学校共同体运作的组织框架：五大中心协同服务和管理

太仓市实验小学托管农村学校，主要以核心团队深度融入的方式，以改造和改进为主。而后托管时代的一体化管理，则有了完全不同的管理架构。通过建设管理决策中心、教师发展中心、质量监控中心、课程研发中心、资源配置中心，全面推进五大要素的跨校融合，逐步实现文化建设一体化、管理团队一体化、教师发展一体化、日常研修一体化、学术引领一体化和资源统筹一体化。

（四）构建了跨校教师多元发展共同体：创生研修模式，协作开发课程

跨校教师发展共同体的组织形式主要有以下三种基本形式：一是城乡互派骨干教师深度融入对方学校构建学科领导者协作共同体；二是由太仓市实验小学骨干教师领衔组织的跨校青年教师发展共同体；三是同学科老师跨校组建的区域研修协作共同体。

共同体在组织活动中，逐步形成了"五环式跨校主题研修"模式：以两校教研组为基本单位开展系列研究，活动包括商定主题、文献共享、独立备课、共同商议、人人上课五个主要环节，把课内的一般教研上升为促进教师深度思考的跨校协作研修。组织开展的交互式课堂浸润体验一般由两校教师异地换班上课，教学对象的变化促使教师适当调整教学目标与节奏，锻炼了教师的适应能力，最终达成促进两校课堂效益整体提高之目的。

以两校日常校园活动为基础开展的多层次跨校课程联合开发，丰富了学

生的校园生活，开阔了学生的视界，同时也培养了一批有课程开发能力的教师。以跨校一日体验游学系列活动课程为例，该系列活动课程就是由城乡学校教师共同开发并协作互助来完成校际的游学任务。例如，太仓市实验小学开发了"校园文化"系列特色课程，太仓市浮桥镇九曲小学开发了"亲近自然"系列特色课程，太仓市沙溪镇直塘小学开发了"乡风乡韵"系列特色课程。三个系列的特色课程相对独立又互为补充，形成一个完整的体系。在此基础上系统建构的游学系列课程具有鲜明的校本特色，相关论文先后发表于《人民教育》《江苏教育》等期刊。

四、主要实践成果

无论是托管时期的两所农村学校，还是后托管时期的太仓市科教新城实验小学，这两所学校的快速进步均有目共睹。同时，作为输出管理经验、输出管理和教学骨干、无私分享优质教育资源的太仓市实验小学，也在这一过程中自我发展、自我超越，取得了不菲的办学成绩。

1. 从学校发展层面看

太仓市实验小学托管太仓市浮桥镇九曲小学、太仓市沙溪镇直塘小学三年，两所农村学校的整体办学水平有了显著提升。两所学校重新凝聚力量，重构学校文化，规范学校管理制度，在太仓市教育质量综合评价中均跃升到同类型学校中上水平，主干学科单科学业成绩均有10%～15%的提升。太仓市实验小学与2013年新建的太仓市科教新城实验小学实施一体化管理两年多，两校融合学校优秀文化，共享学校优质资源，共同参与教学研究活动。太仓市科教新城实验小学办学水平突飞猛进，赢得了社会和百姓的广泛赞誉。太仓市实验小学在托管共建和一体化管理的过程中，有付出也有收获，学校在规范管理、课堂教学改进、教师专业发展、学校课程创生等方面，均有突破性成长。

2. 从教师发展层面看

托管共建期间的城乡教师发展共同体由城区学校骨干教师领衔，城乡学校骨干教师协同参与研究，带动了三校教师共同发展，造就了一批骨干名师成为苏州市名教师、苏州和太仓市两级学科带头人等（共计10多名），还有10多人成为校长、副校长和中层管理成员；一体化管理时期，两校融合更为紧密，通过五环式跨校研修和协作教研的形式，让两校教师的教、研、训实现一体化。

3. 从学生发展层面看

以"跨校一日体验活动课程"为例，乡镇学校的孩子们进城体验太仓市实验小学的优质校本课程，城区学校的孩子们下乡体验老街风情和乡风乡韵，资源的互补拓展了各自的视野；以太仓市实验小学的"国际理解课程"分享为例，一体化办学让两校的孩子一起拓宽视野，放眼世界，太仓市实验小学自由灵动的"草根娃"和太仓市科教新城实验小学的"小牛人"共生共长。

4. 从具体的典型性成果方面看

文化融合视野中的学校共同体建设的实践研究，在区域范围内已形成较大影响，得到太仓市教育局、太仓市政府的充分肯定，在托管政策基础上启动的城乡学校共同体建设已进入良性发展轨道，成为太仓市基础教育区域均衡高位发展的有效路径，并被太仓市政府写入《太仓市中长期教育改革和发展规划纲要（2010～2020年）》。从托管共建到一体化管理，促进教师发展的五环跨校研修的基本范式已渐趋成熟，太仓市教师发展中心以现场交流会的形式在太仓市区域范围内加以推广。城乡学校共同研发的"跨校一日体验活动课程"逐步发展成为系统性的游学系列课程，并逐步走出国门，放眼国际。

五、成果的社会影响

1. 从太仓县域范围来看

随着太仓市教育局《关于深化托管工作、加强城乡学校共建活动的意见》（太教〔2010〕20号文件）的发布，托管共建已经成为太仓市区域教育高位均衡发展的一种新策略。而城区优质学校托管农村相对薄弱学校更重要的意义在于探究一种与国家、省、市各级教育行政部门一致的，具有战略眼光和现实意义的教育均衡化高位发展的新途径。在托管共建过程中所创生的年级督导、五环研修等管理制度和研修模式，曾多次通过专题活动、经验交流等形式与区域兄弟学校分享，课题研究成果的多篇相关论文发表。

2. 从苏州市域范围来看

2013年8月，钱澜校长领衔的太仓市实验小学骨干管理团队一行10人来到太仓市科教新城实验小学，开始了新一轮"名校+新校"的一体化管理。学校成为苏州市教育局义务教育改革项目实验项目单位，承担集团化办学的项目研究，荣获苏州市义务教育改革项目工作先进集体。钱澜校长被姑苏区聘为义务教育改革项目指导专家。学校还积极承办苏州市义务教育改革项目交流现场会，为区域义务教育均衡发展建言献策。

3. 从江苏省域范围来看

太仓市实验小学托管太仓市沙溪镇直塘小学、太仓市浮桥镇九曲小学建构的是以文化尊重为基础的跨校共同体，《江苏教育研究》将其作为江苏省内学校发展共同体的样本之一进行专题介绍。太仓市实验小学托管团队还被评为太仓市首届十大师德标兵，参与托管的太仓市实验小学教师团队被评为苏州市优秀教师群体。相关论文在《江苏教育研究》《江苏教育》《学校管理》《教育视界》等杂志上发表，学校课程建设经验在江苏省教育学会2014年度年会上介绍。

4. 从更广泛的区域范围看

基于文化融合视野中的托管工作先进事迹曾先后被太仓电视台、《太仓日报》《苏州教育》《人民教育》等媒体宣传报道，研究的相关论文也相继发表。一体化管理的集团化办学经验在北京第二十七届中国教育学会年会上交流。钱澜校长还应邀先后在南京、厦门、深圳、北京等地多次就集团化办学一体化管理经验等主题做专题讲座。

（该成果2016年获江苏省教育科研优秀成果奖二等奖）